清华大学房地产总裁高端培训核心教程

顾问：骆建彬　顾云昌　　主编：金　波　彭　锐

房地产全程营销与新思维

——“老板”都有问题

曾宪斌　著

“副标题的名字其实有两层意思，第一层，是老板们在开发过程中都或多或少地碰到过问题；第二层意思是老板们在开发过程中要有预见性地研究一些问题，要研究以利今后的发展。”

——摘自本书“跋”

中国建筑工业出版社

图书在版编目(CIP)数据

房地产全程营销与新思维——"老板"都有问题/曾宪斌著. —北京：中国建筑工业出版社，2006
(清华大学房地产总裁高端培训核心教程)
ISBN 7-112-07990-X

Ⅰ. 房… Ⅱ. 曾… Ⅲ. 房地产—市场营销学 Ⅳ. F293.35

中国版本图书馆 CIP 数据核字(2005)第 161208 号

清华大学房地产总裁高端培训核心教程
房地产全程营销与新思维
——"老板"都有问题
曾宪斌 著

*

中国建筑工业出版社出版、发行(北京西郊百万庄)
新 华 书 店 经 销
北京天成排版公司制版
北京市密东印刷有限公司印刷

*

开本：787×1092 毫米 1/16 印张：30 字数：610 千字
2006 年 2 月第一版 2006 年 9 月第二次印刷
印数：3001—5000 册 定价：**68.00** 元
ISBN 7-112-07990-X
(13943)

本社网址：http：//www.cabp.com.cn
网上书店：http：//www.china-building.com.cn

本书从房地产营销中的观念、市场研究、规划设计、价格策略、销售培训等全过程，点出了“老板”很容易出现或不容易出现，但都是具有普遍性的困惑和误区。以“老板”们存在的问题和面临解决的问题为切入点，同时对如何解决作了相应的探讨；还将十年房地产营销亲历的一些个案拿来参照。本书体例上的另类；观点的偏颇；举例的交叉；或许也是本书新颖之处。全书共分十一个部分，用大量的实例充分阐述了房地产全程营销与新思维。

本书是在原《“老板”都有问题》的基础上，增加了近两年来新政策、新环境带来作者深邃思考的结晶、将其表述为“老板之新观念问题”，其实已不再是问题，而是新的方向。对业界老板及相关专业人士而言，此书开卷有益，是勿庸置疑的。

* * *

责任编辑：张礼庆　封　毅

责任设计：孙　梅

责任校对：张景秋　刘　梅

总序

《清华大学房地产总裁高端培训核心教程》系列教材是清华大学房地产总裁班教学的核心成果，也是中国房地产企业应用管理理论与实践成果的集中体现。

2001年8月，中国房地产业协会与清华大学职业经理训练中心（中国最早的企业管理高端培训机构之一，成立于1997年）联合推出了“清华大学房地产高级职业经理（总裁）研修班”，简称“清华大学房地产总裁班”。至今，该项目共举办过16期，有1000多名来自祖国各地（包括香港、台湾）及新加坡、日本等地的房地产投资、开发、管理企业的总裁及高层管理者参加了学习；有120余名来自政府、高校及业界的专家、学者、精英传道解惑；有美国房地产业协会、香港理工大学、加拿大多伦多理工学院等十几家合作机构共同支持，并且形成了北京、上海、深圳、香港等教学基地。“清华大学房地产总裁班”是清华大学第一个，也是中国房地产业协会面向全行业推广的惟一一个高端培训项目。近五年形成了良好的社会影响，成为中国房地产业高端培训的首选品牌。

2003年12月，以“清华大学房地产总裁班”班级同学为基础，“中国房地产业协会·清华房地产总裁联谊会”在海南博鳌成立，其宗旨是，加强班级同学之间、班与班之间跨行业、跨区域同学资源的整合与交流，搭建同学之间产业合作的平台。“房地产总裁联谊会”下设金融投资、项目合作、建筑工程、咨询顾问、教育与人才开发等七个专业委员会，目前已有1000余名会员。两年来，在“清华大学总裁同学会”与中国房地产业协会的指导下，举办了4次全国性房地产专业论坛，组织了近30次跨区域投资考察活动，促进了百余起项目合作。“教育与人才开发委员会”通过集中面授、远程在线学习、互动交流、企业内训和联合委培等方式，为企业培养职业经理等专业人才。同时“教育与人才开发委员会”整合优质教育培训资源（主要为师资和课程）进行专业开发和课程设计，在满足学员企业需求的同时，还通过大众传播、新闻出版、教育培训等方式，使更多非学员企业受益。

2005年10月，在“中国房地产业协会·清华房地产总裁联谊会”的倡议下，中国房地产业协会、清华大学职业经理训练中心、美国房地产业协会、香港理工大学、加拿大多伦多理工学院联合组建“中清联合国际房地产教育联盟”。以清华大学职业经理训练中心为基地，整合全球优质房地产教育资源，推动中国房地产企业的进化与产业升级。“联盟”是个开放的体系，主要工作包括组建房地产管理研究院，编辑出版房地产专业培训教材，研发房地产职业经理系列培训课程体系，开办中国房地产网络研修学院，筹建中国房地产管理学院等。

《清华大学房地产总裁高端培训核心教程》系列丛书是整个出版计划的一部分，首批12本书。每本书都是在“清华大学房地产总裁班”课程基础上由主讲教授创作，因此具有很大的原创性和实用性，并且在理论上保持一定的权威性和前瞻性。《清华大学房地产总裁高端培训核心教程》系列丛书，主要解剖房地产项目经营管理层面企划、营销、成本控制、物业管理等问题。陆续还将推出“房地产公司治理”、“房地产金融与资本运营”、“房地产品牌与文化建设”等系列丛书。另外根据房地产企业职位与岗位需要，还将推出“项目经理”、“工程经理”、“营销经理”、“物业经理”等系列操作丛书；房地产管理前沿系列丛书，包括“美国模式”丛书及“香港模式”丛书；房地产标杆学习丛书、房地产经典案例库等。计划每年出版30种左右。

《清华大学房地产总裁高端培训核心教程》系列丛书，可以作为房地产经营管理者学习的指导用书，也可作为房地产专业教育培训机构的指导教材及房地产企业的内训教材。另外，每本书都有作者亲自主讲VCD版本。

感谢清华大学职业经理训练中心主任骆建彬博士、中国房地产业协会秘书长顾云昌教授，五年来，正是他们的支持才有可能积淀这样一些成果；

感谢1000余名房地产总裁班学员及120余名教师，他们才是这个项目的建设者；感谢中国建筑工业出版社封毅女士，从2001年即开始洽谈合作，没有她的执着，不可能有丛书的面市；感谢清华大学职业经理训练中心房地产项目部的全体同仁，正是这个团队创造了奇迹。

金　波

2006年1月于清华园

清华大学房地产总裁班教授会

清华大学房地产总裁高端培训核心教程编委会

本书编委会

著　作　者：曾宪斌

主　　　编：肖世荣

编委会主任：刘晓红　王　磊　张雪松　李　箐

编　　　委：于　舸　王　平　刘兆飞　宋革委
　　　　　　何青青　陈　静　陈冠玉　胡德厚
　　　　　　顾忠良　秦　青　徐敬亚　曾　帆
　　　　　　赖春宝　谢东江　谢兴华　陈悦句
　　　　　　夏　锋　卢　嘉

肖世荣(作跋者)：上海现代建筑设计集团副总建筑师
　　　　　　　　中国住宅商会总建筑师

“老板”当然都有问题

（原《“老板”都有问题》自序）

人人都有问题。
老板当然也都有问题。

从1994年至今的近十年间，我不间断地要往返广州市区到顺德碧桂园的区间，每次都要路过靠近碧桂园的“××花园”。这个花园由四栋高层住宅组成，与碧桂园几乎是同期开发的。十年后，她与碧桂园却殊路两重天，碧桂园已是全国著名品牌，而这个花园却是一直死盘，售价由十年前开盘时的4000元/m^2降到1200元/m^2，依然少有人问津。这个项目问题很多，孤零零四栋高层在野地里，前不着城、后不靠镇，想学碧桂园招徕香港人却没有足够配套，这是个典型的定位错位的失误。

每次路过，看到这几栋立面当时还算新潮的高层，可怜巴巴立在那里，像没人痛没人爱的弃儿，都引起我的感叹：这个老板如果肯做一番市场调研，如果专业化一些，如果请专家事先指点一下，如果手下有人才，如果……就不会血本无归。

那时，我就想：这个老板有问题。

如今，这种较为低级的错误当然是日见减少。但老板们依然面临种种的困惑与课题。2002～2003年前后，我在山东为一家房地产公司的两个项目做顾问，这家公司专业能力很强，对两个项目的市场调研、定位、策划都中规中距，就方案本身并无大碍，然而从“创新”和“最佳”的标杆看，我提出并未做到“效益最大化”、“品牌最优化”，于是共同探求，大胆求变。结果，其中一个项目首创当地小户型，引起市场轰动，被评为年度房地产十大新闻，提升了公司的品牌，均价也比原来计划提高了300元/m^2；另一个项目换了一个思路，预期利润竟然从原方案的1201万元猛增到3700万元！

老板永远都有值得探求的问题。

之后，从事房地产营销又十年，主持、参与上百个项目，授课演讲数百场，接触过上千位房地产老板，没有碰到没有问题的老板。这些老板都是非常优秀的成功创业者，我在和他们的合作、交往中不断汲取宝贵的经验。然而，他们也确实面临着不同的困惑与问题。当然问题是形形色色的。不同的老板有不同的问题，不同层次有不同层次的问题，不同阶段有不同阶段的问题，不同城市有不同城市的问题。

老板真是都有问题。这个问题有两层含义，一是误区与陷阱，二是困惑与课题。

“老板都有问题”这个念头是2000年在重庆又连续看到几个问题项目后产生的，并决心以此为书名做点系统的研究。苦于一直陷身于项目运作，时间精力不济而未修成果。自有幸被清华大学荣聘为房地产营销的主授教授后，因讲课需要促使自己系统地作了梳理，有了成形的东西。

此书从房地产营销中的观念、市场研究、规划设计、价格策略、销售培训等全过程，点出了老板很容易出现或不容易出现，但都是具有普遍性的困惑和误区。同时对如何解决作了相应的探讨；还将十年房地产营销亲历的一些个案拿来参照。当然，这本书许多不尽完善之处是显而易见的，体例上的另类；观点的偏颇；举例的交叉；探究的不深等随处可见。我从来不是通常意义的完美主义者，追求的是动态之完美，不敢说所有的问题都找到了解决的妙药良方，能抛砖引玉，有警觉、有借鉴、有方向，我认为，目的就达到了。

有好心的朋友担心“老板都有问题”的书名会触及老板们的自尊，我却相信，老板们能走向成功，正是他们海纳百川、对问题不避不讳的结果。

最后，诚意感谢我敬重的肖世荣先生，对本书提出了宝贵的修改意见并作跋。感谢中国建筑工业出版社责任编辑对本人的抬爱，使本书得以顺利出版。特别感谢我的助手王磊在盛夏酷暑，闭门挥汗数十日整理书稿；以及我的助手刘晓红、秦青、何青青，我的合作公司——大唐天驹营销代理公司的协力参与。

曾宪斌

Email：zxb_office@sohu.com

2003年10月

目　录

第一部分　老板之观念问题

第二部分　老板之功利问题

第三部分　老板之品牌问题

第四部分　老板之创新问题

第五部分　老板之规划问题

第六部分　老板之销售问题

第七部分　老板之策略问题

第八部分　老板之新观念问题

第九部分　经典个案解码

第十部分 附 件

第十一部分 后 记

第一部分　老板之观念问题

——老板问题之种种，最本质的是观念问题

本部分内容是房地产老板的观念问题或非成功因素种种。换一种形象的说法，叫做“如何避免制造黑白电视机”，“怎么样去做彩色电视机”。因为那么多城市和地块，发现同一个地块，做出来的项目可以有完全不同的档次；同一个区域不同的城市的档次迥然不同；同一个城市差别也非常大。如广州的翠湖山庄，它是广州十大明星楼盘。它的均价上到过七八千元。但就在它的一路之隔，有两个楼盘。一个同等的素质，或者说档次上差不多，但价格上却差了一两千元；另一个更不用说，是“宿舍型”的楼盘，挨得非常近，只卖3000多元。同样的地段，差别如此之大。同样的城市，楼盘的品质相差也非常巨大。如上海，既有像古北小区那样曾经是代表品牌小区的标志性楼盘，也有天山路上一个“宿舍型”的楼盘，而且不是早年产品，是近几年的新建项目，毛病、缺点非常多，这不禁让人感叹，上海现在居然还建这样的楼盘。另外，同一个大区域，同档次的城市，其发展水平也常是参差不齐的。

这就给我们提出一个问题，什么原因造成同地块、同区域、同城市会出现不同的结果。通过看全国的房地产情况，可以得出一个初步的结论。作者和重庆的一位发展商曾经讲过，你们是在做“黑白电视机”，现在的人需要看的是“彩电”，谁去买你的“黑白电视机”？比如说，一个小区，有一个两室的户型，洗手间不仅黑的，还设在客厅中间，拦腰切去大半。这个房子，如果单位用来分给职工，职工都可能不要。可想而知，当宿舍分都不要，凭什么让市民认同，掏钱出来买？

所以在这个意义上，许多地方还处在产品更新换代的阶段，就是要将“黑白电视机”换成“彩色电视机”。当然在广州、深圳、上海、成都这种房地产成熟的地方，产品换代可能矛盾就不那么突出，而突出的是营销，是一种高品质的产品在同质上的营销竞争和品牌竞争。

这里引出来的问题是，究竟有哪些因素是制约我们的发展商自觉不自觉地去做“黑白电视机”的呢？或者说我们的老板在开发项目时会有哪些问题呢？会碰到哪些问题呢？

房地产开发全程可以分成四个部分。第一部分是前期的项目策划，包

括选地、选时、选人、市调等；第二部分是品牌策划，包括附加值、城市品牌、区域品牌、项目、企业品牌等，推广的节奏、方法等；第三部分是品质策划，包括规划设计、建筑设计、景观规划设计、装修标准设计、物业管理售后服务等；第四部分是项目的销售与推广策划，包括卖场包装、销售道具设计与制作、广告密码的设定、推盘节奏设计、价格策略等。通过对不同案例进行分析，我们将房地产的营销问题都是归属在这四大块中的。

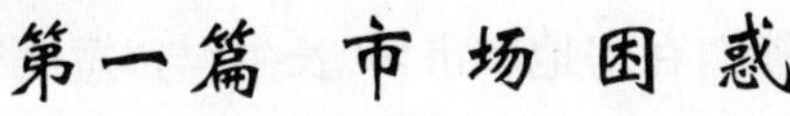

第一篇 市场困惑

房地产项目前期对市场的认识与研究是整个营销策划过程第一个部分的运作基础，如果项目的操作在这个阶段步入误区，将是致命的，难以挽救的。

一、“牛市”困惑
二、“泡沫”困惑
三、入世困惑
四、住宅郊区化困惑
五、大盘困惑
六、复合地产困惑
七、城市运营商困惑

一、“牛市”困惑

股市有“长牛”与“短熊”，在房地产市场“长牛”与“短熊”并存的格局将在较长时间存在。

房地产在中国有持久的大牛市是毋庸置疑的。一是中国经济发展带动人均住房面积持续增长。现在城市人均住房面积，大城市是人均 $15m^2$ 左右，中等城市是 $20m^2$ 左右，距离国际标准 $35m^2$/人尚有数十年的时间；二是中国城市化从目前的37%到国际正常标准75%的比例也有几十年的时间。这些都决定了中国的房地产业是处在一个长期的上升趋势之中，也就是市场的“长牛”。但这个“长牛”上升是调整中的上升。

从中国房地产5年发展加2年调整的周期，2003年正好处在第一个调整年，这一点已有一些专家提出。作者认为，这次的调整会比一般情况预见到的严酷得多。极端的例子就是广州2002年3616万 m^2 的开发量，产生上千万平方米的空置房。虽然政府不希望房地产下滑，但却未必可以控制。造成这个现象的主要原因是政府的不作为和开发商的乱作为合力所致。政府对开发总量调控的失控，乱批地，开发商盲目圈地，开发结构失衡，缺乏有效供给，媒体不负责任的鼓吹造成各行业千军万马到房地产来“淘金”，导致房价及开发量的严重泡沫，使不少业内人士对整个市场持“熊市”的观点。

但是，事实上，“熊市”只是“短熊”，因为，这种情况只是一个调整期出现的短期状况和市场的局部情况，而且也并不是全国所有的地方都是如此。这种情况大多出现在市场较为成熟、竞争激烈的大城市。实际上，在大多数中小城市，市场前景仍是非常乐观的，市场发展继续走强。

二、“泡沫”困惑

从2002年一直到2003年的现在，无数的业内人士，包括业内有影响

力的企业家、著名策划师、主管政府官员等，都在谈论房地产业是否存在“泡沫”，“泡沫”有多大，“泡沫”何时破灭等。

1. 房地产的“泡沫”是存在的，但只是局部的

房地产业存在“泡沫”是毋庸置疑的，虽然仍有部分机构及个人在为房地产不存在“泡沫”而“大声疾呼”。但这种“泡沫”只是存在于局部的区域。

2. 房地产“泡沫”存在的主要原因

(1) 政府调控不力，土地供应在一定时期失控；

(2) 开发商盲目开发；

(3) 市场缺乏有效供给，造成大量房屋积压空置；

(4) 金融系统体制不完善，给部分不法开发商提供可乘之机；

(5) 地方房地产法规不健全；

(6) 国家相关配套法规不完善；

(7) 消费者的消费理念不成熟，在客观上助长了房地产开发商的不理智开发；

(8) 房地产行业的上、下游产业为生存而盲目迁就于房地产开发商，助长了“泡沫”等。

3. 房地产开发商要在“泡沫”中求发展

(1) 走专业化运作道路；

(2) 创品牌求发展；

(3) 充分研究市场，寻找市场空白点，开发适销对路的产品；

(4) 创新求发展，创新就是生产力；

(5) 走多元化融资渠道，充分利用金融市场。

4. 如何消除房地产“泡沫”

房地产“泡沫”存在的因素很多，但主要还是市场、政府、开发商、

消费者四者之间的协调，要消除房地产“泡沫”，主要应从这四者的观念出发：

(1) 政府加强宏观调控，完善相关政策法规。

2003年上半年，政府相关部门连续发布了数项新政，意图十分明确，为房地产业的正常发展提供政策保障。如：关于土地出让的控制；关于房地产贷款的控制；关于物业管理法规的出台等。但是，如果政策内容“急功近利”，可能会“适得其反”。

(2) 开发商规范运作，走专业化道路。

(3) 消费者加强消费理念，认清市场，谨慎入市。

(4) 建立市场经济体制下房地产市场秩序。

三、入世困惑

中国入世后，对房地产的影响众说纷纭，莫衷一是，但主要有两种具有代表性的观点：一是对房地产影响不大，不必太在意；二是将对国内房地产业产生强大的冲击，影响严重。对此，作者认为，入市后，地产界将会凸现“十大替代”的观点。

1. 规则替代：让市场说话
2. 企业替代：房地产的“三足鼎立”
3. 市场替代：客户群外延扩大
4. 观念替代：居住观念国际化
5. 产品替代：“复合型”住宅将出现
6. 服务替代：策划人行将消失
7. 材料替代：高科技材料打造新住宅
8. 供求关系替代：房价有升有跌
9. 金融替代：更多质优价廉的服务
10. 推广替代：炒作归于平淡

1. 规则替代:让市场说话

现在房地产市场遵守的规则是由目前国内市场自发形成以及政府所制定的游戏规则,但是这种游戏规则有时对于开发商来说并不是公平的,而且变数很大。拿土地出让来说,以前的土地出让长期以来都是协议出让,跟国际接轨后必须是竞投和招标,这样暗箱操作的困难将大大增加。入世后,游戏规则对于不同的开发商不是很公平以及对规则随意改变的状况将迅速地加以改变,当然,我们的政府职能部门还是要作为房地产主要政策的制定者,还是要管理这个行业,还是要做裁判员,但它必然要和国际上的一些规则接轨,符合国际惯例的做法,而不能随意制定和改变规则。又如现行的物业管理的收费问题,物价部门管得非常细,精确到几毛几分钱,这一定程度上制约了物管水平,形成恶性循环。其实按国际惯例物业管理市场化的做法,根本没有必要给某个项目制定多少毛钱,只要业主委员会与物业管理企业之间达成协议,是多少就是多少,在协议上如果发生纠纷,由法律去约束和管理,这样问题就迎刃而解了。所以入世对中国房地产一个重大的影响就是规则的替代,现在还带着浓厚的计划经济色彩的行为将改变为规范的市场规则行为,这是一个根本的转变。

2. 企业替代:房地产的“三足鼎立”

企业与资金是密不可分的,因此企业替代当然包括资金替代。现在业内有一种普遍的观点,其中甚至包括有一些资深的权威人士都认为:房地产是不动产,国外企业比较难进入这个行业,因为房地产的地域性很强,国内的风土人情等这些风俗,外国人不容易了解,它不像其他的动产,会进入国际竞争的领域。这其实是一种自我安慰、自我麻痹的误区。事实上任何的动产和不动产,作为产品来说本质上都是资本的流动,而任何资本流动的本性都是追逐利润的最大化,哪个领域利润高,资本必然就会向这个领域流动。中国的一些行业如家电业,经过激烈竞争,其利润已经与国际接轨了。但还有几个特殊的领域其利润跟国际是不接轨的,其中房地产就是

一个。中国房地产的利润还有10%～15%甚至更高，而国外房地产的利润普遍是3%～5%，在这种情况下，一旦市场放开，国外的资金必然要进入这个市场。不动产与其他行业相比有一定的特殊性，这一点是不可否认的，国外的企业对这个不动产的不适应在一定程度上也是存在的。比如说香港的一些地产公司前几年在内地做地产成功的不是很多，就是因为他们太自信了，用国外的经验来做国内的市场，用市中心的地段大量做商业写字楼，结果都不成功。但是，不要忘记，国际品牌、国际资本有着非常良好的适应调整机制，本土化就是他们解决问题的一个好办法。像沃尔玛一样，大量的高级专业人才进入国际品牌公司后，地域性将不再是问题。并且所谓动产和不动产只是一个相对概念，高级建材、电梯等，作为商品它是动产，装到房子里面它就是不动产。

现在国内的房地产业正在洗牌，入世后会加速洗牌的进程。过去的房地产界大概有两类地产商将会很快消失，第一种就是传统的占主导地位的国有地产开发商，这些不改革不改制的大的国有企业都会变成行将灭亡的恐龙；另一类就是中小型的地产开发商，如果不能及时上台阶建立品牌，面对国际强势品牌的侵入，可能会被洗去。洗牌的结果将呈现“三足鼎立”的局面，即国际大的品牌公司、国内大的品牌公司和本地品牌公司三者分割市场，特别是国际的品牌公司，他们将有一定的地位，这就是企业替代、资本替代。

3. 市场替代：客户群外延扩大

入世后购买房子的主体要发生变化。比如外销房概念的取消，大家都实行国民待遇，这种情况下会出现许多海外的购房者，成为很大的一群客户，包括一些原来在国内只能租房住的人也会转化为客户。此外，房地产本来是一个很重要的投资工具，在国内长期以来这种投资的性质都没有体现出来，入世后这种大量的投资客户会出现，市场会发生很大的变化。比如说，外资进来的同时，许多大的中介公司、贸易公司也会进来，国内写字楼的、商铺的投资市场主体就会发生变化。市场替代因此也可以说成客户

替代,主要的变化就是境外的购房会大量增加。

4. 观念替代:居住观念国际化

观念替代的例子很多。如入世后,大量廉价的汽车会进入家庭,通讯也会极大地改善,这种情况下,人们的居住观念由于出行、通讯的便捷,已经存在的郊区化的趋势会更加明显,住房的标准从一环、二环会迅速地向郊区转移,因为步行的距离是5km左右,自行车的活动范围是15km左右,汽车就是50km左右的范围,这样一来,只要有车的人都会向郊区转移,这就是人们居住观念的变化。再一个物业管理费的问题,与国际接轨市场化以后,业主就会明白,不是要我交多少费,而是我交了多少费可以享受什么样的服务,就像请保姆一样,请一个农村来的,一个月两三百元就可以了,但要请一个高级保姆则一个月可能要花六七百元,这些都是需要人们转变观念的。观念的变化对房地产业的冲击可能将是最大的,也是自然而然的。

5. 产品替代:"复合型"住宅将出现

随着市场替代的变化,购房人员结构的变化,产品本身也将发生改变。大量的外资进来后,会增加大量的白领。大量的外国雇员,他们所要住的房子跟我们现有的产品的结构有很大的区别,例如SOHO一类的概念可能会越来越流行。以前的房屋主要以住宅为主,以后很有可能以投资为主。跟旅游度假休闲、跟投资结合的产品会增加,产品会更加丰富多彩,传统的、只满足一般居住需求的产品会下降,大量在传统住宅基础之上又增加了一些个性附加值的产品将出现,即"复合型"住宅。

6. 服务替代:策划人行将消失

服务替代就是跟房地产相关的一些服务行业,如中介代理业、咨询顾问业、策划业等,会跟现在相比发生很大的变化。入世将加速策划业灭亡,因为现在的策划是由于许多房地产开发商不太专业,不清楚开发的产品如何与市场对接，而且政府的政策又有许多不成熟的地方，所以才有了策划人、顾问。入世后规则已经被替代了，大家都按照一种模式一种规则来操作。市场较为透明，策划人和顾问自然就走到了尽头。当然，这并不表示完全不需要顾问和策划，而是说顾问和策划将被成熟的市场营销公司所取代。目前中国的房地产业还没有多少成熟的市场营销公司，但国际上有，他们会以一种科学、严谨、规范的市场调研方式来帮助开发商做市场调研；因此，原本鱼龙混杂的市场调研和策划人员，要么与国际接轨，要么被市场淘汰，当然这可能不会立即显现出来，但其实只是时间的问题。

7. 材料替代:高科技材料打造新住宅

国内可能是最好的住宅与发达国家一般的住宅相比都有一些差距，这其中高科技材料的运用是一个重要的因素。国内 20 层以上的建筑，它的使用率就不足 70％了，而国外的一些超高层住宅，使用率仍能高达 70％以上，大量高级超薄建材的使用就是关键。入世后，国外的建材、卫生洁具、装饰材料、电梯、机电设备等这些全方位的建材将大幅度降价进入我国，这样就会给我们国内的产品升级换代带来机遇。

8. 供求关系替代:房价有升有跌

入世后的房价将有升有跌。有一些房子房价会下跌，如现在市场上有一些房子不适应市场需求，品种供大于求，当国外好的产品进来时自然会加速其价格下滑，不降价就卖不出去了，这是最主要的一部分；另外，就高档房来说，很多材料是进口的，随着入世后进口材料的降价，它的整体价格也要往下走；第三个方面，国际公司习惯了 3％～5％的利润，进入国内后房地产是 10％～15％的利润，这样也有一定的降价空间。入世后，还有一部分产品的价格会上升，比如说大量的公司需要商业用房、企业办公用房，在一定时间内，这部分的房价会上涨，广州写字楼的房价上升，与入世后需求量的增加有关。总之，随着产品结构、市场替代的转变，我们的供求关系将会发生变化，有降有升。

9. 金融替代:更多质优价廉的服务

关于金融替代,总的来说就是国内业主将能享受到国外提供的按揭、金融、保险等质优价廉的服务。房地产业与金融业有着密不可分的关系,房地产开发的资金来源,将在一定程度上借助金融的方式来获取资金。

10. 推广替代:炒作归于平淡

现在国内的房地产一般拿出销售额的2%～3%来做广告,做宣传,所以国内的媒体上房地产广告是越来越多,但国外的房地产广告却很少,房子还卖得很好,这表明市场成熟以后,炒作概念的作用越来越少,人们更加注重品牌的作用,而不需要通过大量的推广、炒作来销售项目。所以推广可能会归于平淡,这种大量的密集式的宣传在入世后会发生质的变化。

其实谈入世后的十大替代并不是一味地喊“狼来了”,入世后既充满了危机,也充满了机遇。入世后,大量高档建材的关税降低,使得用优质的建材建更多更高档的房子成为可能,大量高级雇员、高级白领的增加,他们有很强的实力,这使我们市场的承接力又增加了,很多的机遇摆在我们的面前;但同时也有压力,例如国际公司的进入会加快洗牌的进程,应该说压力是主要的,机遇则要看个人的了。

四、住宅郊区化困惑

所谓“住宅郊区化”是我国房地产发展近几年的一个较为流行的趋势。我们知道,国际上的“住宅郊区化”是指一个国家或地区,人均国民生产总值达到每年3000美元以上,出现的居民住宅向郊区移动的过程。但其移动的阶层是有车族、富有阶层。而我们则异化为中、低收入者向郊区移动。结果造成生活成本过高,不堪负重,缺乏可持续生活能力。如交通成本。著名的“华南板块”一些楼盘,穿梭巴士每次5～8元,往返10～16元,这只

是直接的交通成本，按国际上交通的交通成本的计算方法，还包括间接成本，即通勤时间换成工资标准时间的 25%，这样加起来，交通成本每月500～700元，占到月收入的 1/6 以上。而且，发展商每月还要补贴 20 多万元。一旦小区销售结束，开发商不再补贴，业主的交通成本还要大幅增加。所以，国际上的现代城市模式认为"同心圆"较为合理：即靠近中央商业区，污染严重、居住密度大、交通拥挤等并不适合居住区域是低收入阶层居住，越往外圈收入阶层亦越高。我国的实际情况当然有差别，不必一刀切，照搬国外的模式。但反其道而行之，则是北京回龙观小区、望京小区，都出于违反了"住宅郊区化"的实际原则而暴露出弊端多多。到了我们该认真反省的时候了。

五、大盘困惑

1. 大盘的开发有许多优势

（1）规模大、影响大，开发商容易借大盘开发提升、树立品牌；

（2）可以自拉自唱，改变一些弱势区品牌形象；

（3）景观、生态环境优于小规模项目；

（4）靠规模将公摊降低，使价格有更好的市场竞争力；

（5）靠规模可以兼容不同的市场定位。

2. 但大盘也有许多风险和问题

（1）大盘的识别性差，带来小区安全系数下降。

（2）大盘的物业管理成本较高，影响生活成本。

（3）影响城市规划，如交通道路的组织。

（4）市场容量与大盘矛盾尖锐，作为不动产，目标客户群局限在一些范围。因此，许多大盘即使开盘轰动，却不能持续、均好性销售，就是目标客户群枯竭所致。

（5）不同定位的业主聚集，比如别墅与多层混合之类，往往与"物以类

聚，人与群分”的原则发生矛盾。

(6)“大盘时代”在居住理念上的误区在于与经济的脱离。在国外有一个“2∶8”比例，即 100 万 m^2 的住宅面积中，至少有 20 万 m^2 的建筑是经济产业，或写字楼，或企业，或商业，为住宅的居民提供工作、就业的机会，鉴于我国经济发展的阶段及人口特点，我认为中国的大盘至少应“3∶7”之比。

这种居住理念是时代发展的产物。人类的住宅实际上是一个综合体，即住宅要与创业、娱乐、就业、教育、医疗等匹配。这种综合体在不同的时代表现为不同的形态。在农业社会，交通工具是步行、马、牛，决定了“日出而作、日落而息”的活动范围，从出土遗址到今天的农村某些村落，我们可以看到住宅与田地的组合。到了工业社会，大工厂的噪声、粉尘等不允许住宅紧邻，于是出现了城市功能分区，住宅区远离厂区。住宅作为综合体，只有教育、娱乐、医疗等配套，而与经济产业相对分离。而进入信息时代的今天，住宅区作为综合体又回归本源，要求方便住宅居民的创业、就业、成功关注人的发展的课题。我们之所以说：“华南板块”是旧时代的“叠加”和终结，就是它们停留在工业时代的住宅综合体，尽管这个综合体在其他的配套上做得很好，但由于不能与经济联动，不能回归本源，解决居民的创业和就业，它就只能是代表着过去的时代。

“大盘时代”的产生，在一定程度上有上一届政府为求政绩，而进行的功利行为，在短期内大量出让土地，吸引外资，造成土地批租的无序，而“大盘时代”也正迎合了这种行为。

所以，作者认为：“大盘时代”在量和质上存在值得深讨的问题。“量”就是不能过多，过滥。“华南板块”是量过度的恶果，还有云南某市，人口只有几万人，居然有一个 2500 亩的所谓大盘，作者测算过，按当地容量，其他项目 $1m^2$ 也不要开发，光是这个大盘 10 年也难以消化。这不由我们不想起当年的海南、北海等地“泡沫”的惨重教训。“大盘时代”的质的问题，就是未能与时俱进，形成与经济联动的新综合体。

六、复合地产困惑

所谓复合地产，是指房地产和另外一个行业的整合，比如说和医疗、教育、体育的复合。

在房地产开发的初期，由于产品出现同质化现象，一些住宅项目为了做出差异，形成自己的特色，突出项目某一方面特点，形成其他项目缺乏的附加值。在这个阶段这些做法是创新的表现，是值得肯定的。但是“真理再向前一步就成为谬误”。现在所谓的“复合地产”则早已脱离了最初的动机而出现负面效应。“复合地产”过去包含三层意思。一是开发商将某一方面的配套当作额外的恩惠。其实，无论是医疗、教育，或是体育休闲设施，作为住宅的综合体，都是理所当然的配套。拿出来当作恩赐，是对业主的不尊重。二是不是某一方面有特色，就标榜出与另一行业的“复合”，其实是名不副实，哗众取宠。三是故意将某一方面的配套做的“高、大、全”，动则上百亩的高尔夫练习场，几万平方米的体育会所，或超出小区实际需要的大医院、学校之类。一来建造所需的地价及其成本造成的建设成本过高，将转嫁到售价，另一方面则是日后的使用成本高。

还有就是对城市规划形成制约。如现在许多地方取消小规模的希望小学等麻雀学校，这些所谓的“复合地产”建的医院、学校、体育设施等等，可能与未来的城市规划发生冲突。所以，喧宾夺主的“复合地产”是对真正意义上现代住宅区的一种反动。

七、城市运营商困惑

每当在电视上、报纸上看到某些开发商大谈要做“城市运营”、“经营城市”，或正在某城某地进行“城市运营”时，就头皮发麻，甚至胆战心惊，心想：完了，这个地方的城市规划要完蛋了。当然，这些开发商都在冠冕堂皇地大谈要为城市建设做出贡献。但是说千道万，实质却是开发商要插手本

来是政府做的事情,实质却是要让开发商的获利最大化。

前不久,我们去江西赣州考察,发现这个城市保存了非常完好的宋朝时期的古城墙,也是国家重点保护的古建筑遗址。本来是应该十分珍惜的,当地政府也试图去保护她,据说,为此还专门拆掉了一所学校。但是今年,在城墙边上一家房地产企业却开发了一个项目,紧挨着古城墙,把国家的宝贵文化财产完全作为了这个项目的后院,这是对先辈文化的破坏。不知道当地政府主管部门是怎么想的,会批准这个项目的建设。

本来"经营城市"、"城市经营"是政府的责任,任何一个城市都应是先有城市经济的发展,再有城市的规划,然后才有城市房地产的开发、规划设计,而不是本末倒置。开发商参加"经营城市"和"城市经营",必然的结果是本末倒置,最可怕的是,越位和错位的开发商,由于其资金追逐利润的本性,在"城市运营"中,必然将确保开发商利益放在第一位,不管主动还是被动,一旦城市发展与开发商利益发生冲突时,开发商毫无疑问会以牺牲公共利益来保护自己的局部投资的利益。当只有政府做"市场运营"时,政府当然会站在公共利益的立场上平衡多方利益,并首先维护公共利益,而开发商一旦介入"城市运营",将使这种格局彻底打破。所以广州市长林树森在谈到城中村改造时,斩钉截铁地说:绝不允许开发商插手城中村改造。因为实践证明,凡是开发商插手改造、开发的地方,都是楼越来越高,路越来越窄。原因是开发商不是来做善事,而是来赚钱的。林市长的话真是惨痛教训换来的一语道破。

克服市场困惑的出路:房地产业也要讲"三个代表"

1. 如何代表最广大人民群众的根本利益

(1) 要根据最广大人民群众的需求来开发房地产。

现在的房地产"泡沫",表现在供求失衡,其中"贵族化"现象造成高档房过剩、房价过高,而中低收入群众需要的住宅严重不足。包括我们理论界应当研究高、中、低不同档次住宅的开发,而不是像过去那样,眼里只有高档房。我参加过无数的论坛，就没有听到谈低档住宅与高档住宅差别之类的论题，而只有什么“欧美小镇”、“电梯别墅”、“明星小区”之类高档、贵族化的标准。其实，只要开发商心里想着“最广大人民群众的根本利益”，对中低档住宅、小户型等住宅需求把握得好，就能避开“泡沫”，赢得市场。

(2) 关注人的发展，发展“动能型住宅”。

十六大以后，我国经济发展全面加速，人民更关心自己的发展问题，因此住宅的投资功能体现，我们应与时俱进，让住宅为个人、家庭、国家的发展提供动能，这就要求提供具有让渡价值空间的住宅和保值、增值的住宅，使住宅成为有效益的投资工具，使住宅不仅要“适合居住”，更要“适合创业”或发展。

(3) 短期行为要服从长远利益。

开发房地产时，做景观，做配套，以及物业管理，都不能为眼前的销售而牺牲业主的长远利益。

(4) 政府克服不作为和乱作为。如供求关系严重失衡，就是政府的不作为；让开发商进入“城市运营”，就是政府乱作为和不讲代表人民群众的根本利益。

2. 如何代表先进生产力

(1) 国际上先进的住宅理念、设计思想以及产业发展的新观念，都值得深入探讨。比如预售制度，我们现在矫枉过正，为防止烂尾楼而限制楼花预售，使资金投入增大。而国际有一种“行业担保”的方法就很值得借鉴。房地产协会作为一个实体为会员开发的项目担保，政府允许卖楼花，一旦项目出现资金不继等问题时，行业协会立即推荐第二家继续发展。这样，就不会出现半截子工程，又能以较少的资金开发较大的项目。在中国当前急需解决住宅的阶段，不应因噎废食，限制开发。而应研究在卖楼花的前提下，确保不会出现“泡沫”。

(2) 新材料、新工艺的引进，降低成本，提高质量。

3. 如何代表先进文化

(1) 企业建立诚信文化。改变目前房地产投诉高居各行业之首的状况。

(2) 产品的品牌文化。让住宅成为市场持续认同的差异品牌。

(3) 社区的健康文化。业主自主经营,方便沟通,丰富精神生活。

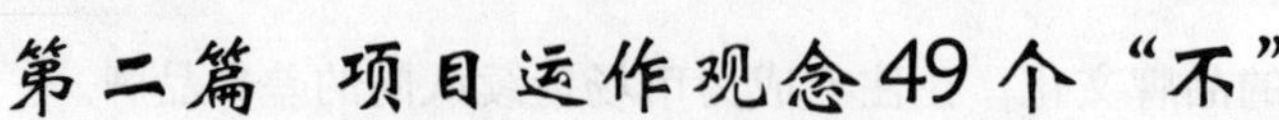

第二篇 项目运作观念49个“不”

一、前期项目策划
二、品牌策划
三、产品品质策划
四、销售与推广策划

一、前期项目策划

1. 位置不好	7. 整合不细
2. 规模不大	8. 供求不配
3. 时机不宜	9. 认知不够
4. 市调不足	10. 资金不滚
5. 搭档不强	11. 人气不旺
6. 人才不精	

1. 位置不好

关于地段、位置，在一些房地产的争论中最多。到底是不是最重要？是不能一概而论的。作者的观点是过去地段、位置在项目开发中举足轻重，是排在首位的因素，但现在变得没有原来重要了。然而并不是说就不重要，如果位置不好，比如不是城市规划方向，现在市政配套又不成熟的区域，就很难成为热点；又比如在大的污染源——垃圾填埋场、火电厂、化工厂、殡仪馆等旁边，都会严重阻碍项目的推广。关于地段位置，要有以下几点辩证观点：

(1) 传统的“地段第一”的观念之依据

A. 像香港这样土地高度稀缺的大都市，地段的价值对项目起决定性作用，因而有了李嘉诚的名言：“第一是地段，第二是地段，第三还是地段。”

B. 在产品同质化的时代，地段位置决定房屋的价值，如过去宿舍分配的计划经济时代。以后高档次物业同质化后，位置的价值也会再度升高。

(2) 传统的“地段第一”的价值观正在变化

A. 都市“空心”化的趋势，使原来意义上的好地段——即市中心价值衰减。

B. 交通、信息业的进步，使传统的位置距离为心理距离、时间距离所弱化。

(3) 地段论误区——地段至上论、地段过时论与地段惟一论

关于地段的认识，不同的人有不同的观点，时下，讨论较为集中的就是地段至上论、地段过时论。

A. 地段至上论：认为房地产开发中，地段的作用是至高无上的，是决定项目成败的最关键因素，认为购房者在购房时考虑的主要影响因素中地段是最重要的。这类观点，在我国房地产开发的第一个高潮期是很正常的，但是在现阶段，显然这个观点已经站不住脚了。

B. 地段过时论：这是与地段至上论相对的观点，认为地段的影响在房地产的开发中已经不重要了，并不能影响项目的开发。它和地段至上论一样，都是较为极端的观点，都是房地产开发中比较容易产生的误区。

我们要提出的观点是：地段"惟一"论，但是此"惟一"不同于彼"惟一"。地段"惟一"论的观点：

A. 任何地段都是惟一的，"人不可能两次踏入同一条河流"，不存在任何一个与之完全相同的地块。

B. 任何地段的开发方案都可以有很多种，但最合适、最合理，可能产生利润最大的方案是惟一的。

C. 一个地块可以由很多开发商来运作，但能产生最佳运作效果的开发商是惟一的。

D. 同一地段的产品惟一性，只有一种最合适的产品。

(4) 三种可选择的区域

A. 老城区，虽然价值弱化，但由于社区配套成熟，依然有公认的价值。但与传统的观点不同的是，在老城区做单体或小地块风险越来越大，应有一定的规模作为相辅相成的条件。

B. 城市规划发展的潜力区域。如发展中的新城区，市中心移动的方向。

C. 大区域的腹地。在一般看来可能是前不着村、后不挨店，但站得高一些看，可能是龙肝凤髓之地。如顺德碧桂园，处在珠江三角洲发达城市群的腹地，但开发之初却是不被看好的“桑田塘埂”。

(5) 评估地段位置要考虑的因素

A. 区位地段：地级，周围房地产开发程度，周围有无公园，有无山水、标志性建筑，市民对地段的认知程度，周围建筑密度，空气污染程度，市政管网煤气等供应。

B. 社区环境：有无较大商场，街铺的专业化程度如何，有无菜市场、幼儿园、中小学、中专及高校、医院、酒店、夜总会、食府、运动场所。

C. 交通条件：是否靠近交通干线，地铁站远近程度，中巴、公共车线路情况，距市中心的距离，有无直达车和专线公共车，周围修车方便程度，距机场远近与方便程度。

D. 市政规划：未来有无大的市政建设计划。

(6) 八种地段位置可供利用挖掘

A. 等级位置。即是原有城市表示土地级差的等级，如一级、二级或市中心、次中心等。

B. 观念位置。如原来一般心目中的好位置是老城区的市中心，现在则向新区、江景、山景等转移。

C. 相邻位置。如果与著名明星楼盘相邻，既可以沾光，借区域热点，但也可能在“陪太子读书”。

D. 环境位置。如公园的环境令相邻楼盘增值。广州在天河东站搞3个广场，“天誉花园”即借景。

E. 行业位置。行业群体集中的地段，购房的主力很容易确定，可针对性定位。

F. 情感位置。如不少老城区的人依恋积淀着家族历史和自己人生的区域，并不愿到新区等。

G. 心理位置。有人对楼盘的风水、造型或色彩等，可能一见钟情，也可能一俊遮百丑等。

H. 规划位置。对政府可能规划的大型市政设施，如地铁、体育场所、殡仪馆等，都会使位置的价值重新定位。

2. 规模不大

一些项目的失败，往往是因为单体建筑或面积太小。广州十大明星楼盘，都是规模较大的小区，较小的翠湖山庄也占地5万多平方米。一般来讲，做单体建筑风险比小区大，规模小的小区比大规模的小区风险又大。规模小不被市场接受的原因主要是：

(1) 缺乏必要的环境和共享空间。现在人们买住宅已不仅仅是有个房子，而是追求生活的环境。没有足够的空间，连散步小径、园林绿化都难以规划。

(2) 难以增加附加值。如现今三大消费热点中首推教育，而项目小就无法设小学教育设施等，就可能失去部分客户。

(3) 成本较高。规模较大，许多配套的成本低，容易以较低价入市，从而较有竞争力。

3. 时机不宜

主要是投资开发的时机不宜。

一是指在房地产周期开发的高潮时进入，待销售时房地产已转入低潮。这样，高潮时较高成本的价格面对的却是降价的市场。如广州珠江新城地块，有的发展商拿到的地价非常高，而开发时市场变化，房价一掉再掉，这样项目就变成了烫手的山芋。

二是指在一些待开发的区域中，由于率先开发，相应的配套要靠自身独立完成，市场对该区域的认同推广要求自身加大力度去完成，这就加大了投入的成本，而且其效果很可能是事倍功半。在云南安宁有一个军工厂，这个军工厂搬迁后，留下的空地，一个开发商想利用这块地作房地产开

发，地价很便宜。安宁离昆明大概 30km，由于昆明其他地方的发展，这个地块没有配套，也没有高速公路，但是通火车和普通公路，这块地作为土地储备是很好的，但是立即开发就时机不当了，市场不会认同，如果硬要开发，所有的配套全部自己来做，成本又会很高，就是吃力不讨好。

4. 市调不足

市场调查很多开发商都做。但为什么帮助不大，甚至还可能出现误导呢？现在的市场调研大都是开发商请专业公司来做，这些专业公司在前期为了能拿到合同，首先提出一些鼓动性极强的报告。拿到合同以后，所做的市场调研又是功利性较强的，一般是做一些深度不够、范围不广，是一种静态的市场调研。具体主要是因为存在几个问题：

(1) 深度不够

所谓深度不够是指开发商所做的市场调查力度不足。常常见到一些项目的市调，只是对项目区域的部分楼盘或者对定位相似的楼盘市调，而不是对各个档次、大范围的市调，以提供足够的数量和品种。我第一次参观考察上海，看了一些高质量的小区，得到的印象是总体上品质很好，甚至比广州好。还知道上海人买楼精细，平均看 24 次，还有一个看了 42 个楼盘，仍不罢休，说要看够 50 个再说。然而第二次考察，走了更多的小区，就发现有趣的事情：上海也有很差的在建楼盘，且销售不错。这就要对原有的看法做一个必要的修正。

(2) 范围不广

单就房地产调查房地产，是很不够的。我们说房地产是经济的综合表现，必须要全面了解城市社会、经济发展的全貌。

我们有一个调查提纲可供参考：

A. 居民消费情况调查

(a) 消费习惯、特点分析；

(b) 居民消费水平及社会消费品零售情况分析；

(c) 各种类型单位职工工资及人均储蓄情况；

(d) 人均收入与支出水平；

(e) 市区居民家庭生活基本情况(平均每户人口、年收入等)。

B. 相关消费专项调查

(a) 私家车情况；

(b) 贵族学校情况；

(c) 股市“大户”情况；

(d) 重要消费、娱乐场所情况；

(e) 私营企业情况；

(f) 个体经营者情况；

(g) 专业市场情况。

C. 资料收集与配备

(a) 省市近年“统计年鉴”；

(b) 历史、文化典故与风物资料；

(c) 项目公司资料；

(d) 各级政府近年历次各种市场调查资料。

(3) 缺乏科学的分析方法

许多开发商面对一大堆调查来的材料，不知如何归纳、抽象、提炼。除了要掌握一般的市场调查总结分析的方法外，还要有房地产专业独特的分析方式。

5. 搭档不强

(1) 规划设计

发展商会与很多公司在规划设计、园林设计、物业管理等方面合作，所以选择合作搭档尤其重要。若选择不好，则会自觉不自觉地在客观上误导自己，比如规划问题，国内设计院很难至臻完美。有两个例子，作者在秦皇岛参加一个房地产交易会，一个项目是由××大学做的规划，很不理想。另外，有次广州一家设计院为成都一家房地产做设计，设计过程中甚至连成都都没去，却敢做设计。这其实并不是个别现象而是很有普遍性。没有

形成激励机制，没有动力，不用负太多责任，在这种情况下，若轻易地将计划托付给他，会有很大的危险。所以我们在选择规划设计师时，应有一套非常成熟完整的理念。主动权应牢牢地掌握在自己手中，不要有依赖的思想。

(2) 广告设计

很多发展商请了广告代理人后，由于自身不太懂广告，就请广告公司帮忙出广告方案，而他自身则更多地站在功利的角度去看问题。比如在选择发布媒体时，指定几家大型媒体，这没错。但发展商，包括广告公司却没有意识到这些媒体的发行量很高，同时重复率也很高。我经常举一个例子，就是广州的《羊城晚报》和《广州日报》，其发行量都在百万份以上，但两者的重复率一般都在60％～70％。

即若同一天发布广告，起码会造成 70 万左右读者是在进行重复阅读。《羊城晚报》，一个彩版价格是 37 万元，也就是说，最起码有 25 万到 30 万元之间是没有什么作用的。而这种财力的浪费，广告商是不在乎的，他不会明显地感觉到这 70 万重复阅读的读者，他只在意推出的广告量，从而拿到一定的广告代理费。

(3) 销售代理

这方面问题较多，现在强调专业化，一般请销售公司代理销售，而这一定存在问题。比如他会建议你售价尽可能的低，因为这样市场接受度就会比较高，从而他就会有较高的代理费。若市场售价过低，就意味着发展商丧失部分合理的利润。这种现象是非常普遍的。因为发展商和销售代理公司的出发点不同，彼此既要合作又要相互提防、相互制约。这是内地的发展商在销售专业化道路的过程中，一定要高度重视的问题。

(4) 策划人

现在社会上很多人都号称策划家。比如我经常说，以前从楼上掉块石头下去，很可能就打中一个总经理，后来则变成广告人员，现在则成了策划师。而分辨一个真正的策划家，我认为应该看三条，即能不能说、能不能干、能不能写。也就是说是否有理论的阐述文章，是否有成功的个案，是否

能将一个疑难问题讲述得豁然开朗。而最重要的则是有没有成功的个案。而成功的个案中尤其要看策划人员在里面扮演的角色，即角色的重要程度。

6. 人才不精

发展商一定要在企业内部集中一批企业骨干。主要起两种作用：

(1) 在较好的策划方案基础上，需要一批得力的人去操作。没有相应档次的人，再好的方案也可能会流产。这些人主要是包括工程项目、规划设计、广告策划、销售及物业管理等，应是行业内相对专业的人员。

(2) 需要他们去监控公司内相应的各种弊病。即首先要懂，其次要能够识别。

7. 整合不细

项目的资源整合不细，是一些停滞不前项目的一个影响比较大的营销误区。项目本身是具有一定的优势资源的，但由于整合不细，优势无法突现，就很难寻找市场突破口，形成恶性循环。

在山东临沂有一个项目，是别墅项目，原先是请的一位国内非常有名的房地产策划人去做的，这个项目效仿广州的碧桂园，做了一个非常好的学校，现在是全国最大的私立学校之一。是先建学校然后进行房地产开发。开发的是别墅区，量不大，有二三百套，销售了近三分之一，然后就卖不动了。同时项目里建了一个会所，从档次、规模都是当地最好的。会所客房的入住率很高，达到了近 90%，房费也是当地最高的，达到了每日 300 多元，但是，由于客房比较少，开不了较大的会议，又导致一些到手的收益拿不到。

如何对别墅进行促销，开发商想了很多办法都不能奏效，于是，我们对项目本身的缺陷进行了分析，发现项目没有进行很好的围合，封闭性差；没有私密性；园林景观与项目定位不符，在西式的建筑群中设计了一个中国算盘发明者的雕塑；做了一些占地较大的中式园林，使整个小区显得不伦

不类;整个区域市场容量较小,并且项目的推广深度不够,客户群面需要扩展;媒体的选择和媒体推广等方面都需要扩展……。但,这个项目最重要的问题就是整合不细:既然项目的会所档次很高,而且很受欢迎,客房又不够用,为何不将卖不出去的别墅改作客房呢?!

我们从别墅中分离出部分别墅进行收益预估:根据会所的经营情况,别墅的平均入住率可以达到 50%,每日租金至少可以达到 1000 元,以 20 栋别墅进行计算,那么一年的租金收益可以达到 365 万元,扣除管理费及折旧等相关费用,一年的纯利润可以达到至少 280 万,每栋的纯收益为 14 万元。一栋别墅的总价约 80 万元,首付 20 万,贷款 60 万元,年供约 5 万元,从纯收益中减去年供还剩余 9 万元,分给业主一半,五年就可以回本,投资回报率高达 20%以上,这么好的投资收益怎么会不吸引人呢?! 这其实是一种产权会所的概念。

通过这一整合,该项目顿然峰回路转,天地顿时开阔。

8. 供求不配

供求不配是大盘时代的一个误区,本身大盘时代在一定的历史时期其产生是有它的背景和积极意义的,但由于受大盘时代的影响,内地的一些开发商盲目追求大盘,结果自是种苦果自己尝。如在丽江,有一位开发商开发了一个占地 2500 亩的大盘,根据丽江当地的市场容量和承载力,每年最多不超过 20 万 m^2,如果当地只开发这一个项目,也足够丽江 10 年的市场需求,这显然是不现实的。还有在广东南雄,它拆掉的房子可以满足当地 20 年的市场需求,这是盲目开发,市场研究不细,供求不配的典型例子。

9. 认知不够

在重庆有一个项目,项目本身是不错的,在当地也是比较超前的项目,是升级换代的产品。但是它在开盘前根本不做前期推广,不做市场预热,市场对它也就没有认知度。结果,开盘时很突然,一个月,一下子投入了

300万的巨额广告费，从广告效应上是产生了轰动的效应，引起了市场的关注。但是销售不力，根本卖不出去。这个项目所处的位置比较偏僻，市场对这个区域还不太认同，周围区域市场公认的是一个低档的区域，这个区域也不是不能建高档楼盘，而是要看项目的规模和对市场的引导，提高市场对区域的认知度，后期该项目改变了策略，重新作了推广，才使项目有所起色，但前期投入的巨额广告费就白白浪费了，事倍功半。这就是认知不够的误区。

10. 资金不滚

资金不滚的误区实际是资金如何运用的问题。有一个理论，"三七理论"与"七三理论"，即在项目建设前期，营销投入为七，工程投入为三，项目建设后期，工程投入为七，营销投入为三。目前市场还是存在很大比例的预售商品房的，遵守"三七理论"有可能在现房前销售完商品房。现在这个门槛要高了，国家已经限制了预售商品房，但也还是存在一个尽快资金回笼的问题。

11. 人气不旺

这里主要是指非开发热点区域，市民认知程度差，形不成"羊群效应"。例如在广州城乡结合部的人气很旺，比如南部的洛溪大桥边，而北部就难有热点。

二、品牌策划

12. 品牌不佳	15. 长板不显
13. 节奏不铆	16. 短板不补
14. 公关不继	17. 名实不符

12. 品牌不佳

如今是品牌领导消费的时代。据北京、广州、上海的消费者购买商品意向的调查，大部分消费者购买商品首选考虑的因素是品牌，房地产也是一样。只有品牌住宅，才能够满足人们居住功能之外的种种需求。所以，同一城市、同一地段，品牌和非品牌的住宅销售效果是完全不同的。品牌住宅的价格要明显高于非品牌住宅，市场的主要份额也是为品牌小区所占有，如广州碧桂园，一度占了广州市商品房销售量的 16%。关于品牌有两点最大的认识误区：或者认为做好品质就行，无需花大气力推广；或者只关心做宣传广告，以为品牌是吹出来的。

13. 节奏不铆

国内很多公司只注重工程的进度，对前期的推广、预热、销售准备不太重视，甚至有的项目在建好了楼房以后再做推广、销售，这时如销售不好再去找营销代理公司来出主意，这种现象在前几年是很普遍的。另外一种情况是推广、预热进度太快，预热了半年，项目还是荒地一片，还没有动工，结果白白浪费了资金不说，相反会起到反作用，你说了半天，结果项目迟迟不动工，消费者就会怀疑你开发商的可信度及开发实力，这是事倍功半。

走出这个误区，就要求工程进度与营销进度要充分铆合，互相配合，营销要适度先行，从而达到最佳的效果。

14. 公关不继

在一个项目的全部开发过程中，多多少少都会发生一些必然或偶然的事故或问题，如果企业公关不到位，一个本来很小的事经过媒体的一报道（这里并不是说媒体夸大事实），都可能影响大局，所以公关很重要。对内与业主保持良好的关系，对外与房地产开发相关的政府主管部门、媒体、监督机构保持良好的关系是必须的。以前的房地产开发延期交楼是很普遍的现象，但如果这个项目价格下跌，人心不稳，又没有按时交楼，与业主的

沟通不好，就有可能会出大的问题。

15. 长板不显

现在有一些项目，它确实有其优势的东西，但却不知道怎么去展示，从“木桶理论”讲，这就是长板不显。典型的例子，北京的某别墅项目，这个项目有很多个性的东西，如良好的园区配套，私密性，风格的绝对私有，极具个性的私家园林等，但这些优势在对外展示中并没有很好的体现，客户并不知道原来这个别墅项目还有这么多特点。长板不显的结果是金子外面镀铜，不显真正价值。

16. 短板不补

我们还是拿北京的一个项目来说，它有一些明显的弱项，如园林设计粗糙、道路路面不平、引导系统缺乏等一些细节问题，这些问题虽较小，但会影响大局，如果还不去理会，就是不去补这些短板，那么，这个“桶”是盛不了多少水的，都从短板处漏掉了。这是短板不补的误区。

17. 名实不符

现在有很多楼盘都在鼓吹生态、五星级服务、健康运动等，而实际上在小区里面只是简单种了一些草、树木，做大广场，就是生态；引进一个好的物业管理公司，服务却很常规，就是五星级服务；设计了运动场、会所内有健身房，就是健康运动。其本质都是这些项目硬往上“贴金”，企图增加附加值有利于销售，而根本就是名实不符。

三、 产品品质策划

关于房地产的品质问题，主要包括项目的规划设计、产品的装修、园林设计、物业管理等项内容。这些是涉及产品实质的部分，如果走入误区，可能对项目会产生“硬伤”，补救较为困难。

18. 规划不周	27. 细节不细
19. 指标不清	28. 定量不够
20. 配套不全	29. 成本不小
21. 环境不美	30. 监理不监
22. 风格不一	31. 质量不高
23. 盲区不现	32. 装修不上
24. 产品不新	33. 管理不善
25. 升级不够	34. 物管不跟
26. 设计不精	

18. 规划不周

作者去哈尔滨时，一个老板请作者去太阳岛看个楼盘，说是那儿的别墅卖不出去。去后明白了，那些别墅不仅挨在一块儿，而且阳台和阳台之间也是挨着的。这种规划决不是我们概念上的别墅，这怎么可能去求得市场的认可呢？我当时对他说了一个哲学的道理，老子常说：“有就是无，无就是有”，如果你老想到有，把它建得密密麻麻，就会卖不出去，就是无。但如果你用三套别墅的一块面积只做一套，包括别墅、游泳池、花园，表面看是浪费，但它的卖价有可能是几百万元甚至一千多万，如广州的二沙岛别墅。但这个项目，50 万、30 万，也卖不掉。这就是规划不周导致的失败。

19. 指标不清

典型的例子就是上面提到的哈尔滨太阳岛的别墅项目，这个项目的别墅特别密集，从前一栋别墅的阳台可以跳到后一栋别墅的阳台，这样的别墅又有谁敢要呢？这是开发商盲目追求容积率、多出建筑面积、不顾规范与指标的结果。

20. 配套不全

这里包括内外配套两个方面：项目外的大社区中，交通是否方便，娱乐

设施怎么样，商业网点有多少，教育机构设置等；项目内有无会所，有无安全保卫，物业管理服务好坏等，都直接影响业主生活的质量。一般来说，如果在老城区域配套较好的大社区，小区内的配套可简化周边已有的项目，否则应面面俱到地想，那怕有某一方面的不方便，都会影响买家信心。

21. 环境不美

即园林的设计。房地产的发展已经从“唯地段论”向“景观论”发展了，现在的小区，园林是最好的卖点。比如宁波某花园，位置在市中心，但却卖得不理想，根本原因就是环境不够好，业主入住后，平日不愿下楼活动，因为没有好的环境。环境不美是导致很多楼盘失误的一个比较重要的原因。

22. 风格不一

风格不一的典型例子就是在西式的园林中设置中式的建筑小品，不伦不类。前面讲的山东临沂的项目，是欧陆风格，结果是小区内设置了典型的中式建筑小品，风格不一。这种现象其实是很普遍的，如西式园林与中式建筑的结合，西式建筑与中式园林的结合，北方温带地区种植热带、亚热带植物等等。

23. 盲区不现

都说中国的消费者进行消费时容易产生“羊群效应”，其实开发商的“羊群效应”更甚。看到某种产品好，一窝蜂地都去开发这种产品，而对于某些盲区产品却不能发现。例如小户型产品。中国最早的小户型的出现是由于写字楼卖不掉改成小户型住宅，结果被市场抢购，一炮走红，这是几年前发生在深圳的。此后，有一些开发商也在尝试着做小户型。其实小户型是具有较大市场空间的，但一直都没有合适的产品出现。山东淄博一个项目，鑫盛阳光丽舍，本来毫无特点，只能做普通的多层住宅。后来，请作者去做阶段策划，在详细分析了当地市场现状以后，发现市场小户型是空白，是市场盲区，而项目本身也具备了做小户型的内在条件。当时就果断

地将项目定位为小户型，迅速推出，这在当地是首创，一举成功，并且该项目在当年成为了十大房地产明星楼盘，而这个项目的开发商在这之前，基本上都是默默无闻的做低档房、安居房，通过这个项目一下子就从市场中跳了出来，成为当地最具实力的房地产公司之一。

24. 产品不新

这是近几年非常糟糕的现象。众所周知的土耳其大地震所有倒塌的房子都是近几年施工的、质量很差的新房子，我称之为“新的老房子”。其实这种情况不是某一个地方所特有，到处都可以看到。广州有个楼盘，去年积压，今年依然积压，公司为前去看楼的人提供各种服务，但客户仍不愿去参观，这种楼盘是一种过期产品，一种淘汰产品。

25. 升级不够

不论是一个项目还是一个企业，如果长期只维持原样，只生产一种产品，如开发的项目一直是很低档的项目，这对品牌形象影响也是很大的，不利于长远发展。也许有人会说，我就是做这种产品的，建设经济适用房的。实际上，经济适用房也可以建得很好，如果你不去提升经济适用房的品质，你同样会被淘汰。

前面说到的山东淄博的一家房地产公司，以前一直做很低档的安居房，后来，公司高层发现，这样持续下去，很难形成企业的品牌形象，不利于公司的可持续发展。于是，2002 年开发的一个项目通过作者对该公司开发的指引，在品质上、营销上都有了质的飞跃，当年开发的楼盘还被评为当地的十大明星楼盘，销售也非常好。2003 年，这家公司决定再上一个台阶，开发占地上千亩的大盘，楼盘定位也比较高，同时准备开发一个当地的市场空白项目——TOWNHOUSE，这两个项目都将在 2003 年下半年问世。现在这两个项目都引起了当地市场的普遍关注，项目前景非常乐观。公司的开发目标也是要在做好这两个项目的同时建立当地第一品牌形象，为公司未来的发展奠定坚实的基础。

26. 设计不精

这里指户型细部的处理，要体现家居新的发展方向，比如说室内，“三大一小”，客厅大、洗手间大、厨房大，卧室相对要小。现代人的生活节奏比以前发生了较大的变化，卧室呆的时间短，客厅呆的时间较长。

又比如说，在户外来说，也有“三大一小”，阳台大、窗户大、花园大、道路小。其实任何一个设计不精当的处理，都会导致楼卖不出去。广告是吸引客户，而客户真正掏钱买楼时，就会仔仔细细看你的细部，否则他是不会把钱交给你的。

27. 细节不细

细节不细是国内大多数项目普遍存在的一个共性的问题。表现在建筑立面不精细、园林环境不精细、营销不精细、配套不精细等。这个误区如果哪家开发公司能有所突破，它一定会成功。

28. 定量不够

即所确定的楼盘价格、户型、比例等东西基本上还处于拍脑袋阶段，或者处于高级拍脑袋阶段，尽管有一些数据资料，但没有经过科学处理，或者说是数据量化不够，这是目前很多发展商面临的大问题。因此，我认为老板应针对数据责成公司有关部门拿出市场的依据来。

29. 成本不小

(1) 对成本本身的控制不好：比如盲目认为只要是市中心、闹市区就可以开发，而其实是地价很高、拆迁费用高、工程造价高，成本就上去了。例如广州珠江新城处于开发热点地区，目前只有两三个项目在运作，且卖得不好。关于控制成本的问题，应该向刘永好学习，他拿到项目要求项目本身是零风险，他与政府合作，地由政府出，政府占50%的股份，成都最好的地，地价才60万元/亩，现在已升到了180万元/亩，所以光是地价，他就可以打胜仗了。其利润是非常丰厚的。

（2）一些老板算小账不算大账：在某项材料选择上，拘泥于材料价格，结果在时间上流失了许多资金利润，这种耽误的机会成本与售楼价相比是一种小账和大账的关系。姑且不算客户的流失，就是几个月所花费的财务成本与某种材料差价相比，也是一笔很大的损失。因此，老板们应明白，要有一种算大账的观念，要弄清成本概念的辩证性。

30. 监理不监

虽然我国现已建立了完善的工程建设监理制度，但在实际实施中，存在较大的漏洞。对房地产而言，监理公司基本只是摆设，起不到质量监督的作用，原因很多，较为敏感，这里不再多说。但如果能找一家好的监理公司来进行项目建设监理，对于开发商不能不说是一件幸事。

31. 质量不高

房地产项目产品的质量问题是消费者最为关心的购房要素之一。而市场中出现的部分劣质项目，对整个行业都将产生较大的负面影响。质量不高的主要原因是开发商发包给承建商的价格太低，承建商为获取高额利润，偷工减料，监理不力，极易产生“豆腐渣”工程。

32. 装修不上

目前国内的商品房交付时建筑标准大多是毛坯房，这在国外是不完全住房。装修不上的话，很多东西是欠缺的，先盖好房子再装修，很多设备就做不了。实际上，建好的房子再装修，一方面将产生极大的浪费，现在的房子大多是框架结构，装修时很多不承重的间隔墙会被打掉，开发商花钱砌了墙，业主又花钱请人把墙拆掉，产生双重浪费。另一方面，有的业主为了满足其个性装修，对房子会做出较大的变更，甚者会影响整栋楼宇的结构，这在国内是不乏先例的。而且由于业主入住的时间不同，没有同时进行装修，整栋楼宇连续不断的装修严重干扰了业主的正常居住，也不利于管理。

做简装修的商品房应是国内商品房发展的趋势，相关的国家主管部门甚至出台了相关制度，商品房要售前装修是大势所趋。

33. 管理不善

主要指物业管理。现代社会的商品销售有个非常明显的特点：非物质化。人们对商品本身的使用功能不是看得很重，最重要的是它的附加值，它所提供的服务。比如服装品牌，人们在同等条件下偏于追求品牌价值，满足精神需求。造成管理不善的原因，是对人们的心理需求研究不够。物业管理主要有两个问题：

(1) 物业管理前期没有介入。物业管理在规划设计时就应该介入，因为小区的未来是要由物业管理来维护的。比如成都的知名品牌××花园，规划非常好，环境也非常美，但后期维护费用却出奇的高，因为规划时没有充分考虑到草坪、水系、大型喷泉、组团分割等等一系列管理问题，致使开发商背上了沉重的物业包袱。若物业管理公司先期介入了，就会提出问题和建议，从而避免产生这个问题。

(2) 后期管理不善。几毛钱一个平方的管理费在很多城市都有，但这样的收入是无法维持高品质的物业服务的。其实，现在有钱人住在高档的小区，是愿意接受比较高尚的服务的，要看是否物有所值。

34. 物管不跟

广州有一个非常有影响力的明星楼盘，前期做得非常成功，销售也很好。但由于后期物业管理没有跟上，造成大量的客户投诉，甚至在中央电视台的3.15晚会上都播了这个项目的物业管理情况，对项目的品牌形象造成重大打击。这个项目原先有一个物业管理公司进行管理，但业主们认为不满意，就召开了业主大会，"罢免"了物业公司，而物业管理公司又不愿意撤走。业主委员会又重新委托了另一家物业管理公司来管理，结果两家物业管理公司同时管理这个小区，保安同时去站岗，同时去收取物业管理费，又都收不上来。这种情况又频频地被媒体曝光，对项目形象产生了严

重的恶劣影响。这就是物管不跟误区。而大家都很熟悉的万科地产，由于其万科物业的优秀物业管理，为项目增加了附加值，增强了项目的品牌形象，用良好的售后服务来赢取市场。

四、销售与推广策划

房地产销售问题包括项目广告、销售环境包装、销售工具、销售理念、销售价格等方面的误区。

35. 概念不对	43. 气氛不浓
36. 定位不准	44. 价格不低
37. 贵贱不分	45. 差价不确
38. 卖点不巧	46. 销售不活
39. 蓄水不深	47. 应变不快
40. 广告不多	48. 代理不忠
41. 道具不行	49. 投诉不少
42. 样板不样	

35. 概念不对

每个项目都有推广的概念，这是项目个性和特性的反映。它需要准确涵盖项目的档次、差异和附加值，或者说是接通市场与楼盘密码的桥梁。概念并不是可以随意设定的，而有些项目则随意性很强，如一个号称“首席体育运动社区”的楼盘，无论是软件、硬件，都看不出有更多的“体育运动”特色。这样的推广只会令买家反感，因此是失败的概念。而翠湖山庄的“度假式居所”以及广州奥林匹克花园的“运动就在家门口”等，就切合实际，从而真正吸引在此定位上的客户。

36. 定位不准

一些发展商想当然地为楼盘的目标客户定位，结果事与愿违。如离广东碧桂园几公里处有一个楼盘，建成数年，住者寥寥。据老板称是要面向港澳市场的，但考察之后你就会很容易得出结论，无论是配套、交通、环境等，都根本无法吸引港澳客户。显然，定位的失策，使得推广很差，最终必定是销售的死结。因此我们说，定位不是主观的，而是客观的。项目的档次、地段等综合因素，决定了它在客观上已经有了定位。策划者或开发商只能顺应这种对应关系，找出客观存在的目标客户群来。当然，可以在开发前依据市场调查定位，然后依据定位来开发产品。这是更高层次的定位。

37. 贵贱不分

在郑州有一个别墅项目，它的四周全是最低档的农民房，这个项目本身规模不大，只有三十多栋别墅，别墅是最高贵的住房，它怎么能与低档的农民房为伍呢？客户也不会来这个地方买别墅，他不可能住在这个地方的，可想而知，这个项目最终是失败的。这就是在开发这个项目时贵贱不分，定位严重偏差。其实像这样的情况在内地的一些城市不在少数。当然随着市场的逐步成熟，这种误区会减少直至消亡。

38. 卖点不巧

房地产广告经常碰到的毛病，是将其所有或可能有的卖点，都罗列在一起，一古脑端出来。面面俱到的卖点反而是没有卖点，不能给受众留下什么印象。如有一版广告，将楼盘的“九个一流”一一道来，挤得满满的，看上去像是幅乱七八糟的画，效果非常差。卖点就是密码，应当定位准确，有主有次，有节奏地推出。如锦官新城开盘前的广告只用“让森林裹住你的家”这一个卖点为主打，引起了不同凡响的反应。而第二次展销则展现“身份的名片”系列，提升档次。

39. 蓄水不深

多数发展商至今还是等到要卖楼了才来做广告。这样起码在展销期

是事倍功半的(靠品牌效应的例外,如广州碧桂园、荟雅苑等),因为住宅作为大额商品,市场对其的认同有一个过程,不可能一蹴而就,这就是我常说的要做好蓄水的工作。或者说“销售在销售之前”。在销售之前,应对市场关心的诸如楼盘的品质、环境、开发商信誉、特性等信息充分地传递出来,让市场逐渐建立起知名度和美誉度。等到池里的水满了才开闸,所谓“水到渠成”,此之谓也。

40. 广告不多

任何品牌,简而言之是品质加推广,或者说是品质加广告。品牌是知名度很高的商品,然而一些发展商不理解广告是一种生产性投入,从而不拿出合理的广告费来做品牌营造。这样知名度无法有效建立,没有知名度,更不论美誉度和客户忠诚度。当然,广告投入要有一个合理的度。这个费用在各地有所不同,在广州是销售额的 3%,而在其他城市则低一些,一般在 2.5%左右。如何用 100 万元的广告费做出 200 万元的效果,那是另外的一个问题。

41. 道具不行

销售中的售楼部、样板楼、模型等道具对于促进成交的“临门一脚”起着举足轻重的作用。“你的梦,我来圆”。这些道具实际上就是在为客户展示一个未来的梦想。可惜许多楼盘没有真正认识到。就算有好的策划、广告,客人来了,看到的也不是那么回事。如一家智能化小区,售楼部里的智能化设备很有限,演示也不理想,使客人来后觉得失望,因此这个概念推广了较长时间,但效果不甚理想。而后来另外一家则在售楼部以及样板间全部按今后智能化的要求布置,而且按客人需要演示,智能化的气氛很浓,很快超过前者。

42. 样板不样

大多数开发商在项目开发时都会选定较好的位置设置样板区、示范

区，内设展示景观广场、售楼中心、样板间等营造销售现场氛围（这种情况主要是预售商品房时采用的）。一般样板区的建设标准与项目的建设标准是一致的或略高于标准，这是正常的。但是，有些小区将样板区建设得非常美，与小区的园林景观极不相符，对客户产生了对小区内容的误导，以至于在后期产生了业主的心理不平衡，项目一旦运作不力，将会形成大量的业主纠纷，影响项目的后期运作。

43. 气氛不浓

"羊群效应"、从众心理在中国人中特别明显。这就要求我们在销售中制造浓厚的热卖气氛。从营销环境来看，现场的彩旗、飘空气球、气艇等自然必不可少，然而更重要的是如何在售楼部内营造出热烈的气氛，如让以前预订的客户同一天来交款，增加售楼部的人数，又比如展销中每认订一套，就有人用扬声器通知："大家注意了，某单位已预订，工作人员请停止介绍某单位了"等等，以促使其他买家早下决心。

44. 价格不低

一些开发商制定价格时有一条"底线"，就是价格＝成本＋利润＋税费。这是一种传统、过时的观念。现在的价格实际上是由市场决定的。成本低，如果品牌好，可以高价格。反之，就算是没赚，甚至是亏损，也得认栽。有一些老板，面对不景气的市场，硬要固守自己的"黑白电视机"的"彩电成本价"，结果只能让客户"用脚来投票"，离你远远的。

45. 差价不确

许多开发商至今仍固守原先制定的楼层差价而使部分单位长年积压，这就是差价不确所至。如某楼盘，江景单位与非江景单位的差价只有10％，这种差价必然结果是江景单位好卖，而非江景单位无人问津。在香港两者之间的差价可以达到40％以上，这样客户才能各得其所。

46. 销售不活

面对各种不同类型的消费群，销售方式如果不灵活，就可能丧失很多现实的或潜在的客户。如不同的付款方式，可以满足不同的客户需求。你返租可以吸引投资者；按揭门槛降低，可以扩大客户群。在不少的城市如秦皇岛市，多数开发商固守“一次性付款”，自然就把一批不愿意或者一次性付不起的客户排除在门外。

47. 应变不快

市场是瞬息万变的，一些开发商不关心市场的变化，只看到相对静态的市场，等到市场发生了大的变动后，才被动跟进。这时已经丧失了最佳时机。如去年受东南亚金融风暴影响以及市场供求关系失衡，广州楼价跳水，率先动作的金桂园、翠湖山庄效果非常好。后期跟风者效果就差了，那些以不变应万变的楼盘更是眼巴巴地看着市场份额的丧失。

48. 代理不忠

由于市场竞争的日益激烈，迫使一些房地产开发公司进行专业细分，营销代理工作委托相应的代理公司来完成。这种做法本身是一种进步，符合市场经济条件下专业细分的特点。但是由于我国目前的营销代理行业不是很成熟，专业化、规范化程度差，大量的代理公司不具备相应的条件。因此，房地产开发商在选择营销代理公司时必须谨慎，充分考察公司的实力、业绩与专业化操作能力，以确保项目成功运作。

49. 投诉不少

房地产的项目投资大、周期长，在建筑质量、物业管理、收费等方面，产生一些问题是难以避免的，关键是如何少出问题、不出大问题，以及一旦有问题发生如何及时解决。如果防范不好就容易导致公关危机的出现。尤其是现在业主权益意识比较强，竞争对手的虎视眈眈以及个别新闻从业人员职业道德差，都有可能导致公关危机的发生。一个品牌的建立可谓千

辛万苦，耗资以百万、千万论，但破坏一个品牌却容易得多。有时一次不大的投诉，新闻炒作一下，整个项目的形象就会受到很大的影响。我就亲历过一个公司因为一次公关危机而砸掉了牌子，东山再起时连名字都要改掉。

第二部分　老板之功利问题

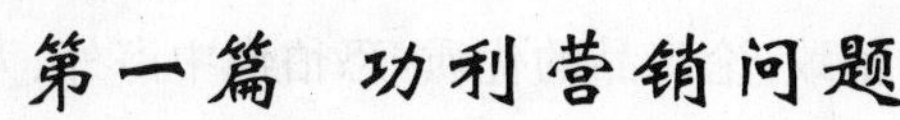

第一篇 功利营销问题

吹糠见米的市场分析
一网打尽的客户定位
闭门造车的规划设计
恶性循环的前期投入
一厢情愿的指标要求
华而不实的景观环境
哗众取宠的概念炒作
急功近利的销售模式
跟风克隆的同质产品
盲目随意的价格策略
一、功利营销的基本特征
二、功利营销的具体内容

一、 功利营销的基本特征

在中国，论产品的精致，论产品的优质，恐怕像中海外、万科做这么好的是非常罕见的，中海外、万科的每一个产品都是精品。万科总部的一位高层管理人员曾经讲到，万科早年的对手是深宝安这一类房地产企业，而这一代对手现在已经被淘汰了，现在最主要面对的就是像中海外、大连万达这样的大集团、大企业，特别是像中海外这类企业，他们将来是最具有竞争力的。

相反，也有一些并不是特别出色的企业，名气可能比较大，但是有很多是泡沫品牌。

品牌主要具有以下几个要素，一个非常重要的因素就是市场持续的认同，房地产必须是建好几年以后，还屹立不倒才是好的品牌。我们行业之内有一些亟待解决的问题，中国房地产业里有门户之争，只要有万达参加的，万科不热心，只要有万科参加的万达不热心。

如果大家能够互相学习、互相交流，是很好的一件事情，对整个行业的发展都有利。

第二点就是中国房地产大量地制作一些泡沫品牌，泡沫品牌制造最多是在哪里？是在北京。北京是泡沫品牌集中最多的，最近北京地产界开始面临一个冬天的来临，其实就是从前期的一些泡沫产品销售减少开始挤压的。

第三点就是整个地产界急功近利的趋势，不管是产品设计还是营销策划、市场研究，都普遍呈现一种短期的行为，是影响我们房地产行业向前健康发展的一个阻力。

中国房地产的营销策划过去总的来讲是一种传统的模式，这种传统模式可以用“急功近利”来概括，用一种比较标准的名词来概括就叫功利营销。这种功利营销可以用简单几句话来概括：急功近利、一厢情愿、哗众取宠，吹糠见米等。

二、功利营销的具体内容

1. 吹糠见米的市场分析

首先是吹糠见米的市场分析，就是立竿见影的功利性极强的市场分析。对于开发商来讲，有一定的市场研究还是不错的，还有很多开发商是不做市场研究的，我们拿这种已经做市场研究的开发商来看，笔者见过许许多多的市场分析报告，可以说大同小异，都是一些功利性极强的策划报告。

这里主要是两个部分：

一个是我们的代理公司、营销策划公司所出的报告，这些报告如果没有拿到订单之前，首付款没有付出之前，他们给客户提供的报告基本是可批性的一种市场研究报告。那么拿到订单之后、拿到钱之后再来做的是一种只是比较功利的一对一的这种市调。

比如说户型的研究，简单的把周边楼盘的户型情况做一些对照，销售情况作对照，然后得出相关户型设计的一个参数，当然还有一些相关的设备状况、人口分析等，包括目前最权威的房地产的一些研究机构、代理机构，给你厚厚的几大本，其中第一本就叫做社会分析，但是这种东西你看了之后云山雾照，不知道有什么太大关系。有大部分的研究只是和我们的项目直接对应的研究，叫做吹糠见米，这是功利营销的一个误区。

如何走出这个误区？首先要求开发商在选择相关合作专业公司时，充分考察该公司的实力和专业化程度，特别是其敬业程度，要求专业公司的调查报告具有明确的针对性，不要那些与项目毫无关系的内容。而相关专业公司，如营销代理公司、咨询公司、调研公司相应提高专业化操作水平，提高从业人员的素质，加强职业道德修养，增强责任心，从充分为开发商服务的角度出发，为开发商提供高水平的市场分析报告。

2. 一网打尽的客户定位

房地产营销中，对目标客户的寻找尤为重要，找准了目标客户群，项目也就成功了一半，但是你这个目标客户群必须是项目规划设计前就要寻找到，否则，你到项目开始销售时再找目标客户群，就已经晚了。

我们的大多数房地产公司在请专业营销公司做市场研究时，对项目定位中关于客户定位的准确性较难以把握。例如，我们在山东淄博做一个项目过程中，发现在我们来之前，一个策划咨询公司做的调研报告中是这样进行客户定位的：

(1) 客源来源：定位为本市及周边区、县。

(2) 客源职业：企业工薪阶层、百姓阶层、动迁户、结婚购房者、郊县进城购房群体、郊县个体业主、私营业主。

(3) 客源年龄：以25～45岁为主，具有一定购房能力，且购房需求强烈的客户群体。

(4) 客源消费心态：

1) 改善现有居住条件

2) 为了子女接受更好的教育购房

3) 投资增值

4) 成为城市居民身份购房心态

5) 成功私营、个体及企业精英

6) 新婚一族的年轻人追求新生活

这样一个客户定位，基本上概括了全部购房者的80%以上，这就是一种很典型的一网打尽的客户定位。根据这种客户定位，是很难设计出符合目标客户群需求的产品，因为，你并不能清楚地了解目标客户群的消费特征、生活习惯、收入水平等。一网打尽的客户定位其结局就是“竹篮打水一场空”。

3. 闭门造车的规划设计

闭门造车的规划设计主要表现在两方面，一是与市场脱节；二是闭门

造车。

规划设计与市场脱节的，目前应该还有一多半项目的开发的程序是这样的，先有规划设计，然后有销售，然后销售不畅了，再去找策划或者找代理、或者找市场顾问。有些比较好的情况是先做好规划，然后去找营销策划公司来做推广，但是大部分公司没有与市场研究对接的规划和设计，与市场是脱节的，或者是相当一部分是脱节的。这个城市、这个区域需要什么；怎么样的定位是最准的；而定位不准的话，项目基本上没什么戏唱了。

我们承认中国有很多规划设计师是很优秀的，从专业本身来说是很优秀的，但是由于中国的发展现状，从计划经济向市场经济转轨，转轨最慢的一个行业就是房地产业。所以在规划设计行业里，研究院、研究所本身能够直接和市场对接，本身有市场研究部的基本没有。那么，他的设计无非是两条：第一条开发商给一些指标，按指标规划的一些要点，根据这些要点，来安排摆布。还有一种是按照自己的唯美主义模式，想当然的进行规划设计。曾经有一个 50 万 m^2 项目的建筑规划设计，设计人员在北京，他们居然连现场都没有去过，一般的规划设计师还到现场去看一下，但也是仅此而已。连现场都没有去过，怎么可能设计出来符合当地市场的承接力、符合当地文化风俗、风土人情、消费习惯的产品。

有一个很不错的项目，名字叫橘郡。它曾给人一种震撼，真是豪宅，但是很不理解，它的户型中有一种格局有两个厅，一进去是一个接待厅，中间是一个牌坊式的厨房，再过去又是一个小客厅，这是典型的欧美别墅的一种模式。而中国人烧火做饭的中厨却不知在什么地方，看了半天也没看到，也可能是作者太细心了。这样的设计，是有问题的。

4. 恶性循环的前期投入

省钱是功利营销的第四个方面，就是一种恶性循环的低投入，这里说的恶性循环的低投入主要是指前期。前期能省的就尽量省，从设计费、施工到市场研究等等，我们中国人的传统观念里面只有有形的东西才觉得是有价值的，比如建筑材料多少钱买的，进口什么档次的容易接受，但是说到一些无形的东西，就很难去接受，这种知识的价值还没有得到根本的接受。又比如说在国外，建筑设计的设计费占整个投资额的5%～7%，但是我们中国的比例仅是千分之几。

当然，这是能省一点钱，但能省到什么程度呢？最近听说一个项目，施工图设计费用居然到了3元钱1m²，不知道怎么设计出来的，这也就不难理解为什么会有那么多的建筑垃圾出来了。

现在我们反过头来看，国内比较好的一些项目，称得上明星项目的，绝大部分都是国外设计公司或者来自于国外回到国内的一些设计机构设计的，比如新近崛起的澳大利亚永和国际，他们的设计费比国内的设计费高很多很多。实际上，这些费用的投入是值得的，因为好的设计才能建设出好的产品。

5. 一厢情愿的指标要求

相对于这种功利营销的另一面是一厢情愿的高容积率、高回报，这方面其实一说就能明白。在前几年，许多房地产公司都在追求项目的高指标，例如在项目审批时要争取较高的容积率，项目可以多出面积，那个时候多出面积就意味着经济收益。这种现象从20世纪90年代初直到21世纪都很盛行，市场竞争并不是特别激烈，只要能建出来房子，就有人会花钱来买。但是随着市场的日渐成熟，竞争也越来越激烈，一味的追求高指标生产出来的产品已经没有市场了，即使多出了面积，也不能转化为经济效益，反而使整个项目的收益下降。所以，现在这种盲目追求容积率的现象已经开始减少。并且随着中国城市化的发展，城市开始大规模向城市外围扩张，大规模的小区出现在了城市的郊区或近郊区，由于土地相对面积较大，为降低项目指标提供可能，而开发商从项目本身的发展来看，低指标的项目特别是容积率低的项目在市场中更具竞争力，从而客观上使各项指标得以控制，比如说昆明的阳光海岸项目，项目规划规定的连排别墅允许容积率可以达到0.6，但是他们主动下降到0.5，而项目所取得的巨大成功和降低的容积率不无关系。这就体现了一厢情愿的回报和一厢情愿的高指标

的误区，这是我们功利营销的一个比较典型的误区。

6. 哗众取宠的概念炒作

我们营造的概念、品牌或者是贴标签式的大众品牌，我们现在相当一部分是标签式的，一种从外到里粘贴的所谓品牌。真正的品牌是什么？是从骨子里透出来的。所以，概念是其之一，最主要的是从概念里透出来的实质内容是否与概念相一致，也就是要表里如一。当然概念的来源或者说是创造，其中最重要的首推北京，当然早期是广州和深圳，对全国市场发展初期是遗患无穷。现在我们全国到处去看看，全国各地的什么阳光A版、阳光B版、生态家园、绿色家园等。昆明现在就有阳光A版、阳光B版，还有很多这种白领公寓的概念，那么白领公寓肯定是只能在大城市里有依托的，在小城市根本炒不起来，因为它在那里是没有市场的，白领公寓必须有特定的客户群体为依托的，在昆明，可以说没有真正的白领阶层，那里的白领项目我们可以去看看，都是死项目，一套都没卖出去。

作者认为，起码在最近几年，这种比较大的白领公寓只有北京、上海、广州、深圳等一些大的经济中心城市可以做，其他地方做要小心，这话早两年前就说过。一个新鲜的概念，在北京炒得够火，我这里也一定能火，这种想法是不对的。

哗众取宠的概念炒作从目前的市场状况来看，已经是没有了生存的余地，一是市场日益成熟；二是消费者的消费心理相应成熟。人们对概念炒作已经司空见惯，对于他们来说，现实展现在他们面前的实物是最重要的。但是，内地的一些中小城市由于市场发展相对较为缓慢，或多或少仍存在这种功利营销的误区。

7. 华而不实的景观环境

这里讲的是一种中看不中用的景观环境，它有两方面，第一方面是所谓的先营造一个销售的小环境，用造梦来吸引购房者。这种东西在早期为了引导大家的消费观念，引导人们更重视环境的时候有它积极意义的，但

是一旦成为一种模式它就是一种“愚民政策”，这是一种。第二种就是我们目前大部分的景观设计就仅仅在景，一个好景。中国的园林绿化经过了几个阶段，从没有绿化到有绿化，从有小片绿化到营造园林景观。但是现在的园林景观大多数还处在一个只可观赏的阶段，所以包括前苏联模式、计划经济模式下遗留下来的大广场、大花园非常普遍，有的地方甚至规划局规定，一定要每个小区留出多少地来做这种大的广场、大的花园。其实这种大广场、大花园除了具有一定的观赏性之外，非常没有人性化，利用率是很差的。

最近有一个城市评出来的二十个名牌之一，据说园林景观做得非常好，占地将近100亩专门用来作景观，就像一个公园一样。我们专门派人在那边调查了几天，发现真正能够在这里面参与游乐、玩耍、休闲的人寥寥无几，不难想像，这么空旷的绿地里，毫无遮拦，一点遮盖都没有，缺乏参与性、功能性和亲和性，中看不中用。中国的小区景观设计经过了这么长时间的发展，现在还是没有出现一个全方位突破，但是已经开始出现一些突破的端倪，主要有几个突破点：

第一，怎么样做绿化景观，怎么样从平面向立体空间突破。为什么说中海外的物业很好，可以去看看深圳中海花园，你一看就会明白，它已经开始摆脱平面的景观，向立体景观突破，这是第一点。

第二，景观怎么样从只具观赏性向功能化、参与性、均好性方向发展。我们可以去参观一下已经落成几年的号称原来地产的老三篇或是品牌的老三篇——广州的碧桂园、丽江花园和翠湖山庄。翠湖山庄现在已经全部入住了，它的园林景观人们参与性非常强，非常有气息，很有人气，有人气才有人性化。如果人们不愿意去，还有什么人性化可言呢？这是一种突破。

第三，怎样从人工的雕琢向真正自然的野趣发展。我们现在看到的不管是从北到南的所谓小区的景观，欧式的也好，中式的也好，人工的雕琢太明显，很生硬，没有亲和感。有人曾经和我讨论过一个问题，说你家里小区的绿地都归到各家各户管的话，有些人家出外几个月，回来以后，自己家的

绿地都已经野草丛生了，像野外草地一样的怎么办？其实小孩子最愿意玩的就是这种像野外草地一样的这种园林，所以要把人工雕琢向野趣自然化转化。在国内有没有这样的小区？作者告诉你有，但是不很出名，我带上几个开发商去看过之后，没有不震撼的。那种野趣和立体化造成的环境，哪怕是不大的景观设计之间，相互之间，两栋之间，相对的隔断效果非常好。

第四，怎样从“四菜一汤”式的广场式的布局向均好性发展。现在这个均好性其实有两个方面的内容，一个是从销售来讲，现在花园好像越远越难卖，其实怎样从销售上解决均好性来解决，每一户都有花园景观，这是第一个方面；第二个方面就是从西方的规划设计理念有一个叫做“地权源头”，就是每个买房子的人，都希望均好性地享有自己应得的那份领空、领地和设施，而不是专用、不是公用或者被某一部分人专用，要均好的占有。所以笔者觉得中国的“四菜一汤”理论的实践可以到此结束，应该研究怎样进行均好性园林景观设计，但是均好性不是指建这种中心广场和水面，因为还有半公共交流空间和半私人空间，怎么样把它们有机地结合起来。要有适度的环境空间，从公共的环境到私密的环境空间，我们那种公共的绿地、公共的水面、公共的设施，是为了要形成一个半公共的或者半私密的环境空间，起了这个作用，方便邻里之间的交流和社区文化的交流。

8. 急功近利的销售模式

功利营销在销售方面表现得最为明显、最典型，100 个开发商中有 99 个开发商，甚至 100 个开发商毫无例外的，销售人员的培训一定是这样的，不管请中介代理公司进行培训也好，还是自己培训也好，程序、内容基本都是一个模式，最典型的例子是什么呢？客人进门之后，极限不超过第三句话，一般来讲，第一句、第二句就要问你要多大的了，一种标准的开门见山的销售模式。一旦发现你不是销售客户，来踩盘或来欣赏来试探你的，立即就转移或者就不见人了。这是最典型的功利营销的销售模式。

以前笔者也以为这个是对的。但是后来到国外走了一圈以后，发现过

去只有香港和台湾是这样的，而现在也已经不是这样的了。所以，我认为香港模式和台湾模式早就该告一个段落了。

我们看一个韩国三星集团的项目，项目中就有一个类似于讲解员的很漂亮的小姐，带了一个话筒，热情的和每一个客户打招呼，你一进门开始和你讲解，他告诉你一进去这个门有什么好处，子母门有什么好处，进去之后把鞋脱下来放到鞋架上，放上去之后，有排气孔吸你的鞋气。那种人性化的关怀在中国房产人文化里面很少，缺少对人的关爱，以前不知道，后来跟海外一些产品作比较才知道，原来放鞋的地方还能吸鞋气。小姐精彩的解说，让你几乎忘了要买房子。她只是很专业，很专注的，推心置腹的在跟你谈，然后你会问，这个房子多少钱一平方呀？你猜她怎么说？她说，我不知道，假如你确实有兴趣的话，请你移步到我们的销售部去洽谈、去接洽。所以什么叫功利营销、功利销售，什么叫非功利销售，我们看这一点就清楚了。她的心态是什么呢？一句话，来者都是客，讲解人员没有任何销售压力，她的职责只有一个，就是很专业、很到位的把我们产品优质的地方传递出去，这是她的任务。也许，她真的不知道这个价格，也许有制度规定不让她说，她的工作就是让客人满意，这个客人买还是不买，都没有关系。这是一种真正的符合人性的营销，或者是这种模式的品牌营销，她现在在不断的推广自己的品牌，推广她的产品的品质，你不买没问题，只要你认为好，回去后你跟你家人，跟你的朋友都会说它好，笔者现在不就在北京说汉城的三星集团的项目好嘛，对不对？

单刀直入地说你要多大的房子，表面上架起来一个沟通的桥梁，实际上是制造了一个障碍，而恰恰这种真正的亲和的沟通，这种品牌的展示，才真正架起了营销的桥梁、销售的桥梁。

9. 跟风克隆的同质产品

第九个就叫做跟风克隆的产品同质化。大家都知道联排别墅的产品是从国外引进来的，由于现在中产阶级的崛起，生活水平的提高，开始出现这种需求。但是任何产品都受不住在短期内违背市场容量的扩张。所以，

前两年从"君临天下"、"康桥半岛"到今天形成了的联排别墅风、联排别墅热，全部都是联排别墅，结果是几家欢乐几家愁啊。不说别的地方，就说北京，北京大大小小的联排别墅大概有几十个，但是真正营销好的有几家呢？大概不会超过三分之一。

小户型以前一直是市场的一个盲区，很多年以来大家忽视了这个市场，最早的小户型是由于一批"烂尾"的写字楼的被迫改进，歪打正着出现了小户型的这种产品，突然迎合了市场，立马成功了，然后大家一哄而上，结果又是几家欢乐几家愁。

笔者这样认为，不管联排别墅还是小户型，都有长远的生命力，就像小户型永远都有它的消费者。而联排别墅也是中产阶级永远需要的一个产品。因为在中国有一个叫做"顶天立地"的中国情结，我们的老祖宗上几代都是农民，农民的情结就是三代都是一亩三分地。有一次笔者和一个外国人聊天，他说这不是中国人的情结是人类的情结，一定要有天、有地、有花园，这种情结反映到我们现在，中国的白领阶层、中国的年轻一代，他们终身为之奋斗的目标概括而言就是三件事：别墅、汽车、一百万。但是在中国呢，真正住别墅的阶层是很少的，是金字塔顶尖的那部分人，永远都是比较大的老板才买得起住得起，但是人们心里有这种情结，正好联排别墅适应了中产阶级的崛起、形成、发展的这种趋势。所以笔者认为享受有别墅这种感觉的联排别墅它有非常持久的生命力，是中国越来越大的中产阶级的终极产品，他不会再搬了，除了极少数上了台阶成了大老板的，但是任何东西都架不住一窝蜂的，而恰恰我们业内这种一窝蜂的效应、一窝蜂的惯性非常足。这也是急功近利、功利营销的一个表现。

10. 一厢情愿的价格策略

第十个是一厢情愿的价格策略。始终不关心到底这个市场接受什么样的价格最合理，老是算自己的利润，老是算自己的成本，老是算自己这一块。用拍脑袋的方式来确定项目的价格，一厢情愿地认为我这个项目应该卖这个价格。在项目运作过程中，对市场变化的反应较为麻木，不能做出

相应的应对策略。有的项目开盘时的销售价格一直到销售后期、业主入住，销售价格一成不变。有的项目建成后，由于项目定价偏差较大，售价较高，销售停滞，但是，开发商宁愿卖不掉也不愿意去降价销售。笔者与一位开发商私下交谈后，才了解其中的奥秘。开发商认为，如果不降价，能卖出去最好，如卖不出去，还可以以较高的价格抵押给银行；如果降价，不一定就能销售出去；而降价后，项目本身的“价格”就下跌了，到那时再想把项目抵押给很行，价格就很低了，项目损失会更大。这也是房地产市场中常说的“有价无市”。现在市场的空置率那么高，每年新开发项目都已经供过于求，那么空置房为什么不降价出售，这其中的原因恐怕只有开发商自己才能够解释。

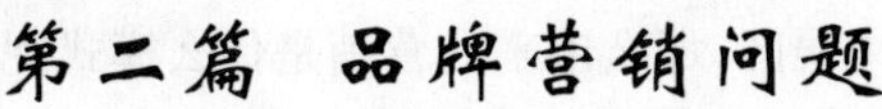

第二篇 品牌营销问题

什么叫品牌？——市场持续认同的差异产品

一、品牌营销的基本要素

二、品牌营销的差异产品

三、品牌营销的产品认同

1. 市场需求的产品认同
2. 价格合理的价格认同
3. 克服障碍的推广认同
4. 随行就市的销售认同
5. 提升品牌的物管认同
6. 维护品牌的公关认同

一、品牌营销的基本要素

功利营销属于一种误区，那么未来的营销是什么模式呢？或者现在这两年比较成功的模式是什么样的模式呢？——从功利营销到品牌营销。任何一个商品都要进入品牌消费，这是毋庸置疑的，所以我们整个的营销要转到这里来，要摒弃那种功利营销的模式。那么功利营销和品牌营销到底有什么差别呢？

这里主要有这么几个要素：

什么叫品牌？——市场持续认同的差异产品，这是作者对品牌的一个定义。这里面有几个要素，一个是它是一个差异产品；二是必须市场认同的产品，市场认同的差异；第三个要素是市场要持续地认同。比如说对房地产的住宅就是一定要他住了几年以后，房子的质量还是过关的，没有出现渗水，没有出现类似于像现代城那种装修材料忽然发现是不安全的、不环保的、是有害人体的。我觉得这三个要素非常重要，缺一不可。我们现在从这三个要素来分析，我们品牌营销对应的三个要素应该怎么做？

二、品牌营销的差异产品

第一个叫做品流单一的差异产品，这种差异当然是市场需要的或者是市场认同的，作者曾经多次引用过国际权威营销大师奥尔威的一句话，如果你生产的是市场急需的产品，那么你不需要做什么特别的营销，就会卖得很好，如果你更加努力一点，你就会因此卖得更好。大概是这个意思：首先是要做一个市场急需的产品，比如阳光海岸，我们在昆明做的项目，销售额是2.5个亿，广告费只用了通常的一半，大概是250万左右，这个市场急需的产品适应了这种差异。

我认为市场急需的产品有三个标志：第一，产品是和经济发展、和人们生活水平提高相对应的升级换代的产品，这种产品和原来的产品相比是不

是升级换代了，是不是新一代的产品，这是一个标准；第二，产品能不能给这些成功人士，这些业主带来一种身份的标识，住在哪个社区，住在哪里？为什么？现代城在身份的成功力上就做了一个标识，不管现代城怎么样我都要买，这是一种身份的标识；第三，要具有投资保值的价值。这三条是代表目前市场急需产品的很重要的标准，当然假如其中有一条做得很足，有一条做得稍微淡一点，在销售上也能成功，当然最成功的产品还是要三者兼具。

怎么样才能做出这种差异的产品来呢？重点无非是两个方面，一个是市场研究要到位，就是对需求研究，它不是叫市场急需产品吗？市场的需求要到位，这种需求包括一种显性的需求，一种潜在的需求。显性的需求比较好把握，预测性的、趋势性的潜在的需求就不是很好把握。比如说现在中国马上要进入轿车时代了，假如小区里的车位不够，不能做到1∶1，甚至1∶1.5，我认为就不能满足这种需求。中国现在正急剧地进入老龄化社会，老龄化带来的结果就是有障碍化。根据国家统计局的调查，到2003年7月，我国年龄在60岁以上的人口占总人口的比例已超过了10%，根据国际标准，我国现在已经进入了老龄化社会。我们在国外考察时可以看到对有障碍、对老龄化的关心是无微不至的，坐便器旁边有几个按钮，有控制客厅情况的，有负责报警的，还有很多扶老人起来的设施。很多城市还在大量做这种不带电梯的多层，我认为不带电梯的多层是已经落后的东西，要么做电梯小高层，要么就是做这种电梯多层的高质量的产品，最起码在老龄化、有障碍化的状况之下，能满足需求。现在出现了子母房，在大套间里面另外还有小套间，小套间里面没有厨房，其他的都全。和大套间之间是既分离又合为一体，平时吃饭的时候子女过去一起吃，中国人特别讲究四世同堂的这种文化，这是一种差异化的产品，这样的产品就很好。

三、品牌营销的产品认同

品牌营销的产品认同主要包括以下几个方面：一是市场需求的产品认

同；二是性价合理的价格认同；三是克服障碍的推广认同；四是随行就市的销售认同；五是提升品牌的物管认同；六是维护品牌的公关认同。

1. 市场需求的产品认同

要做到市场需求的产品认同，就必须做好对市场的研究，对市场进行细分。什么叫市场细分，你如果仔细研究的话，无非是那么几种产品，高层、多层、别墅、联排别墅，其实这里面的文章多得很。

从市场研究方面，需要打破前面说的市场研究的方法，应该把它的深度加深，不仅仅是停留在表面的一些地产价格、户型的研究，要进行深入的研究，研究比较深层次的人类的一种需求，范围要更加广。在做宁波世纪城时，作者列过一个调查提纲，从居民的消费习惯、社会收入水平、工资水平到私家车的构成、大户室的情况、夜生活的情况以及大型的夜总会的情况等等进行研究，这些情况与我们的市场情况都是相关的。那么说到房子，总和老百姓相关的是什么？比如说在昆明的老板曾经问作者，他的项目有 400 套别墅，离滇池最远只有 7km，有没有人来买？作者就从各个方面拿出一个市场调查的数字来，告诉他昆明能买得起这个房子的人，是你这个房子数量的 100 倍。这些数字其实都是很公开化的，比如说从人均存款的这一块，可以推导出到底人有多少钱，有多少人能买得起高档房子，再从证券部的资讯，证券交易的情况，从私家车拥有量的情况，互相的参照印证，这数字拿来一看他就很放心，他就睡得着觉，原来是没有问题的，事实证明也是没有问题的。所以作者经常讲一个观点——永远不缺市场，就是缺好产品。当市场供大于求的时候，你看车市中奥迪 A6 一出来，你看广州雅阁一出来，你看大众一面市，饱和了吗？永远不饱和，房地产的市场是永远的。那么有人问作者你对房地产的前景是怎么看？作者说是零状态，永远不饱和，欧洲的数字是 35%，美国是 60%，中国现在是多少？中国才刚刚突破 10%的概念，才十二点几，中国的大中城市，离我们这种数量型的增长还早着呢，所以每年百分之二十几、三十几的市场扩容是毋庸置疑的。做好了市场就是你的，给老板的市场研究分析只是验证，让他放心。

另外，形式上还有一个讲究，从感觉到量，定量定性怎么样结合。比如说户型设计，我们在宁波调查了当地在建在卖的所有楼盘的所有户型，12760套单位，做了一个最详细的统计，对销售情况也作了一个最详细的统计，最后按我们的方法来进行分析，对原来已经规划好的指标，我们作了很精确的调整，比如80～100m^2的户型，我们从它的原来规划是这种户型比例占15%，精确调整到百分之二十二点几。

刚才介绍市场研究，现在阐述的就是产品研究，怎么样做出产品差异来。比如说昆明的阳光海岸做得这么成功，原因何在？虽然也是联排别墅，但是它和很多的联排别墅都不一样，它把会所的设施都分布在各个主花园里面，除了一家一个停车位之外，还有200个公共停车位，分成了50个停车场，非常方便，任何一个停车场都可以停车，这是均好性，也是我们和其他联排别墅的不同。还有叫绿地私有化，把所有的绿地都分给户主，所有的户主都有最小是60 m^2的大花园。此外，我们还创作了邻边界的概念，所谓的邻边界原来是零边界，后来我们改成了邻边界，在联排别墅里面所有都是并联的，但是我们把它错开了，其中一列是开窗开门，另外一面是纵墙，不开门不开窗的，成为另外一户的景观墙，开窗开门就可以看到一个小的庭院，墙下是一个景观，爬藤植物假山假水，这可以解决联排别墅纵深很深，中间排气不太好的问题，又解决它的私密性，联排别墅两边联在一块，两边都是很矮的墙，阳台联在一块，然后和别墅相比缺乏它的私密性，一错开私密性就加强了。这种产品就是市场需求的认同产品。

作产品研究一个是差异化，一个是在规划设计的时候，规划设计专家、景观专家、物业管理专家、装修专家一起来做规划，这个是别人没有做的，作者要求开发商一定要这样做。比如说装修的问题，很多东西、很多功能，去国外考察发现，很多的功能并不是装修出来的，很多是装修公司不了解的，比如说抽鞋气的抽气孔，装修公司是想不出来的。还有认为物业管理50%的投诉是因为前期的规划设计出了问题。所以作者认为景观设计不和规划设计专家一起来做的话，就无法进行下去，规划设计的时候，市场专家、营销专家、装修顾问、物业管理顾问和景观设计师这些人都要参与讨

论，这才有可能做出一个比较完美的产品。另外还要增加产品附加值，附加值包括很多方面，和健康的结合，和医疗的结合，做好这种人性化的细节。

我们特别注意房地产的精髓的几个字，就是物以类聚、人以群分，就是怎么样做到品牌单一，不要以为户型越多、品牌越多，市场范围就越广；其实大错特错，品牌单一、越统一越好卖。

2. 价格合理的价格认同

价格合理的价格认同实质是如何做出符合市场的价格策略。什么是比较好的价格策略？这里简单介绍一下价格策略方法，作者把这个定价法命名为曾式定价法（具体内容见本书个案解码中关于青岛天泰馥香谷的定价策略的内容），由五部分构成：第一部分还是要讲成本，叫做成本加税费、加合理利润的这种方法，这个数字是一种参照，是开发商的参照，这是第一部分。

第二部分叫做市场的静态价格。一个是进行精确的价格经营汇总，这价格包括所有隔壁项目，起码要选 20 个可以相关比较的项目来做一个对照，从它们的面积、最高标价、最低标价、平均标价、销售情况都做一个统计，这是第一步。然后，对每一个项目的影响它的每一个要素进行评估，比如周边的配套、付款方式、景观的样式、物业管理等等都要进行评估，给予项目打分，我们自己的项目也要打分，这个打分不是一个人打，起码要十个人打，打分之后再做一个数据图，每一项指标的权重是不一样的，有的权重高一点，有的权重低一点，产品本身的品质占到 80%，产品本身又分成物业的外部生态需求和内部生态需求指数，这个过程比较复杂，在本书后面的内容中有详细的展示。每一个指标都做出这种权重指数来，每一个项目的打分和我们的项目相比是什么对应情况，再做出一个评估加权，然后再进入公式，最后得出一个价格，就是说现在假如你用这个价格往外推，市场是百分之百接受的，这是均价，户型和差价是另外的方法，这是一种静态的市场价格。

第三部分叫做动态的市场价格。项目从规划设计到开盘有一段时间，少则一两个月，多则几个月半年，一年都有可能，这段时间，经济形势的变化、房地产供求关系的变化、项目本身工程形象的变化、推广力度的变化、企业品牌的变化都可以影响到市场对你这个价位认同的变化，怎么样把握住市场这种动态的价格？作者有专门做的一个坐标，在那里反映每天每个星期市场对它的认同，最后在开盘之前知道原来市场变成这个样子(具体内容将在本书后面详细展示)。

第四部分叫做策略价格，策略价格是什么呢？一个老板根据他自己不同的战略需求，比如说项目较大的概率比较低的就是低开高走。但是很多人有一个误区，以为所有项目都低开高走，这是不对的，低开高走有70%，还有20%～30%可以高开低走或者是低开低走，或者是高开高走，或者是高开中走，这要看开发商的具体情况，你是有了房子在盖，然后盖好了再卖，还是说我急着收回资金，有的开发商财大气粗，比如说广州有一个小区叫做中旅园区，它是完全盖好了房子再卖，它卖了多少钱知道吗？17000元/m^2 的毛坯房、清水房，它就高开高走，而且很快就卖完了，如果低开高走，一开始用9000元探一探，卖完了利润损失大了，所以要根据整个的情况，静态、动态、成本，最后得出一个策略的价格。

第五部分叫做价格的反馈系统，我们制定了五种应变的措施，市场有时候和我们的分析还是有一些不对接的，比如说如果户型有一些差距，可以立刻以价格做出应对，做出一个调整，这是完整的价格，这个系统具有较高的价格策略水平，在实践中也走得非常顺畅。

3. 克服障碍的推广认同

另外还有关于推广的研究，品牌认同的研究。品牌认同的过程实质就是推广认同的效果反应。推广是有规律的，是一个系统工程，不是所谓的爆炒或者是单纯的概念炒作。开发商需要卖房子，房子是大宗产品，怎么样克服这种市场的随意性，这是我们研究很重要的一点。我们做品牌研究，什么是品牌？比如说大连万达怎么样把他们的品牌形象一步步渗透到

市场去，可分为几个阶段，首先是轰动亮相，持续的活动关注，跟踪调查，火爆入市，持续促销，分为这样的几步。怎么样让消费者相信你，让房子卖出去，进行品牌形象的堆积。在昆明的“阳光海岸”项目就是很典型的例子，因为开发商本身没有任何的知名度，他就借助一些名人效应，借名规划师，借名策划师，借名物业管理公司，来做他的品牌。怎么样做到推广的持续认同呢？光卖得好还不行，要不断的被市场看好，包括入住以后还看好。我觉得包括几点，一个是品质持续经受时间的考验，第二个是践诺重于承诺，就是你原来承诺的东西不仅要实现，而且要比承诺做得更多、更好。第三也是特别重要的一点就是物业管理、物业服务，这一块作为它提升和认同品牌最重要的一个手段。第四就是我们的这种价格策略观念要有让渡价值的空间，阳光海岸从最早开盘起价的 3580 元到现在的 5000 元、6000 元，不断的被市场往上推，现在还在上涨，就是要给市场让渡空间，就是前面讲到的投资的功能价值的体现。

另外还有成功推广的规律，比如说不同的档次不同的方式是不一样的，高档盘和低档盘推广的东西也不同，高档盘很看重身份标识，对于实用率、功能比较淡，但是反过来我们中低档房的销售，一次置业的销售，特别关注实用率、价格、交通方便，这些对高档房来说不敏感，所以推广、品牌的建立实际上是很有规律的东西，不是盲目的。

4. 随行就市的销售认同

关于销售认同表现为两个方面，一是销售价格的认同；二是销售率的认同。有很多项目，在开盘时营造出了热销的假象，比如说，开盘时将开盘前积累的所有客户集中在开盘这一天来办理相关手续或开盘时大搞庆典活动吸引了大批非客户人群到现场观看，但实际的销售情况并不理想，客户去售楼中心后，根本看不到售楼表，随后又在媒体上大肆渲染项目如何的热销，又辅之以传递项目即将涨价的信息；而同时，开盘后没几天，售楼中心已经客户廖廖，明眼人一看就知道所谓的热销、高价格都是假象。

品牌营销的销售认同要有两大要素支撑，首先是在项目前期推广的基

础上对项目的销售情况做一定的透明度，向客户展示实际的销售情况。其次，在控制售价方面要严格控制折扣率，在售价浮动方面可以做适当的微浮。当然，这些都要有一个前提，就是项目自身的产品必须是优秀的或项目的性价比较高，能得到市场的认同。这样，其销售情况和售价才可能得到市场的认同，为建立项目品牌形象提供可能。

5. 提升品牌的物管认同

物业管理的好坏对项目提升品牌至关重要。项目前期运作非常成功，物业管理不好同样不能形成优秀的品牌形象。好的物业管理要做到管理的人性化、专业化和市场化。物业管理的人性化就要求"以人为本"的物业管理原则。前不久，笔者与一位物业管理公司的老总交流时，这位老总问，物业管理公司具备最重要的是什么方面？笔者告诉他，最重要的是服务。物业管理属于第三产业的范畴，是服务业，服务业最重要的当然是服务了。物业管理公司的服务对象就是小区的业主，所有的服务内容都要以业主的需求为根本。专业化要求物业管理公司提供给业主的服务是专业水准的，甚至扫地用的工具都是专业工具。其次是物业管理的市场化，让物业服务进入市场化运作，实行优胜劣汰。开发商在选择物业管理公司时也要实行市场化，选择优秀的物业管理公司。

物业管理公司的选择主要有三种方式，一是招标选择优秀物业管理公司；二是开发商自己成立物业管理公司，肥水不流外人田；三是聘请优秀物业管理公司作为项目物业管理顾问，由本地物业管理公司进行物业管理。这三种方式目前是主要的管理形式，但不管是怎么确定物业公司，最重要的是能给业主提供良好的物管服务，得到业主的认同，提升品牌。

6. 维护品牌的公关认同

维护品牌的公关认同是在品牌形象初步建立后，为品牌形象的持续保持进行的系列公关活动。事实上，不管是多么优秀的小区，业主入住后，或多或少地都会有各种各样内部的和外部的矛盾，如果不能慎重处理各种矛

盾，都将损坏项目的品牌形象。

要做到公关的认同主要从以下几方面着手：一是保持与相关政府管理部门的良好关系与沟通，如房管局、产权处，为业主顺利及时的办理产权证提供保证。与城管、工商、税务、新闻媒体等保持良好的关系，一方面为小区的商业用房经营提供保障；另一方面，与新闻媒体的关系极为重要，一些负面的新闻要与媒体尽量沟通，取得谅解，并尽快解决。二是保持与业主之间的良好关系，在为业主提供良好服务的基础上，与业主相互谅解，对于出现的一些与业主之间的矛盾要妥善解决。三是利用在小区内组织的各种活动，融洽与业主的关系，并及时将信息提供给新闻媒体，取得媒体的支持，扩大宣传影响，持续保持并提升项目的品牌形象。

第三部分　老板之品牌问题

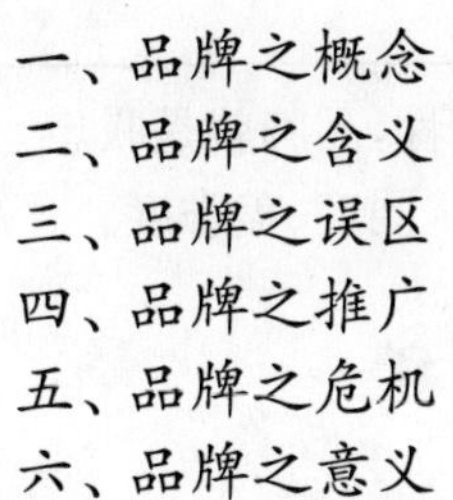

一、品牌之概念
二、品牌之含义
三、品牌之误区
四、品牌之推广
五、品牌之危机
六、品牌之意义

一、品牌之概念

品牌就是差异，品牌就是个性，品牌就是联想
品牌需要知名度、认知度、认同度、美誉度
品牌需要市场持续认同
1. 品牌的概念
2. 广义理解品牌概念
3. 品牌换一种说法是
品牌＝优质物业＋有效推广

1. 品牌的概念

作者曾经写过两本书，一本是《品牌密码》，一本是《品牌旋风》，都是关于品牌研究的专著。为什么要这么重视品牌呢？因为品牌是将来中国的市场经济一个主导的方向，可以叫做“品牌引导消费”。究竟什么叫品牌呢？什么是品牌的密码呢？什么是品牌的误区呢？这里我们先来探讨品牌之概念。

品牌是市场持续认同的差异产品，这里，品牌的概念已经在第三部分内容中进行了阐述，但是，要谈品牌的误区，有必要强调关于品牌的概念。品牌的概念主要有三个要素，第一个是差异，品牌就是差异，品牌就是个性，品牌就是联想，之所以能够联想起，就是因为品牌形象已经深入人心，我们一看到长虹这两个字，就能够联想长虹的品牌、长虹的产品、长虹的彩电，因为它的产品和别的产品比有它独特的一些形象，产品的一些内在的不同于其他产品的东西。差异化是我们做品牌、做我们的地产最重要的一个要素。可以说，天底下没有两片相同的树叶，那么每一块地都是天下惟一的一块，没有两块地是相同的，这里面它自身就存在着差异化在里面，本身就差异化，这个差异是非常关键的一点。

第二点叫做市场要认同这种差异产品，不是像三株、巨人那种泡沫，是

一种负面的认知。市场要认同的，这个认同要包括两个层面：第一是知名度，认知度，如果说你这个项目在当地是很有口碑，但是我问10个建筑师，如果只有两个人知道，或者根本没有人知道，那你的认知度就比较差了。第二就是认同度，就是美誉度，我觉得这是第二点要认同的。

第三点叫做市场持续认同，这点非常重要，很多楼盘可能一下卖得很好，一时间在市场中反响很大，但随后就没有音讯了，这叫不叫品牌呢？其实这不是真正意义上的品牌，还不能算是完全意义上的品牌，它只是一个品牌形象的初步建立。一个楼盘只有当它建好、卖完以后，它的客户住进去之后，一年、两年觉得你的物业管理很好，工程质量有保证，整个环境很好，那个时候才可以说已经形成一个品牌了，类似像万科的物业。所以，我认为这个持续性当然有两个含义，一个是你的产品是一开始开盘的时候卖得很好，另一个是开盘后一两年内都会销售得很好；像万科不管在哪里做项目，都有一直好销售的情况。

我认为，综合起来要有这三个要素：持续、认同、差异。要做到持续、认同、差异，还要包括营销推广的努力，包括售后服务的努力，包括公司本身形象的努力。

2. 广义理解品牌概念

我们所说的品牌有人狭隘的理解为只是一个房地产的项目，房地产的项目当然是一个重要的方面，但我们所说的品牌包括了五个方面：

(1) 城市品牌

城市品牌在我们做大地产、大项目的时候一定要考虑。比如你这个城市对于你这个区域是有号召力的，但对于整个大区、对全国、对海外有没有号召力。目前全国有号召力突破自己城市的局限的，有北京、上海、大连、广州、深圳、珠海。大连万达的房子有70%是卖给大连以外的，这就是大连市政府薄熙来做的好事，他把城市的环境搞好了，他不去建很多化工厂，而是改善环境。重庆第一就是要解决污染的问题，第二就是要改善交通条件。减轻污染，美化环境。大连一个环境的改善就使得它房地产价格比广

州还高，但你到大连去看看它确实值这个价。重庆呢？充其量就是个大的“集贸市场”，昆明因为世博会，引发了世界对它持续性关注，所以它的房地产市场也是空前活跃的，它有突破城市地域性的威力。我们在成都做项目的时候，刘永好在政协的提案“如何把成都建成中国最适于居住的城市，中国的西雅图”这个概念，使锦官新城有很多外地人买房子；黎兵就是一个，他是贵阳人，但他在锦官新城买房子，把他父母接过来住。

重庆的地产界应该联合起来，要求政府重塑重庆的新形象。只有城市的形象改善了，才有可能营造高尚的城市，才有可能容纳高的物业。

(2) 区域品牌

重庆的区域形象不鲜明，不像很多的城市有鲜明的形象区别，如何把自己的形象渲染起来，最近听说裕嘉集团就打算要重塑南岸的区域形象，这是一件大好事。因为南岸有很多的优势是无可替代的，它是重庆的市肺，区域形象一旦明确，就可以在区域内形成双赢、共赢的局面。

(3) 群众品牌

广州有了这样的群众品牌，如沿江的区域。在香港，江景楼是非常昂贵的，一般几万元一平方英尺的概念；而在重庆，就 3000 元/m^2，这也可看出对土地运用的精细化程度，这是资源的浪费。山里的竹子值 1 元，做成筷子，可卖 10 元，而做成工艺筷子就可卖 15 元，如果请知名画家画个虾，那就是艺术品了，它是无价的。我们现在做的全是筷子。这是资源的巨大浪费。我们应该多挖掘一下江景楼的附加值。

我们要联合群体的力量，树立区域品牌。赢得市场的信任，亦可利用群体品牌的优势，如以裕嘉、南方等地产公司为代表的很大胆的发出群众的“信誉宣言”，加入的开发公司必须要做到哪几条，由社会监督。因为房地产的虚假广告太多，那么这种群体的品牌一旦建立，它的威力是很大的。

(4) 企业品牌

做房地产项目，房地产公司的企业品牌是非常重要的，它具备什么样的实力、什么样的背景、什么样的信誉非常重要。

(5) 项目品牌

后两种品牌很简单，大家都可以理解，至于它们以哪个为主、哪个先做，这是没有定式的，有以项目品牌取胜的，也有以企业品牌取胜的。

3. 品牌＝优质物业＋有效推广

品牌，外化的讲，就是一个标志，一个名称，把它扩张以后，就是由品质和推广构成的，或者说就是优秀的品质＋有效的推广，再扩张，就是：

(1) 物业外在的品质(红线外的间接因素)：与房地产项目有关的一切东西，如地段的好坏、开发商的形象、承建商的实力、代理公司的形象、社区的配套、交通条件、娱乐、教育、医疗条件、环境等。

(2) 物业内的品质(红线内的所有的一切)：就是小区内的户型设计、规划、园林、物业管理等。户型设计的问题很大，包括洗手间、厨房、工人房的摆设、大小等，就可讲几个小时。我们的"以人为本"的理念体现在对所有人的尊重、关心和关爱上，包括对佣人。

(3) 附加值：附加值的问题就是如何使筷子变成工艺品、变为艺术品的问题，如何把房地产之外的东西，成功的、有机地引入到你的楼盘里。这里的学问很大。在重庆寥寥可数的几个楼盘里，发展商已经意识到了这个问题，或者正在做。大家可以关注一下裕嘉的江南明珠大厦，他们会有一些更新的概念出来，有附加值的引入。它与其他楼盘不仅是外立面上不同。当然这当中概念要用得好，不要太生硬，如生态园林的概念。

中国房地产园林建设经历四个阶段：一是宿舍型的；二是绿化型的；三是美化型的；四是生态型的——利用植物的搭配最大限度地吸引二氧化碳，呼出负氧粒子；小孩子有一个安全的活动区域；植物对细菌、流行病菌的杀伤力；艺术的效果；草坪是可供践踏的，杜绝"请勿践踏草坪"出现，开发商必须清楚人和花、草、树木是有很强的亲和力的。

(4) 如何把你的优质的物业有效地传递到社会、市场中去：房地产的销售应该进行快速的品牌推广，房地产的开盘亮相至关重要，品牌的初期建立开发商应特别注意。

二、品牌之含义

品牌包含两个字，其中“品”就是品质，就是产品品质，“牌”就是牌子，我们这里主要侧重于牌子，推广营销建立起来的一个招牌。

关于品牌的含义，我们将分别用个案来阐述，如何做一个用户急需的好产品，一个差异化的产品。这里举一个例子，怎么样把一个牌子能够让社会逐步的认知和认同，这些个案里面，它们都是分别有密码的，我们只能比较概要的来叙述。

作者2002年在昆明做了一个项目，这个项目叫做阳光海岸，在前面已经提到过了。从2001年12月底和开发商签约开始，进驻他的市场研究规划设计。这个项目的规划设计请到了我国非常有名的规划设计大师——肖世荣等。到2002年中期，由于施工图还没有出来，10月份才能开始正式全面的施工。但是，项目的398栋独立花园住宅，注意，我没有用别的概念，没有用别墅、TOWNHOUSE，没有用公寓，而是用可能比较陌生的一个概念，叫做独立花园住宅，398个单位，已经销售基本结束，大概还剩六十几个单位，这些是开发商自己保留，自己想用来改建成公寓，做成出租型的，就是自留。其他三百多个单位已经卖完了，这个项目还没有动工，到10月份才开始动工，验证了前面内容里提到的国际营销大师奥格威的那句话，你不需要做什么特殊的营销。这地方我们有很多营销点在里面，为了做这个推广的方案，做了大概有厚厚的一大本的营销推广总案，里面有十几套推广的活动方法，公关活动，什么软推广、硬推广等等。实际上到最后大概只用了两个。广告费是多少呢，按照项目的销售额是两个亿，两个亿应该是按照昆明的情况，我们预设它的广告费是2%的销售额，大概是四五百万，到销售完为止，我们只用了160万的广告费，连户外广告、报纸的、软性的全部加起来了，而且里面我们有很多独一无二的卖点我们都没有用，比如说他那里是整个昆明那一带惟一的拥有温泉的项目，温泉可以入户的，这个按道理可以大肆炒作，这是非常好的附加值，但是销售完为止

我们没有去动，这些卖点没有动就已经基本告一段落了。当然开发商整个投资回报的收益读者可想而知，有机会，读者可以到昆明去参观独立花园住宅。在2001年5月下旬，昆明开了一个房展会，这个项目在那里第一次亮相，亮相的第二天，昆明的媒体有这样的一个报道，可以简单的介绍一下，一两句话，“由著名策划人曾宪斌先生策划的阳光海岸独立花园住宅项目，昨天房交的第一天就爆出了最大的冷门，其销售业绩出乎意料，开盘就将封盘”。这个房展会，一共推出116个单位，结果登记认购的是800多人。

这是什么原因呢？它的成功在什么地方呢？我们把它的产品差异化的密码来解释一下。

第一，是它的整个品种的差异化。这个项目处在昆明的郊区，在距昆明的最后一个城边的收费站有7km，在滇池的曹海旁边，在西贡码头。那里周边没有什么配套设施，只有几个饭店，旁边还有一个叫做听涛雅园的一个小区，很多人当时并不看好这个地方，交通、教育、医疗、商业都不配套。当然不是它什么都不好，它有很多好的地方，它有一个很自然的景观：靠近滇池；又是国家旅游度假区，属于那个范围。所以这个地方到底建什么品种，这个非常重要。那么当时在昆明的那一带，有多层、有别墅，也有一部分所谓的联排别墅。在昆明有联排别墅，那一个区域还没有。这里究竟合适做什么东西呢？有不同的意见，最后经过市场研究，得出的结论，这里只适合做中高档或者是高档产品。高档产品在昆明只有两种，第一种就是别墅，第二种就是这种大户型的多层、跃层、复式，当然在昆明小区里面也有一小部分类似于联排别墅的产品。那么当时做别墅的意见很快就被否定掉了，因为别墅它的总价比较高，当时昆明的别墅都不好卖，都卖得很不好，那一带也没有这种市场依托。再一个就是昆明的开发商和当地的人都讲，如果是别墅的话，那些领导干部是不敢进来住的。所以，我认为市场本身的存在，别人的别墅做不好卖不好，不等于我的卖不好，但是市场风险是比较大的，金字塔上的这部分人风险比较大，我们就把它否决掉了。然后中档以下的又否决掉了，现在就剩下中间这一个档次，做什么？应该是这个位置，到底做什么？就有两种意见，一种意见是把在当时昆明比较热销的四层、四层半、五层、六层，做成跃层、复式，我们确定我们的目标客户群总价在50～100万之间的客户群，当时昆明比较热销的产品，比较好卖的产品就是这种跃层和复式，但是这个意见我把它否定掉了，否定理由有两个：

第一，这个地方如果自己没有车到那里去生活是非常不方便的，这种复式、跃层没有车位，不可取；

第二，同样是50～100万之间，同样做这种产品，人家在二环边50～100万就能买到200m²左右，50～100万这样的房子，凭什么要跑到滇池那里去买呢？当然还有其他的原因。

最重要的是，我认为我们的产品必须要做出差异化，才有可能赢得这个市场。那么根据我2000年做项目的经验，因为我2000年在成都"成都花园"，长春"长春明珠"做过两个大盘，两个大盘里面都有一个品种，就是联排别墅的品种，在2000年联排别墅的品种做多少卖多少。2000年我就详细的研究联排别墅在国外的起源和在内地发展的历程，得出个结论，我在清华讲课的时候就讲这个观点，我说2001年可能是联排别墅年，2001年肯定只要在省会一级的城市，哪个城市第一个有联排别墅的项目，哪个开发商一定就是舀了一勺最稠的。2002年全国的联排别墅热验证了我2001年的预测。昆明现在没有联排别墅，有的是不完全的联排别墅，比如有个叫嘉园尚居，在小区里面有一部分做这种品种，还不是标准的，因为我们所说的联排别墅是有天有地，它的联排别墅是有天没有地，有地没有天，正面一二三层是一家，后面三四五层是一家，还没有自己的车位。所以，我凭我市场的直觉，对市场的理解，加上对昆明市场的调查研究，我就提出来，这里就是应该做联排别墅。

那么联排别墅这个东西，在这里算不算是创新呢？有人会说，这个联排别墅其实各地都有了。我有一个观点，"填补市场空白的克隆就是创新"，你这个城市如果没有这种产品，你拿来主义式的用，你第一个先用，就是创新的。所以最后的事实证明，我们品种的差异化的选择，是非常正

确的。

为什么我这么看这个品种呢？我这里简单的讲一讲这种联排别墅的起源以及它在中国发展的简历，还有就是它的优点到底在什么地方？三两句话就概括了。联排别墅是发源于二战以后的英国，很快就流行于欧美。随着交通的发达、随着汽车的普及、随着通讯的发展、随着郊区化趋势的呈现，现在在欧美，特别在美国，三分之二以上的人是住在联排别墅以及别墅这种品种里面的，住公寓的大都是穷人。

那么在国内是什么情况呢？很多人以为，在我们大陆，联排别墅可能就是前年从上海的什么“君临天下”、“康桥半岛”开始的，其实不是。读者中去过广州踩盘的人都知道，广州的“祈福新村”里面最早期就有联排别墅的品种。但是没有引起人的注意，销售的情况也没有特别理想。直到1999年以上海的“康桥半岛”和“君临天下”为代表的联排别墅的出现，点起了星星之火。星星之火应该是在“祈福新村”那边，这么快就形成了今年的燎原之势，说明什么？说明欧美也罢、中国也罢，别墅是人民的少数品牌，中产阶级的形成，中产阶级中上层阶级的形成，在90年代初期在大陆还没有形成，但是到90年代末期已经具备了这个市场，已经形成了这个市场，这就是联排别墅形成的根本原因。为什么非常看好这个品牌呢？我和很多人的看法不同，很多人认为这个品牌热热就过了。不会的，有几个原因，第一，中国城市郊区化的趋势不可阻挡；第二，中国人或者包括美国人，真正住豪华大别墅、独立别墅的毕竟永远是宝塔尖上少部分的富豪层、大老板。所以，很多人终极的奋斗目标，其实他换多大的房子，跃层也好，复式也好，他都不会满足的，但是联排别墅这个品种，会让他成为很多成功人士的一个终极产品，他终极要住在这个地方。我非常看好这个品种，当然谁先下手为强，谁什么时候做什么样的具体项目，那另当别论。有的地方可能因为他做联排别墅做得密度太大，容积率太高，完全违背了联排别墅应有的容积率、应有的密度，那他失败了不是品种不好，是他自己规划的不好，拿来主义拿的不好，所以我认为它的成功最大的一个是差异化品种的成功。

另外，补充一个这种联排别墅的主要好处在什么地方，就是相对的独立性、私密性，近似于别墅的功能，但是没有别墅的价格。概括起来讲，它的好处就那么几点：一个是它有天有地，一个是私密性比较强，再一个性价比较好。

这是第一个品种的差异化。在这个基础之上，我们进一步就联排别墅本身而言，产品的差异化解密，第一是品种差异化，第二是产品差异化，这里说的是特定的含义，这个产品指的就是联排别墅的产品。为什么我说的是独立花园住宅呢？这个独立花园住宅是从联排别墅里面演变出来的一种，但是和联排别墅有着截然不同的区别。

第一个区别，这是我们在中国做的第一个概念，叫做零边界。大家都知道，传统意义上的联排别墅，几栋，三五个，七八个别墅并联在一起的，只有前后院或南北院，其他的墙是共用的。但是，阳光海岸是不挨在一起的，它左边一个住宅的一面墙正好压在另一个住宅的庭院的边上，边界为零，其实最早的零边界的概念，刚才大家还不是很清晰。它有四面墙，其中有三面是开门开窗的，还有一面我们把它叫做重墙，这一面墙是不开门、不开窗的，它可以成为另外一个单位的景观墙，在它的墙和庭院之间，它的边界是零，这个边界跟这个单位的门之间有 3m 的距离，形成了一个庭院，或者我们把它叫做侧院，形成一个侧院。这是一个重墙，里面是它的景观墙，另外一个单位的景观墙。其实也很简单的，比如说这是一个单位，这个单位原来按照传统的联排别墅是并在一块的，现在整个把它分开了，等于是一个独立别墅有一道墙挨得很近，就这么简单，其实联排别墅的起源就是因为在欧洲、在美国大家都想住别墅，但是土地资源又不够，所以只好用这种不得已的方法把它并在一起，这种东西在美国南部有。

这例别墅到底有什么好处？我简单说一下：传统的联排别墅，我刚才讲有很多优点，但是它也有它的缺点，它的缺点主要有几个方面：第一，由于它只有南北出口，里面要有通道，人要从前院穿到后院去，必须从里面通过，所以大都交通面积比较大，过道比较大，过道比较大的话，里面的功能设置就相对来说比较困难一点，这是第一点；第二点，由于它只有南北的通

风和出口，所以它的通风和采光都受到一定的局限，这是第二点；第三点，由于它是并在一块的，它的露台、它的阳台只有一个很矮的墙和邻家的阳台联在一块，两家的私密性相对来说比较差。零边界一出来以后，从根本上解决了这个问题，一错开，穿堂风整个四面都是通透的，它的采光、它的通风都比原来有了极大的改善。前面我们讲到因为很多推广方案没有做，我跟他们说，我们要做一个系列广告，就是阳光下的房子处处充满阳光，包括里面的洗手间，我的大浴缸都可以摆在错院的一边，任何时候，白天我洗澡都可以拉开大帘子透着阳光，和阳光一起共浴，对面没有窗、没有门，私密性很好。一个是通风，可以解决通风的问题。再一个，它主要是人们可以在庭院里穿行，里面交通的面积减少了，里面的厅、厨、厕等等功能的设置就方便得多，解决了原来进深太深而造成了设计上碰到的困难。零边界它的好处主要是解决了传统联排别墅的局限，更多的体现是什么呢？一种独立别墅的功能。这是我要讲的我们成功的产品差异化的零边界概念。

第二个我们采取的方法叫做绿色私有化，这是我在那里第一次提出这样的观点。中国的园林设计经过了几个阶段，从最早不讲园林，到后来有花有草，到后来满足人的观赏性，现在大多数的小区还是停留在满足人的观赏性上，对于它的生态效益，对于它的功能性，对于它的实用性，对于它的可达性并没有做太多的研究。所谓的以人为本，仅仅停留在观赏性上。那么它推到一个极致就是所谓的大广场、大花园，这种大广场、大花园给人带来的仅仅是观赏性而已。我们考察过很多小区的大广场、大花园，大部分时间是很少有人在那里逗留的。这就出现很多的问题，包括围着花园周边的房子很好卖，但是离花园远的、偏的就很不好卖。我们提出来，西方现代的规划设计理论很重要的原则，叫做地权原则，我买的不仅是房子，我买的还是使用我这个房子应该相应拥有这个社区里面我的地权，我们绿色私有化，就是要实现把业主的领地权、领空权还给业主，而不是做那些华而不实的仅具观赏性的东西，要使得这个绿色可拥有，可达实用性。在西方美国那边有统计，私家的小庭院是供人活动，家庭会友、煮饭、游戏，特别三岁小孩长时间呆的地方，假如你只有一个大花园的话，它的可达性就非常差，它的实用性就非常差，动不动就一个牌子，不要践踏。所谓好的环境必须是两个环境，第一是人和人的交流要好，第二是人和自然的交流要好。人和自然的交流要还原到原始社会，猿人的时代，人要爬树，要在草原深打滚的，这才是人性化，动不动所有的草坪不让人家进去，算什么人性化呀？人只有在树上、在草地上打滚的时候，才感觉到对自然的亲近，而我们这种绿色私有化就满足了人性本性上的愿望。阳光海岸是6万m^2的绿地给了户主，平均每家最少的100m^2，多的470m^2。这就体现了地权思想，包括我的领空权、领地权，我有我自己的蓝天、有我自己的绿地。所以，这是我们讲到产品它的密码，我们大胆的做了叫做绿色私有化。

产品差异化的第三点就是均好性。

比方说大家很关注的会所，有很多会所是对外的，内外又不分；同时经营的时候又会影响周边业主的生活。我很早就觉得这个问题是很大的问题，所以我就提出一个观点，叫做泛会所。我补充一下，绿色私有化还有什么好处？绿色私有化后，业主高兴他有自己的私家园林。物业管理更高兴，第一，这6万m^2的绿地他不用管了，这个成本一年下来是多少；第二，业主他的花园要交给你去管理，他要交费，是笔收入，一正一负，一进一出。均好性、泛会所，我们是主张把原有会所的很多功能分散到小区的每一个角落里面去，使大家能够很均衡的享受到这些设施、这些环境。我们大概有这么几个方面，可以举例来说，刚才已经讲到，我们除了6万m^2的绿地，给每家不少于100m^2的花园以外，我们还有几十亩的绿地，把它分成12个小广场，我们规划设计里面将来可以看到，整个就像个花瓣一样，有几条小河，有5个小水面，小水面每个都有四五亩这样，周边它的端头还有它的四周有12个小花园、小广场，这些是为什么呢？为我们的业主提供一个大家邻里交往的场所。另外，每家除了有一个车位以外，我们另外还设了200个车位，保证你们的客人或者你们家有两辆车，我们没有设集中的停车场。最初设计的时候，他们的设计人员拿出来设计是集中设停车场的，我说不行，按照我们均好性的理论，你的弊病很多：第一，你这个无论设在哪里都会有很多人停车不方便、太远。第二，停车场附近的业主会觉得太吵，影响

他的生活。在我们把它分成50个小停车场，每个停车场就停几辆车，散布在整个小区的四面八方，水面、绿地、停车场，还有一些原来属于会所的这些简易的游乐设施，也散布在小区的几个组团里面，在12个水面，或者是这些里面。每个里面都有一个小小的会所，很简易的，基本不收费的，给大家提供一个沟通的场所。

这样有什么好处呢？它的好处非常多。一般的来讲，业主他有自己一种私有感，这是属于我们这些人的一个小会所，增进邻里之间的交往，而且一般情况之下，不需要跑到会所里面去。会所可以集中它的设施，对外营业，有这样的一个风格。当然我们刚才说的邻里之间的交往，包括绿色私有化，这种小庭院都是有那种小的绿篱，很低的植被隔离起来的，邻居之间的交往非常方便，促进邻里之间的沟通。在销售上，没有说我们哪个房子不好销，哪一块不好销的，没有，就是这个均好性在销售的环节上起了很大的作用，市场对每一个单位没有抗性。更多的我们是从以人为本，从领地权、领空权，还给业主这种人性化的考虑，把所有他该享受的设施，共享的设施、独享的设施都还给他。所以，我觉得我们做到了均好性。

当然均好性我们归纳有六大优点，我们简单的再过一下，再谈下一个问题。第一个，均好性设计营造的领属感，是我的，我的领空、我的领地。第二个是均好性设计便于邻里之间的交流，形成良好的社区气氛。第三是均好性的设计使生活更为便捷，更具有时效性，距离都很近，不用跑到老远去停车，不用跑到老远去活动。第四是均好性的设计提供了多样性的观赏景观，这点也很重要。有的大广场、有的大花园虽然很漂亮，很具观赏性，但是它看来看去就这一个景，时间长了你就会觉得很闷，或者很单调。但是我这里有12个小广场、小花园，5个主题水面，每一个设计都有不同的主题，它就有一步见景这么一种效果。再一个，均好性的设计可以为住户提供更多的社区服务，什么意思呢？我们可以想想，如果一个湖，或者一个花园，它的周长假定比如说是500m，但假如把它分成三个、四个、五个小花园、小广场、小水面的话，它的周长就大大的超过500m，超过500m的范围，多出来的几百米、1000m、2000m，就为周边的社区提供服务，就能够更

多的、更好的、更有效的为社区提供服务。再一个是我最后讲到的它形成的泛会所的概念，很多开发商、很多小区有一个困惑，我这个会所到底怎么建？是完全对外还是完全对内，很矛盾，我全面对内，经济效益上不去，物业管理有问题，客源不够。我完全对外，又降低了我这个会所的品质，使得业主对会所的私有感觉的味道单薄了，我觉得我们这种泛会所的概念，本身还有一个大会所，5000m^2 的大会所，下面还有欧陆风情一条街，对外又对内，放在靠近滇池旁边的地方，景观也是比较好的地方，比较好地解决了会所功能的使用和内部业主活动之间的矛盾，有比较重要的活动，或者很重要的客人过来，完全可以带他到会所里面活动，一般的情况下，在自己的社区里面就都解决了。

这是我们产品差异化，一个是零边界的概念，一个是绿色私有化的概念，一个是均好性的概念。至于说这个产品本身它的一些规划指标，我为什么并没有着重去说呢？这些大家都知道，都懂得，如果能做到是最好，我们这都是很好的，绿化率61%在昆明是第一；密度19%；楼间距1∶1.5；容积率政府给我们是0.6，联排别墅可以做0.6，甚至更高一点，如果做得好的话都还可以，但是最好不要超过0.6，我们把它主动降到0.5。关于容积率的问题，我跟开发商谈，他就跟我讲，你得想办法保住我的容积率，我就跟他讲一个我多年来讲的观点，容积率根本没有用，就是我给你1.0的容积率，你卖不出去怎么办，不就是0嘛，就是有和无的关系，你有不就无嘛。但是如果我这个容积率很低，市场价格推得很高，不就有嘛。我在哈尔滨前年就看到一个项目，建了一大片别墅，一栋都没卖出去，他请我去看。我一看就说，你这个房子卖给谁，我说你是老板，你有钱你会不会买？他一看，说不会买。你就说社会主义新农村也比它宽敞，他整个前后的两栋别墅是挨着的，我说如果你把它三栋炸掉两栋来种草、做花园，你可能就卖掉了，那么有没有呢？就有了。那么原来我们的定价是2700～2800元/m^2起价的，因为当时那带附近的楼价很低，一两千块钱，实际的起价，均价现在还没有3580元/m^2，成本大概是两千多一点。所以，容积率我认为是没有用的东西，我从不去考虑容积率的问题。这是差别的异化。

这三大概念所产生的另外一个效果，也算是一个密码，叫做四度环境空间，一个小区的环境好不好，除了我们刚才所说的绿化率、容积率、密度、楼间距之外，其实最重要的是看有没有一个非常好的四度环境空间。西方现代的规划师讲，就是讲究怎么样营造一种良好的四度环境空间，一个所谓好的环境，无非就是人与自然的交流，人与人的交流，这两种都能够很好的满足，就是好环境。而我们刚才讲到的三大概念，恰恰满足了四度环境空间。

第一度叫做私密环境，这个私密环境就是我们 $100m^2$ 以上的小花园以及我们室内的空间，就是我们的私密环境。它确保了我们的一种独立性，一种私密，这是现代人，尤其是住别墅这种档次的人特别关注的一点。

第二度叫做半私密空间，就是属于我们这几家，属于我们十几家，所拥有的一个小广场、小花园、小水面、小的会所，邻里之间的交往靠这个，很有趣的一个现象，现在已经有几户联起手来干什么事呢？他们的邻里关系现在到了什么程度？还没有住进去，还没有建呢？已经商量好了，我们这五户人家，你家请一个保姆，你家请一个保安，我们这里有六重保安设施他还要请保安，你家请个医生，你家请个家教，你家请个什么，五家各出一笔钱来请一个人，这个人就为这一排房子五家服务。大家上班了，就有一个五家保安来回在这里巡视，五家的卫生由一个人打扫，我们多年没有见的这种邻里关系，现在小区里面很不重视的邻里关系，在这样一种小区里面得到凸现，我讲到它的一个奥秘，其实还有一个中国情结，后面会讲到，还有庭院情结，还有邻里之间的情结。

第三度叫做半公有环境，主要指的是道路交会处的小广场和水面，什么意思呢？这个路是大家都可以走的，还包括停车场，一般来讲，比如这里有个标志，这是阳光海岸什么另外一个小组团，叫做象牙滩，有了这个标志之后，大家都知道，轻易人家不会随便进去，因为这是属于你们半私密的一个空间，没事他有一种心理障碍，他是不会进去的。但是路他可以走，因为这个路是大家共享的，一路走一路是不同的景观，这叫做半公有的环境空间。

第四个叫做公共环境空间，主要指的是会所，会所还是公共的，会所旁边的一些属于会所附属的设施，包括整个阳光海岸的社区活动在那边搞，社区文化的一些大型活动可以在那边举行，联谊会、晚会等。

只有这个四度环境空间有机的成为一个浑然一体的东西，你这个社区才会被人所认同，我一看到阳光海岸罗马柱也好，什么门牌也好，我回到我的家了，保安跟你很亲切的打个招呼，李先生你回来了。逐渐回到沿着这个路，走到我熟悉的组团，再拐到我熟悉的半私有的空间，跟隔壁的李小姐、王大哥打个招呼，聊两句，再回到自己私密空间，层层递进，这种空间才是最好的空间，最好的环境。当然有人会说，你这是别墅，也有这种条件去创造。其实不对的，这个理是通的，所有的社区都存在这个问题，都可以有这种空间去发挥，就看你有没有心去做。

说完这个之后，再有一个就是它还有一个密码，叫做什么呢？顶天立地的中国情结。为什么会这么畅销？为什么以后我非常看好它？中国是个农民的国家，从历史上来讲，我们的祖祖辈辈都是农民，我们历史上积淀下来的文化，我们民族有个心理，就是老婆孩子热炕头，一亩三分地，谁都希望自己有一个有天有地有属于自己的花园的住宅，这就是中国民族的一种情节，这种情结演绎到现在，中国的年轻人，中国成功的人士有个什么情结呢？三十而立，立什么？什么才叫立？成功的标志是什么？我给你们概括，中国人成功的标志，这里是相对白领阶层，概括三样东西：汽车、别墅、一百万，就是奋斗的目标。如果你虽然没有明确这样讲，但是一说你是不是有这种想法呢？这一个独立花园住宅就满足了你一个半的梦想，别墅的梦想，车位也满足了，就是这种历史的情结和现在的这种追求，形成的我们目前民族的中国情结是引爆阳光海岸的一个心理密码。

最后一个问题，优良的性价比。这个很简单，我的总价是50～100万之间，刚才说了，要在昆明的二环或者二环以内50～100万，也就是买140～180m^{2}的跃层、复式或者大点的单位。但是，在这里，你仅仅开车出去二十分钟，就可以买到有自己的天、有自己的地、有自己的车库、有自己的花园，还有入户的温泉，你说它有什么不好？这个项目一出来，昆明的这些高档

盘就卖不动了，就停在那个地方了。因为大家很容易比较的。里面的功能设计，既满足第一居住的需求，又满足休闲度假的第二居所的需求。所有公寓的第一居所的功能，这里全有，别墅那种休闲度假的功能，这里也都全有。所以，包括项目开发商的房地产公司的副老总，他就已经定了，现在已经搬进去住了，他另外也买了一套，还已经把他在城里的房子卖给别人了，他说每天开车一二十分钟算什么呢？我能享受的东西是完全不同的。在城里已经有住房的人，只要交两成就可以入住了，因为我们加上按揭，十来万就可以住进去，城里只要他的房子能够卖出去十几万，他卖出去就可以买，只要他对自己未来的收入预期是比较良好的，他都可以买这个房子来住，这就是它为什么火爆的几个主要的原因。当然，还有其他的，里面的功能设置怎么样的吸引人，如果和读者有机会可以深入探讨。

三、品牌之误区

关于品牌的误区，如果我们从品牌的三要素：持续、认同、差异来总结，品牌的误区主要有以下几点：

1. 品牌概念之误区
2. 品牌形成之误区
3. 品牌推广之误区

1. 品牌概念之误区

品牌概念误区主要是对品牌理解的误区，大多数人认为，品牌就是所谓的炒作、所谓的概念。首先，利用一味的炒作来建立品牌形象，这种品牌形象是一种“泡沫品牌”形象。炒作确实可以在短期内形成项目较高的知名度，但是，这个知名度如果没有强有力的产品的支持，一旦炒作停止，或因产品本身存在的问题，知名度就会迅速下降，一段时间后，“泡沫品牌”也会迅速消失。我们可以用巨人和三株作为范例，当年，他们投入的

巨额广告，使得“巨人”、“三株”街头巷尾人人皆知，但是由于其产品自身存在问题，使其在短期内形成的品牌形象如昙花一现，很快被人们所淡忘，只有业内人士深刻地记住了他们，常常会作为营销课程上的反面案例。

品牌概念还有一个非常大的误区，就是品牌三要素的不完整，他的产品确实存在较强的产品差异性，但市场认同度差，更不用提持续的认同了。北国春城——长春有一个非常典型的例子。长春有一个项目，项目的名称就不提了，如果读者有机会去长春的话，一定会看到。这个项目是一个高层，是板式高层，位于长春市中心，从城市地级分类，它是位于一类城市用地中。这个项目的档次很高，是长春板式高层之王，建设标准也高，大户型，建筑立面也很有个性。但是这个项目一出来，笔者就认为它是一个死盘，许多业内人士都持有此观点。为什么呢？因为这个产品在长春这个特定的市场区域，没有得到市场的认同。首先，它的目标客户群有问题。这个项目的起价就已经达到了 5000 元/m^2，再加上全部是大户型，平均总价都在百万元左右，可想而知，它所面对的客户群是消费层次金字塔最顶尖的一小部分，但是为什么他们不会买呢？因为，项目位于城市中心，而且是高层住宅，他花同样的钱可以在城市边上很近的地方买一栋豪华的别墅，有天有地还有一个非常大的私家花园。这个项目如果放在北京或广州、上海之类的城市，它就非常好了，肯定有市场，但是在长春就不行了，不符合长春人的购买心理。

第三个关于品牌概念的误区就是不能得到市场持续认同的误区。实际上，这个误区的产生是非常可惜的，因为它前两个品牌的要素都做得很好，产品差异性很好，也得到了市场的认同，但是由于后期一些主观、客观的因素，使得它没有得到市场持续的认同。比如项目后期由于物业管理不善，导致大量的客户投诉；由于项目产权证办理不及时，导致业主与开发商、物业公司产生矛盾；由于后期公关不力，导致负面新闻频频被新闻媒体曝光；由于前期的一些承诺没有兑现，导致业主怨声载道等等，这些都影响了项目已经建立的品牌形象。

2. 品牌形成之误区

品牌形象的建立是一个复杂的系统工程，要建立真正好的品牌形象，需要企业深入的理解品牌的含义，如一而终，才有可能成功。

品牌的形成必须遵循一定的规律，即做差异化产品——市场认同——市场持续认同，我们的开发商在做企业品牌或项目品牌时一定要遵循这个规律。

3. 品牌推广之误区

还有就是“酒香不怕巷子深”的时代已经过去，即使你有好的产品，也一定要做市场推广，做市场推广的目的就是要提高市场的认同度，同时为完善产品提供可能。

四、品牌之推广

推广是非常重要的问题，当然好的产品最重要，但是有了更好的推广的话，可以使得你的产品一直很好的销售。因为牌子你首先要有认知度，才有美誉度，才有市场更高的那种认同度。作者从不单讲怎么做广告，只说怎么样做推广，特别对房地产来讲，广告只是一个方面而已，一定要有一个总体的推广思路，怎样通过我们的推广策略一步一步的让我们的产品，达到市场的认知和认同。房地产是价值最大的商品，购买随意性最小，两瓶矿泉水摆在这里，你渴了，如果是价钱差不多，你会买一个知名品牌，但是如果说只有不知名的品牌，你要买知名品牌需要跑到对面街转两个弯才能买，你就不一定去了，你就买这个。因为它的价值小，购买随意性大。房地产恰恰是随意性最小的商品，全国买房子平均看房的次数是 7.2 次，上海人买房是平均 24 次，这个随意性是最小的，那么我们的产品怎么样能够通过它看房的过程，在这之前的推广当中完成客户对产品的一种认同，不像有的人以为推广就是做广告，就是我楼盘差不多做好了，打起广告出来，或者铺天盖地的轰炸一通，就一定会有效果，不一定。对你的区域认不认

同，对你的产品认不认同，都是未知数，所以，我们就讲，怎么样完成市场认同的过程，是最重要的。

1999～2000 年，作者跟万达合作做项目策划，大概所做的四个项目加起来销售达十几亿，加上做的别的房地产公司的项目，总的销售额达到了20 个亿，单是长春明珠这一个项目，就已经销售将近 8 个亿，销售了将近30 万 m^2 的房子，而长春 1999 年全年整个城市的销售量才是 40 万 m^2 的房子。还有在成都也是，卖楼的速度都像赶集似的，比如说开盘当天去现场的人就有上万人，购房一天的销售额就上亿，三天就 2 个亿，连签合同、收钱都来不及收的情况。这两个产品比较有代表性，这里就举这两个产品的例子，当然，有一点要声明，作者现在已经不再任万达集团的总策划师了。

1999 年的时候，除了在大连，对于万达，全国人民只知道它是一个踢足球的，其企业的知名度在全国企业知名度排在第 4 位，但是它企业的认知度，就是企业是做什么的排到了一百多位，很少人知道万达到底是干什么的，当然现在可能大家都知道了，那就是 2000 年整个一年完成的一个重要的工作，完成了万达整个品牌的一个转型，他要到长春、成都去做大楼盘，怎么做？怎么让老百姓认识你大连万达不仅球踢得好，而且房子也建得好，现在就给大家简单介绍一下整个推广的过程，具体推广方案见本书经典个案解码部分，关于成都花园推广全景展示的内容。

主要是四个阶段：

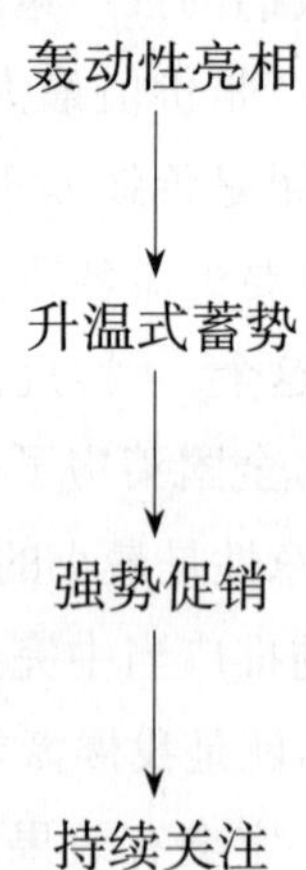

这四个阶段中，每一个阶段又有数个相关的活动，整个推广过程气势恢宏，一气呵成，非常之精彩。通过品牌推广，对成都花园品牌形象的建立起到了至关重要的作用，当然，成都花园的品牌建立还有它非常好的产品理念的作用。

五、品牌之危机

由于房地产业的迅速发展，竞争日益激烈，一些房地产开发企业都认识到了，只有走品牌化发展之路，企业才能长久生存。但是仍有较多的房地产开发企业没有认识到这一点，或认识到了这个问题却没有来实施，或认识到了而不知道怎么来形成自己的品牌形象。

首先我们要解决对品牌重要性的认知问题。国内的大多数房地产开发公司都是中小型企业，大多没有认识到品牌对企业发展的意义，他们所做的只是如何将一个项目开发完，如何去多赚一点钱。诚然，作为企业，赢利是根本，但在赢利的同时，如何从发展的角度，考虑企业今后的发展生存。

特别是加入 WTO 以后，房地产业面临国际市场的竞争，如果我们的企业不能正确认识品牌的重要性，不能建立自己的企业品牌，随着竞争的日益激烈，他们的生存空间将会越来越小，直至消亡。

六、品牌之意义

做品牌有四个方面的意义：

1. 品牌具有比别的产品更高的市场利润
2. 品牌的项目、品牌的产品可以获得较大的市场份额
3. 品牌可以突破房地产的最大的局限，也就是不动产的局限
4. 品牌可以支持企业，支持项目的可持续发展

1. 品牌具有比别的产品更高的市场利润

这前面已经涉及到了。不同的产品，价格不同，相同品质的产品，牌子不同，价格也就不同。这就是名牌，我在广州做了一个楼盘叫“翠湖山庄”，这个楼盘你们要好好研究一下，它很适合重庆。它在5万m^2的占地面积内建了30万m^2的房子，而且园林做得非常好，很高档，卖得也非常好。它对像重庆的特殊地理环境的地区很有借鉴意义，照搬过来，领先市场半步就是赢家。它现在的卖价是7500元/m^2，最高时卖到8000元/m^2，它旁边的一路之隔的福金莲花园，是5000元/m^2，斜对面的跑马地花园，卖5000～6000元/m^2，它的位置更好，更接近广州市老城区；同区域还有一个解困型的小区，只卖到了3000元/m^2，所以我要提醒有的开发商不要再一味的以为地段第一、地段第一、地段第一。李嘉诚这话对他来说是很好的，但他却误导了我们很多的开发商。因为地段第一这话在两种情况下是对的，那就是在日本、香港这样的土地资源高度稀缺的国家和地区，地段的重要性几乎是惟一性的。二就是楼盘处在同质化的情况下，才来拼地段的价值，在广州，我认识这样一个老板，他受了李嘉诚的影响，在1993年房地产低潮的时候在市中区买了很多土地，结果1998年政府收回闲置的土地，拍卖的第一、二、三块土地都是他的，惨不忍睹。前车之鉴。就在同地段里面，品牌的优势都可以让他获得更高的利润。

我在第一次到成都的时候看的银都花园，它是万科做的。万科的物业在全国的很多城市、很多地区的房子都比其他的房子高了近1000元/m^2，为什么？因为它叫万科。但在成都，它的银都，比旁边的锦绣花园低了1000元/m^2，我问他们为什么，他们说因为它叫锦绣花园而我们叫万科。在成都，锦绣始终是第一的品牌，而万科进入成都的时间比较晚，它无法在短时间内与第一品牌相抗衡，品牌的积累，品牌的威力没有锦绣的大，就那么的简单。

2. 品牌的项目、品牌的产品可以获得较大的市场份额

极端的例子就是广州和顺德的碧桂园。一个广州碧桂园居然可以占

广州市场份额的几分之一。去年的广州楼市的热点之一——海珠园，它的销售量是非常大的，但它在今年的上半年的销售量一下子掉了40%，这些客户都到哪里去了？全到广州碧桂园去了。可见品牌的威力之大。这是规模化的开发商一定要走的路子，重庆也要走这一步的。

3. 品牌可以突破房地产的最大的局限，也就是不动产的局限

很多的开发商都固守这样一个金科玉律，房地产是不动产，它的目标客户只在它的目标区域之内，所以很多不够专业的广告公司、开发商在做市场调查的时候往往都是把它的目标客户锁定在它的目标区域内，这是不对的。我认为这也可能是我的一个贡献，这就是房地产的品牌项目完全具有突破区域的能力。仍举碧桂园的例子，顺德碧桂园在顺德，距广州洛溪大桥18km，距香港几十、上百公里，但它的买家、它的业主70%是广州人，30%是香港人；广州碧桂园在番禺市，它现在卖了三千多套房子，95%以上是广州人买的。重庆也有这样的例子，龙湖花园的购买者也不完全是周边的。品牌就有这样的突破能力。如果你立志做一个品牌的小区，你就不怕这个市场的萎缩，哪怕这个市场下降了50%，你都不要怕，因为剩下的市场完全都是你的了，你可垄断萎缩后剩下的所有市场。它具有这种突破能力，一家欢乐百家愁，它的这种市场的占有意味着蛋糕被切掉了一大块。

4. 品牌可以支持企业，支持项目的可持续发展

最经典的例子还是碧桂园。由于顺德碧桂园的成功，当他们才建广州碧桂园的时候，广州房地产已感到了它的威胁。我在丽江花园的一次讲课中，广州碧桂园有五个人来听讲，当时我就对他们说无论你们楼盘做多大，项目多大，都不用走常规的路子，广告不要大量的投放，只需在报眼发个消息就可以了。不谋而合的是他们也这样做了，大年初一发报眼开始卖楼，结果亮相的当天，较差的发售现场却成了一个大型国际车展。就几个报眼的广告三天内卖出了近1000套的房子。这就是品牌的威力，就是它使客户有了忠诚度、信誉度，可以缩短认知的过程，它不需要花大力气做大的广

告。客户对你信任不需要过多的考虑你的产品的品质，就像世界各地的可口可乐的口味口感都是完全一样的，你不需要考虑的，这就是项目品牌支持项目的可持续发展。

企业品牌支持企业的可持续发展，对一个企业来讲，如果你的企业形象能够提升到这样一个高度，像万科一样（万科的物业在任何地方都是不需要考虑的，它不会太差，不会一般，肯定不错。这就是万科这个品牌在支持这种概念，支持购买者的一种心理的忠诚）。

同样在一个非常大的小区里边，如果你的开发周期很长，一年、二年甚至更长的时间，在开发一期、二期之后，前面开发得非常成功，形象非常好，那么后面就可以事半功倍的去推广，它支持项目的可持续发展。

第四部分　老板之创新问题

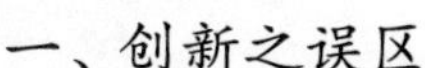

一、创新之误区

1. 创新之拿来主义
2. 创新就是创新产品
3. 创新之概念创新

二、创新之内容

1. 产品创新
2. 户型创新
3. 面积创新
4. 功能创新
5. 品位创新——对应心理密码，浪费就是品位
6. 风格创新——现代风格与传统风格的市场
7. 市场创新
8. 推广创新
9. 策划创新

一、创新之误区

1. 创新之拿来主义

创新的方式有很多种，可以在现有基础上利用创新思维，对所做的产品本身进行改造，可以对方式方法进行创新等。在前面的内容里讲到创新的拿来主义，以及“填补市场空白的克隆也是创新”。创新的拿来主义是我们可以从先进的地区学习好的营销方式，学习好的规划设计方案，学习好的园林设计，学习好的主题概念等。但是由于房地产地域性强的特征，我们的拿来主义必须是有选择的拿来主义。我们有很多的开发商是狭隘的拿来主义，将别人的东西照抄照搬的拿来，他没有考虑到拿来的东西是不是符合这里的市场，是不是符合这里的人们的生活习惯，是不是符合这里的气候特征，是不是符合这里的消费习惯等。于是，全国各地到处都是相同的产品，毫无创新。这是一个误区，你单纯的拿来，其实这不是你的东西，但是如果我们把拿来的产品、手法、策略进行充分的研究，然后针对我们自己的区域特征对拿来的东西进行合理的改造，这才是创新的真正的“拿来主义”。

2. 创新就是创新产品

创新是什么？创新就是创新产品吗？答案是否定的。创新它包含了全方面的意义，包括产品创新、立意创新、营销创新、销售方式创新、物业管理创新、服务创新等。现在的开发商还是把创新只停留在了产品创新上，而实际上，连产品创新也做得不能令人满意，缺乏创新思维。

3. 创新之概念创新

创新不是要我们去寻找一些新的概念，用一些新鲜的名词。现在我们的开发商以及一些策划代理公司，在创新上只是去“绞尽脑汁”地想一些新鲜的名词，把一些与项目产品本身毫无关联的名词硬贴在项目上，于是我

们的许多小区就出现了很多奇怪的名称，出现了很多令常人难以理解的宣传口号、概念等，使很多小区名不副实。诚然，概念创新是必要的，但概念创新的依据是产品的本身，创造出来的概念要有依据，要有强有力的实质内容来支撑，否则，它只是吸引注意力的一句“空话”。

二、 创新之内容

1. 产品创新

步入21世纪已经有近三年了，但是，到现在还有许许多多地方在盖新的老房子，还在开发一些落后的产品，整个计划经济的惯性现在还有残留，这不是耸人听闻。以前我们对郑州的市场做了一些调查了解，非常吃惊地发现，很多开发商到现在还在做“黑白电视机”，现在大家都做液晶、等离子等等很先进的彩电的时候，他们还在做“黑白电视机”。我们对一个公司的几个项目作了判断，认为，他们过去的产品因为有七分的运气，三分的眼光，而当时的市场情况非常好，所以不需要担心销售的问题。但是从1999年开始，他们感到了巨大的压力，积压了一个多亿，对这个公司来讲，压力非常沉重。他们也感到，按照过去的方法已经不行了。我们一看就很明白他们的几个项目为什么不行。我们说你的项目不能开盘，为什么？因为现在还不具备开盘的基本条件。开发商觉得很奇怪，因为他们开发的项目基本上是现房，为什么不能卖？为什么不能开盘？我们就告诉他们：第一，整个产品还应尽可能地作些改动，以适应市场的需要；第二，现场的包装、销售的道具等等都是空白，周边的小区像垃圾场，他们做了一条标语叫“让园林围住你的家”，但是就在园林边上大约有500m全是垃圾，让人有反胃的感觉，这样的现场环境怎么会有人来买房子，客户是不会放心把辛辛苦苦赚来的钱交给你的。另外，这个项目本身并没有获得社会的认同。

房地产的销售跟一般产品的销售是完全不一样的，有它的特殊规律。其中有一个规律就是一定要完成社会对它的认知过程。推广、现场销售先不谈，就其产品部分来说也非常缺憾。且不说它是已经建好了一年左右的

房子，墙体已经是锈迹斑斑了。进了房间以后，我们发现户型非常不合理，简直就是过去宿舍的放大。客厅比较大，但厨房、洗手间、主卧、次卧全部的门都向着客厅，这是一种计划经济的产物。厨房跟厕所挨在一起，这种现象是比较普遍的。为什么这种现象不合理？为什么这种现象需要改进？我们在现场考察了大概十几分钟，当然，列出了二十多个问题。这些问题如果不解决，会严重阻碍销售。

当然，这个项目因为已经盖好了，想做根本性的改动不容易，但是能做的要尽量做。比如说水锈要擦掉，让人有一种新房子的感觉，铁皮都卷起来了，要处理一下。另外销售部旁边就是民工住的房子，挂的衣服，里面的烂棉絮都要做彻底的改变，把一切不美的东西变成美的东西之后才有可卖的条件。另外，这个房子为什么有价值，别人为什么会买？要开始做一系列的推广活动，做市场的认同。当时，正好有一个卖点，就是在郑州的金山路，要建一座大桥，桥过来之后正好就是项目的所在地，这个桥他们也捐资建设了。我们说你就在桥通的那一天开始卖楼。在卖楼之前，用 40 天左右的时间，把我们说的问题全部解决一遍，能改多少就改多少。桥那边的楼价和这边的楼价差得比较远。一旦桥连通以后，老百姓的心理距离就会缩短，利用这个机会开盘，时机会比较好，有利于迅速打开市场，实践证明，这完全是正确的。

这个公司还有一个项目是别墅区，在靠近郑州东北部的地方，占地大概是 30 余亩，建了 36 栋别墅，也是已经建好一两年了，一栋也没卖出去，我们还没进到别墅区，在路口时就说这个房子三五年内肯定卖不出去。为什么呢？因为这属于典型的市场错位。在一个这么小的地块里是不能做别墅区的。另外，周边的环境很差，都是工厂，还有一些比较旧的民房、宿舍等等，地区环境形象非常差。我们说基于两点不能做，第一，周边的环境比较差，高档的人不会认这个房子的。我们可以想想，如果你有钱，会不会在这儿买房呢？不会，你不会别人也不会。用西方别墅的概念来衡量中国的别墅，有十分之九都不会合格的，别墅有个专门的名词，叫独立的住宅。所谓的别墅有基本的要素，比如说要有大片的江景、海景、绿色森林等等，

在这种环境之下才有资格叫别墅。我们现在大多数城市中，所谓的别墅其实都是独立的住宅。一般来讲，三十几栋别墅是没有办法成为别墅区的，为什么呢？这么小的地块没有办法做配套，没有办法做会所，没有配套、会所怎么可以称为别墅呢？这么小的规模，在物业管理上除了有几个保安之外，没有任何可以配套的东西，还有面积这么小，区内根本没办法做环境，没有自然环境，好，可以做人造景观，做园林，但现在连这个也做不到，还做什么别墅！

这个公司还准备要建一个上品牌、上档次的而且规模比较大的项目，准备定价在900元/m^2，这样价格怎么会是上档次的项目呢？纯粹是安居解困，就是郑州安居型的房子，这种房子有钱人不愿意买，他不愿意跟住安居房的人住一块。更哪来上台阶、上品牌，这里我们并不是说做品牌一定是高档物业，不一定，有的中档物业也可以做品牌。但是低档的解困房说品牌比较勉强。我们考察了以后给他得出这个结论，并不是无中生有，而是非常普遍，或多或少都存在这样的问题。他们整个观念、整个的思路都还没有完成转变。开发商由于市场压力，觉得房子这样做下去不行，过去银行、保险公司、证券公司买两三栋，销售得特别快，1999年开始就卖不动。后来我们又去了一次，感觉到开发商自己也有这种压力和需求，我们去看了之后，不要说在沿海城市，就在内地，像郑州这些二类城市，包括大连这么一个美丽的城市，都有很多开发商由于以前的销售比较好，空置率比较低，销售压力比较小，所以就不注意市场变化的因素，还在盲目地进行项目开发。

以前，我们经常说是“人适应房子”，现在是“房子适应人”。怎么看待“人适应房子”向“房子适应人”的转变？这要研究人到底发生了怎样的变化？现代人跟过去的人，加入WTO之后的人和加入WTO之前的人，到底有哪些变化？这些反馈在我们房地产建设里面，我们到底应该做哪些事情？有哪些需要调整的？这非常重要。如果你不研究市场，市场就给你钉子、板子。

现在的市场已经完全跃过“点子时代”，甚至“概念时代”也不会长久

了，已经进入系统、市场策划的时代，我们所做的工作就是这个作用，研究这个市场，通过中国市场、区域内的市场，城市和你的项目的市场，它的人口素质、生活方式发生了什么变化。回过头看我们的房地产项目，户型怎么设计？怎么更好地跟市场对接？现在回过头看市场的变化，这不是一夜之间的事情。

我们要关注人的发展，关注产品的发展，这里向读者介绍一种新的住宅产品，作者将它命名为——动能型住宅。

住宅是具有消费和资产两种功能的产品。在不同的时代、不同的区域、不同的人群中，这两种功能凸现的重点是不同的。改革开放以来，社会需求中解决人居住面积是首当其冲的矛盾，因此在住宅的"有"还是"无"的阶段，住宅主要是呈现消费的功能。在第二个阶段，仍存在数量增长的巨大需求，但与此同时，部分人对住宅要求提升了，一是升级换代，如夏利车要换雅阁车之类，二是用于投资，譬如出租、转让。前者还是属于消费型，后者已开始强化资产的功能了。

以十六大为标志，作者认为住宅已经进入一个新的时代，在第二个阶段中，住宅除了进一步适应经济水平提高，而同步营造"最适合居住"要素之外，其资产的功能应大为强化和提升。我国经济进入全面加速发展时期，不管是国家、企业、个人都把发展放到了首位。因此，我们的住宅建设，就不仅要做到"最适合居住"，更要关注人的发展，做到"最适合创业"，而且应当首先做到"最适合创业"，然后是"最适合居住"。换句话说，"以人为本"的理念应从过去强调居住舒适度标准提升到关注人的发展的高度。住宅应为个人、企业、社会、国家的发展提供动能。这就是"动能型住宅"。

动能型住宅有五种含义：

(1) 资产保值的守护神

我们都知道住宅是价值最大的商品。大多数购买者几乎是倾其一生的储蓄，甚至借贷购买，就是富有阶层也是一笔可观的支出。这些资产是否保值，是否升值，抑或是贬值，都对拥有者及家庭产生较大的影响，同时影响社会、国家的经济发展。如香港楼市的持续下跌，许多按揭住宅不仅

没有保值、升值，反而变成负资产，变成债务，对整个香港的经济造成的沉重打击是众所周知的。因此，我们的政府、开发商、设计师、建造师等等，有责任守护住宅的价值，让其保值甚至升值，提高拥有者对资产的信心，从而对消费信心产生积极影响。不论是资产的保值、升值或消费信心的提升，实际都是为其发展提供直接或间接的动能。

要使住宅的资产保值，政府首先应承担起宏观调控的责任。政府乱批土地的乱作为和放任市场，盲目开发，造成的供大于求，造成楼市失衡，从而导致泡沫，致使楼价下跌，资产缩水，就会导致负动能的发生，于个人、家庭、国家的经济都会产生负面影响。

其次是规划设计和承建商，要将住宅作为有长久居住寿命以及有长久收藏价值的耐用品甚至艺术品来打造。目前我国的住宅建筑的水平严重偏低。最近一次上海举行的建筑国际研讨会上，一位日本专家称上海的建筑，包括住宅的水平，相当于他人学生作业时老师批改的"B"。国外许多住宅，年代的久远不妨碍其价值的与年俱增，与艺术收藏品有异曲同工之处。据说西方一些国家的建筑师们由文化部管。相形之下，我们的住宅大多两三年就过时，甚至成为建筑垃圾，其贬值在很大程度上是建筑水平落后所致。

还有开发商，在选地、选时、开发时，就应为住宅的保值和增值预留空间，如多在土地增值潜力大的区域以及避开房地产泡沫高峰开发，使住宅具有较强的保值及抗市场风险的能力。当然，在销售领域，也应避免炒作虚假概念，炒高价格。相反应适当给市场一定的让渡价值空间。让利于市场，表面上开发商短期直接利润或者有影响，但快速销售带来的动态投资回报率的提高以及市场的口碑带来的品牌效应，都会使开发商综合效益提高。

(2) 财富增值的助推器

随着经济的发展，住宅作为投资工具的市场需求越来越广阔。首先是人口移动的频率加快，二手住宅租售市场的蓬勃发展，使住宅成为财富增值的源泉。据统计，美国人一生中要搬家 6 次以上，中国人守土重迁的观念也随着城市化进程和经济的发展而改变。如何使住宅保持较高的租金

水平，较高的转让价格，较快的变现速度等等，已成为摆在人们面前的新课题。特别在投资渠道匮乏的今天，住宅能够成为家庭财富增值的助推器，将弥足珍贵。

此外，随着旅游经济、会议会展经济等的发展，更多的住宅品种已摆脱民居的性质而转向更为纯粹的投资手段。如购买酒店套房赚取租金等等。现在一些地方的住宅供大于求，出现供求不平衡的泡沫，其中相当部分是品种结构不合理。适应市场需要的投资型住宅的开发，将有效改变这种不合理现状，同时亦将疏通投资渠道，释放出大量民间闲散资金的能量。近年来小户型大行其道，除了一次置业的需求被开发等原因之外，小户型适宜出租投资亦是其中一个显而易见的重要因素。

(3) 居家创业的孵化器

信息化时代的到来为住宅的功能革命提供了可能。居家办公随着办公的自动化已经成为现实。SOHO 的出现，就是将传统住宅的“12 小时住宅”变成“24 小时住宅”。人们可以足不出户，在家中与外界实现各类商务活动的对接。可以预计，住宅的智能化技术中将有越来越多的成分服务于人们居家办公，居家创业的需求。因此，我们的住宅，应当从不同定位的需要出发，更多地研究如何有利于节约时间，在家里能做以前要到公司，到外界才能办的事情，如何使住宅更加方便“懒人生活”，使人能摆脱日常家务的烦恼，以利于更多时间，更有效地从事事业所需。这样的住宅，当然要比传统住宅提供更多的动能，支持人的创业需求。

(4) 回归本源的综合体

住宅实际是个综合体，需要满足人们居住、生活、工作、娱乐、教育、医疗诸多方面的需求。在不同的时代，综合体表现为不同的形态。在农业社会，农民的田地和住宅是联系非常紧密的，所谓“日出而作，日落而息”，步行的活动范围限定了劳作地点与生活区的距离。到了工业社会，由于工业化工厂的规模、噪声、粉尘等原因，居住必须与生产分离，于是有了城市功能的分区。住宅必须相对独立的结果是许多居住区远离厂区，造成交通不便，上班时间延长等。而今天的信息时代，使许多产业与住宅的重新一体

化有了可能。因此，当今国外的大型居住区，要求 2∶8 比例划分工作和生活空间，即 100 万 m^2 的居住区中，至少应有 20 万 m^2 建筑是经济产业，或商业、或公司写字楼、或技术密集型企业或其他非污染型企业。其最重要的功能，就是为居住区的居民提供工作、就业的岗位。使住宅成为回归本源的综合体，而不是像目前国内流行的“大盘时代”、“住宅郊区化”，仍停留在对工业化时代住宅理念的理解，甚至是误解。如“大盘时代”中几千亩、上万亩的大型居住区中，生活依然与生产、工作、就业脱节，又如“住宅郊区化”将有车族、富有阶层向郊区移动异化为中、低收入者向郊区移动。结果造成生活成本过高、不堪重负，缺乏可持续生活能力。如交通成本，著名的“华南板块”一些楼盘穿梭巴士单次 8 元，往返 16 元，这只是直接的交通成本，按国际上通行的交通成本的计算方法，还包括间接成本，即通勤时间换成工资标准时间的 25％，这笔加起来，交通成本每月 500～700 元，占到月收入的 1/6 以上。所以，国际上的现代城市模式认为“同心圆”较为合理。靠近中心商业区污染、居住密度大，交通拥挤等并不适合居住区域是低收入阶层居住，越往外圈收入阶层亦越高。我国的实际情况当然有差别，不必一刀切，照搬国外的模式，但现代住宅理念中方便人们工作，就业方便都是值得我们反思的。现在无论是北京的回龙观、望京小区，还是广州的华南板块、南湖板块，高喊“以人为本”的时候，是应当关注这里居民工作、就业的问题。由于中国国情和生产力发展水平的因素，我认为中国现阶段的大盘，至少应当提供 30％以上的建筑面积作为商业、公司、企业用房，以方便中、低收入阶层的工作、就业，要说“以人为本”，关注人的发展，就是最大的“以人为本”。

(5) 事业拓展的高平台

相对上述住宅综合体而言，另一部分已事业初成，需要寻找更高平台发展的阶层，主要是民营经济、私营业主或其他投资者，更是希望住宅的选择能有助于其事业的拓展。这里主要有这么两层意思：一是居住区内根据“物以类聚、人以群分”的理念，营造品流单一的氛围，如高尔夫球场是商务交流平台一样。有针对性的定位于创业者的住宅区，为创业者提高事业拓

展的概率。二是此类住宅的综合体要从住宅内部功能到外部配套都要有利于多种发展信息的交流、沟通以及整合多种事业拓展需要的资源。如国内一些开发区内为住宅与事业拓展有机整合，高新开发区的物流、信息流、金融政策、产品的研发、专利与资本的有效对接等等，都为事业拓展提供裂变的催化动能，还有其他一些有益的尝试，有些开发商已有意识将住宅→商务会所→信息交流→产品研发等有机的构成一个综合体。值得我们进行探索的方式应当还有很多，相信只要是有利于人的事业拓展的综合体，就一定能顺应时代的需求而各行其道。

动能型住宅，既是目前克服住宅产品同质化而创新的需要，更是时代、社会发展的呼唤。值得重复的一句话是：住宅如今不应只是消费品，还应为个人、社会的经济发展提供动能，我们热切企盼更多更好的“最适合创业，最适合居住”的新型住宅问世。

2. 户型创新

(1) 户型设计

现在的家庭、现在的人口有哪些变化呢？第一，家庭从原来大家庭向小家庭，由核心家庭，向单人家庭趋势转变，这意味着什么？意味着我们对于户型、面积的大小，以及功能的设置要有相应的改变。中国的家庭人口数从绝对数来说，从以前的四世同堂到两代同堂，到三口之家的规模，非常清晰地向两口之家、三口之家，更多的是两口之家，还有很多的单身的家庭方向转变。这种转变意味着我们的面积大小不能一味地这样做。现在有一个普遍现象，各地的房地产建设普遍大户型在增多，大户型增多的依据是什么？现在人生活水平高了，需要有一个比较大的空间，这是他的依据。再一个高档房等于大面积，虽然没有人这样提，但是，这种观念在很大程度上支配和左右着我们开发商。

(2) 总价观念

这种观念如果不调整，我们肯定会在市场上要碰壁。有的城市面积比较大的还比较好销售的原因是因为这个市场的楼价比较低，它的面积比较

大，总价算起来不是很高。我们一定要记住一个总价的观念，将来你们设计房子的时候，更多不要考虑面积的大小，更多考虑你这个消费层对于总价接受的程度。

现在重庆3000元钱算高档房，2000多元中档房，有的1000多元，带电梯的高层一千三四可以买到，那样的情况下做比较大的面积，相对比较好接受，总价的门槛比较低。但是，由于重庆的地价、房价要通过政策的调控因素，进行大幅度调整，要是因为这种户型很好卖还一味做，就可能会犯错误。

3. 面积创新

我们说的居住面积是什么概念呢？一般来讲，从人的生活水平、经济发展的角度来看，应该是生活水平越高，收入越高，居住面积同步增长，这点没有错。我们经常举一个数字，在低收入国家，它的人均住宅面积6.6m^2，每户人家，每一间房子能容纳2.46个人。逐渐地过渡，到了中等发达国家，人均有15.11m^2，每个房间大概在1个人左右。到了发达的国家和地区，人均35m^2，一个房间只有0.61个人。

这也有一个相应的限度，到了这一个限度之后，人们关心的不是面积的大小了，而是里面功能设置的变化，并不是越大越好。我经常说一个很极端的例子。如果我们大家谁要在人民大会堂住，他可能会很不舒服，为什么？人民大会堂的会场太大、太高了。住房太大给人什么感觉？给人很不安定、很不稳定的感觉。这要追述到我们人类童年时代，从洞穴出来的，洞穴给人什么感觉？第一，有相应的固定面积大小，有一定限度。第二，它是比较黑的。为什么很多人晚上睡觉一定要关灯或者蒙头，是人类早期的洞穴情节。另外，面积如果太大，他会有一种不安定的感觉，我们不要一味追求户型的大，这是一个普遍的现象，更多的要从房子里的功能设施上做考虑，需要我们来作调整。

4. 功能创新

我们在郑州考察时看到的郑州的楼盘户型还有一个缺点，房子如果是

$50m^2$，可以这样摆设，$80m^2$ 也可以这样摆设，到 $150m^2$ 还是简单的宿舍性的放大。除了刚才讲的，客厅周围到处都是房间，四周都是各房间的门，还不止如此，它的功能非常差。比如说，洗手间只有一个，没有佣人房等等。回过头看，我们现在更多的是要研究不同的生活层面的人，不同经济收入的人，他所需要的功能如何，而不是过于强求这种面积的大小。有的时候面积可能比较小，但是由于功能比较齐全，符合这部分人的身份，它同样是高档房。而如果一个大面积的房子功能非常少，就不能适应这群人的需要，就像同样是黑白电视机，只不过是大屏幕的黑白电视机而已。所以，对于家庭核心化的变化，需要我们对当地的市场做一个调查，这种趋势到底往哪个方向走。所以，研究房地产，更多的要研究房地产之外的东西。比如说户型的设置和功能的问题，必须要研究当地的经济状况、人口状况，尤其是人口状况、人口结构、经济结构，才有可能把握这个户型怎么设置。户型的大小还有一个区别，在广州、深圳大概是 $100m^2$ 算是大户型的，到了中原一带要到 $150～160m^2$，东北大概是 $180～200m^2$ 才行，这个趋势大家都要注意到。

我们先把整个房间里的功能设置介绍一下，因为这个比较具体。现在由于生活水平的提高，对舒适度的追求也增加了。回过头看我们的设计，每一个都要发生变化。

(1) 厨房

厨房，过去就是烧火做饭的地方，面积一般有三五平方米就可以了。但是，现在厨房的功能已经有了一定的变化。比如说现在家电产品的大量涌现。最近看了一个相关的统计，购买大家电的人已经急剧上升。厨房里的家电用品也会大量的增加，而且体积是比较大的。这时我们就要考虑原来的厨房面积是不是够用，是不是好摆放，除了冰箱之外，微波炉、洗碗机等还要考虑，原来传统意义上的厨房设置已经过时了。现在人们的生活节奏加快，人们希望早餐就在厨房解决，如果能够做到餐厨合一，有可能就会更适应上班族的需要。再一个，因为半成品增加，很劳累的感觉在慢慢减少，人们有可能在厨房的情绪有所轻松，可不可以做成半隔式的墙或者推

拉式的窗，可以在厨房里跟客厅里的人交流。过去三五平方米的厨房现在已经不适应我们的需要了。

我们希望比较高指数品牌的住宅小区厨房的面积最好在 $10m^2$ 左右，当然，这不单指面积、功能的问题，更表明生活的内容，人的需求在发生变化。

(2) 卫生间

"小康不小康，关键看厨房。超前不超前，全在卫生间"，说明这两个地方是非常重要的。卫生间和厨房挨在一块的设计比较普遍，因为这种安排有好处，能够节省面积、便于管道的布线。但是，它带来更多的问题是进口和出口之间的污染问题，作者建议大家能够把这两个分开，最好就分开。厨房最好设置在进门的附近，卫生间要跟它隔开。

我们到上海参观了一个小区，叫栖霞小区，这个小区内两房两卫的户型已经卖完了，而半年以后，两房一卫的还有。这说明什么呢？档次高低，数量的多少，跟卫生间是同步的。首先看数量，我们印象最深的就是万科俊园，号称是卖给千万富翁的，因为每个单位最起码是几百万。它为什么能够这么值钱？列了很多条，表明超级豪宅的概念，其中有一条，将近 $400m^2$ 的单位里有 8 个卫生间：儿童卫生间、工人卫生间、主人卫生间、老人卫生间、客人卫生间、夫妻各有个卫生间，当然，中间有相对闲置的。先从人的保护来讲，过去大家没有办法，就共有一个卫生间，现在客人来了，能跟客人分开就尽量分开；第二点，在家庭里，三代也好，两代也好，两代人之间应该有一个附加的保护；保姆、工人更应该有自己的卫生间；夫妻之间，如果有条件，做太太的都不想让先生知道自己使用什么化妆品，如果没有条件就没有办法了，有条件的就有档次。当然，还有一个卫生间是比较空闲的，比如这个卫生间就是哪一个人来用的，这个人一年过来一两次，表面上可能是闲置的，可能是浪费，但浪费就是品位，浪费就是身份。

过去卫生间叫什么？叫厕所，现在叫洗手间、化妆间、卫生间。其实这种概念名称的变化并不是玩弄名词，而是代表我们时代。这个时代已经发生根本性的变化，观念也发生了很大的变化，最后出来的承载物质的载体

就不一样。从厕所向洗手间、化妆间的转变，意味着我们整个功能发生了根本性变化，过去厕所就是一个排泄功能，现在有多少功能？细数有8种，粗数有5种，排泄、淋浴、化妆、私密、浪漫、洗涤，这都需要在里面解决，为了要解决这些功能，你就必须要保证它的面积以及设施都已经完全不一样了。

比如你要淋浴必须有浴缸，甚至更高档的冲浪浴缸、气缸、站缸，一个卫生间具有冲浪浴缸、气缸，占多少面积？我们这里说的是主卧与次卧还不一样，主要功能高档表现在它主卧的卫生间，最低面积不能低过6m²。如果面积低过6m²，私密、洗涤、化妆，还有一个浪漫功能根本不可能实现。

我们以前在有的小区看到一款卫生间，它的设计参照某些高档酒店的做法来做的，主卧和卫生间之间是通透的，用玻璃来隔断，当然平常可以用帘子，必要时是通透的，以解决前卫或者有一种浪漫因素的主人等等需要，浴卧一体的细节读者们自己可以想像。

结果这种户型的房子特别好卖，那些买房子的人，他心里有没有这种模式，他并不知道，但是我们其实应该设计这种模式。你设计出来这种模式，他特别喜欢，这模式就是我们说的密码。我们房地产要研究品牌密码，这个不是我们硬想出来的，是充分研究社会心理，研究人的需求，研究购房者的心理，研究之后回过头设定在我们产品里的。这种密码有时候甚至你自己都不清楚，只是心里隐隐约约有这种感觉。一旦我们研究透之后，我们帮你设计出来，“阿里巴巴、芝麻”就开门了，我们的房子如果能够设定出10个、8个、20个这种密码，很到位地传递出去，这个房子根本不愁卖了。

(3) 客厅

过去的客厅相对来说不被重视，过去人口多的时候一般家庭成员回来之后比较少停留在客厅，在自己的卧室里停留时间相对比较多。相对来讲，客厅的重要性没有那么重要。但是，现在的客厅跟过去相比，它的重要性发生根本性转变，人下班之后在自己房间停留的时间越来越短了，在客厅停留的时间越来越长。

这时客厅的重要性显得越来越重要，这就需要我们客厅做得一定比以前大一些。里面的一些功能设置比以前要齐全一些；现在说流行三大一小。客厅要大，这不是策划家、建筑师、规划设计人员一种主观的判断，是一种市场的需要。

以前有很多城市，特别是北方城市重视阳光的问题，一定要保证房间都要有阳光，客厅可以向北。但是，现在这种观念和做法已经发生很大的转变，在大连有一个畅销楼盘，我们看了它的户型，所有的客厅都朝南，都是向着阳光的，主卧向南，两个次卧向北，他们摸准了现在市场的变化。再倒退两年前，你到大连房地产看看，几乎所有的楼盘都是三间卧室、两间卧室也好，必须户户卧室朝南，客厅基本向北。

(4) 阳台

过去一个家庭只有一个阳台，生活、打毛衣、摘菜都在那个地方。现在有品位的小区一定会把这些功能分开，有生活阳台(还有称服务阳台)、阳光阳台(或者叫休闲阳台)。总之要有两个阳台，生活阳台大概设在厨房，有个 2～5m^2，可大可小，做一个晾晒衣服、摘菜这方面功能的生活阳台。

阳光阳台非常重要，它的功能是把更多的阳光、更多的外面景观接收到屋里来，现在出现两种方法来解决这个问题，一是整个阳台和主卧或者是客厅联为一体，中间可能有一个玻璃门阻隔，基本落地联为一体，这是一种方法。第二是外面接一个外界的阳光室，或者阳光阳台凸出来的，可以多面地接受阳光。

为什么阳光如此重要？中国人的观念，逐渐跟国际接轨，西方人、欧洲人对于好的住宅根本看法不是你的档次，不是你的建筑材料，甚至不是你的地段，他们就讲三条。第一条，阳光如何；第二条，空气如何；第三条绿地如何。我们在成都做花园，以及在做其他小区的时候，还引用了第四个概念，就是水的概念，第一次提出人均的水体面积是多少。

(5) 玄关

在高尚小区里，特别是大户型里应该具备玄关，主要有几个方面的作用：第一，减少客厅对门的数量；第二，进门有一个私密的保护作用；第三，

便于一些杂物的摆放，不要把外面的脏东西带到卧室里去。高尚的住宅或者现代人的需求，玄关是重要的。

(6) 设置工人房

关于工人房有几点现象比较普遍：一个就是没有工人房，没有这个概念；第二，有工人房，但是工人房的设置非常不合理，表现在几个方面。第一，面积不合理；第二，功能不合理；第三是位置不合理。什么叫面积不合理呢？我看到几个工人房，跟次卧室是相同的，你是 $15m^2$，我也是 $15m^2$，这个社会存在不公平，佣人就是佣人，所以，面积中，我个人认为应该有一个单人床，再加一个床头柜，还有个小凳子，这样就可以了。第二个是功能，应该加一个洗手间。要体现一种人文主义精神，以人为本的精神，要注意佣人生活相对的舒适度。比如保姆房也不能是黑房，让她觉得生活跟主人虽然不是在同一个档次上，但是你对她比较尊重，这一点要做到，她生活的必需品以及必要的功能要有设施。第三，位置，摆在什么地方。现在90%以上的佣人房的位置都不对，摆在厨房里是最好的。因为平常佣人在屋里没有人的时候出来，家里只要有人，正常的情况下，叫她就只在厨房这一片区域里活动，有客人就出来倒水。只有这样，才能体现出主人的身份。

(7) 其他

还有储物间、衣帽间等等也是一个必需的功能。最近有一个调查，42%的被调查者认为，他将来住的房子应该有衣帽间、储物间。

5. 品位创新——对应心理密码，浪费就是品位

大家要研究房地产的成功，第一，产品要更新换代，要满足高尚人的舒适需求。满足人们贵宾式服务的需求。这两者的结合，才会获得最大的成功。

- “浪费”就是品位

我们经常讲实用率，过多的追求实用率。大家要非常清楚地意识到一点，过分的追求实用率意味着舒适度的降低。作者在昆明参观一个老板住的房子，当时那个老板还不在，我说这个老板五年之后要搬家，现在不要花

太多的钱把房子装修那么好，当时就举了几个例子，其中告诉他你的楼梯很窄，很小，不带电梯，作为一个上市公司的老板，住这样的房子，走这样的楼梯你会觉得很不舒服，又没有电梯，夏天回来臭烘烘的，上楼不觉得累吗？这种房子绝对是老产品，以后你一定要搬。当然，这种不带电梯的，以及窄的楼梯实用率当然很高了，八点、九点都可以达到，但是人的舒适度就降低了。第二天，老板回来了，他说不瞒你说，不用五年，三年之后我就要搬，这个房子是我以前自己盖的。这说明什么呢？有了必要的面积，其实不叫浪费，体现的是舒适。这种舒适是实实在在的舒适，是感觉好的舒适。这种感觉舒适在外人看来是浪费，但其实是一种品位。有钱人、大老板穿衣服一定要穿名牌。一般的衣服也不错，为什么一定要穿名牌？为什么老板请客吃饭不在一般的酒店吃饭，一定要到星级宾馆吃饭呢？点了很多菜，大家吃不了多少就扔掉了，很浪费。一般人眼里看很浪费，那就是他的身份、品位，作者跟王健林先生到长春做项目，他从来就住最好的酒店，我们经常觉得很无所谓，吃饭也在那儿吃饭，香格里拉最贵还最不好吃，一顿饭动辄几千，甚至上万。但是，他不会离开这个地方吃饭，充分体现“浪费”就是品位的观点。

房地产开发商一定要研究现在消费者的心，特别是高尚品牌小区，要研究那些人到底怎么想的。所以，后面在讲到有效推广的时候要讲，房地产有几个规律，高档房有两个比较大的规律。现在讲了一个规律，你不要过于追求那种实用率，“浪费”就是品位。

- 身份第一

第一点是阶级的分化带来的变化。现在这个社会，人的社会地位、财富已经发生了完全不同的变化。这种变化的结果要求我们在建房子时要体现多样化，阶级变化和阶层变化所带来房地产的多样化的问题要解决。过去房地产有一个地段第一，现在还有一种观点叫做环境第一，环境已经开始越过地段，成为一个非常重要的因素。其实，房地产的成功既不是地段第一，也不是环境第一，也不是价格第一。现代房地产最大的成功在于身份第一。“物以类聚，人以群分”，你能够把相同身份的人，相同地位的人

聚在一块，就一定会成功。甚至这种东西可以突破房地产最大的局限，就是不动产区域的局限。现存的状况是分化的社会，我们只不过把这些人确认身份的需求满足而已。为什么他一定要坐奔驰车，一定要穿名牌的衣服，一定要体现社会对他的确认。现在现代化房地产的高尚房就是为了满足身份的确认。就一个城市来讲，某一个区域，符合某种身份。在欧美，社区的概念非常清晰，黑人就是黑人区，富人就是富人区，穷人就是穷人区。在我们的城市里，现在的分化也非常清晰，这在城市功能上，就需要做一种安排。这种安排不是政府人为的，政府到现在还在讲要追求公平。2001年底在北京召开中国策划家峰会的时候，上海市研究室的秘书还在讲，他感到很担忧，上海已经出现了区域身份，所谓的社区，这里是穷人住的，这里是富人住的，很想通过什么方法缩小或者弥补这种不公平。最后我跟他讨论了几句，我说我不太赞成你的观点，这恰恰是一个城市进步的表现。我们要从客观、现实的角度探讨问题。你如果能够把相同身份、相同需求的人聚在一块，你的房子就一定能卖出去。当然，肯定要有相同的档次，硬件、服务设施、配套设施。更重要的有一个偏见广告。如果通过偏见广告，把目标客户群锁定住，哪怕路远一点我也要搬过去，这样能体现我的身份。

第二点是个性化的趋势。现在社会是个性张扬的时代，要求无论是户型的设计还是装修，都应该给市场、给买家足够的空间。比如说是不是要二次装修，这些都可以做一些调整，适应个性化时代的到来。

第三点，随着社会生活节奏的加快，工作条件的改变，交通条件的改变，弹性工作越来越成为趋势。特别是白领，这些人的数量在急剧增长，他在家里办公的时间多了，即使不是这一族人，包括老板的人在家里时间也会长一点，这就需要我们在现代建筑里满足这些人在家里办公的需要。我现在很苦恼，在广州买了一套房子，现在想放传真机、放电脑、放一套设备，但是找不到合适的地方。这也是一个比较大的变化或者趋势性的变化。在不同的城市里，速度、规模可能不一样，但是大体上有一个趋势，我们要把握住。

第四点，要理解中国的民族情结，就是向先进文明看齐，赶超先进文明的情结。当年克林顿政府轰炸我国驻南使馆以后，当时就讲了一个观点，克林顿做了一件非常蠢的事情，当时的抗议浪潮汹涌澎湃，各个使馆，各个领事馆挡都挡不住。但这个事件结束之后不到一个月，在成都的领事馆、在北京的大使馆签证出国的人流照样是里三层外三层，与日俱增，这说明我们这个民族有很急切的心理想赶上去、站起来、超过去。但是在这个过程中有一个阶段，就是向往、模仿、崇拜的阶段。

6. 风格创新——现代风格与传统风格的市场

关于欧陆风格跟传统风格的争论问题，建议大家一定要记住一句话，在中国目前市场中做所谓的传统风格的东西肯定没有市场，当然，这里要排除一点，如果你真正能做出一个传统的园林式的小区，就需要另当别论了。前不久，我们参观了一个项目，这个项目是典型的传统风格，他做得非常逼真，包括建筑细节，包括颜色搭配等，置身于其中，就像回到了以前的四合院中，他就是真正的传统风格。

经常有人问我欧陆风格与传统风格到底哪个好？其实，现在在中国还没有大量的这种传统风格的产品。四川有一个老板，他现在还是一个区房管局的局长兼一个项目公司老板，他那里讲，民族的就是世界的，民族的就是先进的。他的公司开发了一个川西民居风格的住宅小区。这个房子目前在成都认定是一个死盘，老板也请我去谈过这个问题。在他展览室里展示了川西民族的建筑风格——吊角屋。

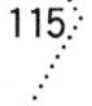

我第一个建议，你的展览要么取消掉，要么重新改变。如果你要坚持这种东西，我建议你这样做吊角屋主要有利于通风、空气转换。四川人民在当地住了几千年的这种风格，当然有它的道理，是适应这个土地，适应这个气候的产物，这是对的，你可以在展览的旁边再搞一个你建的房子中的一个部分，注明跟他的吊角屋解决通风有类似的地方，我们民居借鉴了传统民居的这一点，用现代的手段加以改造，使得这种传统的优点能够发挥更大，做一个鲜明对比，一个漂亮的现代建筑里面如何发扬传统的优点。

他是国有企业，他有时候做的项目在一定程度上带有政治色彩，假如你是一个私营老板，你肯不肯做所谓的民族风格？

我还追问一句，中国所谓民族风格，杜甫的朝代有没有超过六七层？有没有带电梯的？我做带电梯的，从哪里找民族风格？所谓的传统那种观念在影响什么，中西结合，民族风格跟海外的结合，这是一个典范。上哪里找？我认为关于这一点没有什么好争论的。不要过分追求某一种所谓的欧陆风格，应该把民族风格里面对现在还有用的东西，比如川西民居讲的通风透气的优点，把这些东西充分吸收进来。

另外，欧陆风格也是一个大的概念，现在根本不应该叫欧陆风格。所有的房子根本谈不上有哪一个是标准的欧陆风格，应该叫现代风格。当然现代风格是重要的，有些特征非常简洁，我们将来在立面处理上，建筑语言符号的设立上，都应该尽量遵循现代风格特点来做。

开发商的开发理念怎样跟市场对接

现在规划设计大家要警惕一点，最近看了几个规划设计方案，都是国内的权威机构设计的，××研究所设计的，看了之后觉得很有必要提醒大家高度警惕一件事情。我们一直探讨一个问题，为什么这么高水准，这么权威的机构部门，他们做出来的东西跟市场距离那么大？后来我们自己总结，根据观察、分析，知道是怎么回事。

比如某某建筑规划设计院，他们的体制决定了他们在做规划设计的时候，根本不需要做市场调查研究。很多设计院、设计所，也不需要到当地城市项目区域做市场调研。只是凭借你开发商提供的政府有关文件、路线图，以及设计要点，就往上摆，有的有可能说比较前卫一点、比较先进的一点，摆的整个立面、整个规模、模型还不错。但是，由于不符合当地市场情况，跟市场不对接、错位。

有一个很典型例子，我们在长春做长春明珠，1500 亩地，请的什么人做规划？请的新加坡规划局局长、城建局局长，他是国际知名的规划大师，他有很多设计理念非常好，我们发现他对当地的市场不太熟悉、不太了解，

他设计很多房子立面基本是全玻璃的，北方人一听就乐、东北人一听就笑，根本行不通。更重要有一个保暖问题，热胀冷缩问题，都不行，不了解当地的市场。我们看了重庆的规划设计，某某规划设计院设计的，根本没有去过重庆就给你做设计，你说你对那边不了解怎么能设计出好东西呢？后来问他们的所长，我说你为什么不去做调研？他说这个跟我们没有关系，这是发展商的事情，他提供什么要点、想法给我，我就怎么设计。

我们回过头看看发展商是什么状况？现在的开发商由三部分人组成，一部分是搞了几年地产，由于他们传统的地产观念，跟现在的市场已经不吻合了，他们本身并没有做市场调研。所以，他们对目前市场的需要并不是太熟悉，这类人算好的。第二类人，原来是搞建筑出身的，建筑跟房地产开发是两码事。我们刚才说，重庆某小区的老板原来就是搞建筑出身，盖房子跟卖房子是两个完全不同的概念。第三类人，是别的行业转过来的。这三类老板有一个共同的想法，我不懂不要紧，有规划设计院，设计人员你是专业，你应该懂。结果，两边都错位了，互相依赖，结果最后设计出来的东西就不符合市场需求。

我们要提醒开发商高度注意这个问题。怎么解决对接？用市场的观念、市场的角度回过头来指导开发商的开发的理念，一直要跟规划设计院谈，叫规划设计院到当地市场，从他们的角度再做调研，经过几方面的市场了解、市场调研，回过头来形成共识的理念，指导出来的规划设计才比较符合市场，这是一个普遍性的问题。我们做规划设计，不要听他的来头，听到某某权威建筑设计院就依赖他们，这非常危险。他没有市场压力，市场压力在你这里。

在国外不同，国外的开发商可以不管市场，给你设计院设计，设计专家设计，设计人员必须要懂市场，不懂怎么办？其实是发展商没有风险，发展商拿很高的设计费给设计公司，设计公司将来要对产品在市场上的表现负责任。如果这个产品不好，赔偿的不是开发商，而是建筑设计单位、规划设计单位。这样他拿得多，责任也重，他会研究市场，中国产品走到现在，市场化在各个环节都没有成熟，我们希望大家要高度重视这个问题。

关于房子如何适应人，刚才讲到西方文明的影响，讲到民族的密码。相信10年之后，或者20年以后，回头再看中国这段发展的历程，可能会嘲笑我们自己，你看那时候动不动要什么法国风格、拉美、北美风格，绝对会嘲笑自己一味模仿。但是这个阶段是必须要过的，这是这个阶段密码问题。

7. 市场创新

(1) 人与自然的回归

人与自然的回归，这一点愿望越来越强烈，回归自然是21世纪世界性的主题，这一点反映到我们小区建设里，就是刚才点到的，地段的位置已经让给了环境的位置。当然环境是大环境概念，包括很多方面，主要是生态环境和园林环境。现在有个很有趣的现象，明星楼盘、卖得好的楼盘，普遍都是因为它的环境做得好。所以，环境已经把地段因素压过去了，其实是迎合人们现在的一种心态，回归自然，这是世界性的主题。

(2) 网络时代的巨大影响

网络时代对人会产生巨大的影响，回过头看我们的小区，在这方面不要说超前，有的地方可能超前，有的地方不是你做不做的问题，是你必须做，不做不像话的问题。比如在北京智能化、网络化的东西，再早几年还是卖点，包括现代城曾经做过卖点，从近两年开始，潘石屹已经认为网络是必须要做的，不是什么卖点。北京所有的小区都有这个东西，你作为卖点，已经很老土。在有些二类城市，或者是第二类的城市，智能化、网络化进程还不怎么快的城市，小区先做或者头一批做还是作为卖点，迎合这种需求，做的程度可以不一样，智能化分几个层次，一个普及型，一个提高型，还有一个领先型，你做哪个程度不管，但应该有这种功能，特别预留一些管线，为将来小区可持续发展埋下伏笔，这个大家都很清楚。

(3) 社区归宿感

或者叫人文环境，人们已经从过去的老机关、大杂院、小区，从一个充满人间温情的小区，老邻里关系，到后来小区封闭关系，互相之间老死不相

往来，到现在人们还是希望既有私密的保护，同时又有人和人之间正常交往。人是社会动物，是群居，怎么在“物以类聚，人以群分”的层面上和相同兴趣下，给这些人解决人文之间沟通问题，这是现代小区急需解决的问题。包括平台花园，特别会所，入门的大堂等，特别一些社区的运动会、文化节、兴趣室，都是解决现有的条件下相同类型的人，如何在一起沟通。这种沟通和人文交流，跟以前的老街坊、邻居、大杂院、四合院的沟通不一样。最大的不一样在于不是各种身份的人沟通，而是相同身份、相同层面的人在一起沟通，这个需要很好解决。广州丽江花园很重要一点就是在沟通问题上和社区文化上解决白领之间的沟通问题，这需要注意。

(4) 私家车的急剧增长

随着汽车工业的发展，特别中国加入 WTO 的变化，车进入家庭已经是迫在眉睫，特别是进入高档收入家庭，这时候对于车位设计一定要超前，不要滞后。我最近帮助大连做一个小区，它的车位设置是 14∶1，你必须对土地和历史负责，不要一两年之后，现在盖好了卖，肯定不够，而且它是属于高档，5000 多元/m^2 的房子，现在改到将近 60%的车位。我们建议在两年之内，开发居住的房子车位不要低于 70%，两年之后入住的房子不能低于 1∶1，在那种高档的品牌小区里，甚至超过 1∶1。

(5) 老龄化

中国从今年开始已经进入老龄化社会，随之而来的问题是有障碍化，这是跟无障碍化相对的。这种有障碍给我们住宅设计带来什么变化呢？电梯问题，这里还有一句话，“不要把没有电梯的房子带进 21 世纪”，那种别墅，三四层的另当别论，哪怕五六层我建议都全部有电梯，整个生活素质的变化，人们追求舒适度的提高，不要再盖多层不带电梯低档的房子。

(6) 教育

中国人对教育的重视程度与日俱增。几次的调查表明，中国人消费投资的意念，排在第一位的总是教育。任何一个小区，始终要把如何解决这个区内的教育特色以及对小孩教育方面的关爱摆到议程上来。有的地方规模比较大，可以做一些有特色的教育设施，比如在万达的小区里，有高等

的小学，有特色的幼儿园。中国地产的方向，要尽可能形成一个独立的小区，有比较完善的配套。即使你的地方比较小，这些配套没有做得很好，也要通过别的方式关注业主孩子的教育问题。

(7) 健康

健康的概念在南方的很多楼盘中已经做了，不管有钱人还是没钱人，对健康都是很重视的，特别是越有钱的人对健康越重视。尤其是今年SARS流行以后，人们对健康住宅开始反思。不知道有多少读者知道世界卫生组织公布的健康住宅的15项标准，这里给大家摘录下来供参考。

健康住宅是指能够使居住者在身体上、精神上、社会上完全处于良好状态的住宅，具体标准有：

A. 会引起过敏症的化学物质的浓度很低；

B. 为满足第一点的要求，尽可能不使用易散发化学物质的胶合板、墙体装修材料；

C. 换气性能良好的换气设备，能将室内污染物质排至室外，特别是对高气密性、高隔热性来说，必须采用具有风管的中央换气系统，进行定时换气；

D. 在厨房灶具或吸烟处要设局部排气设备；

E. 起居室、卧室、厨房、厕所、走廊、浴室等要全年保持在17～27℃之间；

F. 室内的相对湿度全年保持在40%～70%；

G. 二氧化碳浓度要低于100ppm；

H. 悬浮粉尘浓度要低于每立方米0.15mg；

I. 噪声要小于50dB；

J. 一天的日照确保在3h以上；

K. 设足够亮度的照明设备；

L. 住宅具有足够的抗自然灾害的能力；

M. 具有足够的人均建筑面积，并确保私密性；

N. 住宅要便于护理老龄者和残疾人；

O. 因建筑材料中含有有害挥发性有机物质，所有住宅竣工后要隔一段时间才能入住，在此期间，要进行换气。

所以，跟健康概念联系在一起的，比如早期在广州做了一个业主健康中心，提供了九项服务，非常受欢迎。广东一个楼盘叫奥林匹克花园，是"国家阳光建设工程"的示范单位，建了一个很大的体育馆，主打的口号是"运动就在家门口"。在北边做了一个白云山高尔夫花园，利用平民高尔夫的概念，健康的概念，白云山的概念做健康、体育、运动方面的东西，都是为了迎合现在某一种特定的人群。而且这种特定人群的数量越来越多，满足追求时尚、健康、体育的人的需求。

(8) 投资概念

现在人们住房不仅仅是为了自己住，更多的是从投资的角度、增值的角度看这个房子值不值得买，我们从这个角度帮他设定，这个小区怎么定，在价格的差别上怎么保证。

8. 推广创新

要研究房地产商品房的特殊规律，做有效的推广。一般人做广告、推广都根据营销学、广告学一般的规律去做。有些在实际操作当中有作用，也暗合了一些道理。但如果能明确的列出来，我们的推广就是要围绕这几条来做，目前做得还不太够。我们今天试图列一下，总结这几年的经验，然后用个案一个个来说明，来实证。

(1) 如何利用房地产的特点去推广

房地产有几个特点，可能大家原来都知道，但是知道不等于说能利用它来做文章。第一个特点，大家最熟悉的观点，房地产作为商品房是最大宗的商品。恰恰是这个特点，我们怎样去完成这个过程，很多人没有从这个角度考虑问题。前面讲过的几个例子表明，人们对于像矿泉水这样的小商品随意性比较多。而恰恰商品房是最大宗的商品，意味着人要在里面生活几十年、一辈子，这时候人们绝对不会随意地购买。上海平均每个人从第一次看房到买下来，平均要看 24 次，看这个楼盘之外还看其他的楼盘，

最多的看了72次，上海人的精细在这里表现出来了。当然，上海的例子比较极端，别的地方相对少一些。一个房子没有被人认同时，匆忙推出的效果一定是事倍功半的。

(2) 要完成社会认同过程

在重庆有一个楼盘不太成功，在重庆某地建了一个比较好的小区，环境、模型、设计都不错，广告做得也很多，在一两个月之内做了两三百万，在重庆这个城市里做的量是相当大的，但是销售情况非常不好。我们去看了以后就知道为什么卖得不好，这个楼盘没有完成社会认同的过程。所在的区域相对来说比较差、比较乱、比较低档，卖楼的广告说自己是很高档、很高尚的小区。我们告诉开发商，这就像进了一个卖地摊货的杂货店，这里有一个柜台是专门卖比较低档次的珠宝，这时客户一进去，有一个卖货的人抽出盘子，里面有一颗珍珠，他告诉你，先生，你买我这个珍珠，这个珍珠价值一百万，非常的高档，戴安娜都戴过。你本来进这个店之前就知道是卖低档货的店，突然给你一个无价之宝的东西，你会觉得很奇怪，这时候，马上又围上几个销售人员，七嘴八舌，不断的佐证，说这就是无价之宝。这时会有一个效果，人越多，说得越多，你就越想离开这个店。

这个比喻可能有些极端，有些片面，但是有这个道理。是不是这种店不能卖高档的东西？不是的，这是一般的规律，社会必须对楼盘完成认知过程。这个过程不完成，明天看盘了，头天晚上就睡不着觉了。为什么我们做的楼盘，总是敢保证推出以后一售而空？其实我们已经完成了这个过程，来就是买房子，根本不需要考虑太多的问题，这是至关重要的，怎么去做是非常重要的。

(3) 买高档房注重的是未来生活

还有一个例子，也在重庆，叫某某堡。老板是一个女老板，她的品位很高，当时开盘亮相的时候，做的广告也比较多，但是效果非常不好，一个月大概卖一两套。作者2000年11月份在重庆做演讲的时候，她带了一大帮人去找，作者后来同意做一个短期的阶段策划，或者短期策划。去看了以后，发现她对地产的推广根本没有抓住规律，已经建了好几层，但是没有售

楼处，现场一片烂地。售楼处设在街边，跟普通小商店的门脸一样，进去以后根本看不见模型和楼书。这里涉及到买高档房人的心态，比较重视未来生活的理性美度，不太重视交房的时间。

高档房有两个特点，不要过多的追求实用率，要保证舒适度和身份。第二点，一开始买房的时候不太严，最重要的你给他描绘的蓝图美不美，你恰恰在给他描绘蓝图的时候没有展现出来，他看到的是黎明的工地，根本没有唤醒他对未来生活的向往。另外，整个楼盘急着推出来，社会的认同没有一个过程。从年底开始，我们帮她重新梳理了一个路子，从软推广到硬推广，到公关活动，其实她还有很多很优秀的地方，把优秀的地方提炼出来，一条条展示，通过节奏展示给社会，展示给公众。她在郊区还有一个农庄，原来叫某某农庄，我们帮他改名叫某某堡山庄，组织一个活动，叫“某某堡免费一日游”，星期六、星期天让客户坐着免费车到某某堡山庄钓鱼寻宝，然后欢欢喜喜的回重庆，告诉他们，买某某堡房子的人，保证一年有多少次免费享受，买一个房送一个山庄，这样的活动陆续进行了几次，项目的销售开始有了起色。

(4) 提炼卖点

还是刚才的项目，她还有一些卖点，项目的前面是重庆马上要建设的森林公园，春节前发现了有白鹭，我们说你赶紧用白鹭做文章，怎么保护白鹭，做一个公关形象。你本身是一个卖点，怎么提炼出来做？大大小小的卖点提炼十几点，都能体现你的生活方式，你再出国一次，把实际的某某堡再原汁原味学过来，包括双语幼儿园，在小区建一个和留学生外国人交流的沙龙，诸如此类的东西，再加上某某堡山庄一日游，包括软性推广怎么做，硬的广告怎么做，什么时候做，从年初开始做渗透。

(5) 现楼永远没有楼花好卖

总结她的一些经验和教训，我们讲房地产的一个规律，房地产是一个大众投资，发展商希望快点回收资金。从买家来讲，首先关心的不是你交楼日期，购中高档房以上的人最关心的不是交楼日期。大连的明泽苑卖9000 元/m^2，半年已经卖完了。但现在只有两户人住进去了，其他人因整

个冬天没办法搞装修，第二年才陆陆续续开始装修，装修完了再搬过去，他不急，本来就有房子，而且本身房子还不错，这是很重要的心理特征。他最关心你前面给他描绘的蓝图如何。

另外，开发商也希望能早点回收资金，我做项目从来不关心工程形象，资金投放有一个头重脚轻的问题。早期的资金一定要在销售推广营造气氛、市场认同上下足功夫。至于你整个工程形象，有没有封顶我不关心，我觉得没有用，或者说没有多大用，只要开发的时候交给我三件事情，一个把售楼部做好，第二个预售证给我拿过来，第三给我一段推广时间，现场工地只要热火朝天，我卖楼那几天，推土机、打桩机、吊机都在那里干，有那个气氛就可以了，这种方法屡试不爽。这就提示我们开发商前期不要太重视工程进度、工程形象，过分追求工程形象你的资金压力大，如果你资金很雄厚没关系，可以什么都做好，盖得非常好再做，其实就算这样，从香港经验，从我们做开发的经验，现楼永远没有楼花好卖。但是，安居低档房暂不论。

中高档的商品房，现楼总是没有楼花好卖，现房有更多可以挑剔的地方，我们尽量在前期运用推广的强势造成轰动效应，把楼盘大体销出去。我们并不是要做假，不是说我为了唬市民，就尽可能在前边弄一些深化的东西，到时候兑现不了，不是这样。我们当然要保证品牌，品牌必须要品质做保证，确实现楼可以想像的空间没有那么大，楼花是一块空地给他展现一个蓝图，展现的空间比较大。

当然，随着国家主管部门为了规范市场，抬高了房地产开发的门槛，限制了商品房的预售，抬高了商品房销售的条件，预售楼花也越来越困难，我们说的这个理论也就有了很大的局限性，但从理论本身来说是没有问题的。

(6)“前七三，后三七”

我们想说明一个道理，等业主买完房子之后，所有买完房子的人就要看你的工程形象了，关心你的物业管理等等方面。

在前期七三，宣传推广要投入七分的人力、物力、财力去做，开盘之后，一旦销售告一段落之后，就应该倒过来，倒三七，要把七分的人力、物力、财

力去做工程形象，去做后期管理。

(7) 反木桶理论

下面是另外一个个案。我们 1999 年在宁波做一个项目，叫宁波世纪城，有很多可以总结的地方。世纪城当时的销售情况不是特别理想，虽然曾经号称在宁波是最有名的楼盘。它很多后期销售策略，一些价格策略出了一些问题，但是他在早期，特别在开盘前后，项目势造的非常好，当时应该是宁波最响的楼盘。这个楼盘开始销售第一个星期，内部认购还没有拿到预售证，就卖了 1 个多亿，现在把前面怎么做的过程理一理，大家可以有一个参考。

世纪城处在宁波比较中心的位置，但是地块不太大，不到 3 万 m^2 的占地面积，我们去的时候看到它整个设计相对来说比较落后。行列式，一排、两排、三排、四排、五排方式，尽管地段位置很好，但是整个设计，从整个规划到户型设计，我们觉得都有很大问题。像在这个地方，这个地方卖多少钱，一般来说就 3000 元/m^2，周边的房子也都卖 3000 元/m^2 左右。

首先做的第一个事情，产品如何适应市场？这里只讲两点，户型设计要多大。我们根据宁波市场做了一个扫荡式的地产调研。户型做多大比例？用科学方法和我们的统计调研帮他做了一个改动。里面的功能最大的问题在哪里？整个排列规划布局改不了，很呆板的方式改不了，我们打了第二张牌，这张牌是给他做一个园林，做一个比较好的园林，这个园林请的广州中山棕榈公司，就是做翠湖山庄园林工程的公司，也是世博会室外展区设计获金奖的公司，设计费 100 万元。

我们经常说木桶理论，大家都清楚，不重复，但是它有片面性，有一个板不是很高，装的水就少。如果斜着，某几块板特别长，特别宽的时候，有可能装更多的水，我们要求房地产哪方面都做到 100％优秀，不可能，我们只需要抓住几个市场很关心的东西，做出强势的木板来就一定会成功，其他的弱势东西可能会淡化。现在的一种非常强势，对市场影响非常大的就是环境问题。

我们下决心在这地方重金请园林设计公司，设计出宁波比较领先，创

意比较好的园林设计。

如何让市场接受这个产品？我们做了第一件事，在宁波搞了21世纪宁波的理想家园论坛，这个论坛请来上海、北京、广州、深圳、杭州专家，过来开论坛，这个论坛主要的宗旨就是研究21世纪人们到底需要住什么样的房子。

回过头看宁波的住宅有什么差距？有哪些房子不太符合这种潮流的？都是很权威的专家在上面讲，包括建设部的住宅办公室的处长都在那儿讲，这个事情最重要的是要让新闻记者、媒体记者都来报道，那段时间在整个宁波的新闻界算一个热点。

论坛引起市民对什么样是好房子，什么是代表21世纪趋势的房子有了一个关注。在这个阶段，开发商本身并没有在里面过多的露相，基本没有出现，只是在电视转播里，坐一个人在那里说了一下论坛有一个承办单位是什么公司。

同时我们做了第二件事，由论坛专家代表提出来，组织对外的考察参观团，说广州的今天，宁波的明天，他房子好，到底好在什么地方？我们走出去看看，连开发商、新闻记者，组织有将近十几、二十个人，出去到上海看万科产品，到广州看翠湖、长江、丽江，原来打算去香港，但没有去成。

那段时间，宁波电视台每周有一个节目叫做周末聊天，在这几个星期不谈别的，就聊他们拍回来的素材，别的小区怎么做，有哪些差距？这个节目在宁波收视率非常高。其他报纸不用讲了，定期版面在追踪这件事情，所有媒体都有记者出去，考察活动进一步加深了整个市场对于话题的关注。我们经常讲一个观点，现在社会关注力就是购买力，有多大的关注力就有多大的市场，有多大的购买力，我们必须做一个强势的亮相、轰动的亮相，这点极其重要。一个城市这么多楼盘，怎么吸引人注意，一个楼盘做得再好，没有人注意也不好办，现在不是酒香不怕巷子深的问题了。

这个活动出来以后，整个考察过程中，和开发商一边走一边谈，我们的公司以后也准备在宁波做一个楼盘，能够代表21世纪发展趋势的。市场从这里一步一步认识到有这个公司，它想做一个楼盘，已经开始接受了。

回来以后我们就写了一篇文章,《理想家园离我们还有多远》,一个整版,里面讲了几个问题,讲宁波到底有哪些问题,21 世纪住宅的标准应该是什么样的,宁波的现状跟现在有什么区别,然后讲世纪城的项目怎么改善目前所存在的缺点,怎么迎合 21 世纪的需求,做一个呼应。这时开发商已经开始亮相了。通过这篇东西,整个社会对它的认知就有一个轮廓了。从烧开水的角度来讲,已经烧到了 50～60℃。中间还搞了大大小小的公关活动,我们做了一个 1∶5 的模型,里面的园林比较逼真,让人一看就很喜欢这个环境。这个模型做出来以后,正好赶上宁波召开国际住宅展示会,我们占了一个最好的摊位,把模型摆在那里,结果那几天围在这个模型周围的人非常多,挤得水泄不通。这个楼盘通过模型,很具体的展现在人们的面前。

我们还搞了一些其他的活动,比如在宁波做了一个青少年绘画大赛,大赛的主题叫"我心中的 21 世纪的理想家园是什么样的",大赛在《宁波晚报》整版报道,决赛的人在楼盘里面画画。紧接着我们又写了一篇文章,开始点题叫"为了 21 世纪的理想家园",把公司过去在宁波做的项目做了一个展示。第二部分讲董事长和公司对于好房子是个什么理念,什么观念,在里面做了一一介绍,再集中篇幅详细介绍这个楼盘是什么样的,再配合模型的效果图,还有一些入口的效果图,还有立面的效果图。这篇稿子出来以后影响非常大,据开发商的销售部讲,电话留下来之后,三天之内很难打得进去,内部预约登记的房子有好几百,这时我们就决定开始卖了,不卖就浪费了。我们要把所有的客户留住,让他关注我们的楼盘,包括区域之外的人都要把钱留住。要开卖的时候你不卖,客户不会持续很久。

开盘前还做了一件事情,宁波的媒体当时从来没有做过房地产的夹报广告,我们不以广告的形式出现,而是以报纸的连版。那天早晨,从市委书记到宾馆的服务员必须全部能看到。当时在宁波没有人做过,所以影响比较大,如何做最吸引人的广告,当地没有的形式、没有的内容怎么做,这种形式是当地没有做过的,效果很好。第一篇介绍楼盘,整个综合地介绍一遍。第二版、第三版主要讲园林,把整个园林,各种功能展示出来。第四版讲的是其他的会所。

这时碰到一个大的问题，拿不到销售许可证，本来有一个匹配，有一个销售时间，为什么拿不到呢？地块上有军产，有部队的房子，拆不掉，不可能拿到销售许可证。在这种情况下怎么办？我们做过很多楼盘，比如挖了一个大坑，从来没卖过现房，但是这个连房子都没拆怎么卖？决定内部认购，那几天出现了比较火爆的场面，认购了几天，销售额就过亿了。通过两个月的推广，我们打出一个广告，"世纪城今天休息"，仅仅是认定，就造成非常尴尬的场面，也是我们始料未及的，12个销售员，累得哑了五个，躺下了三个，后面三个惊叹号，"我们不得不向您说一声对不起，今天休息，明天休息，银亿房地产开发公司向您郑重致歉"。后来报社的人开玩笑，说你们的广告要成为今年房地产得奖的广告。这不是有意要做的事情，当时确实是这种状况，没办法做了。

我们做单个项目的时候保证开盘成功，完了之后就告一段落，因为一个公司的项目有很多问题，除非我们一直在里面做下来，所有的想法都能实现，一般阶段性的就做一个阶段。后来还是因为价格问题，不给市场空间。到了开盘时间，大家认为这个楼盘起码是4字开头的，如果我们最终以3字头或者4字头出现的，市场接纳会非常好，后来可能把空间顶得太死了，走不动了，结果做出了一个不太正确的决定，就想把不太好的单位用低价卖出去，一下从4000多元降到了3000多元，市场马上有一种抗议，包括原来买房子的人就想你是怎么搞的，出现了比较多的问题。但早期的推广我们认为还是很成功的。

9. 策划创新

(1) 策划是一种创新

第一个问题，策划的创新分两个层面。一个层面是没有专门请策划人策划项目的公司也需要添加策划的元素。为什么这样说呢？不管你请不请策划，你这个项目本身都是存在策划的。而且最大的策划家就是老板，就是开发商，这是作者反复说的一个观点。任何一个策划人、策划家、策划大师也好，他的作用、时间是有限的，老板才是最大的策划家。成功的开发

商是最大的策划家。什么意思呢？一个项目从选定、投资的方向开始，从开始的物业管理都是你们在做。选不选策划人，选什么样的策划人是你们决定的，实际上你们也是一种策划。在策划人很多的方案中，选这个不选那个也是你们在拍板。策划人只是在某一个阶段介入某一个方面，而你们是做全程的。如果要创新，要寻找策划人来合作，寻找跟你们互补性很强的策划人，策划是一种创新。因为社会有分工，很细。我们的策划人主攻的方向也许让你更关注你关心的资金等等问题。策划人会注意你原来觉得不够专业，或者不愿意投入太多的精力去做的事情。

(2) 策划界的三个阶段

前几年从窗上扔下一个东西去，马上能砸到一个老板，后来砸的是广告策划人，现在扔下去砸的是策划大师。他们靠一些所谓的点子，靠一些策划给企业带来的并不是实际上的效果，这在口碑上可能会有些影响。甚至包括早期比较有名的策划人，现在开始不被社会认同。在市场经济发展中他具有一定的作用，在计划经济向商品经济转换的过程中，当我们产品同质化倾向很严重的时候，他能够出一个点子使这个产品跟别的产品有差异性，这一点是划时代的。比较可悲的是他没有不断创新地往前走。

策划界分为三个阶段，他停留在第一个阶段，你包装得好一点，你的产品立刻跟别人不一样，就可以产生差异性，他在这种年代里形成了一个明星。后来大家学得很快，迅速地点子都同质化了，这种情况下，策划就上了一个台阶了，叫“战术策划阶段”。我们说的战术阶段是比较系统的战术，比如某一个方面：广告战术，整个广告对外推广怎么推，用什么姿态来入市，如何表现。有一套方法介绍产品进入市场，有的叫做销售策划，从销售人员的培训、销售环节的技巧方面做一个系统策划，如公关策划等等。第二个阶段比第一个阶段大大跨进了一步，在某一个方面支持你的产品和你的项目往前发展。

现在的整个策划界已经到了第三个阶段，叫做系统的策划，或者叫做战略的策划，全程的策划。作为一个策划人，跟产品、跟企业的命运息息相关，作为公司的参谋长，一个参谋长跟随整个产品的过程紧密的相联，从前

期产品定位到后期产品销售、代理、推广都在一块。这就需要策划家站在更高的层面上，还需要走向专业化。

（3）系统策划的特征是专业化

所谓系统策划，特征就是专业化。现在很多策划人包打天下，IT 行业也进入，房地产界也介入，饮料行业也介入，什么行业都可以出点子，这样的东西在第一阶段大家没有什么变化的时候，你出一个点子可能有用。但是现在的竞争是如果你不专业，如果你不系统，你这个行业、这个产品就没有多少出路。有的早期比较有名的策划人现在越走路越窄，市场留给他的空间越来越小。他没有更多的能耐，做人也没有做到家，没有能耐就退出这个市场，但是他又放不下身价。更有甚者走上违法的道路，这在一定程度上影响策划界的形象。

（4）策划必须创新

另一方面，策划行业被越来越多的公司以及老板认同，价值也在与日俱增。不说别的，就说房地产这个行业，现在在任何一个城市，绝大多数的明星楼盘里几乎都有策划人的声音。我们说的策划家是真正意义上的策划家，他们所做的事情对市场的发展，对企业的发展是非常重要的，对于企业产品跟市场起着一个接轨的作用。这种认同成为一种标志。策划不是创新不创新的问题，不是可创新还是不可创新的问题，而是你必须创新，市场在前进，如果你跟不上，你肯定被市场的空间所挤压，最后就没有你的生存空间。

（5）不进则退——创新是 21 世纪的基本战略选择

主要是几个问题，我们 1999 年在宁波做项目的时候，其中一个海报上面有一句话叫“如果今天我们不生活在未来，那么明天我们将生活在过去”，这句话非常形象的代表我们需要创新、求新的心态。中国的企业平均寿命是 2.5 年。20 世纪 90 年代初期成立的一大批房地产公司，他们当时一起开了一个全国比较有影响的会，当时大概有三十几家在全国比较有影响的，包括万达、华星这几个公司，到现在就剩下这几家了，被淘汰了 80％、90％。现在企业、公司的淘汰速度非常快。如果我们不在市场中站

住脚，不创新，未来几年的路会更难走，特别是中国加入 WTO 之后，房地产很快会出现三强鼎立。为什么说房地产业公司一定要创新？首先，从历史发展上看，这有关企业寿命，房地产的寿命。我们回顾一下房地产发展的过程，市场的压力迫使我们最后从春秋走到战国，最后到几强鼎立，这样一个时代的到来，如果我们不去创新，不用我们的品牌争夺市场的份额，在这个市场上很快就会没有立足之地。大概在 90 年代初期，中国的房地产由于利润比较高，门槛比较低，容易进入，大量的资金本能的进入到这个行业里，那个时候钱比较好赚。这种阶段的结果就是房地产从供不应求向供大于求转化。转化就出现了一个状况，从暴利向微利转化。北京地产价格，90 年代初期 $1m^2$ 是 200 多元钱，现在 $1m^2$ 是 5000 多元钱，差二十多倍。市场成本的提高，以及各路诸侯百强的出现，使得它的暴利向微利转化。同时，市场竞争的结果使得每年都有大批的地产公司退出这个行业。这几年春秋战国的状况在各地表现得特别清楚。从广东来看，广东在 1999 年有 1500 家开发商，从当时开始，每年肯定要淘汰 15%～20%，要有 200～300 家开发商退出这个市场。事实证明一点都没有错。一个城市根本不可能容纳太多的开发商。像香港现在主要的有 8 家，主导香港市场的 90%以上。这种趋势在国内一年一年表现得非常清楚，龙头企业兼并过程特别清晰。

现在我们看到中等城市以上的一些城市，例如大连连续四年没有成立房产开发公司。这种态势的结果必然走向战国七雄，这个过程一定要完成。如果企业本身不创新，用一个词说叫“不进则退”。要审时度势地看清这个态势，将来的房产开发毕竟是大资金、大规模、规模化、园林化的产业。跟过去的单体、市中心迥然不同。要审时度势的看一看这个公司在三到五年之内能不能上一个台阶，能不能在这个城市当中站住脚。如果没有这种自信，或者各种资源不能支持的话，就希望你们在战略上做一个挑战，或者退出，或者赶紧强强联合，跟别的公司联合，或者找别的出路，或者多元化。

(6) 三强鼎立的态势就要出现

作者最近跟广东的一个老板谈这个问题，去年帮助他策划的中国第一

个智能化示范小区，还算不错，还准备帮他指点一个项目。这个公司属于中等规模的企业，他已经下决心转向其他行业了，他说这个行业我已经干不动了，广东那个地方竞争太激烈了，压力太大了。将来的城市，每一个城市大概就是 10 家或者 20、30 家大公司，而这些大公司基本由三种公司组成，第一个就是本土发展起来的房地产公司，通过自己的求新、创新、上台阶、树立品牌，它具有市场的认知度、忠诚度，可以占有一席之地。现在有几家公司都处在这种态势。其他的公司确实要搞清楚三到五年之内有没有比较雄厚的资金资源，有没有能上台阶的态度支持你，这是一个需要重点考虑的问题。

第二种企业是别的行业转过来的公司，有的人觉得这些公司没什么可怕的，他们不懂地产。但是你千万不要忘记，现在懂不懂地产，作为行业本身来讲不是很重要。他为什么要转这个行业呢？因为他赚了钱，资金非常雄厚。特别是上市公司，配了很多股，有很多资金。大连的希望集团的老板跟薄熙来签了一块地，为什么要签这个地，他说我今年配了两千万资金，必须找出路，而房地产是一个能容纳大资金的行业。刘永好的希望集团在成都做的第一个项目叫锦官新城，一开盘就非常成功。为什么他可以做到这点呢？他有资金怕什么，有好的土地，再就是人才，人才用钱换就可以。

第三类公司就是外地的公司。中国加入 WTO 以后，现在据我们得到的信息，海外的资金已经在紧锣密鼓的通过各种方式渗透到中国的地产市场。有一个比较典型的例子，就是李嘉诚，大家会觉得这个人并不可怕，他做的北京东方广场不怎么样。不错，李嘉诚过去几年犯了一个不大不小的错误，只根据香港的经验进军大陆的市场，结果确实做得不太成功。不仅是在北京，在重庆有块地现在也不敢动。但他有这个教训之后，会很快地转过来，现在李嘉诚在房地产方面的运作已经开始向住宅进军了，他一旦意识到原来的做法有偏差，他马上做本土化和人力资源相结合，情况就开始大不一样，所以三强鼎立在三到五年之内就会出现态势。本土的开发商不要去做中长期的竞争对手，要做的是尽快在本市把其他重要的开发商挤压出去，自己迅速成规模、上品牌。从市场压力本身来讲，需要我们创新，

需要策划创新，需要调整整个公司项目的战略思路问题。如果不创新，不上台阶，可能面临的真是绝境。

(7) 不断创新——房地产发展的三个阶段

中国地产经过了几个阶段，第一个阶段是改革开放初期，宿舍型的阶段，有房子住就可以了，有房子就是创新。到了后期，由于老百姓的生活水平提高，社会的进步，社会的发展，人们对仅仅是四面墙阶段的宿舍型不满足了，特别是有些人发了财，有了钱，他需要住得更舒服一点，开发商开始创新，给他们做了第二代产品，配套型产品。第一代产品里没有配套的概念，没有园林的概念，没有装修的概念，这些都是在园林型、配套型出现之后有的产物。到了1993年前后面临着第三个创新。以前我们讲万元户就是富，是1978～1984年的时候。到了20世纪90年代初期的时候，特别是沿海地方已经出现了百万元才是富的阶层，他们已经不满足原有的配套设施和功能的小区了，他们希望能够得到更好的产品。这时开发商如果不创新，就不能适应这部分人的需要。就在这时开始出现了符合这些人身份、要求的小区，我们把它叫做第三代小区。用我的话来说叫品牌小区。这样的小区从两个方面满足了这部分人的需求，第一是在功能上更舒适了，配套更齐全。第二是满足这些人身份的需求，精神以及心理的需求。也就是身份的确认。例如“给你一个五星级的家”等等。这是一种创新。有钱的阶层吃要上高档酒楼，穿要穿名牌，开车要开名牌车，惟独住的没提供更好的产品。在这种背景下，开发商的创新给了他们合适的产品。所以，第三个阶段符合市场的需要。

到了现在，品牌小区大量出现以后，又面临着产品如何进一步创新的问题，整个社会经济发生了很大的变化，有11个方面，从人文交流的需要到私密的需要，到人跟环境的回归等等这些方面的变化。回过头看现在的小区，必须进一步创新，来满足现代人不断增长的物质和精神需求。如果你不创新，还是按照一般的做法去做，有可能要在这些人面前落伍。一个是不是功能更新，第二，是不是这个地方更能适合他的身份，第三是投资的价值。如果不在这三点上不断出新，满足他的需求，这种产品就会过时，就

会落伍。所以,从市场本身的发展来看,我们的产品一定要创新。

(8) 专业化人才——创新的根本资源

任何创新都要通过人去创新,如何抓住创新的根本资源——专业化人才,在公司里如何通过专业化人才的培养、引进解决创新问题呢?

第一,市场调查人才。

每个项目做项目定位之前都要做市场调查。没有市场调查的项目往往是非常失败的。我们最近在某地看了一个别墅,就因为没有做市场调查,造成市场错位,30 亩地做了 36 栋别墅,什么都没有,在一个杂乱的区域里,建好了一两年,一栋也没有卖出去,我们建议他一定要引进市场调研机制。不是用一般市场调研方法来做,而是要有专业的房地产调研人才。因为房地产行业的调研跟别的行业是不一样的。现在通常是项目周边目标客户调查及城市的经济状况,大同小异。这种调查很可能是拍脑袋,本质上并没有太多的区别,不具备科学性的量化,不全面、不深入,方法也不正确。我们做一个项目的市场调查,涉及到整个层面的方方面面。比如不仅调查房产市场,还调查其他的专业市场,调查需求的数量,还调查银行储蓄的数量,甚至还要调查夜总会的数量等等。另外,还要有一个比较科学的分析方法。需要点出来的就是这是很专业的东西,每一个项目在定位之前一定要做市场调查。这种调查不仅仅表现在项目成立之前。在整个项目运作起来以后,包括销售之前做动态的市场调查,现在市场处在什么状态,我们的项目形象在市场上怎么样等等。要不断有专业的市场调查人员为你提供比较准确比较科学的数字和依据,这样才不至于造成一些偏差。举个例子,做户型的设置,调查的结果统统跟开发商的不一样,他需要一种户型占百分之几的比例,我们通过我们的方法做调查,用一组数字告诉他,这个数字是不对的,我们的数字是对的。当然,他用的方法也比较清楚,比如说这个城市周边几个楼盘怎么做的,他觉得这些户型卖得不错,用这些户型做主力户型会比较好卖。这种做法蒙得对的时候,有可能做得比较好,但由于你不精确、不科学,最后有 10%~20%的楼盘不太好卖,就把你的利润压住,利润压住了就没有收益。

我们在宁波做一个项目，评估之后得出的结论是每个户型应该是多少，这样会能比较均匀地销售出去。很多公司常常出现这种情况，有的销不动，不好卖，剩下10%采取什么方法都出不去。

第二，推广人才。

推广这方面也需要有专业的人才帮你创新。如何跟广告公司对接。一般来讲，广告公司给你提供的广告计划，如果老板不太专业，或者不太关心媒体，或者不研究，根本看不出广告的问题来。我们举一个最典型的例子，比如说每个广告计划都告诉你，上当地的报纸，主打报纸没有错，告诉你当地有哪两家报纸是发行量最大的，建议选这两种报纸来做。但如果他在安排的日期上不合理，就会给你造成一种极大的浪费。比如说，这两家报纸都给你同时出，这意味着什么呢？如果这两家报纸的发行量都很大，他们之间有一个交叉重合率的问题。比如在广州，《羊城晚报》和《广州日报》发行量都在一百万份以上，交叉重合率在65%以上，意味着同一天出一个广告，以一版计算，《羊城晚报》的彩版是37万。如果两张报纸同时出一个广告，就意味着有一张报纸65%的客户浪费了，这一天的广告浪费了20多万的费用。这是很专业的问题，如果你不去研究，你也觉得他说得有道理。而广告商最大的特点就是希望你多做广告，他才能蒙得住你。我们自己的公司里一定要有专业人才。有两种方法，一种是自己招聘专业人才跟广告公司对接。另一种是一定要有专业顾问，让策划人员帮助你对接这种事情。其实广告里有太多的陷阱。好的广告计划能让你用一百万做出三百万的效果来。但是不好的广告会让你出三百万，连一百万的效果都收不到，这需要引起开发商的警觉。

第三，销售人才。

销售人员不是一般意义上的销售部的销售员。而是具有能够跟专业销售代理公司对接的人才。销售同样是一个专业，我们看过太多的开发商吃了太多的亏了，包括广州的一级代理公司，很多都是让你看到销售计划，你很满意，我要你在三个月之内完成50%、60%甚至百分之八九十。如果一般来做，百分之几十不难做到，关键是销售率要达到95%以上是非常难的。前面

一部分是比较容易做到的。销售部门给你提供一个销售计划，计划里包括差价策略、层差策略，会把比较好卖的房子用比较低的价格卖出去了，一下推掉30%～40%，都有可能。卖完之后再往下走就走不动了，而他的任务完成了，马上去开辟其他战场了，剩下的你就很麻烦了。

这里再举一个例子，一个项目前面有三层群楼，后面有一个住宅楼，如果住宅的三楼景观正好对着群楼，四楼开始就有景观了，就可以越过前面的楼。正常情况下，如果我们站在公平、客观的立场上帮你设立层差，这个价格会差得比较大。要让四楼的人觉得我虽然出钱比你多了不少，但是我值得买。买三楼的人认为我虽然看不见，但是我的价格比你的低，让你觉得比较合理。但是有的三楼比四楼还多一点。我们设定的差价，三四层之间最起码要 $1m^2$ 相差 300 元钱，但是有的可能弄出 50 元钱甚至是一样。包括层差，还有每一个户朝向不同，采光不同，都应该有不同的价格。在代理商当中布满了陷阱。你没有专业的知识，对怎么设定层差的价格，用哪些因素限定，怎么加强处理，只能被他牵着鼻子。所以，在创新中确实要解决人才问题。

(9) 策划，更多的是要研究房地产之外的东西

创新要抓两头，一头是房地产之外的东西，一头才是房地产的操作过程。我们可以简单的提一句“国际参照物”。前几年在中国策划家第二届峰会中有一个感受，当时参加峰会有国内所谓的著名策划家，还请了两大公司，都是世界著名的策划公司，一个是日本的野村，还有德国的一家。国内的策划和国外的策划其实是两回事，在会上有两种表现。我们听了野村和德国的代表讲策划，根本不讲某一个项目怎么做策划，只是讲了几个课题，一个是讲中国加入 WTO 之后，将会发生哪些变化。中国的汽车和各个行业会发生什么变化，用大量的数字来演示这个问题，他研究了中国的国情。德国公司有两个课题，一个是上海浦东的金融发展的现状和未来。第二个就是上海的城市规划对整个城市经济的影响。我发现他们所研究的话题跟我们完全是两条道上跑的车。但是，回过头来想一想，什么叫策划，其实这才叫策划，我们房地产的策划应该怎么做，房地产策划如何创新

的问题，更多的不应该是研究项目本身的操作过程如何更加顺利，这一点很重要。更多的是要研究房地产之外的东西。比如这个城市的人口，城市的家庭，城市的经济发展，城市发展的模型，能容纳多少地产，能容纳多少住宅，能容纳多少高档的住宅，多少低档的住宅，应具备哪些功能。我们是从表到里，他们是从基础再往前做。

我们现在已经开始转轨了。原先这套东西比较容易学，拿过来克隆就行了。但更艰苦的工作是研究中国人的心理发生了哪些变化，生活方式有哪些变化，再回过头来到我们的地产，这才叫创新。

例如投资的概念在深圳很火爆，在昆明就不火爆。

第四个问题，用品牌意识统筹创新策划。作者是专门研究房地产品牌的，写了两本关于品牌的专著，一本叫《品牌密码》，一本叫《品牌旋风》。这里面就讲到了为什么要用品牌这个意识统筹创新策划。

策划的七个流派

作者操作的项目多数早期是南方的比较多。这几年东西南北到处都有。也见过了很多的策划人，对于策划作者把它分成七个流派，来归纳整个中国地产策划的流派。

第一个流派叫策略设计主义。给整个项目制定一个方向怎么走，比较客观的从整个大局，从经济发展的大局帮你设定一个方向，领军人物就是王志纲，一开始叫概念主义，以后叫策略设计，更准确一些。他设计碧桂园，主要跟教育结合，设计一个五星级的家，具体的房子怎么做他不管。

第二类叫产品主义。重视产品的更新换代，不要建一些新的老房子，多建一些彩色电视机，不要建一些黑白电视机，代表人物是周勇。

第三类叫营销主义，代表人物是童渊，特别重视临门一脚，他认为房子主要是卖出去。第一，如何把客户招过来。第二，如何在客户进来的时候把他抓住，通过销售技巧，通过销售心理自觉把钱从兜里掏出来买。

第四类叫服务主义。万科的买主50%以上是未来的。是软化、服务化的方向，自觉不自觉的用这种方向指导自己的物业发展，获得了很大的

成功。

第五类叫表现主义。有一部分人认为房子能不能卖出去关键看广告。做得比较好的就是广州蓝色创意。最大的特点不是一般性的给你做平面表现，而是先有自己的市场调查，回过头跟你商量你的广告策略对不对，定位对不对，磨合以后，他出一套表现的思路，很到位，比较深入。

第六类叫全程营销主义。他们每一部分都要管，从头做到尾。提倡这种主义的是冯佳。

第七类是作者所倡导的品牌主义。认为品牌主义可以统领各种流派。因为品牌涵盖了产品质量，盘活了物业管理，盘活了广告表现，盘活了营销过程。现在是品牌引导消费的时代，所有房地产之外的商品都已看得非常清楚。比如说家电垄断得非常强，名牌产品集中，房地产也已非常清晰的向这个过程转化。大家都向名牌、品牌小区集中。现在有一个趋势，各种流派都不约而同的开始创新。而创新的方向就是朝创造品牌方面发展。原来的传统主义，周勇就是研究产品的更新换代，他现在也知道光做产品，不做很好的品牌推广也不行。他做的天一家园非常注重品牌的推广。王志纲先生只管桌面，不管桌腿，他现在也开始考虑专业化问题，如何在产品的更新换代，在设计上怎么加强品牌。品牌可以说是涵盖了各种流派，各种主义的集中代表。

第五部分　老板之规划问题

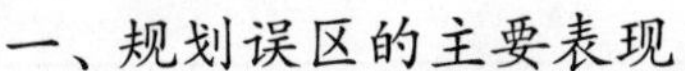

一、规划误区的主要表现

二、规划设计的十大基本原则

三、规划产生的科学流程

房地产项目的总体规划设计，大致分为三类情况：

(1) 完全请国外规划设计机构设计，最终的出图在国内的设计院进行；

(2) 由国外规划设计机构进行项目规划指导，出总体规划设计思想，由国内设计院执行完成，这种方式较为普遍的被运用；

(3) 完全由国内的规划设计院进行规划设计。

一、规划误区的主要表现

1. 盲目相信国外设计院，结果造成规划设计成果“中西文化不适”
2. 国内设计院没有能够真正贯彻国外设计院的设计思想，结果是“四不像”
3. “挂羊头卖狗肉”
4. 盲目照抄照搬，最终“水土不服”
5. 项目规划与城市规划产生冲突
6. 规划主题定位不当
7. 规划与市场脱节
8. 规划不细
9. 规划不可持续发展
10. 规划呆板无创新
11. 规划盲目大而全
12. 规划随意更改
13. 规划内容与项目个性不符
14. 规划超标

1. 盲目相信国外设计院，结果造成规划设计成果“中西文化不适”

有些开发商盲目相信国外的设计院，事实上，大多数的国外设计院都是非常优秀的，但是也存在一些机构不做市场研究，不熟悉中国的风土人情，不清楚市场到底需要什么产品，盲目地将国外所谓的一些先进的东西搬过来，最终市场无法接受其产品。

2. 国内设计院没有能够真正贯彻国外设计院的设计思想，结果是“四不像”

这个误区主要是指由国外规划设计机构进行项目规划指导，国内设计院执行完成。国内有一些开发商对于规划也想有所突破，于是，请国外的著名设计院作为项目的规划设计顾问。国外的设计大师确实提出了一些新的规划设计思路。但是国内的设计院在实际项目设计工作中，没有能够真正理解规划思路，结果设计出的产品不伦不类，既不是西方规划设计思路的产物，也不是东方文化的体现。这类产品在国内很多大城市都有。

3. “挂羊头卖狗肉”

这种误区现下比较盛行，国内的一些开发商(甚至是一些较大的、在地区及国内都有一定影响力的大规模房地产公司)名义上请了某某国外设计大师主笔进行项目大手笔规划设计。实际上，那些设计师可能甚至连规划控规底图都没看过，拿了些许的顾问费，开发商就用其名开始“大肆宣扬”本项目的规划如何如何。且不论最后设计的东西怎么样，单是这种“挂羊头卖狗肉”的商业运作方式就应该杜绝。

4. 盲目照抄照搬，最终“水土不服”

长春有一个房地产项目，高档项目，是 2000 年下半年开发的，一直到 2003 年还没建好，仅销售了十余套。这个项目失败的主要原因就是规划定位偏差，在规划设计中，采用了完全是南方的规划风格，设计公司是请的深圳的一家设计公司，小高层围合、中景花园、电梯多层，但是不符合当地的生活习惯。而且这个项目的周围环境较差，不适合建设高档楼盘。

5. 项目规划与城市规划产生冲突

同样也是在长春，三年前有一个中高档的项目，在长春南湖公园湖畔，环境非常好，紧靠湖边，并且请了一位策划专家做营销顾问，项目操作得非常成功，前期销售情况也比较理想。但是这个项目的规划设计与城市规划产生了冲突，最终为了满足城市规划，不得不将这个项目的一幢楼给炸掉了，这不仅造成了经济上的巨大损失，更为严重的是对项目的形象产生了

极大的负面影响，以至于该项目后期销售处境困难。一直到 2002 年末才有所好转。

6. 规划主题定位不当

项目在进行规划设计前的规划主题研究非常重要，如果规划主题定位不当，设计出的产品也不会是精品。好的规划主题才能出好的规划产品。

7. 规划与市场脱节

国内有些小的设计院在做项目规划时，没有充分考虑市场情况，不考察市场，"闭门造车"当然不会有好的设计成果。

8. 规划不细

规划设计的精细程度直接影响后期施工的效果及项目的高品质。

规划不细表现在：

(1) 对小配套设施的设计欠缺周密考虑，如垃圾收集站的设置、变电箱的设置等；

(2) 道路系统设计简单，横平竖直当然比曲径通幽省事多了；

(3) 建筑立面呆板，无生气，没有创造力；

(4) 建筑色彩单调，没有活力；

(5) 建筑风格、园林风格、建筑小品与项目主题、项目风格的不协调；

(6) 项目主入口盲目做大，做气派，但没能与小区档次、小区风格、业主品位相一致；

(7) 建筑细部处理不细，如空调机位的设置、落水管的设置、单元门斗、太阳能位置、阳台的设置、小窗台围栏的设置等细部。

9. 规划不可持续发展

规划不可持续发展主要是针对一些大规模的项目而言。在做一些大项目的规划设计时应对后期开发的部分做适当超前设计，并为以后的规划

调整留有余地。

10. 规划呆板无创新

产生规划呆板无创新的主要原因是前期市场研究不细，没有确定规划设计主题思想或主题思想不明确，规划设计时简单针对地块进行路网摆设，楼栋兵营式排列，毫无生气。实际上，国内的许多城市都在建设这一类型的产品，特别是一些中小城市。

11. 规划盲目大而全

一些大的项目由于规模较大，在设计配套设施时，只考虑提高项目本身的附加值，盲目做大项目自身的配套设施，没有考虑周边的市政配套设施。实际应是将小区内配套与周边的市政配套充分结合，合理利用。

12. 规划随意更改

深圳有一个非常好的房地产项目，是一家品牌实力极强的房地产公司开发的，一期大约在 2000 年入住。项目中本来有一块绿地，但后期开发时，调整了规划，在绿地上建起了高层楼房。业主当然不同意了，结果导致双方对簿公堂。类似的案例非常多，这就是规划随意更改的恶果。当然，有些项目由于前期规划不合理，后期进行了改良调整，使设计更加合理，这样的规划调整前也应与业主充分沟通，取得业主的谅解，而业主也不会因此而产生意见。

13. 规划内容与项目个性不符

这是许多项目都存在的误区。如以运动为主题的项目，规划设计时却只设计了几个常用的运动设施与场地；以生态为主题的项目，绿化率却只有 35%；以健康为主题的项目设计了一个不足 $50m^2$ 的卫生所等等。

14. 规划超标

规划超标是指规划设计时，私自提高项目的容积率，建筑高度、建筑面

积等，其实质是想多出建筑面积，“创造”多余利润。这个误区在数年前非常盛行，规划规定，建筑层数为六层，结果出来了六层半。但是随着规划法规的逐渐健全，对规划方案审查的力度不断加强，对项目施工过程的监督，想规划超标也很难了。而实际上，在市场竞争越来越激烈的今天，规划超标并不能带来更多的利润，有时相反，会“偷鸡不成蚀把米”。例如，长春有一个项目，有一栋楼，规划的层数为7层，结果开发商竟建了9层，最终，该开发商不得不将多建的楼房砸掉。

二、规划设计的十大基本原则

1. 服从原则
2. 系统原则
3. 市场原则
4. 创新的原则

——实际就是差异原则。有差异才有识别性，有识别性才能产生品牌效益。

5. 均好性原则
6. 品流原则——房地产项目的精髓在于“物以类聚，人以群分”，能把目标客户群识别出来，聚集在一起，你的项目就做成功了。
7. 空间原则
8. 布局的原则
9. 分离的原则
10. 功能原则

1. 服从原则

(1) 服从城市的总体规划

地产商是城市的运营商，这是错误的认识。

城市与房地产有这样的发展关系：经济的发展——城市规划——区域规划——房地产规划。所以一定要研究透城市的规划，包括近期规划，中期规划，远景规划等，区域的规划，地块的用地性质。

（2）服从经济利益、环境效益、社会效益三者的有机统一

好的规划首先应该是满足经济利益最大化；第二，实现品牌的最优化，有利于企业的可持续发展；第三，环境的最优化。

（3）服从国家地方政策法规

（4）服从地脉

一块土地有自己的地脉，每个地脉都有适合自己的规划方案。

（5）服从指标

指标具有弹性，是可变的，一个市政府因素，另一个是开发商的公关能力；不同档次的楼盘，指标要求也不同，中低档的楼盘的配套，多借助于大社区的概念；高档小区的配套讲究其专属性，业主特有的东西。指标在不同的城市控制的也是不一样的，中小城市可变性较大。服从指标时，把握度，不要过线，不同情况灵活掌握。

（6）服从公司长期的开发战略

A. 资金充足，实力雄厚，全现房销售战略；

B. 资金不充足，卖楼花，尽快回收资金战略；

C. 不想长久发展，产品制胜，短期赢利战略；

D. 长期品牌战略，要考虑到公司的整体战略思想，一个项目是作为公司发展战略中的一个战术。

2. 系统原则

（1）市政配套的完善，包括医疗、教育、休闲娱乐、康体、商业设施等。

（2）绿化景观小品要和整体规划有机结合。景观与建筑规划同步进行，系统考虑。小高层不宜用中式景观，原则上应采用西式景观，因为西式景观装饰效果较好。景观要融入建筑中，景观绿化本身也要有系统性。

（3）将安全、管理、物业等系统纳入整体规划。

(4) 规划先地下后地上。先地下管网，再地上建筑。所有管网尽量不要暴露在外面，要把它做成景观小品，遮盖起来。

3. 市场原则

(1) 规划应与地段相匹配。每个区域都存在阴阳两级，大的地方有大阴阳，小地方存在小阴阳。争取做区域的阳。另外看规模，小规模小项目，只能随波逐流，不能有太多的改变，上规模的可以跳出来，自拉自唱，做区域形象的改变者。

(2) 规划应与市场需求相匹配，与定位相关。大环境呈现什么需求趋势，项目定位能否反映这种变化；人均居住面积达到 35m^2，需求增长就停滞了。我们的城市有什么文化、传统、特征，我们的目标客户群有什么特征、生活习惯、喜好，我们的产品能否反映出这些需求。研究透市场的需求，什么是创新？不是凭空想像的，是根据市场表现出来的需求，但是市场上没有，你看到了，并做出来了，这就是创新。

(3) 规划应与以人为本相匹配。如果作一部分“一碗汤”的户型，一定会大受欢迎。

(4) 开发量与开发周期相匹配。开发节奏应与消化量相匹配。深度研究区域市场的消化量，根据消化量确定开发量和开发周期。开发战略方面不要把利益利润放在第一位，把品牌最优化、社会效益最优，一快打慢，把销售周期缩短，放在优先位置。通过高品质高尚住宅，不是高价位的产品面市来炸开市场，让市场推着往上走，让市场把价位推高。当然，不同的项目应有不同的策略，但总体开发量要与开发周期相匹配。

4. 创新的原则

——实际就是差异原则。有差异才有识别性，有识别性才能产生品牌效益。

(1) 定位差异、品种的差异、户型差异。地块是独一无二的，地块差异性本身决定它有最佳的差异方案。品种的差异是同样的定位，有不同的品种可

以选择,如同样是多层可以带电梯,电梯多层可以做九层。户型的差异,同样的TOWNHOUSE可以做出差异户型来。项目的户型没有鲜明特点,当然也没有特别明显的毛病。

(2) 适度的超前。但是不能过于超前,否则会不被市场普遍接受。

(3) 细节的差异。每种产品的选型,用材,建筑的细部都可以做出差异。厨房装电视、厨房自动吸尘器、饰物专门放置柜、自动升降晾衣架、柔和日光灯、风帘、工作用餐合一的早餐台、自动换气窗、1.5m宽的入户门、家里控制的电梯、双门的厨房、嵌入墙体的电视、衣橱式隔墙、道路免颠障碍带等。

(4) 留有余地,便于持续发展性。项目智能化留足管线,待以后升级。

5. 均好性原则

(1) 组团均好:组团均好是项目品牌形成的条件。

(2) 景观的均好:还业主共享好环境的权利。

(3) 配套的均好:泛会所的增加。

(4) 户型均好:所有户型都要有创新,有亮点。

(5) 结构均好:建筑结构的均好性。

(6) 销售均好:规划每一户都具备销售利好因素。

阳光海岸均好性规划方案说明

一、规划手法概况

目前,小区住宅的规划手法在中国的运用无外乎两种,一是20世纪90年代普遍在沿海运用并流传入内地的共享性环境空间规划,其特点是采用一个大广场作为环境空间,让所有住宅围绕在该景观空间的四周分布。这种规划手法代表了房地产发展初期,人们对景观空间的追求仅限于观赏。其二是目前刚在沿海登陆以上海"康桥半岛花园"为代表的均好性规划手法,其来源于欧美发达国家居住规划中的地权划分原则,体现了人们对居

住环境的可亲和、可拥有、可便捷到达等更高层次的追求。

二、均好性规划的特点

1. 分割原则

与共享性规划相反，均好性规划是把大型广场、大型水面、大片绿地、大型停车场分割为若干个小型广场、小型水面、小型停车场和小片绿地。

2. 地权划分原则

大幅绿地均匀地分配给每一户作为私人花园，让每一个住户真实拥有一片属于自己的土地。小区内的小型广场、小型水面及小型停车场被明确界定为哪些住户使用。

三、均好性规划在“阳光海岸”的运用

鉴于对上述规划手法的认识，“阳光海岸”不惜重金，聘请了美国著名设计大师——纽约世界贸易中心设计者威廉・顾先生为规划顾问，使“阳光海岸”的规划设计思想有了革命性的突破：

(1) 二十多亩地的中心广场被分割为12块平均约2亩地的小型广场，均匀分布于各组团中心；

(2) 二十余亩的水面被分割成为5块平均约4亩地的水面；

(3) 200个车位的大型停车场被分割成50余个小型停车场；

(4) 6万 m^2 多的绿地被分割成每户最小 $100m^2$ 的私家花园。

由于采用了均好性规划，“阳光海岸”项目为住户营造出一种全新的环境空间，使人与建筑、人与环境、人与自然真正和谐相处；从而真正做到以人为本这一建筑学的最高境界。

具体表现在：

(1) 领域感：$100m^2$ 的私家花园，使住户既享受环境的同时更拥有环境，使其起居活动的空间从封闭的房间扩展到自己的花园直至最临近自己的广场、水面，从此拥有了真正属于自己的领地、领空。

(2) 亲情交流：均匀分布的小型广场及小面，由于明确界定了使用住

户的范围，增加了左邻右舍相互接触、了解的几率，从而为邻里和睦相处、亲情交流营造出一种适宜的社交氛围。

(3) 时效性、便利性：均匀分布的小型广场、水面及车位，由于和限定使用者距离拉近，因此到达上述公建的时间节约了，住户的户外生活更便捷。

(4) 观赏的多样性：分割形成的多个小型休闲广场和水景的风格迥异，漫步其间，一步一景，使住户可充分观赏风格多样的景观设计。

(5) 泛会所：由于小型广场、小型水面均匀分布在整个小区中，与会所完全分离，因此，会所的功能变得比较单纯，人流相对减少，从而把会所嘈杂、喧嚣对小区住户的影响降到最低；同时，会所对外经营的创收可使小区物业管理健康、持续发展，进入低成本运营的良性循环，最终实现降低小区物业管理费用的目标。

(6) 服务范围：大型广场、大型水面分割成若干小型广场及小型水面后，小型广场及小型水面的总周长明显大于大型广场、大型水面的周长，因此，小区住户对广场、水面等户外活动可参与人数明显增多，从而社区服务范围明显扩大。

四、规划手法对比表

	领域感	生活空间	便利性	时效性	观赏性	多样性	亲情交流	私家花园
共享性规划	无	小	差	差	好	差	差	小
均好性规划	强	大	好	好	好	好	好	大

6. 品流原则

——房地产项目的精髓在于“物以类聚，人以群分”，能把目标客户群识别出来，聚集在一起，你的项目就做成功了。

(1) 定位单纯，品流单一——户型越多，市场越窄；纯而又纯，才是极品。定位准了，不在于户型多，一切都省，省了销售代表的口水，省了客户购房的时间和精力，省了制作模型的钱，更重要的是实现了纯而又纯的

定位。

(2) 品种兼容——建筑形态的兼容。关注购房总价，中档楼盘集中在哪个范围，高档楼盘集中在哪个范围。

(3) 户型兼容。

(4) 商住分离，公用私用分离；商业气氛越浓，居住品位越低。小区配套和对外配套分离，强调区内配套的专属性。

7. 空间原则

(1) 不破坏城市空间——应与整个城市和谐发展，即不能过于突兀，鹤立鸡群，不和谐是不美的。对城市空间感的破坏，就是不和谐，是不美的。

(2) 合理的建筑空间——层高合理，不能过低；生活功能空间合理划分，布局合理；生活区域：厨房、储藏间、卫生间占总面积的20%左右；卧室占40%左右，公共区域占40%左右，这样分布比较合理。

(3) 环境空间的合理性——自然环境包括大气、视野、水源等；人工环境造景的空间要合理。人造园艺要美化，要好看，要有实用性；造景功能化，不同的区域适合不同的人。适合谈恋爱的地方就是好景观。

(4) 四度空间——公共空间、半公共空间、半私密空间、私密空间。

我们用阳光海岸的规划设计作为案例进行剖析。

当楼盘之间的竞争已经从单纯的比房价、比地段转而向比环境、比发展前景等软指标时，容积率、绿化率、建筑密度等概念便迅即窜到了楼书和房地产广告上。“买房子就是买环境”的想法目前在购房者选房时成为一个重要的参考指标。于是，去年以来，强调景观、绿化率的趋势在昆明楼市盛行开来。

然而，昆明楼市跟风浮躁的老毛病在这股“环境热”中也随之有所体现，例如，楼盘要开盘了，这时开发商才赶紧在房子间的空地上竖几根罗马柱，铺几米草坪，种几颗树，然后万事大吉地把包装后的“绿色住宅”小区大

肆推销。这样的“环境牌”可以想像其实际可使用性到底有多少。

“阳光海岸”在规划设计之初便将环境规划放在了与建筑本身一样重要的地位，绿色私有化、均好性、邻边界等概念的提出，让这个昆明真正意义上的TOWNHOUSE楼盘实实在在地打造了自己优越的人居环境。

其开发商——云南路桥五公司、云南嘉翔房地产开发有限公司认为，“阳光海岸”在环境规划上几乎到了不惜力气的地步。纽约世贸中心的设计者威廉·顾先生，上海东方明珠塔的设计者江欢成先生等赫赫有名的“大师级”设计师在规划设计“阳光海岸”之初便把环境规划放到了极为重要的地位。

四度环境空间是什么?

如果简单地来说，判定一个楼盘环境的优劣，可以用这样几个指标：(1)容积率和建筑密度，越低越好；(2)楼房间距，越大越好；(3)绿化面积，越大越好；(4)污染少，楼盘一般应远离工厂、交通干线、大型商场等。

如果仅从这几项指标来说，“阳光海岸”绝对称得上优秀，容积率0.55，建筑密度19.8%，楼房间距1∶1.5，绿化率更是达到了61.5%，在昆明率先突破了60%大关。

然而，“阳光海岸”更值得称道的是其整个环境规划思想，这些“大师作品”意欲创造一种建筑、人与环境和谐相处，共同发展的良好生态体系，因而在规划上，摒弃传统，提出了全新的“四度环境空间”理念和均好性布置原则。

可以说，四度环境空间完全是全面理解“阳光海岸”环境规划，乃至整个楼盘诸多优点的一把钥匙，所谓四度环境空间，即为：

私密环境

“阳光海岸”的每个户住户均有一个属于自己的“有天有地有花园有车库的私人空间”。特别是产权归属私人的100m^{2}私家花园，完全是任由住户自己支配的“个人领地”。栽花种草，养怡身心全在住户掌握。个性化的绿化地域使住户自己就拥有一方绿地、一片环境。

半私密环境

均好性的设计使“阳光海岸”告别了中央广场、中央花园的景观模式。将中央广场分为12块，中央水面分为5块均匀分布于整个社区之中。且每个小景观、小的会所均限定好了周围的住户使用。于是，有限的户数围合相对封闭的一些空间，既形成了一个半私密的环境空间，也便于左邻右舍交往。

半公共环境

在“阳光海岸”，除了私家花园、限定使用者的小广场、小水面外，整个路网及其交汇处的绿化区域构成了一个为全体住户所共享的半公共环境空间，住户留连于道路，一步一景，移步换景。各小组团的小广场、小水面各具风格特色。使住户可以在这个半公共环境中享有不同一般的多层住宅小区的景观感受。

公共环境

“阳光海岸”建有一处公共会所，建筑面积达5000m^2，设置有观海酒店、原汁原味的欧洲风情廊及其他配套服务设施。可供住户使用或对外服务，保证社区物业公司管理水平及收益率，降低物业管理成本。此外，社区之外西山滇池的旖旎景色也从整体上提升了小区的自然环境。

四度环境空间，体现出了21世纪环境规划中十分强调的场所感，将一定空间划分为私密、半私密、半公共、公共四个时空共存、功能有别的环境空间。如此明晰的环境构成与多层次富于变化的空间特征使“阳光海岸”的环境规划设计在昆明的中高档楼盘中独树一帜，别具风格。

在四度环境空间理念中，均好原则贯穿始终，如泛会所概念便是其一。这一来自于新加坡的会所概念较明确地出现在了“阳光海岸”中。不仅原有的大广场、大水体在均好性设计之下分割分布于各组团，便于住户到达与使用，而且集中的会所也减少了噪声、人流对住户的干扰，更为开放性的是，集中的会所不再只是面向于住户，而且也面向社区之外公众开放。这样，“阳光海岸”的泛会所设计使得会所分布、集中、开放，极具创新。

三大概念支撑四度环境空间

“阳光海岸”的四度环境空间，把建筑空间、人的活动需求和人的心理要求完美地统一起来。

构筑四度环境空间理念的是“阳光海岸”最为独特的三大概念：均好性、绿色私有化和邻边界。

“阳光海岸”在昆明的楼盘中第一次提出了均好性的概念，它强调了景观、环境的可用性，让中央广场、花园化整为零地分布到楼间去，让绿化靠近每一个住户，从而否定了华而不实的“超大绿地”、“豪华中央花园”概念。“阳光海岸”在均好性设计之下将二十亩的中央广场分为十二个小型广场，将二十余亩的水面分成五块小型水面，将大型停车场分成了50余个小型停车场分布于各组团，以提高其可用性。最主要的是，6万m^2多的绿地被分割成近400片小绿地入户。于是，均好性设计将地域、空间明晰归属对象，为四度环境空间提供了前提。

“阳光海岸”在昆明第一次提出了绿色私有化的概念，一方面，每户100m^2“私有化”的私家花园成为住户可拥有的个人的环境空间，另一方面，限定使用者的小广场、小水面也成为住户半私有、半私密的自然环境。这又进一步强化了环境的领属感，强调了环境的划分。

“阳光海岸”另一个在TOWNHOUSE楼盘中吸引了注目的是第一次在国内提出了邻边界的概念，这种在地权划分原则下提高了住宅均好性、实用性和私密性的设计方法使阳光海岸的地权、空间划分之风日盛。

三大概念整体使得阳光海岸的环境规划显现出划分的倾向，从而产生了界线分明的四度环境空间规划。

也正是在这种全新的环境规划之中，阳光海岸显现出了层次丰富的自然环境，阳光海岸的环境规划设计绝对算得上国内TOWNHOUSE的上乘之作。

真正重视并精心设计最佳的居住环境，阳光海岸也从另一方面为住宅开发提供了榜样。开发商只有用心重视环境和营造环境，才能真正打动购房者的心。这不仅仅是开发商理性成熟的表现，也是房地产业的大势

所趋。

8. 布局的原则

（1）路网原则：通而不畅，项目道路设计较好。

（2）主干道曲而不透，项目总体较好。

（3）要以尽端路为主，适量增加尽端路。

（4）出入口越少越好，减少过往交通对小区的干扰，保证区内的私密性。

9. 分离的原则

（1）动静分离：动静分离包含两方面意义，一是小区内动区与静区的分离；二是居室的动区与静区的分离。小区内动区与静区的分离主要是容易产生噪声的设施与居民生活区隔离，如供暖的锅炉房、小区运动场等；居室内动静分离是户室内的格局布置问题。

（2）洁污分离：公厕、垃圾收集站等设施与其他设施相分离，居室内的洁污分离等。

（3）公私分离：公共空间与私密空间的分离。

（4）功能分离：各项功能区分离，如运动场地与垃圾收集站的分离等。

（5）人车分离：要做到小区内或组团内的人车分流。

这些原则不能拘泥，应灵活运用，具体项目具体对待。

10. 功能原则

（1）住宅应为居住的综合体。

（2）户型具备八大基本功能——居住、餐饮、学习、工作、储藏、娱乐、沟通、厨卫。

（3）变通的原则；如，同一空间，可以做书房，也可以做儿童房，还可以做会客室等。

三、规划产生的科学流程(见图5-1)

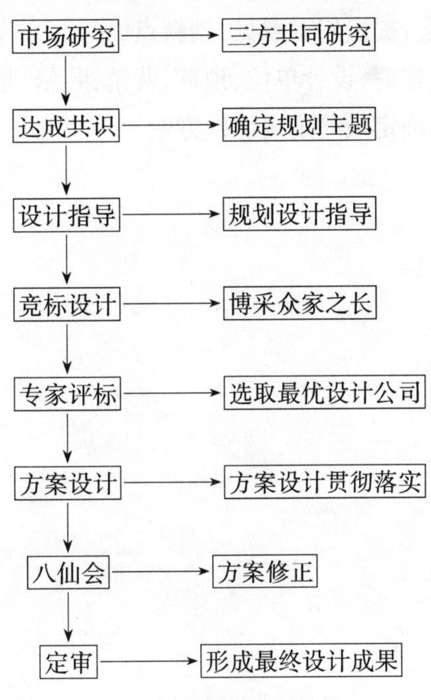

图5-1　规划产生流程图

按照规划流程进行规划设计,规避规划风险,规划设计方案最好采用招标的方式来确定设计公司。

第一步　市场研究

——开发商、专业市场调研公司同步展开市场研究。但是,既要多借助专业公司,又不能迷信专业公司。规划设计单位也要参与市场研究。

第二步　三方达成市场研究的共识,开发商与专业市场调研公司及设计单位对市场研究达成共识。

第三步　提出详尽的规划设计指导书和策划单位的调研报告提交设计单位(规划设计指导书见附件五规划设计任务书)。

第四步　委托三家设计单位竞标

——本土的设计单位、国内知名设计单位、国外设计单位。

第五步　邀请规划局、本地及外地规划专家评标。

第六步　确定规划方案，委托一家单位来做方案设计。

第七步　八仙会，提出修改意见，创新点

——开发商、承建商、设计单位、预算、营销、装修、景观、物管。

第八步　定审，确定最终规划设计方案。

第六部分　老板之销售问题

一、房地产销售管理的误区
二、老板销售问题之价格策略
三、营销人员的四个层次
四、怎样成为一名成功的营销专才

一、房地产销售管理的误区

1. 销售队伍缺乏系统培训
2. 高压销售政策
3. 高佣金刺激销售人员
4. 为销售而误导销售人员
5. 缺乏有序管理
6. 销售人员的不公正待遇

1. 销售队伍缺乏系统培训

不论是专业销售公司的销售队伍还是开发商的销售队伍，都普遍缺乏系统的销售培训。在组建销售队伍时，对销售人员的培训应是全方位、系统深入的培训，培训内容包括：市场变化、政策变化、专业知识、经济知识、法律知识、业务技巧等，给销售人员必要的关心和帮助，增强他们的凝聚力和战斗力，真正为自己企业的利益考虑。

2. 高压销售政策

很多从事销售管理人员都认为销售工作必须有一定的任务和指标，在形式上这是必要的，但如果用到了极处便会出现适得其反的作用。以前，曾有房地产公司采用"末位淘汰制"式的管理体制，造成销售人员内部激烈竞争的同时，出现了销售人员的相互攻击和排挤、争斗等，销售队伍不仅没有公司所需要的团队精神，反倒是内部矛盾重重，严重影响销售工作的正常进行。由此，我们应该反思销售中的高压政策，尤其是超范围的绝对政策所激发的竞争矛盾造成的负面影响，危害房地产企业的正常发展，也需要我们探讨销售管理中的更合理的管理方法。

3. 高佣金刺激销售人员

很多房地产开发公司的高层管理者认为只要有高收入，销售人员自然会努力工作，努力工作了就会有好的销售业绩。更为可笑的是出现了高中毕业生的销售人员比公司高级工程师的收入还高的现象，这种现象的产生及其造成的不良后果，到目前为止还未被开发商所高度重视。

我们的很多销售人员受高佣金的刺激，为了促成买卖能够成交，按其自身的想像随意发挥。一方面对产品夸大其辞；另一方面，在与客户谈判时，胡乱承诺一些公司并未充许的条件，结果客户收房时与开发商矛盾不断，导致开发商极为被动，而从消费者的角度认为开发商涉嫌欺诈。因为消费者在购买产品时，他不认为是销售人员在胡言乱语，他会认为是开发商在欺骗他。

我们的开发商应从长远发展的角度着手，清楚了解高佣金所带来的对公司的影响，它不但影响公司的对外形象，还有公司内部员工收入的不公平情况，因为产品销售好，是公司所有员工包括设计、工程、策划、后勤、广告宣传等各个环节共同努力的结果，不是销售一个部门的功劳，如果不能很好协调销售与其他部门收入的不平衡，将会影响整个公司员工的工作情绪和工作效率。

4. 为销售而误导销售人员

某些开发商在销售过程中，为增加销售人员对项目的信心，对于项目的某些问题、缺陷在培训过程中避而不谈，错误引导销售人员，造成销售人员对客户的欺骗。而我们的销售人员在实际销售工作中，在解答客户的问题时按自己认为客户容易接受的方向讲解，致使客户对项目期望较高，在开发商因种种原因不能按时交房时，导致客户与开发商矛盾激化，出现无法控制的局面。由于我们的销售人员都有一定的销售经验，他们对项目产品都会有一些好的建议，而开发商一方面不愿意去征求销售人员的建议，另一方面更愿意让销售人员按自己的意图去说服客户购买产品，剥夺了销

售人员和客户对产品的知情权，同时，也不利于开发商自己企业的长远发展。

5. 缺乏有序管理

我们很多开发商以及营销公司的销售工作缺乏有序、有效的销售管理。主要表现在：

（1）销售资料管理无序

销售资料管理无序是很多售楼处普遍存在的情况，特别是客户资料，大多是由销售人员自己保存，由于销售人员流动性较大，导致公司客户容易大量流失。而且，由于销售资料管理无序，对于查阅客户资料，后期客户沟通，以及日后的物业管理造成障碍。

（2）人员管理无序

对于人员的管理，一方面，不同的销售人员可能掌握着销售同一产品不同的优惠折扣，造成为了成交拿到佣金，销售人员之间利用低折扣点争抢客户，造成公司利益的损失；另一方面，由于人员管理无序，客户对销售人员不能充分信任，进而对公司项目失去信心，造成公司利益损失。

（3）销售与协作部门沟通无序

在实际的销售工作中，有很多问题需要销售部门与公司其他部门进行协调和沟通，但很多公司在这方面沟通不够。特别表现在销售与财务的沟通、销售与物业的沟通、销售与工程的沟通，尤其当公司内部由于销售高佣金制度出现收入不平衡的情况下，更容易造成销售与其他部门沟通困难，从而不利于销售工作的正常开展。

6. 销售人员的不公正待遇

我们的很多开发商在对待销售人员时，常常不将其作为公司的正式员工来对待。之所以会出现这一情况，最主要是由于销售人员的流动性比较大，而且，销售的工作只是在项目开发的一定阶段才用得上，如果公司没有项目可以销售，则销售人员的具体工作很难安排，而且在开发商眼里，销售

人员是养不住的，故干脆不将销售人员列为正式员工。其实这是不合理的，也不利于公司的长远发展。

较为合理的解决办法是，销售人员按两部分处理，一部分是公司正式员工，专门从事销售工作，如在短期无销售，可以做销售研究、市场调查等许多其他工作；第二部分是临时销售人员，即在项目开发销售前进行招聘，实行灵活管理。

二、老板销售问题之价格策略

老板销售问题中价格是最令其头疼的问题之一。对于价格策略，我提出了一整套的价格策略，具体分为五个步骤：

1. 成本测算
2. 静态价格
3. 动态价格
4. 价格执行反馈控制系统
5. 价格反馈系统曲线图

详细内容见本书经典个案解码之一。

三、营销人员的四个层次

1. 一般销售人员
2. 投资顾问
3. 老板的参谋
4. 营销专家

我们在实际工作中，经常会说到营销和销售，那么营销和销售只有一字之差，到底有什么不同呢？差别还是很大的。做营销的人成绩大一点，做销售成绩没那么大，做营销的是有几个层次的，做销售人员是第一个层

面，如果能够提高到营销人员你就又上一个台阶了，我们估计本书的这部分内容对某些读者一辈子都会有影响的，看完这部分内容以后，如果读者觉得有用，也许将来就可能成为营销专家。

读者也许觉得营销这个问题并不重要，其实房地产销售人员不等同市场的一般销售人员，他们是在销售几十万甚至上千万的商品，这就相当于什么呢？大额的贸易，他们是大额的贸易的销售专业人才，他们的工作是极端的重要，他们要从客户手里掏钱过来，而且不是一两块钱的矿泉水，20 元的麦当劳，甚至不是雅阁丰田轿车，是要他掏几百万出来，所以我们是从心眼里佩服这些营销人员。

作为营销专才，应具有什么样的素质，这里我们针对前两个问题做一个回应。第一个问题，营销与销售的本质差别，销售是把产品推销给客户，营销是从客户的角度，让客户购买。这是它们根本的差别。营销，不是简单的推广、推销，是投资顾问，不是开发商的顾问，而是客户的置业顾问。一定是站在客户的立场上为他们挑选商品，从我们的策划、推广上看我们也不是简单的推销商品，而是从客户需求的角度把我们的产品介绍出去。

不同的行业到达驿站的远近是不一样的，你从司机这种行业里有没有可能做出来呢？有，当然概率是很低的，提供机会是非常少的；如果你行业选得对，机会给了你，你又很努力，你就一定会懂得比较快。作者在北京没有什么名气，但在其他地方，在行业里比较有名气；比如说在广州，一些很有名的项目，且不说全国，走在全国各地的老板都会请我吃饭安排我的住处。在广州销售副总一级的或当地很有名的销售人才大都是我 1998～1999 年的学生，我那个时候就开始开班授课了。举一个很有名的、在清河湾当销售副总，名字就不说了，他被××国际投资集团看中，当上其中国大区销售总监级总经理。他就是从清河园的销售员到销售主管、销售经理、销售副总，一步一步到××集团当中国大区的总经理的。但是，这么多销售人员，听过我课的人也无数，当然随着经验的增长，阅历的增加，很多人都已经做到销售主管、销售经理，当然还有很多人承受不了这个行业的压力，已经退出了，这个行业压力其实是非常大的，我非常理解做销售的人

员，我在部队做了15年新闻干事，每年必须完成多少篇稿子，人民日报多少篇、解放军报多少篇，那个时候我们简直是惶惶不可终日，一到一个季度末、一个月末，就想还有多少任务没完成，和销售是一样，但是我觉得这个行业你只要肯用心，你们都能够到达月亮。广州的销售人员平均年收入为10万，这个行业是最有前景的行业之一。

我们可以把营销人才分成四个层次：

1. 一般销售人员

一般的销售人员，我认为他是最低的，就是卖房子，一个卖字道出了他的灵魂，要做好第一个层次也不简单，做好也要有和别人不同的地方，刚才大家讲到的东西都是一些基本的素养，比如说对项目的理解，对周边项目的理解，这些都是最基本的门槛，你如果对项目都不理解你怎么介绍呀？作为销售人员光有这些还不够，你要有一些你独到的东西，比如刚才谈到的信心的问题，对于你这个产品有没有信心，你这个产品能不能销售出去，有极大的关系，关乎与你对项目的理解怎样了。以前听过××先生讲过这样一个例子，当时他在车行里卖二手吉普，当时吉普就值2万港币，但他卖了4万，他说我只是在对客户的介绍中表现了对这个吉普的无限热爱，怎么爱车，他说有一次我开着这车在路上走，发现前面突然出车祸了，我以为我也要撞上去，但不知道为什么，我一刹车，车就停住了，我就觉得这车有灵气，对主人特别钟爱，还讲到车的性能，他特别喜欢，表现出他根本就舍不得把车卖出去。对产品的强烈热爱，使车的价值升值了。回过头我们讲玫瑰园（该项目是作者目前正在操作的楼盘，出于营销的原因，这里就不提项目的名称了）的问题，玫瑰园在社会上有各种各样的评说，对于我们自己的销售人员对它是不是有感情，是至关重要的。我建议通过这次培训，你们一定要下工夫去了解这个产品，了解它的历史，了解它的角度，培养起对它的感情。感情两个字不是硬说的，你跟客户介绍的时候是装不出来的，最近我看了写好的这些软性文章，实在是太差了，这些号称是北京房地产软文第一人，他要了三个房间写一篇文章，结果写的东西简直是没法看，说

来说去的根本，不是他的水平不行，而是，他对这个产品不热爱不了解，真正热爱这个产品的人不会以这样的眼光这样角度去写，比如说玫瑰园在10年来风风雨雨，几起几落，你说是负面的也好，是不良的也好，有一些评论，但是你必须对它有感情。哪怕做一般的销售人员都应下工夫，把自己热爱的产品说好，我觉得是第一个层面的东西。

2. 投资顾问

第二个层面是置业顾问，不是推销员。置业顾问是站在客户的角度来看，就类似于是他私人的置业顾问，我觉得刘总就是非常好的置业顾问，他跟业主交流非常好，当然要想完成这种角色转换，还需要你们层次、档次、综合素质的提高，让他觉得你配和他在同一档次上和他交流，特别是交流这种投资项目的走向，我觉得并不是要有博士、硕士或很高的学问才叫配，而是人格上的配，是专业上的配，跟任何业主交流，他来了我们不亢不卑地接待，你是站在跟他平等的立场上来谈投资的，要以专业上的角度客观公正的态度赢得他的信任。我举个例子，我早几年在广州做一个项目，早些年是号称中国房地产老三篇，品牌的老三篇，叫翠湖山庄，1996年、1997年的事情，这个项目本身是不错的，但是政府突然要修一条华南快速线，要从它旁边穿过去，距离它的房子只有几米，要拆掉它房子，这是毁灭性的打击。那么我们对客户的宣传是否要回避这个问题？其实你回避不了的，你只能站在客户的利益上和角度上去理解。当时我接待了一个客户，因为当时我已经是策划总监了，这是一个和我很有关系的一个朋友，前面介绍的时候我没隐瞒这个缺陷，如果你隐瞒的话不要说朋友没得做，更别说他会跟公司投诉。我只是讲不同的人，对产品有不同的需求，看你需求什么东西，如果你的承受能力比较强，你很有钱，你可以买距离高速路很远的一栋，面积可以大些，假如你咨询问题，你觉得买便宜一点的，有些缺陷也没问题，你可以鼓励他买户型面积小点，位置差一点的，甚至跟他商量，你对噪声敏感不敏感，其实我们已做了很多防护，包括做隔声墙，做隔声玻璃，已经没有太大噪声了，但还是问他对噪声敏感不敏感。举个夸张的例子，

有的人长期生活在铁路边，离开火车的鸣笛还睡不着。这是什么意思呢？就是现在在都市里很难找这种安静的房子，很多人对噪声是比较麻木的，或敏感指数不高的。我说你对噪声敏感不敏感，你到房间里感受一下，如果你能接受的话，这个价格非常优惠，比没有噪声的那边每平方米便宜1500元，那边是7000元/m^2，这边是5500元/m^2，100m^2就是十几、二十万。你站在他的角度帮他分析，让他理解让他去平衡，最后他还是买了。我的意思是我们××园是不是有缺陷的，实际是有缺陷的，每一栋有优势也有劣势，关键我们不要回避。在强化整体优势的同时你帮他出注意，帮他选择，未必要按着他买东西，有句话说硬做的不是买卖，要引导。所以第二层次就是置业顾问的层次。

3. 老板的参谋

第三个层次比第二个层次又高，他已经摆脱了简单的销售买卖之间的关系，我把他叫做老板的参谋，他要站在公司的角度在市场中发现什么问题，有什么好的总结，及时得给公司建议，至少是销售经理，我认为还不止是这样，应该站在公司销售副总的角度。我在《人民日报》做记者的时候，我的导师就告诉我们，你们不要以为我们在《人民日报》就是记者，我们写新闻就是代表党中央机关报，要站在党中央的角度，要站在总书记的角度来看问题来报道问题，各位读者要想到达月亮的话要站在更高点更远点，其实你们可能还不是销售部的主管，或销售经理，更不是销售副总，但是如果你们有这种高度，不仅能帮助公司提更好建议，还能帮助你们更好地理解客户跟客户沟通，那么很快你们就有可能去做到这个位置。

我在做一个项目的时候，发现大部分人没有去踩过盘，对周边的情况不了解，对竞争对手的情况不了解，不知道作比较。我们用三天的时间，跑完了周边的几十个别墅，跑完了以后才发现，我刚到××园的时候我对××园是没什么信心的，不同的品种有不同容积率的要求，别墅这个品种容积率在0.2～0.3之间，我一看玫瑰园，我说你的容积率至少在0.4，后来一测算真的过了0.4，一般人一看，密了，这时你可能没什么信心。但是，当你走完了北京所有别墅项目之后，发现，除了××别墅其他都很密。后来我想，容积率这种东西是可以变形的，在不同地区容忍度是不同的。比如在北京这个地方，容积率是可以往上靠，甚至可以突破一点，比如TOWNHOUS这种产品容积率可以做到0.6，但在北京可以做0.7没问题。这时你就会觉得容积率对项目不是硬伤，不算硬伤只是其中一个欠缺，不算死结，但是，如果不看怎么知道呢？我们的培训中有关于市调的安排，所以一定要去看周边的楼盘，特别是竞争对手，我不去××庄园我怎么知道它大，怎么知道不是隐私的特点呢？不然就做不到第三个层次了。

4. 营销专家

第四个层次就是要成为专家，专家不仅仅是为一个项目服务，可以为很多的项目提供意见，第四个层次怎样去做，我现在开始阐述下一部分的内容。首先要有信心。我问你们第一个问题，这个问题又是简单的出奇的，但你们未必能回答出来，就是你们现在住几楼，上楼一共有多少级台阶。谁能回答出来？没有！今天我告诉你们最重要的一句话，要做有心人，很多人做两三年没有长进，始终在一个层面上，为什么？不用心！一个用心的人跟不用心的人做同样的事，结果是完全不同的。我再举个例子，在SARS流行的时候，广州出了个名人叫钟南山，还有一个护士长，写了本书叫《护士长日记》，这些人就是有心人。其实大家都在隔离室里，都在冒着生命危险在抢救病人，但是除了死了的，没人出名，只有这个人出了名，她每天把工作记录下来，把看到的记录下来，当社会最需要了解他们的时候，她用最朴实的方式出版了《护士长日记》。我说什么意思，回过头来看我们这些做销售的，我们每天都在面对客户，如果你们谁从今天开始把自己和客户接触的经历记录下来，当然尽可能的详尽，他的职业、家庭状况、他的要求提出来什么方式，最后什么结果，记详细，平均算你一天记一个，一年就是300多个，你在这些客户里，筛选1/3，有100个有代表性的，你们知不知道这叫客户心理学，我多少年来都想在市面上找这么个东西，我就是找不到。你给每个客户总结一句话，为什么不行呢，特点就在那里。我

想问一个问题，我有本书叫《别墅客户心理》，18～20 元一本，你买不买？说明什么，这是我们现在极缺的东西。中国的销售人员大概有 10 万人，大家都在做这个事情，就是没有谁去认认真真地去数这个楼梯，整天忙忙碌碌地在接待客户，累了回去休息，其实你不必去费太多的时间，一天用半个小时、一个小时时间把你一天的东西记录下来，甚至你同事之间的客户情况，互相交流嘛！把他记下来，我相信我的这个话，还是有人坚持不下来，如果有谁肯做这件事，他很快就会是专家，向很高的层次迈进。我是怎么出来的，不是要举我的例子吗？我是属于中国第一代的房产营销策划人员，其实当时做我们这个行业的人是比较多的。这是个很热门的行业，做了几年之后也有好多人总结了心得体会，但这层窗户纸能够捅破的不多，而捅破这层纸的人现在都已成为名家。我就做了三个项目之后，我把全过程记录下来了，我自己本来是搞理论、做新闻的，我这方面的功底可能比较好吧！我就写了一篇文章《品牌的塑造与创新》。这是我的第一篇关于房地产营销的论文，当我要写完的时候，建设部在上海举行了中国住宅发展论坛。王志刚先生就推荐我去了，我就在会上宣读了这篇论文，真叫做一炮打红，上午开完会，下午就有代表写纸条要求下午活动取消，让曾宪斌接着讲。早几年有个尤利恩咨询公司，专门搞房地产培训的，在深圳做一个中国房地产专家的高峰论坛，是周勇推荐我去的。做了这个演讲后，我一下就从销售总监的角色跳出来了，一下就一举成为专家，从此一发顺利。但是我以后每做完一个项目以后，我都在总结，每过一些时候，几个月，我都有心得观点提出来。所以我出的第一本专著叫《品牌密码》，2000 年我出了第二本专著《品牌旋风》。这本书直接的成本不到 20 元一本，结果卖 180 元一本，我讲课的时候，是带多少本卖多少本。现在本书是第三本。这里，我并不是自吹自擂，而是告诉你一个经验，任何人之间的智慧是没有多大差别的，即使有，也可以忽略不计的。第一，我们都是几千万年进化而来的高等动物，你进化多少年我也进化多少年，没差别的；第二，我们的父母在结合的时候，无数精子游向卵子，只有最强壮的才能通过，我们都是最强的精卵结合的东西，正常人是没有差别的。差别就两条：一，后天是否努

力；二，是否做有心人。有人可能会反驳我的观点，说不对有人天生就是好命，他出生在一个老红军的家庭等等，任何时候都不要怨天尤人。为了达到三、四个层次，哪怕一、二个层次，要做到首先要有心。我再举个例子，我到韩国去考察房地产和游览，韩国老总在晚宴上就说，这么多人，只有曾先生带笔记本记。我在韩国考察了两天，看了几个盘，回来我就在天津演讲"中外地产的比较"，我就在韩国楼盘里总结了30个跟中国的不同点。而同样是去韩国参观考察，有的人根本就没收获，就是这么做有心人，我讲的就是我的体会。

四、怎样成为一名成功的营销专才

1. 要用"心"
2. "泡"
3. "博学"
4. "独特"的眼光
5. 推销自己

1. 要用"心"

成为一个营销专才，第一条叫有心人，当然做有心人还要讲方法，就是你不要每天重复工作，每天你都要有新的感想，新的用心去观察一件事。比如你就是要做客户心理的这本书，你每天总结前一段的经验的时候，你自己就会有许多新的问题提出来，在对客户时，你就会用新的角度，新的问题去交流，之后你就会有新的经验、新的体会记录。所以说人的经验、人的知识不是随着年龄增长的。所以，我说做有心人，而不是要每天简单的重复，表面上看我们的工作好像是在重复，实际上不是，为什么？你每天回去看电视、看新闻、看书，得到一些想法，一些启发，这个世界上没有两个相同的客户，其实每个客户都是新的，在新的里面总结出新的体会来，说起来容

易，做起来难，也要用心去做，这是做有心人。营销人员的四个层次，你总结一下你们处在那个阶段，给自己定个目标，几年之内到达那个阶段。方法就是第一做有心人。

2. "泡"

任何一个成功的专才必须要有很坚实的基本功，这个基本功靠熬出来的、靠泡出来的。要想成为一个专家，在行业之内要看1万小时的书才可以成为行业的专家，我们要想成为营销专才，千万不要浮躁，不要急，必须要有积累的过程。我是在我40岁的时候才完成我这个过程，40岁之前都是在熬，在房地产这块，我是足足熬了十年，就是我每个星期的工程例会，营销例会我都要参加，面对公司所有面临的问题，去解决问题。所以在做演讲的时候，开发商提出的所有问题，他们还没问完我已经开始解答了。我有很厚、很厚的基本功在这里做支持，这可不是一两天的工夫。我其实很聪明，但我愿意下笨工夫，我在大学学习日语的时候，日语是我的第二外语，我的日语水平可以超过日语专业的本科水平，我翻译日文小说根本不用查字典的，因为我每年都要背一遍字典。房地产也是一样的，我们有很多东西，也是很枯燥的东西，你们要耐得住，你们每天，有的事情看起来好像不是跟你们的销售直接挂钩的，有的可能不是很功利的，你们一定要先做人、事，然后把心态放宽，才有可能获得你们要的东西。我们的基本功里不要有太多功利的东西，不要对直接销售有利的事情我就争先恐后的向上扑，有的比较基础的工作我就不去做，我就不去学。比如提到过一个广播的问题，你怎么跟客户交流，哪怕你房地产知识再深厚，你跟客户交流是不会太深的，如果没有其他层面的交流的话，这个是要用时间的。我是本科学文学的，研究生学法学、新闻的，我在房地产行业里熬了这么多年，我社会上的大学已经毕业了，完全靠自己去熬，积累出来。说的意思就是第一用心，第二要沉得住气，要扎扎实实的从培训开始学习一些销售技巧，销售礼仪，这就需要我们耐得住寂寞。其实基本功比学位重很多的。我再问一个专业上的问题，作为房地产你们就知道学问有多深了，这个问题就是：在

一个房间里厕所和厨房挨在一起，好还是不好？好，第一是对开发商而言的，第二是对低档盘的买家而言的，因为低档盘，低成本，低价格；但是高档盘、别墅盘厕所和厨房挨在一块，就不是一个好现象，为什么？因为一个是出口，一个是进口，叫做洁污不分。再问一个问题，客厅对着门，厨房门也好，什么其他的门也好，好不好，为什么？房子客厅对的门多不多又要看什么项目什么楼盘，如果说中小户型，门多可以，使用率高，对于高档盘过于强调使用率高，每寸地方都能摆什么东西，就错了。前面有一个观点，在业内很流行，高档盘里浪费就是品位、身份。你们平常看东西写东西包括基础性的都是一些一般性的问题，没有细分，我们在做玫瑰园的时候，别的业务知识我谈，我谈高档盘、别墅盘，跟低档盘又有什么区别，区别就是市场的敏感点，客户的敏感点，关注点在那里，从而推导出我们的销售人员、投资顾问，跟客户推荐的时候，要明确哪些是我们推荐的重点，哪些是他跟他的密码能够对接的。

3. “博学”

就是渊博的博，后面应该用眼，就是眼睛的眼，眼是一个见识，做好一件事情就是做好自己的业务应该靠见识。曾经上海有一个专家跟我讲，觉得非常有道理，就想转述给大家，他讲：“做人靠常识，什么尊老爱幼，交通规则呀，做事靠知识，没有知识是做不好事情的，什么样的知识层面，做什么样的事情，第三句话就是做好事情靠见识，见多识广才能做好事情”。一个人的高度决定了一个人的事业，大家可以想一想，就是做房地产营销的为什么到目前为止处于顶尖层面的就是这几个人，没有科班出身，反而都是学新闻、学文学、学哲学、学社会学这些人。王志刚是学文学的，周勇是学哲学的，我是学法学和新闻的。其实世界上的事情是触类旁通的，你只有从多个角度、多个层面去看这件事情，才能看得更清楚。想跳下房地产这个专业的人，他跳不出这个圈子。比如说搞建筑、搞规划设计的，在密云一个老板给我看一个规划设计图，我看了一下，说：“这个规划本身没有问题，但就这个规划本身定位有问题，大家有没有去过密云太师屯那个地方，

离承德很近，看那个地方就不对了，北京人不会到那样一个地方去买别墅。但是你不能指责那个规划设计师，因为这个跟他没有关系，因为他只是根据这个地块来设计的，但，市场跟他不对接，所以我们恰恰从市场的角度去理解销售、去理解地产，这是一个对接。”所以我们走到今天，之所以说我们有了今天的一点成绩，是我们有了 40 年一点见识的积累，从这个行业来看，我可以讲在中国主要的城市，三个主要：主要的城市，主要的项目，主要的开发商。我记得每个项目，我一看就基本上知道有什么问题，这个出现在哪一个地方，哪个在行业之外。我当过 15 年兵，当过一年工人，做过几年记者，还当过公共汽车售票员，还做过报社老总，我不是卖我资历，我是说一个人的阅历，一个人见识对他日后看别的行业，就这个行业来说有很大的帮助。我经常教导我的助手，如果就这个专业来划分，你们永远成不了专家，你们必须要跳出原有的圈子，比如说你是销售专家，你除了销售这一个系列以外，你还要对房地产的其他环节，工程、物业管理、推广都要很熟悉。再一个呢，你要多看一下工程，为什么要反复讲呢。你不方便到外边去看的话，那么北京就是一个地产的百科全书，你要利用一切的工作时间和非工作时间，多看看行业类的杂志。同时我还有很重要的建议就是功夫在事外，一定要多积累房地产之外的知识，政治的、经济的、文化的。1997 年的时候，我在广州做过一个策划，当时东南亚金融风暴发生之后，立刻波及到香港，香港楼市大跌，当时，我就强烈感觉到这场风波一定会波及到中国大陆，特别是对华南、广州有很强的冲击。我特别敏感，这种敏感如果你平常不感兴趣不用心，你根本不会有这么敏感，当时我也了解到广州的房地产市场失衡，这种供大于求的市场接近临界点，所以我当时建议，带头降价、带头跳水，结果一“跳水”，一举成功。等到我们打破所有销量之后，受东南亚金融风暴的影响，香港楼市掉价这个影响波及来，大家纷纷在“跳水”的时候，有的人跳下去就卖不动了。这就是非专业的知识或见识给我们带来的帮助。所以我每天再晚、再累，每天新闻我还是要看的，每天的报纸我是一定要看的。所以有人说你怎么老是订报纸呀，我说报纸就是百科全书，里面有很多人文、社会等方面的知识。它跟我们的房地产都有千丝万缕直接的、间接的关系。所以在你们没有很多的时间看书的情况下呢，看新闻，看电视新闻，读一份综合类的报纸，比如说北京晚报或北京青年报，每天坚持读一张报纸，时间一长你就会发现你的素质要比你身边的人如同学、同事、朋友要高，它给你带来你在跟客户交谈的时候，除了专业、价格、房型、功能之外，还有更多的话题跟他对接，文艺圈的跟他聊，聊同一首歌，体育界的跟他聊，贝克汉姆，有谈资，有共同的话题，感情就容易深入，我们不是这么功利的去学是为了谈资，谈资是一个很重要的副产品，所以我希望你们要成为一个综合素质比较高的人，而不是太窄。我就是要求别人学哲学、学经济学，这些学问在我身上，在不同的地方都得到了印证。比如说老子讲："有就是无，无就是有"的观点，你不要以为这与房地产没有关系。在前面的内容里讲到的在哈尔滨看一个项目的时候，那个别墅项目非常密集，后门和前门都可以跳过去了，我就问他如果是你，你买不买？他说不会买。这就是老子说的有和无的关系，你以为你盖的越多就会卖的越好，就会赚越多的钱，那你算算这笔账，你盖的越密可能越卖不动，但比如说你三栋别墅，打掉两栋，打掉的两栋做花园做游泳池，你可能原来 30 万卖不动的房子你 100 万卖出去了。所以我们看到我们在这种指导思想下和开发商沟通，在园区内有很多地方再打掉，还有很多地方再拆，这是哲学思想指导的一个产物。

4. "独特"的眼光

再一个是要用脑，独特，要有自己独到的见解，每一种问题都有自己不同的理解角度，比如说有很多人对我们玫瑰园负面的东西有看法，我们的文章就我个人而言有独到的看法，我说的意思就是你们不仅要用心、用时，还要学会从不同角度看问题，还要有新的有创意的东西，这样才有可能做演讲。大家说为什么演讲跟讲课不同的价格，价格差远了，做演讲 1 万元一天，讲课 100 元一天，讲课是格式化，演讲是有个性的东西，你要学会用自己的眼光去体会这个项目，体会客户，体会你们的工作。

5. 推销自己

这个问题就是用嘴，就是推广，项目需要包装，人的包装不仅是外包装，更重要的是内包装，但这个道理你们要等到一定程度慢慢地深入探讨这个问题，你们只要在这里熬得住，熬个一年两年，出成绩，前面说的那本书看到底谁能够按我说的去做。那本书到底谁能做得出来，那做的不好也要有素材，只要有素材，有 100 个客户吸引的个案，我帮你们整理，帮你们出书，书如果要自费的话，我先垫支，我会寻找一个好的讲台，让你们去讲销售心理、客户的心理，那个时候，讲一次课以后，一定会有人请你去做销售副总。人真的需要一个很好的包装，我说的只是这本书的其中一个部分，在适当时候、适当的时机，通过不同的方式，来推广包装自己。其实你自己去想吧，包装是水到渠成的一个事情，包括怎样锻炼自己的一个口才，这个口才可能在历次的培训里都要有，以后你们也最好都要形成一种习惯就是定期的大家都要演讲，我们就叫做学习间的主持吧，在训练的过程中做演讲，总结自己的经验、观点，当一个专家、行家。

第七部分　老板之策略问题

第一篇　大城市与中小城市房地产开发的营销策略

上篇　大城市房地产营销策略

一、大城市房地产市场特点

二、大城市房地产营销策略

下篇　中小城市房地产营销策略

一、攀枝花演讲提纲

二、相关媒体报道

上篇　大城市房地产营销策略

一、大城市房地产市场特点

(1) 市场总体容量大；

(2) 市场较为成熟，项目运作相对规范；

(3) 市场竞争激烈，我国目前几乎所有的大城市都处于买方市场，供大于求；

(4) 产品先进，更新升级换代速度快；

(5) 市政配套设施对项目开发影响较大；

(6) 市场相关政策法规齐全，透明度相对较高；

(7) 个案规模普遍较大，大盘数量多，“大盘时代”仅存在于大城市中；

(8) 房价相对偏高，容易产生“房地产泡沫经济”；

(9) 数家大型品牌地产商占有较大市场份额；

(10) 房地产空置率相对较高等。

二、大城市房地产营销策略

(1) 专业化营销；

(2) 品牌营销；

(3) 注重可持续发展；

(4) 注重产品研究，适度产品创新；

(5) 提高售后服务水平，引进高水平物业管理；

(6) 注重项目的投资价值；

(7) 充分研究市场，项目准确定位；

(8) 找准目标客户群，切忌“一网打尽”。

下篇　中小城市房地产营销策略

本部分内容将从攀枝花市房地产发展的机遇与营销策略入手，帮助企业分析在中小城市开发房地产项目的策略。本部分将直接借助一些原始材料来阐述。

一、攀枝花演讲提纲

由于篇幅的原因，整个演讲文稿在本书就不一一展示了，仅将演讲中的一些要点、重点奉献给我们的开发商，希望对一些在中、小城市的房地产开发企业进行项目开发时能够有所帮助。

1. 对攀枝花市的印象

- 来攀枝花之前的印象

A. 从成都花园推广中认识的攀枝花市，环境美、购买力强

B. 昆明做项目时知道的攀枝花市，开放，开明，是一方热土

- 来攀枝花调研后的印象

C. 现代化程度出乎意料，53%的城市化比例，全国较高

D. 经济收入出乎意料，职工 2 万元/人·年，人均存款近 2 万元

E. 消费能力出乎意料，饮食、娱乐等消费指数高

F. 人口素质出乎意料，不需要贵族换血

G. 经济可持续发展能力出乎意料，资源开发 100 年不用愁

H. 山水城市的环境出乎意料，40%以上的绿化

2. 对攀枝花市房地产发展水平的评价

A. 落后沿海发达地区 15 年

B. 落后成都市 7 年左右

C. 落后自贡5年左右

总体上处在宿舍型的阶段，是现代住宅的初始阶段，少量开发量与销售量明显要小，2001年销售量为8万m^2，2002年16万m^2，小区与现代小区的接轨，落后主要表现在：

(1) 规划思想滞后，宿舍型十分明显，最好的小区也不例外，如排列纵横的呆板排列，设计落后，功能不合理，采光通风问题；

(2) 缺乏市场观念，如200m^2多的户型不适应现代家庭的规模；

(3) 景观设计停留在大广场范围阶段；

(4) 价格策略停留在定性、单价阶段，造成总价高，定价高；

(5) 推广方式较为落后，缺乏品牌意识；

(6) 销售方式传统，没有样板楼，少沙盘，销售资料总体简单；

(7) 缺乏有号召力的品牌小区，仅有凤凰小区等，有的只有概念，如生态、绿色等；

(8) 开发规模小，成规模的小区少，无法提供完善的小区配套；

(9) 产品同质化现象严重，就房子卖房子，差异和附加值不够；

(10) 物业管理基本上是空白，其他专业化程度低。

综合以上十个方面因素，现代地产的模式整体上尚未进入楼市，攀枝花市房地产的发展仍处在生产“黑白电视机”时代。

3. 反差、落后的主要原因

(1) 工业城市，先创业、先生产，后生活的发展模式，第三产业滞后；

(2) 福利分房结束晚(2001年6月，国家政策是1998年下半年开发结束福利分房)，目前个人购房占80%，计划分房导致房地产发展水平较低，消费观念落后，需更新；

(3) 至今相当比例的团体购房，制约了房地产的竞争和水平提高；

(4) 安居、团购、低品质产品的价格对产品提升的制约和恶性循环，形成了价格的心理价位；

(5) 开发商满足于现状，空置率低，创新意识、危机意识不强；

(6) 外地投资者介入较晚，未能提升竞争平台。

4. 发展的压力和机遇

(1) 几个反差的压力；

(2) 完全竞争的压力；

(3) 更多的机遇，如可持续发展性、收入、消费、竞争都在呼唤山水城市、山水住宅；

(4) 攀枝花大发展，无论是数量还是质量都要发展；

(5) 北京最适合创业，攀枝花适合创业，同时也要适合居住；

(6) 上要对得起奋斗38年的老同志，下要对得起子孙；

(7) 要解放思想，更新观念，讲三个代表，建攀枝花市人民满意的房子；

(8) 要建"彩电"，结束"黑白电视机"时代；

(9) 要有跨跃式发展的新思维。

5. 建设房地产"彩电"的若干建议

要求各方面齐心协力，包括政府、开发商、媒体等，特别是开发商要有整合资源的空间。

(1) 政府加强宏观调控

A. 大力整治城市环境，解决城市品牌影响最大的问题，大力发展第三产业；

B. 按照山水城市的要求，把关各项目的详细规划；

C. 制定团体购房的调控机制，包括安居房的竞争机制；

D. 在招商上如市长所说引进"有理念、有实力、有可持续发展规划"的投资者；

E. 组织地产界人士走出去学习，引进新的理念，借鉴发达地区成熟的开发模式和政策；

F. 以点带面，建设一批示范小区，增强行业竞争程度。

(2) 媒体加强引导

A. 什么是新的生活方式？引导新的生活观念；

B. 什么是品牌？什么是创新？

(3) 开发商加快创新，实现跨越式发展

A. 市场观念要创新，从“人适应房子”到“房子适应人”；

B. 规划要有新思路；

C. 开发商运作上与大城市的不同点：

- 中小城市可更多借助政府资源、媒体资源；
- 发展高端“彩电”，冲击市场观念；
- 推广上多用软性推广，少些费用；
- 弱化户型设计功能，强化面积概念；
- 重产品品牌与企业品牌；
- 价格上要有爬升的过程，因此投入不可太多；
- 大盘的概念不同，开发量一定要控制节奏；
- 物业管理是突破口，又是难点；
- 居住观念的引导，打造住宅标准；
- 填补市场空白的有效克隆也是创新。

二、相关媒体报道

“曾旋风”刮到攀枝花

我国著名房地产导师曾宪斌教授莅攀

3月6日，我国著名房地产导师，清华大学教授、被誉为“曾旋风”的曾宪斌先生到达我市。曾宪斌先生是首次到攀枝花市进行西部房地产调研的，3月8日将为攀枝花房地产界举办一场名为“品牌旋风——攀枝花市房地产的现状与发展”的报告会。

曾宪斌先生历任房地产时报总编辑，新希望集团、万达集团、远达集团等国内数十家大型房地产公司的总策划师或首席顾问等，在国内成功策划了几十个大型明星楼盘，如成都花园、锦官新城等，在北大、清华及全国各地举行了几百场演讲，所到之处反响强烈，被媒体誉为“曾旋风”，出版作品有业界流行甚广的《品牌旋风》、《品牌密码》等上百万字专著。

中国著名房地产导师曾宪斌断言
攀枝花房地产不存在泡沫

“攀枝花的房地产，就像三年前的宁波。三年后看攀枝花的房地产，宁波的今天是最好的写照：呈现一片兴旺发达的景象。”曾宪斌先生对攀枝花的房地产充满了信心和激情。

曾宪斌，远达南山花园首席顾问，被中国房地产界誉为“导师”。他已成功地策划了全国几十个大型明星楼盘，并著有专著《品牌密码》、《品牌旋风》，名噪一时，在清华大学、北京大学及全国各地演讲上百场次，刮起阵阵“旋风”。3月7日，攀枝花市副市长韩宗山代表攀枝花市委市政府真诚欢迎他到攀枝花刮起“真”旋风，以期提高整个攀枝花房地产的品位，促进攀枝花市房地产的开发建设。

3月8日，曾宪斌在攀枝花宾馆向攀枝花房地产界做演讲，断言攀枝花房地产并不存在泡沫，面临着前所未有的发展机遇。

- **攀枝花房地产发展滞后**

曾宪斌对攀枝花房地产的总体评价是：处在宿舍型向配套型小区过渡的阶段，相当于中国20世纪80年代中后期的水平，落后于北京、广州、深圳15年左右，落后于成都7年左右。他列举了攀枝花房地产开发存在的种种问题：商品房开发量明星偏少，整个规划思想滞后；环境设计落后，产品同质化严重；没有适度的规模，营销滞后；缺乏有号召力的品牌，现代物业管理方式在攀枝花基本上是空白。另外，攀枝花房地产专业程度、中介、房屋价格的确定都存在一定的差距。

他认为之所以出现这种现状，原因有六：一是从大的方面讲，城市环境质量，大的配套设施服务需要进一步提高。二是跟攀枝花的独特的历史有关，"先生产后生活"的思想和现实影响了房地产的开发。三是攀枝花个人福利分房情结导致其对商品房的排斥。四是团体购房、安居房占了主体，制约了房地产的开发。五是开发商没有危机感、紧迫感，创新意识不够，服务意识不够。六是攀枝花缺乏有效的市场竞争机制，没有一个优秀的产品作示范，起到积极的作用。

曾宪斌认为，攀枝花房地产无论数量还是质量都处在一个落后阶段。从量上讲，攀枝花人均住房面积远远低于全国人均住房面积，远远低于全国发达城市。现在全国城市人均住房面积在大城市每人 15m^2 左右，中等城市每人 20m^2，而攀枝花规划到 2005 年达到 10m^2 多。从住房发展阶段讲，第一阶段是宿舍型阶段，第二阶段是配套型阶段，第三阶段是品牌住宅阶段。攀枝花处在典型的宿舍型阶段与配套之间。如果按常规发展，攀枝花的房地产与全国大多数城市的差距将越来越大，因此，他坚持攀枝花人要认识到差距，要有突破性新思维新举措，否则，攀枝花房地产上一个台阶，而沿海的城市就可能上几个台阶，永远不能超越。

- **攀枝花房地产没有泡沫**

针对有的攀枝花人提出攀枝花目前每平方米 2000 元左右的房价，是不是存在泡沫问题，曾宪斌明确提出，攀枝花房地产并不存在什么泡沫，离泡沫还非常远。他认为，价格是产成品决定的，只要有好的小区，好的环境，好的房子，就有人买。市场觉得是什么价，房子就是什么价。甚至同样一个片区、社区的住房品牌不同，其价格差异也非常大。同时，他认为并不是所有的人都要去买商品房，拥有商品房的人并不是大多数人。

他分析到，沈阳市的房价与收入是 15∶1，创全国最高。广州房地产开发量 2002 年达到了 3616 万 m^2，是 2001 年全年销售量 590 万 m^2 的 6 倍多，供求严重失衡。这些必然是泡沫。攀枝花与全国比，房地产存在着强大的反差。一是全国大城市房地产泡沫与攀枝花急需住房的反差。攀枝花缺房户近 5 万，这样的需求，全国仅有。二是人均收入和人均住房的

反差。三是消费能力与房产价格的反差。四是品牌城市与落后房地产的反差。五是攀枝花经济可持续发展的能力、创业的机会与攀枝花人想到外地生活的反差。

面对这种反差，曾宪斌认为，只要政府和房地产商按市场需求做好文章，近几年不会出现泡沫！攀枝花房地产目前是政府大力支持，人民在呼唤，市场有潜力，整个房地产前景非常乐观。

- **攀枝花房地产大有可为**

攀枝花天上有艳阳，地上有宝藏，城市人气旺，给曾宪斌极美的印象。他坚持认为攀枝花这个城市做房地产正处在难得的发展机遇期。

他提出，在攀枝花这个城市做房地产，人在西部，要跳出西部，看到东部，做跨越式突破，寻求快速发展。攀枝花具备这种发展的诸多要素。

攀枝花经济的强劲发展为攀枝花房地产开发提供了动力。攀枝花提出经济总量5年翻一番，在四川率先实现现代化，攀枝花房地产界责任重大。

随着今年10月攀枝花机场的通航，以及攀枝花旅游列车的开行和提速，西攀高速路和攀昆高速路的建设，攀枝花的交通将为攀枝花房地产界提供与外面更好的交流平台。随着对金沙江江面的综合治理，以及沿江绿化建设，一个环境优美、生态良好，具有南亚热带风光的山水园林城市势必更好地展示攀枝花现代城市形象。

因此，曾宪斌预测攀枝花房地产开发商机无限，大有可为。攀枝花房地产商要看到市民的需求去开发房子，观念要更新，规划要有跨越式发展的新思维，要明白高尚住宅并不意味着高价，它需要功能、品牌的长期支持。远达南山花园在今年9月开盘，必将给攀枝花房地产业起到典范作用，促进攀枝花房地产跨越式发展。

曾宪斌纵论攀枝花房地产

3月8日上午，市政府邀请著名房地产导师、清华大学教授曾宪斌先生在攀枝花宾馆东一楼会议厅举行了演讲会。市建设局、规划局、市房管

局中层以上干部以及市房产协会会员和本市房地产开发商出席了演讲会。会议大厅座无虚席。

曾宪斌将原定的演讲题目"品牌旋风——攀枝花房地产的现状与发展"改为"攀枝花房地产的跨越式发展与新思维"。演讲中，他用大量的数据分析了攀枝花房地产的现状与前景，分析了攀枝花房地产业与发达地区和同等城市的差距，跨越式发展的压力和机遇，提出了跨越式发展的新思维。他认为开发商的市场观念要创新，规划要从市场出发，要有新思维，要改变宿舍加配套设施的建房模式，处在西部不能用西部的观念建房，而要东部和发达地区的房子，以营造良好的人居环境。只要房地产上去了，人就留住了；只要留住了人，攀枝花的人气、商气、财气也就会旺起来。

"曾旋风"·房产新思维·远达南山花园

我国著名的房地产策划大师、清华大学教授曾宪斌，人还未到攀枝花，其品牌旋风已在攀枝花刮得沸沸扬扬。网上搜索的结果是：曾宪斌，中国第一代房地产营销专家，中国房地产品牌第一人，著有专著《品牌密码》、《品牌旋风》等，最早策划营造出中国品牌小区，主创或参与策划了中国精品楼盘老三篇——广州的碧桂园、翠湖山庄、金桂园，为国内房地产住宅建设竖立了标杆。迄今已在全国策划打造了几十个闪光的精品明星楼盘。

在记者未见到曾宪斌之前，我不敢断定他是否还是那位 20 世纪 80 年代采写了不少有冲击力、具有敏锐思想和人文启蒙精神的国家级名记者，中国海军第一位新闻研究生。3 月 8 日，应市政府和四川远达集团之邀，曾宪斌站在攀枝花宾馆会议厅上为攀枝花房地产发展作专题演讲。演讲中，他让我印象最深刻的一句话是："我的策划不仅是为了赚钱，而是要享受成就感，要让一个城市的房地产由于我的参与，更健康、更具活力。"一种中国知识分子的责任感、使命感和理想主义色彩，或浸润或飞扬于他的话里话外。报告结束后，记者采访了他，证实他就是那位曾经名噪一时的记者曾宪斌，除此之外，他还下过两年乡、当过工人、有十五年的海军军旅生涯，目前是清华大学客座教授、四川远达集团首席顾问。

坐在记者面前的曾宪斌，留着平头，朴素间显出他个性中的棱角，细长的眼睛透出思想的睿智与锐利，曾经的经历让他显得厚重稳健。

远达南山花园，由于他的加盟，其品位和风范中让人期待……

我一直处在行业的最高峰位置

记者（以下简称记）：曾教授，您在房地产策划业做得很成功，网上盛传您所到之处一定会刮起一阵房地产品牌旋风。中国名记者、清华大学教授、中国房地产策划大师，你能为我们介绍一下这些名头之间的关系吗？

曾宪斌（以下简称曾）：我的过程是一个知识分子"下海"的过程，是个渐进的过程，不是一步到位的。在媒体工作之前我在机关工作，我的同学出了本书，让我帮着推销，我用休息时间，前后加起来不到一个星期吧，最后同学付给我的酬金是2700元，我当兵十五年，转业才2400元，当时给我的触动很大。断断续续地开始学习在海水里游泳，知识分子的价值在经济上得到承认是件非常好的事。

记：那么怎么想到介入房地产业呢？

曾：1999年，我在《房地产时报》做总编辑，从做广告入手，开始介入房地产业，希望集团刘永好先生在成都介入房地产，上马锦官新城，力邀我出马策划，最后这个项目做得很成功。之后在中国策划家高峰论坛和房地产住宅论坛，确定了我在这个行业的领先地位，四年了，我一直处在行业的最高峰位置。由于我有丰富的实践经验，又有较高的理论修养和积累，几次演讲和讲学以后，清华大学聘我为教授。

记：一个房地产策划师应该具备怎样的素质？

曾：要有阅历，要有人文学科深厚的根基和异质性。我上小学三年级的时候就看《参考消息》，现在分析国际形势，我可以称得上专家。对宏观、微观的经济都要有独到的把握，要敏锐，看问题的角度与别人有差别，这样才能做好。还有要富于创新，总之要有很强的综合素质。另外，一定要很专业，我现在只做房地产业中的住宅产业，我在地产公司泡了四年，每个环节都非常熟悉。

攀枝花房地产业前景光明

记：一般来说初次到某地，当地人都会让他谈谈印象，你能谈谈对攀枝花的印象吗？

曾：这个城市与我想像中的资源型城市差别很大，我国资源型城市普遍环境恶劣，市民穷困，我原想攀枝花可能也好不到哪儿去，没想到，来到这里听到和看到的，却是截然相反的情形，这里天总是湛蓝的，太阳总是灿烂的，清清亮亮的一个山水园林城市。还有城市化程度高，达到了53%，出乎我的意料，人均收入接近成都不亚于昆明，而攀钢职工收入在全国冶金行业排在前面，人口素质出乎意料，这都是房地产开发商所需要的市场。

记：通过您的调研，您认为攀枝花目前房地产的现状是什么？

曾：房地产的发展有几个阶段，一是宿舍型，二是配套型，三是品牌时代。而攀枝花目前处在宿舍型向配套型过渡阶段。比北京、上海等大城市落后15年左右，比成都落后7年左右，但是攀枝花政府正在下大力气打造城市品牌，经济发展具有强劲势头，是个非常好的创业宝地。

记：您能具体谈谈吗？

曾：攀枝花商品房开发销售明显偏小，2001年是8.1万m^2，2002年是10万m^2。按城市规模一年要达到50万m^2左右才属正常，另外，规划思想落后，最好的小区的规划也摆脱不了宿舍型行列式排列，户型设计做得也不够合理。据说很多房子都卖得很好，这确实是开发商的运气好，因为这个市场太好了。很多开发商观念的确很落后，认为高档就是大户型，而对于房产来说高档体现是功能而不是面积。我有一个比喻，攀枝花的房产现在还是黑白电视机，现在不是要多大的黑白电视的问题，而是要大彩电甚至背投，要实现跨越式发展。为此，政府应该在第三产业上下功夫的同时，依据山水园林城市的基础，调控把关小区规划，使之与城市规划一致，目前攀枝花房产在总量、数量、质量上都处在比较落后的供不应求的阶段，我可以断言，攀枝花的房价在未来2～3年不会大幅攀升。

远达南山花园要成为攀枝花住宅小区的标准

记:您为什么要选择与远达集团合作,开发南山花园?

曾:我选择开发商有两条,一是理念、想法是否与我接近,二是所选城市、项目是否胜算的把握大。当然还有张远平总裁的个人魅力。

记:您怎么评价张远平总裁?

曾:我们属于一见如故。见过这么多老板,他是第一个在当地一分钱不贷做这么大的项目的开发商,全部自己投资,是个有实力的真心实意的投资者,不像某些地产商到当地贷钱做地产,做成了赚一把走人,做不成把账扔给当地银行,拍拍屁股走人。而且全部是现楼,这是发达地区的流行做法,被他跨越式的引进来了。

记:张远平总裁给你的第一印象是什么?

曾:人特别的诚恳实在,个人的综合素质很高,很敏锐,并且他个人极有品牌效应。他是四川省政协委员,全国创业之星、四川十大杰出青年企业家,他历经沧桑,致富后为家乡捐资600多万元修桥、补路、办学校、不遗余力地从事公益事业。致富思源,致富报国,值得信赖。

记:您认为远达南山花园要建成什么样的小区?

曾:这几天在攀枝花,我看到了竹湖园,一个很普通的地方,集结了大量的市民,我感到攀枝花人太缺环境,攀枝花有适宜的气候,建热带亚热带小区有得天独厚的条件。占地400多亩,全市规模最大的远达南山花园会充分利用自然条件,建出一个山水园林项目,并营造完善的配套功能。远达集团聘请上海同济城市规划设计研究院进行规划设计,南山花园会建成为攀枝花住宅小区的标准。

记:远达南山花园会建什么样的房子?

曾:将完全摆脱房子的概念,从一个简单的物理生存空间向一种生活方式转变,远达将根据风土、生活习惯、人均收入来设计,一切都为攀枝花人量身定做,并将引导攀枝花人的房产消费。

记:南山花园的选址是否合理?

曾：那个地点很好，离攀钢很近，且污染小，从目前的综合指标看，攀钢目前能找到最适合居住的就是这块地方了，对于攀钢职工的上班，出行都更具优势，是个很好的项目。

记：您能预测一下南山花园的销售情况吗？

曾：远达南山花园在设计上坚持“谁买第一期谁赚钱”的理念，按照产品本身显示的价值，“高尚不高价”，估计会出现排队购房状况。

第二篇　中小企业房地产开发营销策略

关于中小房地产企业发展的误区与密码，是大多数房地产开发商所关注的，因为我国目前的房地产开发企业从规模上来讲，至少有80%的企业属于中小企业。随着房地产行业日益规范，金融系统加强对房地产开发贷款的控制，房地产开发的门槛越来越高，特别是中国入市以后，将面临国际市场的竞争。中小房地产企业如何生存，是一个急需解决的严峻的研究课题。

中小企业房地产开发营销策略

1. 中小企业在中小城市打造企业品牌
2. 中小企业在大城市打造产品品牌
3. 中小企业在大盘周边打造特色品牌
4. 中小企业在知名品牌后以价格取胜
5. 中小企业在大城市做中小项目
6. 中小企业在中小城市做龙头项目
7. 中小企业开发多个项目时走专业化模式
8. 中小企业项目少时走投资型模式
9. 中小企业开发项目进行品牌叠加的品牌战略
10. 特色产品形成核心竞争力

中小企业房地产开发营销策略见本书经典个案解码中赣州蔚蓝半岛营销内容。

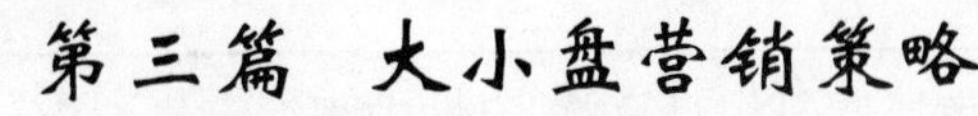

第三篇　大小盘营销策略

大小盘营销策略对比

一、小盘营销策略特点

二、大盘营销策略特点

一、小盘营销策略特点

1. 小盘市场调研相对简单，定性中积淀定量；

2. 小盘开发周期短，以快打慢；

3. 小盘产品类型单一；

4. 小盘品牌策略靠产品创新的冲击力；

5. 小盘价格策略一步到位；

6. 小盘推广策略具有爆发力；

7. 小盘市场依附性弱；

8. 小盘的竞争策略与周边大盘关系的互补性；

9. 小盘与市政配套的依赖性，地段很重要；

10. 小盘对规划设计、配套、景观等依赖性较小；

11. 小盘与经济中心联动强，方便生活与工作，适于第一居所。

小盘的营销策略具体见本书经典个案解码中阳光丽舍的营销推广内容。

二、大盘营销策略特点

1. 大盘重定量，且与社会、政治、经济息息相关；
2. 大盘持久战，须有抗风险能力及方案；
3. 品流单一在大盘的组团中体现；
4. 大盘靠品牌赢得可持续发展；
5. 大盘的让渡价格，浮动定价；
6. 大盘须完成市场认同过程；
7. 大盘的市场容量相互影响大；
8. 大盘须自拉自唱，完全靠自身进行项目推广；
9. 大盘自身配套齐全，地段依赖性不强；
10. 大盘的物管、景观、公关等系统工程不可或缺；
11. 大盘与经济中心联动弱，偏重为第二居所。

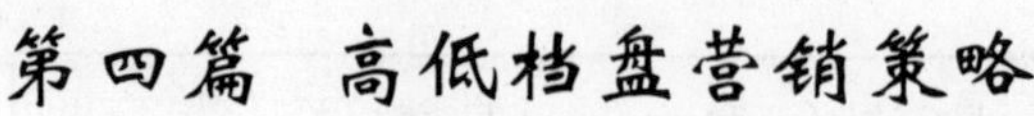

第四篇 高低档盘营销策略

高低档楼盘营销策略的不同点，主要在于对不同客户关注点与敏感点的不同。

一、高档楼盘客户的关注点与敏感点

二、中低档楼盘客户的关注点与敏感点

一、高档楼盘客户的关注点与敏感点

1. 升级换代产品的享受
2. 品牌的身份
3. 投资的价值
4. 安全性
5. 隐私的保护
6. 环境
7. 个性化的品位
8. 休闲配套(私家配套)
9. 优质教育、医疗资源
10. 车位、智能化等
11. 形象广告多
12. 地段要好

二、中低档楼盘客户的关注点与敏感点

1. 价格
2. 实用率
3. 现楼
4. 物业管理费用
5. 生活方便配套
6. 工作半径地段
7. 医疗、教育方便，强调大社区配套
8. 功能统一
9. 使用年限
10. 媒体选择及平面表现，促销广告较多
11. 促销手段多，小优惠，有折扣等

第八部分　老板之新观念问题

注：本部分是作者将《“老板”都有问题》出版以来两年多的新观念进行整理，并结合现在多项政策之影响而推出的，是与时俱进的新思想。提供本文也改进了上版书中的部分观念，这也正是要提醒大家：观念要随时代发展而变，作者现在提供的观念与方法不能永久实用，但作者的这种将项目与环境结合，用多种策略创造项目高利润的思路应是大家在以后一直沿用的。

本部分是作者讲演时的录音与一些政策结合而作，因此保留了较强的口语化，这也是作者意图构造与读者交流的氛围。如果您看书时觉有不便，即不妨朗诵出来，也可锻炼您的表达逻辑，但愿能从中提供您更多的机会。

第一篇　土地的新时空观

最近提出一个观点叫作新的时空观，谁抓住了新的时空观，谁就抓住了历史给你的非常好的机会。

最近提出一个观点叫作新的时空观，谁抓住了新的时空观，谁就抓住了历史给你的非常好的机会。什么意思呢，就是传统概念上对土地价格的理解到现在发生了一个颠覆性的变化。政府在核定这个地价的时候，商业中心区一类地价；市中心区二类地价；旁边的是三类；城郊结合部的是四类；郊区的就是五类，不值钱。而五类恰恰是有车族需要的高端产品，他们需要 20 分钟、30 分钟，甚至一个小时才能到的地方是最适合盖那种高品质房子的地方。但那些地方到目前为止还是土地价格没有变化，还是属于低土地价值。谁要用新的时空观去看地，你现在就在你的城市开车，从市区往周边郊区跑，跑了半个小时，你一定能够找到当地认为不值钱，政府认为不值钱，商家认为没有人气，土地价格很便宜，但是非常好的高品质低密度的 TOWNHOUSE 或别墅的用地。这种产品的价格很好但是土地成本非常低，给你提供巨大的利润空间。

新的时空观，观念决定出路，现在讲的是很核心的、很有价值的东西，所以新的时空观很重要。银川的地非常的贵，因为政府把钱拿去修路去了，就在二环边，它的地价是 50～60 万元/亩。但是离二环不到两公里的地方有一个德盛工业区，拿下这块地只用 5 万元/亩，这个地方只用 5 分钟的时间就进到城里面了，而且银川的道路修得非常好。你想一想，你在二环那里 50～60 万元/亩的地里面你不管做多层还是做什么，就是同样做 TOWNHOUSE 你一亩地大概做两个 TOWNHOUSE，一个 TOWNHOUSE 的地价已经去掉了 25 万元。但是我这两公里之外的地方做 TOWNHOUSE 呢，只用 2～2.5 万元/亩。这中间 20 万地价的差异就是纯利润呀。这个例子虽然比较极端，但是这都是事实。两公里算什么呀，两公里之外的地方做 TOWNHOUSE，它的品质和它的环境比在二环做还要好。开车不用 120 公里/时的速度，从这边到那边，只用 60 公里的时速两分钟就可以到达。

曾在河北的一个地方看到一块地，当然时间比较早，但也是同样性质的事情。不具体讲是哪个市了，离地级市 7 公里的地方那个老板拿了 1300 亩地。那里山水、果树真漂亮，真是个好地方，多少钱呢，400 万元，分 30 年支付（现在肯定是没有这样的好事了）。

第二篇　点金成钻——实现土地价值最大化

如果谁要是说只是“点石成金”，那就是还没有独到的手法、正确的观念。如果要想获得土地价值的最大化，首先要转变观念。

1. 低价拿地
2. 防止土地价值流失
3. 土地价值最大化路线图

如果谁要是说只是“点石成金”，那就是还没有独到的手法。举两个例子，在宁波[illegible]洲大学城里面有一块地是宁波的华贸集团开发的。那块地按照他们自己的规划是不到5亿的销售额，作者去了以后呢，帮他们调整了一下规划，跟他们讲按照土地价值最大化的规划图去调整，预计销售额突破15个亿。

山东最近一个项目刚刚交楼，他们这个公司自己做的规划盈利是1200万，作者给做的到目前为止保守估计是突破五千万，多了三到四倍。其实很容易，就是看你思路对不对。那么怎么才能做到这些呢，我们讲三个层面的意思。

1. 低价拿地

如何获取低于市场价格的土地，拿地要拿得超值，拿得便宜。这一点首先要做到，不要在起跑线上就输给别人。尤其是现在挂牌操作的情况之下，怎么样获得低于市场价格的土地？

(1) 获取信息不对称的土地

信息不对称，什么意思呢？就是把握一个时间差，同样是挂牌，同样是在市场上出让，如果你们对于某一个城市、某一个地块的情况比较熟悉，前期的准备做得比较充分，公共关系做得比较充分，资金的准备做得比较充分，就可以做到，实质上就是一种信息不对称。在几个城市就碰到这种情况，有的是信息不通畅，像在烟台看到一块地，非常好的一块地，那真的是黄金地段，黄金的价格，但是政府对那个地段的商业价值看得不清楚，所以它的挂牌价格比较低，但是总价比较高。烟台那个地方有很多大公司，但都还没有充分地研究这个城市，所以这块地在挂牌期间，本地的中小开发商，明明知道这块地很好，明明知道它的价值很高，就是没有钱。外地的开发商呢？还没醒过神儿来呢，所以这种实际上就是在不对称的信息当中产生这种合理的价格，就是低于市场的这种土地价。所以并不是说挂牌之后就去等着，没有事可以做。只要运作得好，只要准备得好，就能因为信息不对称、因为有时间差，而拿到比较好的土地。

(2) 观念不对称

利用不对称的观念拿到的土地，也就是前面讲的新的时空观，现在的政府对于地价的核定以及各个地方的人对于地价的评估，还是处于一种传统的观念，比较滞后，他们对于市场变化不敏感，这就给我们提供了一个机会，提供了观念上的一个机会。比如我说的关于有车族活动范围的问题，我告诉你们一个大概的数字，在美国开车上班，他所能承受的心理的距离是开车两个小时，因为离他公司近的地方没有房卖，我原以为中国人做的房子密度很大，但是当我跑到旧金山的山顶往下一看，美国人的建筑密度大大超过我们国家任何一个城市的密度。密密麻麻的全部都是 TOWNHOUSE。没地没房卖就逼着你走很远，但是他能够接受，中国有几个城市可以承受的极限是比较高的，一个是北京，一个是上海，一个是武汉，整个城市的地域特征辽阔，但是在这些城市生活非常的恐怖，北京这个地方开车上下班可以容忍的时间是一到一个半小时，因为我做八达岭那边的“玫瑰园”的时候，是考察过这个问题的，像八达岭那边的“碧水”呀，“翠湖”呀，“玫瑰园”呀等这些别墅，开车出来上班，从那里开车到达他的办公地点要超过一个小时，但超过一个小时对于北京的有车人来说他是受得了的；但是对于中国一般的省会城市，有车族可以容忍的上下班时间是半个小时，那么在一般的副省级、地级市呢，当然因地而异了，但是总体应该在十五到二十分钟。因为它交通不是很塞，十五分钟左右可以开得很远，十五到二十分钟他是可以承受的。一般的中等城市如果开半个小时他就觉得远了。那么小城市一般不存在这个问题，小城市有一个特点，小城市最好不要把高档产品盖在城外，小城市本身的商业氛围就是那么一两个核心区，高档产品应该往城中心盖，小城市盖别墅没有意义，即使小城市要盖别墅，盖 TOWNHOUSE 也可以在城里面盖，地价相对也比较便宜。如上所述，利用这种新的时空观，我们可以获得不对称观念价格的土地，这是第二种。

(3) 特设性质的用地

就是许多政府规划当中，不是用作民用住宅，也不是用于商品房住宅，

而是政府发展当中或是整个城市发展规划的一个特殊的区域，往往这种片区，政府根本不挂牌的，他根本不是按照市场价格去计算的，是招商引资的特殊用地。山东临淄是世界足球的发祥地，国际足联 2004 年 7 月 15 日正式承认足球发源于中国的临淄。那么就利用这个东西，在那里搞一个世界足球村，五千多亩地，这地完全和市场化的挂牌没有任何关系。当然也不是农耕地，但是里面可以做很多事情，房地产不要仅仅局限于卖商品房，卖产权房，思路要打开，我们的目的其实是为了赚钱，利润最大化，形式完全可以是多种多样、多元的，包括工业用地也是一样。我去考察有一个很大的工业区，很多人不明白，这个上市公司怎么会在这个地方圈这么大一块地作商业城呢？这个地方离城市比较远，没有什么商业气氛，后来我一了解才知道，这个公司是老谋深算的，他用工业区的性质把这块地圈下来的，其中盖了一点点厂房，其他就是所谓配套的商业和配套的住宅。至于其中怎么样去转化，怎么样去利用，大家可以自己去思考。

(4) 其他方式

还有一种地就是合作开发，原来人家手里通过协议出让的一些土地，你们要赶紧去找那种地，这种地如果能够合作下来的话，它的价格是远远低于现在的市场价格。贵阳就有这样的一块地，按照市场的拍卖价，那块地最起码要一亩六七十万，但是有一个协议转让的地，和他合作算下来大概二三十万，因为原来拿到地的人他没有钱，这是一种低于市场价格的土地。还有一类低于市场价格的土地就是靠眼光、靠预测，将来的城市向哪里发展？将来有哪些大的市政建设？有哪些大的项目在那里建设？你能够提前预测到，这种预测不管是内部的信息，还是你科学的判断，没有关系。我们讲城市在不断地变化，不断地在漂移当中，老的商业区，越漂移它的价值越低，新的漂移方向它的价格越来越高，谁能够把握住这个漂移的方向，他的土地价格就升值大，房产价格就升值大，就等于拿到了低于市场价格的土地。比如你知道我们的市政府要搬到什么地方去，市政府的搬迁一定是带动这个区域整体的搬迁，就像我们说的奥运板块之类的，就是提前有一个科学的预测，你就能以低于市场估值的价格获得，以上所说的低于市场价格的土地完全是“师父领进门，修行在个人”。我就建议大家现在选地，不要和人家去争那些很热的地，我就不看好那些地，就是相对来说他们的暴利，他们的利润空间没有那么高，你要是寻找那些别人不知道的，别人拿不到的，或者别人看不出来的，你就能做好。这个世界上所有的行业都是一样的，越少人做的事情越能赚钱，越多人做的事情越赚不到钱，这是毫无疑问的，为什么所有的行业一开始都是暴利孤岛？因为很少人做。慢慢地，最后就变成一个薄利的行业了，薄利行业还有钱赚，还有人进去，最终一个个行业就变成一个零利润的行业了。零利润并不是没有钱赚，而是有的人赚钱，有的人赔钱。现在可以说中国的餐饮，中国的家电，中国很多的行业都是零利润，有人盈，有人亏，总的行业利润是零。现在汽车真的从暴利孤岛走向薄利，但最终也会走向零利润，有人亏有人盈，房地产还好。目前在所有行业里面房地产是破损最少的一个行业。说明什么呢？说明这还是暴利孤岛，还没有进入这个微利或者零利润的时代。所以我认为中国的房地产商是最幸福的，因为这个市场是最好的市场。你闭上眼睛做，只要不把房子盖塌就行。

2. 防止土地价值流失

造成土地价值流失有四种形式。

第一种是销售不畅

产品做得不好，产品做得太糟糕，产品成本增加，最后出现了一种亏损。一个很典型的例子就是，我在过去的十年当中，不间断地从广州市区到“丽贵园”的方向走，每次都要路过靠近“丽贵园”的一个叫做“雅典花园”，这个花园由四栋高层住宅构成，它与“丽贵园”几乎是同期开发，十年以后它与“丽贵园”几乎是一路两重天，“丽贵园”已经是国家知名的品牌，“丽贵园”的老板杨国强已经拥有了几千亩、上万亩的项目，像“丽贵园”、“凤凰城”已经有十六个了；而“雅典花园”一直是“死盘”，售价由开盘时的四千多一平方米降到去年的一口价 1200 元/m^2，这个就属于项目做砸了之后出现的地价亏损。

第二种叫定向房当中的潜亏

我曾经提出的几个消灭理念，其中有一个是消灭定向房，消灭多层、消灭低档、消灭定向。为什么呢？从市场竞争角度来讲，定向房是使一个开发商的智商变成弱智的一种产品。为什么呢？因为它不需要动脑筋呀，定向房就是给定向的单位盖宿舍，它不需要竞争嘛，它是弱化开发商智商的一种产品。从商业的营业角度来讲，可以这么说，我看到的基本都是潜亏，我最近起码连续看了五六个项目，比如说我举个很典型例子，洛阳的一个例子。它大概有四分之一的地是定向房，给工商局盖的，然后我问他，你这个房子给他是多少钱呀？他说是 1300 元/m^2 给了工商局；我说你这块地是多少钱买的？他说二十多万，是三年前拿到的；我说你开发商说是想减少点资金的压力，减少点风险，工商局那边肯定是很稳，我问他大概能赚多少钱？他说加上建筑成本和地价大概每平方米赚一百到一百五；但是我不客气地说，你们这块地亏了，为什么亏了呢？我问他们现在这块地挂牌拍卖要多少钱一亩？现在这块地最起码要八十万。用八十万这个地价来计算，一个平方米亏四百多元钱，我说我们最重要的一条是，任何时候看待土地，不要按照以前拿地的成本，一旦到市场拍卖挂牌，能够拍出多少钱，就按这个来核算你的成本。否则你所谓赚了一百多块钱，只是这几年土地增值的一小部分而已。这就是潜亏，这种情况我走到哪里都看到了，好心疼。有一个城建公司，国有的嘛，中国有两大公司，有很多国有的一些土地，一个是中方，一个是城建。我就讲两个例子，一个就是城建公司，他就讲，我们这几年日子过的还不错，年年都有开发项目，年年都有钱赚。但是我年年都算他的成本，他按照很早拿下的土地来计算。如果所有的项目按照他现在土地市场上的拍卖价算，他都是亏的。还有就是今年上半年中方的西北会议，有一个公司就说，我的公司买卖也挺好。万科就在我旁边，我的价格没有他们卖得高，但是我的利润不比他低，他 1m^2 赚五百，我也赚五百，他很得意。后来我的学生听完我的课之后就跟他讲，万科是市场上拍卖下来的地，很规范的，你的地如果按照万科拍卖地的价格去算一下，你根本就是亏损。这就是定向房中的潜亏。所以记住今天说的三个消灭中一个就

是消灭定向房。

定向房的祸害不仅于此，它不仅把开发商的能力弱化了，赚不到钱，而且破坏了整个规划。洛阳有块地的老板我就跟他讲，有上中下三策可以选择。上策，这么好的地我同样盖高层，实现商品房应有的市场的巨大价值。中策是什么都不盖，我就做景观，做绿化，提升其他产品的附加值，至少提升几百块钱。这么大的地方做景观，那会非常漂亮，当之无愧的是洛阳第一品牌。实在不行就下策，就是卖掉这块地，把这几年的土地差价赚回来。但是他的那个地方连下策都不是，他影响了这边高档社区的品牌，杂在一块，拉低了品质。人做错了事情都要付出代价，这就是付出。把这个例子讲出来，就是让大家一定要记住，你核算成本的时候，一定要按照现在挂牌价来计算，很多人都按照惯性思维，按照拿地时候的价格去计算，要彻底杜绝。这是一种亏损，定向房中的潜亏。

第三种是高层多层混杂社区中的多层的亏损

这种现象非常的普遍，我在郑州看到一个项目，但是现在我只要看到多层就不需了解，因为他对整个的规划市场根本是背道而驰的，对土地价值是完全扭曲和不尊重的。比如这块地100亩，容积率是2.0，其中有一半或者五分之二是多层，其他的是中高层或者高层，总的容积率是2.0，这样去算的时候，他的多层的销售是有利润的，但是这种利润的前提是总的容积率之下，摊的土地成本。所有这样的土地，如果独立来算，单独按照多层的地价来计算，基本都是不赚钱或者亏损，因为多层的容积率一般是在1.23到1.3左右，这个时候去看他的地价你会吃了一惊，所以有的设计师或开发商跟我说多层很好卖，当然了，他把你的钱赚下来了，可不是很好卖吗？我相信在座的各位肯定有这种情况，因为我看到的太多了，看到的几乎都是这种情况，高层多层，可不能这样算，一定要按照这块土地的独立的价格来算，这和定向房的道理是一样的，只是你面对市场卖的价格高一点，利润高一点而已。

第四种是薄利多销的预亏。什么意思呢？就是你这块地按照现在挂牌来做，挂牌来卖，你可能的利润还有一百，两百，三百，这是有可能的，但

是你要知道从你开发这块土地开始，到你的销售完成，至少是一年到两年的时间，这就回到了刚才讲的，中国的地价比房价涨得快，现在中国的多层呀，平均一亩地利润在十万到二十万之间，如果这块土地两三年之内，它的土地价格要超过二十万，你就白做了，你为了这块地得二百，一百的利润，你得陪多少人喝酒呀，要增加多少脂肪肝呀，要搓多少晚上的麻将，输多少钱呀，最后你还不如不干。我有一次在清华讲完课，有一个行业之外的台湾老板准备进入房地产业，他听完课之后就和我讲，我准备什么都不干，我就买地，连保安都不用派。所以我们做的项目，如果三年之内，你赚的钱超不过地价涨的钱，我觉得你没有必要做了。你必须做的是三五年内土地的增值可能还跟不上我的利润。从这个意义上讲，消灭普通多层，消灭一个平方米只赚一百、两百、三百、四百的多层的做法，否则就是亏损。

3. 土地价值最大化路线图

(1) 能商则商

一块地怎么做？第一，做到一块土地两度开发。过去我们做地都是一度开发，一次规划就完了，我现在提出的是商业要做一个独立的，或者写字楼或者商业，就是哪个品种最赚钱，我先做哪一个。然后第二次再做另外的品种。比如我先做完商业，完了我第二次再做写字楼或者住宅。一块地两次开发，这叫商业一度，住宅或写字楼一度，两度开发。第二是商业优先原则。商业优先于写字楼，写字楼优先于住宅，这里面有八个字，第一个是能商则商，我每看一块地先研究他的商业价值，因为在中国同样的地价，商业的价值要比住宅高两到五倍，以前很多人不太懂这个道理，为什么这么重视这个商业，中国住宅的价格是由这个地区的老百姓的收入决定的，它是不同的东西。但是商业的价格不是由老百姓的收入决定的，它是由商业投资的价值决定的。这完全是不同的两种方式。而且中国商品房价格差别可以特别大，北京的某个地方可以卖到4万元/m^2，那么在一些西部地区只可以卖到四五百块钱一平方米。但是商铺的价格差跟住宅相比它小得多，比如说在北京长安街上的铺位一平方米可以卖十万，在贵阳的六盘水

它临街的商业也可以卖一两万，但是北京的住宅可以卖到四万，六盘水的住宅只可以卖到几百块钱，为什么，因为中国商品是由本身的销售成本决定的。电视机在北京卖五千，在六盘水也是卖五千，汽车在北京卖多少在六盘水也是卖多少，这个很多人没有看到这一点，它的销售成本是相对一定的，它的租金成本也是差不多的。所以怎么研究这个商业的价值是我们寻找商业利润最大化的时候非常关注的一点，这就需要提到宁波的一个项目，宁波那个项目它原来只是纯住宅，我就跟他讲，研究之后发现这个地方适合做一个很大的专业市场，而且跟他的公司业务非常地吻合，自己就可以操作起来，所以他的利润就不是五个亿，甚至翻一倍都不止。宁波是中国的文具之都，华贸集团是专门做教具的，那个地方做教具市场没有问题，他们的网点遍布全国、海外，他们做当然没有问题。

（2）能多则多

好，这里就碰到一个问题了，有人就说了，曾先生，你说得倒是轻巧，都像你那样，那么所有的大街上都是商业怎么行呢，现在的商业就不好经营，就有很多的空置，怎么办呢？我告诉你们两层的意思，第一层意思呢，就算市场不好，就如老虎在后面追两个人，你跑不过老虎，你也不要管，只要跑过另一个人你就活，这是第一层意思。第一层我们从商业本身的发展来看，其实是有商机的。什么商机呢？中国的商业总的来讲就是八个字，“总量不足，结构失衡”。有的做多了，有的做少了。做多的这一块出现同质化竞争，等量淘汰。做活一个死一个，做活一批死一批。但假如你是错位竞争的话就是商机无限，什么叫错位竞争？我给你举两个例子，一个例子，我们最近在重庆做了一个“农改超”的项目，把一个农贸市场改成了一个半超级市场，卖摊位、卖产权。这个开发商原来是重庆刑警大队的大队长，通过别的生意赚了点钱，他从 11 月开始起，一年时间，他已经做了十二个项目，改造了十二个农贸市场。每一个农贸市场的投资不超过两千万，他每个平方米收购不超过 3000 元，但是销售超过 1 万元。投资少，回报特别高，回收特别快，他在另一个区有 600 个摊位，5 月 15 日开盘，5 月 25 日一售而空。他就是靠两千多万滚动起家，现在有两个多亿的纯利。这是一种，还

有一种比较普遍，中国的专业市场没有做够，专业市场跟当地的人气多少没有什么关系，它的流通、辐射跟传统的商业借贷是根本两回事，是物流中心的概念，一般的专业市场，一般的物流中心它的范围在100～200亩都没有问题，这个时候说有没有人气完全是多余的，你就在别人看来没有什么人气的、没有什么商业的地方，大胆地做。我最近就在山西的朔州一个地方做了个商业市场，就在高速公路的地方，朔州刚刚从一个县改成市，人口还不到20万，靠它做几万的商业，能行吗？不等着淘汰吗？但是在高速公路边，整个成为南接太原，北接北京、大同的这么一个物流中心。概念完全不同，所以能商则商，能多做就多做。

(3) 能高则高

住宅盖完了，在商业上再盖高层住宅，宁波的住宅就是这样，能三层就三层，能四层就四层，但是高层要有高品质，怎么样才能有高品质呢？怎么在城市里做"六高一低"的产品？首先是高商业价值，就是把商业价值最高的品种、商业或是写字楼做出来，其次住宅也做高商业价值的，做高档的，我是坚决反对做低档房的。建设部提倡大量发展低档住宅，我是和他们针锋相对的，现有的土地全部应该做中高档，就是基本上以高档为主，T字消费，其他人呢，住二手房，现有的土地都应该做高档房，这是我的观点。欧美95％是二手房，剩下的一手房全部是高档的。高档、高商业价值、高层、高容积率，因为我以前的观点都是容积率不能太高，高容积率会影响品质的，但是我现在完全改变了，我现在就是要提出人有多大胆，地有多高产，容积率给多少就要多少，我能做多少就做多少，向高空要容积率，向高空要面积，向高空要效益，向高空要景观。至少做100m，那么怎么样保证这高层高档高品质呢？要有高品质，还有高绿化率，那怎么样能做到高绿化率呢？一个项目底下三层全是满铺的商业，上面还能保证它100％的绿化率，因为上面有一个5m架空层，完全是一个空中花园，就是上面两三万平方米的这么一个地方，全部是空中花园，彻底和商业分离，漂亮极了。然后高层往高空发展还要做到降低密度，以前我们对住宅品质好不好，是否高档经常是用容积率衡量，认为容积率高呀，品质肯定低。其实这是不对的，影响小区的品质最重要的是密度，你把密度降下来，你就能做到高品质，你密度降下来，利用率高了，一定是一个高品质的社区，那怎么样做到低密度呢？我们做了很多经典的案例，我们在广州做的翠湖山庄就是这样，5万 m^2 的占地盖了30万 m^2 的房子，售价是当地最高的，我们当时全部借鉴"架高空"的概念，当时卖三千多都有钱赚的，但是我们卖了七千多呀！所以就是高层、高容积率、高绿化率、高品质，高品质还包括什么？包括最好的户型，最好的立面，最好的配套，这都是构成高品质的一些东西，好不好看，看立面，有没有冲动看景观，下不下决心看户型。当然能不能买看兜里有没有钱，一步一步地，最后用装修一剑封喉，做高品质的东西。可以看看桂林那边最近做的"在水一方"，做得很像这种形式，但是想看这种高层高密度的到深圳，那边有很多下边是店铺上边是高高的、密密的住宅，但是这种形式现在还不是很多，效果非常的好。那么在郊区就不同了，郊区就反过来了，郊区就要做低密度、低容积率、低层的以及低地价、低成本的，然后，还要高品质、高售价、高绿化率，我们把这叫做"四低三高"。反过来了，也是获得土地价值最大化，你不要跑到郊区去盖多层，意思就是你不要跑到郊区去盖没有车的人住的房子，现在是恶果累累呀，你们去看看广州的华南板块，北京的回龙观一带，交通的堵塞情况，我两年前在书里面早就讲过了，并反复地批判了这种大盘时代，批判了我们理解的这种城市住宅郊区化，中国人现在讲的住宅郊区化和国际上讲的是完全两个概念，是两回事。中国的郊区化最大的恶果是住家、小区跟经济活动，跟他的产业，跟他的就业分离了，这就是最大恶果。我看到广州的报纸在讨论华南板块现在的苦恼了，医疗、就业、上学、上班都解决不了，这就是前几年观念带来的恶果，现在开始吃这个苦果，回龙观现在稍好一点，因为社区现在的配套相对比较全了，有了轻轨了，轻轨把早上的交通缩短了，但是如果有住回龙观的你试试这种痛苦，跟国际的居住理念是格格不入的，国际居住理念讲的是综合体的概念，居住是学习生活娱乐就业的综合体。

第三篇 新营销观

中华民族的伟大复兴，使得我们民族自尊心逐渐恢复，使得我们文化认同感增强，造就了中式民居的崛起。

1. 建筑风格的改变
2. 需求的改变

1. 建筑风格的改变

房地产最近出现的一个现象，我们发现房地产建筑风格中出现了一个新的建筑风格，广州华南板块的一个项目名叫做“清华坊”，它完全不同于我们现在看到的住宅。它完全是一种中国的民居，以明清时代的徽派建筑为主体，融合了北京的四合院、江南的水乡民居、各种民居风格为一体，但是以明清时代的徽派建筑为主。3 米高的马头墙、大宅门、前院、后院，就是我们西厢记中看到的那种“庭院深深，深几许?”看到的张生爬墙头的那样的一种东西开始在小区里出现了。真是太漂亮了，它是古代民居和现代居住文明相对接的一种产品。这是否是一个偶然的现象呢？不是的。这种现象我们在东西南北中都先后看到过。早两年在成都的“清华坊”，由广东的老板最先开发的。重庆有“中华坊”，洛阳有“盛世＋唐庄”即唐代的一些建筑元素，北京有“观唐”。这种中国民居的建筑风格的出现意味着我们整个建筑风格已经开始改变了以往一统的风格。近 20 年来占绝对统治地位的欧陆风格，开始发生了变化(我们没有说它失去了主导位置，而是说发生了变化)。我几年前在回答中国目前的房地产开发以什么建筑风格为主，我当时回答一定以欧美风格为主。为什么呢？这句话是在 1999 年左右讲的，这是中国人的一个密码。

中国经过了改革开放的初期，改革开放意味着中国承认自己的落后，需要向先进文明看齐，大家都改革开放。这种文明的密码就是“崇洋媚外”。这句话比较贬义，其实没有什么贬义，是光明正大的，就是要学习国外最先进的东西，在这种情况之下麦当劳、肯德基会飞快发展。一切是外国的好，外国的月亮就是比中国的圆。我读研究生的时候，我的一个老师从美国回来说美国的月亮就是比中国的圆。为什么呢？他说，中国的所有的城市污染得很厉害，你晚上看月亮朦朦胧胧地看不清楚，美国的空气很好，他看到的月亮非常清楚，所以真是感觉比中国的圆。所以在当时，你在中式的别墅里面是没有自豪感的，住在欧美风格的别墅里才有自豪感。

一个国家经济不强势，他的文明就不强势，他的文化就不强势。就

像 1840 年第一次鸦片战争之后中国人其实并没有被彻底打醒，打醒得最厉害的其实是日本人。日本人看到了儒家文化的没落、无奈，泱泱大国被打得落花流水，日本开始彻底地改革，政治制度、法律制度、文化体育，一切向欧美看齐，甚至送自己的孩子出国学习，甚至让日本的女人嫁给欧美人来改良人种。强制文化就是这样，强制经济就是大量强制文化。日本当年情况跟我们改革开放早期的情况是一模一样的，但随着日本人大片大片地买下夏威夷的土地以后，他们前一任的首相就敢在美国总统面前舞刀弄枪地比划。这是一种必然的过程。我只是没有想到中国的发展会这么快，中国的发展是太快了。所以前年当我在成都看到“清华坊”这么好卖，这么受欢迎的时候，我简直是目瞪口呆。我没有想到我盼的这一天来得这么快。这说明什么呢？这是中华民族复兴的一个转折点。

这几年中国人的心态完全不一样了，从申办奥运的成功、入关、加入世贸，这一系列。当然近几年大家可以看一看美国竟然把中国列为最大的战略的潜在对手。这是我们的光荣呀。中国自去年进出口额达到一万亿，名列全球第三位。在这种情况下，我们自尊心的恢复，我们对文化感的认同就完全不同。所以最近我们民族情绪高涨是有非常坚实的背景的。我们讲这些就是提醒开发商不要仅仅盯着自己这块地，要做好这块地就要离开这块地。你要紧紧把握住整个社会的脉搏，你才能够感受到前进的趋势，才能够生产开发出市场最急需的东西出来。这种中国古代民居和现代文明对接的东西以后会越来越多。中国还是一个发展中国家，在相当长的时间内欧美的东西还占一个主导的位置，但比例会慢慢变化，我们中国人自己要有自信。中国几千年的文化没有中断过，中国的落后就是这二三百年的时间，再以百年论，美国到达顶峰一定会往下走，这个毫无疑问，中国会不断向前。

我们回到主题。首先房地产发生了哪些变化，建筑风格发生了变化，中国建筑风格大概发生了 4 次比较大的变化。解放以前，几千年，秦砖汉瓦就是中国的民居，当然那个时候也有洋租界，也有大城市的一些欧式建

筑，但这些都不是主流的，主流是中国的民居，北京的四合院，广州的西关大屋，四川的吊角楼，江南民居，它们都是占主导位置的。解放以后到改革开放之前，主要的建筑风格是前苏联的，“火柴盒”都是前苏联的。我是2001年到俄罗斯去考察访问的，我感到非常亲切，因为我看到的房子感到很熟悉呀，我们主要的东西是前苏联的东西。那么第三个阶段是改革开放之后，进入商品房市场到现在为止，主要的风格是欧美的。但是我认为现在正在进入第四个阶段，是随着我们经济的进步、社会的进步、民族自尊心的增强，整个社会的多元发展，进入了一个现代多元的时代。现代多元就包括了占相当比重的欧美的建筑，但也开始出现了现代的民居，甚至我们还看到了有一些地区出现了纯泰式风格的建筑园林，它满足不同人的不同层面的需求。所以怎么面对目前房地产同质化的局面，首先我们就要研究现在建筑风格的现代多元的时代。

2. 需求的改变

(1) 需求在改变

中国的房地产经历三个阶段。第一，人适应房子。那个时候主要解决住房的问题。第二，房子适应人。开始竞争了，竞争还比较激烈了，供大于求了，这时候开始出现了绿化、装修、物业管理、配套、会所等等。房子开始适应人。到了第三个阶段，实际上中国现代民居的出现也标志着进入了第三个阶段，房子开始引导人。开动你的经验和知识开始引导人。我们讲的第一阶段可以说是宿舍型，第二阶段是配套型、舒适型。但现在第三阶段就进入了品牌阶段。那就和房子适应人是不一样了，品牌的标榜是一种个性，一种差异。我们看看是房子适应人也好，人适应房子也好，它们到底有什么明显的区别？我们先从产品的功能来讲，我们说户型，说功能。在宿舍型，人适应房子这个阶段，100～200m^2之间的这个房子有几个厕所呢？在20年前你们想一想，不管是处级还是局级住的房子就是一个厕所（注意我用的是“厕所”这个词，没有用“洗手间”、“卫生间”这些词）。到了第二个阶段，房子开始适应人的时候，大部分的小区，大部分的楼盘，第一，“厕所”

变成了“洗手间”，变成了“卫生间”，因为它的功能不一样了。它们名称就标明它们功能的变化。我们先说功能，我现在以130、150、180m^2为例，最主要的户型就是一个主卫，一个客卫(当然还有个别另类的就有一个卫生间的，水平太低，我们不提)。这个说明它已经开始有了主人和客人之间的一种私密的保护。但是现在我们已经出现了140m^2以上的大户型，开始出现了两个主人卫生间，一个客卫。为什么会出现这种情况。随着人们需求的增长，这种私密性也在增长。不仅是主人和客人之间需要私密，同一个家庭里的两代人之间也需要私密，所以就出现了老人和子女也需要自己独立卫生间的这种需求。这种需求通常是我们自己都没有意识到的，但是我们可以得知这样的户型在同样的价格同样的市场的情况下是多么的受欢迎。我给大家讲这样一个道理：当你们的产品非常好的时候，这个市场非常弱智，你的产品可以牵着市场的鼻子走，如果你们产品被客户挑三拣四，那你的产品就是同质化很落后，没有超出别人的经验和知识。这个卫生间就是非常典型的例子。

(2) 需求改变的实质

我们需求的层面发生了变化。过去的产品主要是满足人们的生理层面的需求或者说是物质化的需求。如果谁不能理解今天的商品消费，包括商品房的消费跟过去的不同点的话，你将来永远不可能做好这个产品。我今天就下这么一个结论，过去主要满足的是生理需求，比如说“居者忧其屋，居者有其屋”都是满足有没有房子而做的，是一种物质性需求，是特别注重使用功能的。即便是第二阶段，房子适应人，进入一种配套型需求的时候呢，只是从原来的有没有到现在生理上的一种享受，第二阶段是生理享受型。从宿舍搬到现在的小区，各种品质都提高了，又有物业管理了，又有绿化了。当然第二阶段也开始出现了一些心理的需求，精神的需求，但是这些不是占主导地位，主导地位还是以生理的享受为主。比如说我们讲两个卫生间，主卫的出现就说明开始有了一个精神层面的需求。界定你的产品是一种新的产品，是引导市场还是适应市场，还是迁就市场，我认为主要是看它是否满足人们这种精神层面的需求，或者说心理层面的需求，或

者叫做什么呢？记住，可能是你们比较少看到的一个词，现在的消费呀，已经进入这种非物质化的消费时代，谁要能够跟上、理解这个意思，谁就能够在开发当中把握住最重要的东西，比如说我们的这个吃、穿、行。我们现在的请客吃饭已经不是主要满足生理享受了，比如说我为什么要到比较高档的酒店请客，我满足的不是生理层面的需求，而是精神层面，是非物质化的。我们开车，为什么宝马、奥迪和一般的捷达，实际上虽然是有品质上档次的差别，但重要的是为了满足一种精神层面的需求。现代社会消费的实质是非物质化的，你买了房子你还要卖房，中国有钱人换房的周期大概是三到五年，周期是越来越短，有房的人总买房，你盯住有钱的人是没有错的。千万不要认为买房了可能购买力就不行了，有钱人不断地买房，没钱的人呢他可能永远都买不起房。没有哪一个国家，人人都买得起房子，都有商品房的。美国人也只有60％的人拥有自己的私房。其他都是在租房，中国就是要未来人人都买得起房子，大量的安居房、经济适用房，大量土地的浪费，盖出的这些房子能代表人们的利益吗？代表不了，因为这些房子的品质非常差。物质化需求是一种显性的需求，而高物质化的东西呢，是一种隐性需求，隐性消费，我们往往比较容易看得到物质化的分级换代的显性需求，对这个隐性的、心理的、精神的需求，我总是有不同的词呀，目的是加深大家的印象。

(3) 价值感——构成房价最重要的要素

一个商品房的价格由什么构成的，大家现在都知道，价格是由成本，加上税费，加上预期的利润构成。但是我要告诉大家在我的观念之中这种是完全错误的。为什么说它是完全错误的呢？大家记住我说的话，房地产的价格呀，跟上面的因素没有任何关系。不理解吧？原因就是买房子的人永远不问你的成本是多少，所以你的成本和价格是没有关系的，而实践当中我们发现，同样的地段同样的成本它的价格差别非常大，就像我举的那个广州的例子，当富锦联花园卖到7000元/m^2的时候，它对面的小区卖5000元/m^2，而隔壁的康富山庄卖3000元/m^2，这边有一个华乡花园，一墙之隔，卖4000元/m^2。同样的地段，同样的成本它可以有七千到三千这样的

差别。所以成本和我们的房价没有任何关系。那么我们的价格和什么有关系呀？跟两个东西有关系，第一：首先是本质，本质是构成价格的一个基础，比如说多层和高层、中高层，成本不同、品种不同、品质不同，别墅品种品质跟一般的又不同。所谓产品主义者认为，我只要房子品质做好了一切OK，现在很多人是这么想的，开发商也是这么想的，但是我要给大家讲的是什么呢？品质并不重要，或者说它不是最重要的。举一个例子就足以让你们认同。你们在数年前(十年前)，手机刚出现的时候，有谁买过手机的？你们那时买的手机多少钱？"两万七"，"两万九"，"三万三!"，你觉得你所买的手机的品质是现在好还是那时候好？"当然是现在了。"是的，手机的品质不是提高了一倍，而是好几倍，但是现在的手机的价格是多少呢？几千而已，我现在用的就是一千三的，你们想想，一千三和三万三是多少倍，大概是30倍吧，但是那时候的品质和现在相比，先进了不仅是三代、五代吧，现在一年就更新好几代了，大家想想我说的例子就可以知道品质并不重要。大家想一想现在的手机和过去的大哥大根本的不同点在哪里呀？过去手机代表的是一种身份，而现在呢？我亲眼看到的，收废品的人都打手机，大学生中手机也是非常普遍的。所以房价的构成，品质并不重要，当然你不能把房子盖塌了，那么品质不重要，什么是重要的呢？

构成房价最重要的东西是价值感，所以说这一节最重要的词就是"价值感"这个词。价值感是构成我们房地产价格价位的最重要的东西。是精神层面的，是心理层面的。我再举个例子来加深大家的印象，大家都喝咖啡，但是大家是否算过一杯咖啡的成本是多少，而买回来的咖啡冲一包多少钱？一块钱一杯。你们去星巴克，或上岛去喝一杯，有低过十块的吗？没有，我在那些地方喝的最便宜的是十七块钱，星巴克好像没有低过二十的。所以同样品质的东西呀，它的价格可能有十倍、二十倍的差别，所以这也就是我要说的，价值感的重要，品质并不是很重要。凡是卖得最贵的一定是最好的。一定是最受市场欢迎的，你就放心。高价高风险完全错了。低价高风险，高价低风险，是我一贯的立场。下面我们来看价值感怎么构成的。当一个商品能够代表一种身份的时候，它具有价值感。像过去的手

机(大哥大)、上岛咖啡、星巴克,就有价值感,是一种符号的消费,是符号的属性。最主要的是某一种符号某一个楼盘它能否标识你的身份。这个符号包括你住在什么城市,城市符号。为什么北京的房子、上海的房子、深圳的房子它就是贵呀?因为这个城市的品牌,城市的符号决定了你的身份感、价值感。

我们策划了一个美女·美居·美景论坛,在"中国的后花园"三亚,三亚跟夏威夷是一点都不差的。三亚的空气质量是全世界第二位。是在各个国家评选当中连续两次评选为第二位的水平,它的品质一点都不比夏威夷差,但是夏威夷的房价是三亚的十倍。为什么?因为它叫"夏威夷",因为你叫"三亚",因为夏威夷是世界的品牌所以成龙在那里买房子。而三亚呢?是中国人的三亚,是中国人在那里买房子,中国人的消费水平就是夏威夷那里的十分之一。所以我就讲,三亚如果就是三亚人的三亚,没有前途;是中国人的三亚,小有前途;是世界人民的三亚的时候就是大有前途(现在的三亚正在力图打造国际三亚的概念)。所以我们在开发的时候你不要就盯着你的那块地,你盯着你的那块地是没有什么出息的。你要和你所在的城市联合起来,或者是让你的城市增加价值感,提高城市的品牌,像大连、青岛就很典型。大连可以说是整个东北人民心中向往的一块圣地,它就具有区域性中心的这种价值感。城市本身的价值感出来了,对于你本身房产的价格就是一个提升。价值感与以下因素有关:

第一,价值感与符号有关。在一个城市里面是哪个地块,哪个区域住在区域符号,你们看看北京,北京同样好的一个小区放到南边就不值钱,只要长安街以北就值钱,因为在北京每一个地方都有阴阳面,有上风上水面,有下风下水面。任何国家,任何地方都是一样的,地球的阳面在北边,中国的阳面在东南边。中西部永远赶不上东部,为什么?因为它是下风下水,龙头在昆仑山,龙头是老祖宗,已经老化了,它没有什么前途了,中国的前途一定在龙身、龙尾这个地方。中国的黄河文明已经衰败了,中国的前途不在北方,一定是向南移的,因为北方没有水了,旱化了。每个城市都有它上风上水的地方,比如成都"东穷西贵,北破南富"。成都是这样一个地方,

北边是火车站，任何地方的火车站附近你千万不要做高档的社区，不要做豪宅。因为只要是火车站所在的地方，周边一定是那个城市脏和差的、窃盗出没的地方。它的周边工厂企业最多的地方，一个字"穷"。党政军在西边，南边是一些富人区。每个城市都有自己特定的区域。区域符号也是我们价值感的重要的组成部分。然后是项目品牌符号。比如说广州你如果住在二沙岛，我打一个比喻，如果你是那里的住家的话。朋友见面如果要借钱打借条就是很见外的了，不用打什么借条。那里的房子平均15000元/m²，买套房子就几百万。那里是公认的顶级富人区。假如你住同德围，那是哪里呢？是解困小区，假如在那里借一千块钱不仅打借条做公正，这样是否借给你还不一定。这就是区域符号给你的价值感。我们假如控制不了城市符号，控制不了区域符号，你就要控制你的项目符号，想办法怎么把你的项目的品牌把它做出来，让人们觉得住在里面舒服，有魅力。这是我们自己可以做的，但我还是建议有能力的时候联合起来，综合想办法做城市符号，做区域符号，联合起来把这个区域的翅膀造起来。我在山东淄博做一个项目的时候，我们专门把西区的这个板块把它做起来，使这个区域成为身份的象征，挖掘各方面的潜力。我每做一个项目都不是单纯去做，我在考虑有没有可能做城市符号，有没有可能做区域符号。在三亚做了一个美女·美居·美景论坛，其实我是"醉翁之意不在酒"，我建议他做"美丽春天"。它的项目本来卖得不好，但是"美丽春天"这种概念出来以后，它就"动"起来了，而且"动"得很好。所以你应该怎么样去做呢？最好三合一，不行跑区域，实在不行独占其身，做自己项目，把项目做好。把心理需求、心理价值感做出来。这就是我说的符号的消费。

第二，与开发商的品牌有关。这里我就举个很简单的例子。就讲"万科"，"万科"不管在哪个城市做，它一定比周边的盘高500～1000元/m²，没有道理可讲，这个就是开发商的品牌营造的价值感。我们换别的商品来举例，同样是一包奶粉同样是一个品牌的奶粉，就说完达山吧，如果在北京的燕莎买它会比在其他的小商品店里买至少贵30%或40%，一个老板和我说他在燕莎买了一条纱巾花了500元，别人告诉他同样的一条纱巾在北京别的商场只需要15元钱，但是他说他还是很高兴感觉很舒服，因为当他把纱巾送给自己老婆的时候，他可以告诉她这是在北京的燕莎花500元买的。你不研究商品的这种需求，这种价值感的话，你将丧失多少利润在里面。为什么一袋奶粉在燕莎买要贵百分之几十呢？因为在燕莎买东西保证没有假货，但你跑到安徽阜阳去买呢，你就买到大头娃娃吃的奶粉。什么意思？就是在品牌店里买东西没有风险或者说风险很小，越好的品牌风险越小。为了保证它的品牌没有风险，国家的监控、管理，商场对于货源的监控，进货渠道，层层把关，非常严格。它出的起钱去买真货，所以为了保证真货它出的钱要比别的商场要高一些，最重要的还不是它高出来的成本，而是营造了一种让你放心的感觉。越高端的产品对于厂家销售商的要求就越高，在燕莎买东西，在“万科”买房，就是如此，所以开发商的品牌是价值感的非常重要的一个构成。

大家也许会说，我们又不是“万科”怎么办？我们刚开始搞开发一点名气都没有怎么办？我们这么多年了根本不知道怎么做房地产怎么办？有办法，你只要懂这个道理，就有办法，不懂这个道理就没有办法。开发商刚开发一个品牌的时候先不要急于做开发商品牌。要采取品牌叠加法。先用品牌叠加法来做自己的品牌，什么意思呢？你先把与自己项目相关的一些品牌，先主打他们的品牌，自己开发商退到幕后去，例如你请的是贝聿铭，还会比你“万科”差吗？就是说你把相关的这些知名的或比较有名的物业管理公司、规划设计师等等用他们的品牌来营造、替代，先姑且替代你开发商的品牌，用他们的形象来出现。举个例子，有一个老板就很聪明，做得很巧妙。我在清华有一个班里，有一个学生文化不高，搞建筑出身的，他在当地有一块地，政府不肯给他，这块地在市里的黄金位置，担心他做不好，他就把我请去了，当然他的人际关系很好，他把市长、书记，还有规划局长、武警支队的队长都请来了。一大桌，十几、二十个人在一起吃饭，我有一分他可以吹我十分，当然清华大学教授的这个牌子也摆在这个地方。后来到江苏宿迁，我住的宾馆大横幅“热烈欢迎我国著名的房地产导师清华大学著名教授”。当然，醉翁之意不在酒，我也很能侃，一席话下来没有不服气

的。我在任何场合三分钟之内一定是以我为中心的，这个会一下来这块地就给他了，给他以后，我第二天在全市搞了一个洗脑的论坛，是如何让当地人住的更好这方面的论坛，构成一个更高权力的平台，就是告诉别人要接受挑战，我就是来做这个项目的。然后后面的事情一路绿灯。

所以我们讲总裁营销，大家知道什么叫做总裁营销吗？王石做的就是总裁营销。他通过他的推广，通过他的一系列的活动，他推广万科，推广他的品牌。当你的公司本身没有品牌效益的时候，你不妨造一个替代者，做你的代言人，比如我说的那个城市那个老板就做了一次教授营销，中小城市他可能没有这种市面吧，如果在北京、上海、广东可能不行。咱们实话实说，往下走没有问题，中小城市没有问题，总之就是品牌叠加替代。等到你这个品牌真正做好了，第二步是项目品牌起来之后你的开发商就可以浮出水面了，等到再做下一个项目的时候，你就可以说是某某的老板，全体人员向他敬礼，向那个项目敬礼的时候同时向你敬礼，这时候什么教授呀，什么别的通通退到后面去，就是看大家想不想这么做的问题。

第三，与美感消费有关。买东西的人，当他处在一个低层面的时候，他是买来自己吃、自己用的时候，他是不讲究美感的。我们以月饼为例，早期买月饼的时候它就是用一个纸盒包着或者用塑料包着，很简单的。一个三毛、五毛、三块、五块，你买的是月饼。我问问大家我们现在买的还是月饼吗？有谁还再买月饼吗？我们买的一百块钱、两百块钱的那还是月饼吗？我们买的全都是它的包装呀，它的包装这就是一种美感消费，他买的就是一种美感。它买来并不是为了吃，而是为了别的功能；即使为了吃，它买来也要好看，所以你们要记住美感消费。到这个时候，人们要满足的需求已经不是满足生理需求了，而是满足自己一种美感需求（当然，现在国家倡导节约，已经约束这种高价月饼了）。比如同样的房子我就比你隔壁的房子好卖，美感消费。我比你顶层做得好、漂亮，我就比你房价卖的高，美感消费。怎么把自己的商品做得好，包括我们广告推广也是一种美感消费，包括推广的形式也要讲究美感。那些你骑着自行车有人追上来往你的身上扔一张广告单，那是有美感的吗？高档盘开鸡尾酒会，业主的 VIP 俱乐部

的活动是美感消费，为什么我在三亚搞那个美女·美居·美景论坛呢，就是为了营造一种美感消费。美感消费是引导价值感的非常重要的成分，它其实不是物质性的东西，它是非物质性的东西，它是满足非物质性需求的。

第四，与心理需求的提升有关。就是心理需求的提升，包括隐私，是心理需求的重要组成部分。心理安全，这涉及我们物业管理怎么样做得更好，让人们觉得有一种安全感。社区文化，沟通也是人们很重要的一种心理精神的需求。我们过去在老邻居时代，胡同也好，大杂院也好，沟通是很方便的，就是这二十几年来，欧美这种高层建筑，这种现代小区阻隔了人们的沟通。甚至住了三年不认识，见面不打招呼。毕竟人是一种社会动物，沟通是人们最基本的需求，怎么样能够在确保隐私的基础上，完成在社区里面人和人之间比较好的沟通，比如说会所里面的功能设置，比如说设置个运动会，或者有趣味的一些活动，总之让大家沟通比较方便，这里我不一一列举，包括我讲过的两个主人卫生间，考虑到两代人的需要，还有买小户型的人有一种解决两代人之间老人和小孩不要住在一块，住在一块永远都有矛盾，保持两代人之间的代沟，又能够彼此照顾，能够解决一种天伦之乐的需求，尽孝道，我们提倡什么呢？一碗汤的距离，小孩一代做好汤，拿到老人那里汤还是热的，这就是满足了我们精神层面的一种需求。

第四篇 新规划设计理念

一个产品能不能在市场上得到认同，价值感高不高，品质好不好全在于它的规划好不好。

一个产品能不能在市场上得到认同，价值感高不高、品质好不好全在于它的规划好不好。规划本身就需要研究市场。因为规划设计的东西太多，这里就介绍比较重要的几条，你记住这几条，基本上大的东西就不会错。我就讲现代的房地产的规划设计理念和传统的房地产开发理念的分界点在哪里，你们以我的这个分界点去看规划，即使你自己不太懂，你也不会被那些规划设计师蒙住。我曾经去贵阳就碰到这样的例子，他的老板不懂规划，他请的规划设计师动不动就说这个规划要求怎么样，那个规划要求怎么样，老板看着这个规划他不懂，他感觉不满意他又说不出来。那么我去了一看，首先一条，2.8万m^2的占地面积，它的容积率只做到了1.3、1.4。他还要多层，我立刻灭掉，免谈。因为一共2.8万m^2他却只做了3万m^2多一点的建筑面积，我给他稍加调整全部符合阳光间距，全部符合规范，最后做了8万多m^2的建筑面积。其实那个地方政府规定容积率可以做3的，他就给你做1.3，你说气人不气人。就像司机开车，不开了，他说车被热坏了，你不懂怎么办？所以你不懂一定要请懂的人帮你去看看。

我这里就教几条给你们，看规划怎么看，怎么样调：

(1) 要符合国际的居住理念。什么意思呢？我们讲到的现代做房地产都比较孤立地看我们红线之内的问题，不太关心红线之外或对这个小区居民的综合性需求，我以前讲过住宅是一个综合体，综合体这个概念以前大家没有接触过。国际上把住宅叫做综合体。综合体什么意思呢，把吃穿住行，工作娱乐都考虑到里面，农业社会就是一个很好的综合体，你看村庄、池塘和田地都在一起，人们几十分钟、半小时之内基本上他生活工作娱乐的地方通通到达。这是非常好的综合体，包括私塾、教育都在一块，只有到了工业社会的时候，由于噪声、污染、交通的各种原因，人为地分成了所谓的城市功能分区，人们被迫地把一些功能割裂开，造成了“回龙观”、“华南板块”、“望京”这种“怪胎”。上班千辛万苦，整个时间都消耗在路上了，一天来回一两个小时根本就不新鲜，一个上海的朋友打电话给我，他说上海这个地方根本就没办法过了，他一天办事上午出发，中午才到达那个地

方，还没有办完又要往回赶。非常的不人性化。

到了我们今天的信息社会，交通发达以后，就要尽量回归综合体的概念，这里有两个意思，一个，在我们的社区里面如何解决人们的就业问题。国际上的要求是什么呢，就是你建 100m² 的建筑，一定要留出不少于 20m² 的地方用于建写字楼或是其他公司，便于社区的人就业。在中国应提出至少要 30％是这种配套就业的，这是在小区之内的。大盘一定要考虑这个问题，一种经济的联动。再有就是如果我们的盘比较小，不可能做大的经济产业的话，想怎么样和大的社区，和整个城市有机地组合，怎么样才能让人们上班不那么辛苦，所以我们讲的国际居住理念就是要跳出红线来看我们的项目，要考虑到人们的就业，当然包括教育、医疗、交通、超市等等，其他的我觉得考虑得还比较多一点，就是就业这一块往往被人们忽视，即使就是教育、医疗，单独地去考虑也是不对的，一定要融合大的经济板块自己建医院自己建会所，现在已经暴出很多很多的问题。所以我说华南板块有很多人去"朝拜"，从小区的设计本身来讲，他都代表了中国比较高的水平，单从整个社区，整个华南板块这个大的属于中规居住区的概念来讲，它是一个非常反面的教材。这就是第一条居住理念，回归国际居住理念的综合体的概念。所以你看规划图，你就要考虑你住什么档次的人，有没有车，有车和没车的他们的就业怎么解决，上班怎么解决。有车族，他们多长时间能到达他们的公司，到达他们活动的区域，他们活动范围多大都要考虑清楚。

(2) 市场的定位是品流纯净还是混杂（这句话是最重要的）。比如说我看一个小区，这里是高层，这里是多层，这里是 TOWNHOUSE。在高层里面上边有 300 多 m² 的复式，有 40、50m² 这样的小户型，你只要发现这样的东西你一定要立刻枪毙掉，不行！为什么呢？混杂了，现在社会消费的一个特征是什么东西呀？说四个字就是品流单一、品格纯净。中国社会已经分成了非常清晰的十大阶层，十大阶层在吃穿住行、在一切消费上都有自己独特的标识。他们对于价格的承受能力，对于售后服务的要求，对于符号的要求，对于价值感的要求是完全不一样的，所以我们的小区如果

还是那么混杂的话，当然混杂是个阶段，如果早几年的时候，包括我在2000年左右做的项目也出现过这个问题。在过渡型的时候，社会本身也没有分化得那么厉害。现在就不行了，现在如果你还要那样就注定是失败的或者说是做不成高档的。我就讲一个例子，就讲物业管理的问题，你可以买300万的房子在这里，我可以买30万的房子在这里，我甚至可以买十几万的房子在这里，同样在一个社区里面，多层次的人杂住在一起是一个什么样的景象。拿物业管理来说，不同的人他的需求是不一样的。我们再看第二项，物业管理的收费问题，大家所在的城市物业管理费最低是多少钱，有没有一个月低于3毛钱一个平方米的？我经过实际调研，中国最低的，我听说过的最低的是8分钱一个平方米一个月。那么最高的呢？北京最高的是一天一块，30天就30块，那我们看30块钱一个月和8分钱差了多少倍？375倍。其实中国的物业管理费上下限之间差的不是375倍，是1000倍。但是你们想想，物业管理费有一个很有趣的现象，物业管理费越低的小区呀，他的管理费越难收上来，但是物业管理费越高的小区，管理费很容易就收上来了。他们能住在一块吗？那些物业费8分的小区里的业主是什么样，举个现实的例子，他们拖地板拖脏了以后呢，他不是在自己家的洗手池或卫生间洗拖布的，他会拿着拖布下6楼跑到小区的花园里洗拖布的（这不是捏造的，确实是存在这种现象，你说那些人拿着拖布到花池洗，那边的老板开着奔驰回来看到这种现象他们能接受吗？所以现在规划思想最重要的一条就是如何保持这个小区品流的纯净。

纯净有两个概念，第一是品种越纯越好，第二是户型越纯越好。纯到什么程度呢？我们以组团为例，组团最好就是一个品种，是多层就是多层，是中高层就是中高层，是TOWNHOUSE就是TOWNHOUSE。一个组团就是一个品种。户型纯到什么程度呢？户型最好就一个户型，一个户型如果定位准的话一定是最准的。户型越多说明开发商对市场越没有数，销售越困难。举个例子，1999年成都天府花园的二期就一个户型，180m^2就一个户型，卖得很好。我手里有一本美国的楼书，他开发的那个社区将近300亩，全是TOWNHOUSE。他就两种户型：一种是38万美元一个，一

种是 42 万美元一个。海外的发达国家也验证了这一点，这种社区的概念，这种纯洁的概念是至关重要的。我们讲组团里面最好就一个品种，户型最好就一个户型。如果实在做不到，实在怕担风险，我们现在有一种兼顾的方法，你们就做三种户型。一个是主力户型，可以占到 70%～75%左右，前提是定位要准确，第二种户型占 20%～25%左右，这个户型离主力户型大概有一个距离。比如说我这是 130m² 左右主力户型，那么 115～120m² 还有一部分，145～150m² 左右还有一部分，但是我是在总价的控制范围之内兼容。另外可能还有少量的 5%～10%叫作边界户型，上下可以离得远一点，比如说靠近花园的位置特别好的，有特殊性的东西，这种户型相对量很小，有特殊性，不对整个社区大的纯洁性构成威胁，总之原则就是越纯洁越好。所以你看规划的时候你首先就看什么纯洁，那么这里同时要分析一个问题，如果社区比较大，比如 100 亩、200 亩、300 亩或 500 亩就不可能只做一个户型，市场量没有那么大，这就涉及到我们刚才讲的组团功力，在一个相对封闭的组团里面，需要做一个品流的纯净，这个组团有多大呢？不要超过 1000 人，最好 300 户左右。

在大的社区里面怎么样保证品质的纯净呢，首先，这一个盘的总体的定位有没有准确，你到底是高档盘、低档盘，还是顶级盘，你的定位要准确。如果你定位不准确的话，你要在一个社区里面，比如说既有 1000 万的豪宅，又有几十万的住宅，哪怕就在不同的组团里面都不对。它影响了整个社区的品牌的形象，社区的品牌本身就是一个独立的形象，你要在这个档次里面兼容。什么样的东西和什么样的东西可以兼容呢？我提出了一个原则性的东西，在这个原则之内都可以兼容，就是总价控制。如果我这个地方住的就是 70 万～100 万这个区间的人，在这个总价之内各个组团之间可以兼容。比如说别墅和 TOWNHOUSE 之间可能可以兼容，但是顶级的别墅区就不能和普通的 TOWNHOUSE 兼容。因为 TOWNHOUSE 有价格差别非常大的，少的 20 多万也能买一套，而顶级的别墅有几千万的，所以它要在总的价格之内兼容，比如说我这里的这个别墅就是一两百万，但我这里的 TOWNHOUSE 可能就卖到 50 万～60 万，大概在这样的

一个档次上它们是没有太大的分离的，通过组团的划分相互的认同感还是比较强。同样的道理，一栋楼里，在户型上也不要拉得太大，也要兼容。如果总价一套控制在50万左右，你在47万～53万，或是相差五六万，或是十万、八万之间，它们是一个档次上的就可以兼容。你只有记住这个兼容的原则，总价的原则就可以了，所以判断一个项目首先看看是不是太杂，而且是不是杂到一块，杂的最不好，最典型的就是石家庄的世纪花园，几百万的独立别墅跟混式的多层紧挨在一块的。它被号称是房地产的超级市场。当然它这个产品的景观做得很好，它用100多亩做人工景观湖，早几年卖得也不算差，因为早几年就是那个社会形态，有它历史的一些合理性，我们只是今天回过头来再看，觉得它已经过时了，以后不能再盖这种东西。这是最重要的一个思想，也是衡量我们与传统规划的一个分界点。

(3) 产品特征。产品特征是同质化的还是差异化的，要追求本城、本区域的差异化，摆脱同质化，要跟别人不一样，这种不一样既有理念的差异化，也有品种的差异化，也有户型的差异化，也有景观绿化的差异化，还有配套的差异化等。

首先说一下品种差异化。比如说像我上次讲到的我在山东淄博做的一个项目叫阳光名著，讲讲观念是多么的重要。这个项目在山东淄博的一个镇，当时这个地方只有一些很低档的小区，就是那种卖1300元/m^2的小区，还有一些职工的宿舍，一个城郊俱乐部。后来他们这个公司经过市场调研之后得出一个结论，说这个地方只能做多层的低档房，售价也只能争取达到1400～1500元/m^2。我去了之后我就跟他讲，我说你这个项目分析过程数字都对，但是结论错了，如果你换一个观点来看这个地方，它特别符合我在前面说的那个新的时空观，离市中心两公里的路，开车十分钟可以把整个区域全部到达。它对面就是山东理工大学，我说你就按照理工大学教授村的概念去做你都不应该做成多层。何况它旁边还有一个当地的区政府，科级以上的干部很多。同时它旁边有一个淄博最好的实验中学，旁边还有一个中央体育公园，我说这是个天生的“美人坯”，这个地方就应该做品种的差异化，就应该用新的时空观去做高品质的东西。所以就做成了

阳光名著，其实是“醉翁之意不在酒”，我的目的表面上是卖给有钱又有文化的教授们，其实盯住的是淄博的三大专业市场，这三大专业市场，每个都有几千个铺面，几千个小老板，这三大专业市场都在这个社区开车十五分钟的车程之内。我想另外提一下，我们中国人向来有一个密码，就是土地的密码。

中国人心里有一个梦，不管你现在清晰不清晰，老婆孩子热炕头，一亩三分地。我们大家往上推不用超过五代，全是农民。农民就有农民的情节，有自己的一块土地是中国人心目中的一个密码。所以当时淄博那个地方最高的房价是一个叫“巴黎春天”的，房价 2800 元/m^2，当时在淄博是天价了，这些买巴黎春天的，它的下面既没有景观，也没有配套，还没有规模，如果我同样和它的面积一样大，200m^2 左右的 TOWNHOUSE，同样的一个总价，他是愿意到那个地方住呢，还是愿意到这个有天有地有花园有车位的地方呢，因为 TOWNHOUSE 我做的太多了，开发商不相信这个地方能卖到 2800 元/m^2，我们签的合同就是，2800 元/m^2 以下我们拿销售提成，2800 元/m^2 以上拿销售的分成。没有关系呀，反正 2800 元/m^2 他不是白赚的，三七开，我现在已经有点后悔了。现在阳光名著早已卖完了。现在合同的成交价是 3800 元/m^2，公司的利润保守计算 5000 万。可见这个品种的差异化使得它的利润成几倍的增长。

接下来说一下户型的差异化。现在大部分地方都挤在一个区间里面，都挤在 100～150m^2 之间这样一个户型里面。其实中国的房地产品种太单调了，跟我们社会的发展完全不相符合，中国现在出现了十大阶层，而且世界上有一个产品链的概念，产品链就是从庄园别墅、多栋别墅、TOWNHOUSE、邻边界，到多层、低层、板楼、塔楼，它有一个住宅的很完整的链条。中国只是有其中几个东西，根据市场需求，很多的产品没有引进来，没有做。那么户型也是一样，都挤在几个地方去做这个户型，而且完了以后市场调研的时候你发现不了这些需求。比如说还是山东的那家公司，他说还有一个项目让我去看一看，就在淄博的植物园对面，植物园这边是当地的第一品牌——建业花园，对面就是他的那块地，很小，建筑面积才

$14000m^2$，他说："你帮我看看吧，下个星期就要开工了，不开工的话，道路要扩建，红线一画，我就没了。"我一看他的东西呀，我说：你靠什么来跟其他的产品来竞争？现在对面已经卖 1500 元/m^2 了。"他说："我现在就准备打价格战了，你卖 1500 元/m^2 我就卖 1300 元/m^2。"当然这也是一种策略，你在名牌产品旁边做项目的时候有一种策略，就是价格策略。我什么都和你差不多，但是我就是比你便宜。这是一种策略，但是我觉得这种策略没有出息。他就问我，"你说怎么办？"我说据我了解淄博这个地方没有小户型，他说"有，我们这个地方有。"我说你们说的小户型和我说的不一样，我是做过调研的，你们说的小户型最小的也是 $85m^2$ 或者 $90m^2$。我说的小户型是是 $20m^2$、$30m^2$、$50m^2$、$60m^2$，一下子整个会议就炸锅了，交头接耳，议论纷纷，我说你们也不用议论，我先给你们讲一个道理。三大类型，15 种人是需要小户型的，但是你做一般的市场调研你找不到这种统计。为什么市场调研说没有小户型的需求呢，因为他统计的都是已经在售的项目、在建的项目，在建、在售就没有这种东西，所以你统计不出来。

第五篇 新销售理念

1. 尾盘销售问题
2. 楼盘滞销的应对方法

1. 尾盘销售问题

我们通常所说的尾盘一般指在销售期的尾声，楼盘销售率在七成左右的时候，余下的单位便称作尾盘。尾盘一直是令大家都感到头疼的问题，因为卖尾盘时已不可能进行大量、轰炸性的广告宣传，尾盘数量不多，其营销费用也十分有限，而尾盘又往往沉淀了大家的目标利润，那么如何用少量的宣传费用卖出最难卖的单位？下面说说尾盘销售的几种策略：

(1) 降价

降价是处理尾盘的一个最常见的方法。可以说，几乎所有尾盘都离不开"降价"这两个字，尤其是一些急于变现的尾盘，降价可以说是惟一的方式。但降价也有许多技巧，除了降低单位售价外，还有所谓"隐性降价"，如降低首期款、改进装修、送物业管理、送花园、送绿化等等。这些颇具人情味的降价方式所起的作用是不可小看的。

(2) 寻找新的营销方式

降价并非是治百病的灵丹妙药，有些楼盘价格降到极限，广告也打了无数却依然无人理睬，这个时候寻找一个新的营销方式应该说更为重要。比如说深圳福源花园二期就是一个成功的例子。福源花园位于深圳保税区旁，优点是周围环境安静，可缺点是位置较偏，不太引人注意。福源花园二期的尾盘销售时曾有过几次降价，均价每平方米降至 4900 多元，广告也打了不少，但市场几乎没有反应。而在采用"试住"这一方式后，仅仅两周时间便完成了销售，55 套住宅全部售出，同时单位售价比原来还上涨了 15%。

2. 楼盘滞销的应对方法

一些楼盘一开卖就滞销，很多开发商普遍感到房地产销售至二成、五成、八成时阻力最大，这就是通常所说的"二、五、八真要命"。

(1) 楼盘一开卖就滞销

这类楼盘滞销的原因主要有下面四个：一是市场定位错误；二是规划设计落后于市场需求；三是定价偏高；四是忽视策划包装及市场推广的重

要性。

针对上面问题，我们应对的策略主要有：①修改楼盘平面布局，改变房间的功能；②改善楼盘外立面及配套条件，提高楼盘的附加值；③调低价格；④注重营销策略，引导市场价格；⑤洞悉形势变化，抓住时机，创新策划。

这方面的成功案例莫过于深圳汇展阁。汇展阁地处深圳火车站附近，位于建设路香格里拉酒店北侧。由深房集团开发，1992年立项，1993年开工，1996年封顶，原名国兴大厦，原市场定位是公寓式写字楼。后因周围地区写字楼林立，前景不被看好，深房集团遂以14000元/m^2将国兴大厦整体转让给大中华国际投资(集团)有限公司。经香港中原物业顾问公司策划包装，汇展阁市场定位变成酒店式服务公寓，由写字楼摇身变为住宅。接下来是户型改小，室内豪华装修，楼盘外立面改善，汇展阁顿显绅士风范。中原物业针对香港买家，选择1997年香港回归前夕推出楼盘，售价3万元/m^2。短短半个月内，414间公寓卖掉400间，创下深圳售楼奇迹。

当然，现实中像汇展阁的售楼情形是比较少的，解决“楼盘一开卖就滞销”最常用的策略还是调整价格。说到降价，大家可能会存在疑虑：一是怕降价后，楼盘更卖不出去，因为消费者买涨不买落。你降了价，消费者可能想：等一等再买，也许还会再降呢？二是怕降价后，买了楼的业主有意见。你的顾虑不无道理，但只要把握原则，降价也就自然而然了。我认为要把握的原则有三：一是只要城市或区域整体楼盘都在降价，你的楼盘就可降价；二是最好暗降价，可通过送装修，送家用设备或开发商无偿投资改善小区或楼盘环境等方式暗自降价。三是善待已购房的业主，可给他们必要补偿，这样就使得他们不会因楼盘降价而心理失衡。

楼盘一开卖就滞销很大程度上是楼价定价过高，它要么高于周围同档次楼盘，要么高于消费者心理价格。既然买家认为楼盘不是“物有所值”，而是“物低于所值”，我们为什么不面对现实，调低价格呢？

此外，我们要洞悉形势，把握时机，创新策划也是摆脱开盘即滞销的重要策略。比如说广州天河一小户型住宅楼盘，因市场定位错误搁置5～6年没

有售出。广州市一个物业顾问公司接手这个楼盘后，市场瞄准二次置业者，并改为小户型，引导他们置业后出租给大学生，从而使楼盘销售得很成功。

(2) 楼盘售出两三成后滞销

还有一种情况，一些楼盘开卖时反应良好，可是卖出两三成后便出现滞销。造成这种局面的主要原因是：楼盘目标客户群规模较小，市场定位过窄。一般来说，每个楼盘都有一批捧场客，像旧城改造项目的原居民，新区开发中的注重生态、环保的人们。当这些楼盘消化掉原定的目标客户后，不能再吸引其他客户的关注，便出现了滞销。

上面问题的应对策略应该是：发掘市场，扩大市场，将市场定位由单一群体扩展到多个群体。像广州天河北金海花园，最初市场定位是香港买家，销售一段时间后滞销。广州一家顾问有限公司接手该楼盘后，将一部分单位做成小户型，针对那些积蓄较少、收入较高、居住在天河区的白领人士。同时将另一部分单位改造成写字楼，卖给小型公司，从而实现了销售的成功。

(3) 楼盘售出四五成后滞销

一些楼盘销售前期火爆，但在售出四五成后就不行了，怎么卖都卖不出去。造成这种局面的主要原因是：开发商对楼盘缺乏一种整体的、科学的销售计划。具体说来：一是售楼广告缺乏持续性。一些开发商在售楼初期就把楼盘的所有卖点在短时间内全部推出，将买家炸得晕头转向(买家并没有一下子全部接受其卖点)，一些买家买了楼。可是到了销售中后期，楼盘再无新的卖点推出，很多买家的视线开始转移到别的楼盘身上。第二是整体推盘的控制与管理失误。楼盘最初开卖的时候，一些开发商往往将可售的单位全部推出，让买家自由选择，结果导致售出类型的比例失衡。比如说：只售出方向、景观好的单位，剩下差的单位；或只售出价格低的单位，剩下价格高的。楼盘售出四五成后，好的单位或价低的单位已基本售出，于是便出现滞销的局面。

面对这些问题，我们可采取的应对策略有：①合理安排广告推销计划，持续不断地推售卖点，不断地引起市场关注；②科学控制整体楼盘推售计划。我们应本着小批量、多批次的原则，局限性地推售楼盘，尽可能地制造

短缺效应，凝聚购买冲击力。每次推出单位数量可控制在销售数量的1/3～1/4，当然每期楼盘的销售单位数依照经验而定。首批推出的楼盘应是中、低档楼盘，以后再推出中高档楼盘提升楼价，从而实施低开高走的价格策略，坚定买家的信心。对于最初开盘就有买家钟情于中高档楼盘的现象，可考虑实行“暗推”形式（就是不公开发售）。同时还要注意，新加推单位与首批单位推盘要保持一个时间差，使市场营销富有节奏感。展销期内每天晚上应检讨推售单位安排，及时反馈市场需求，并引导销售人员第二天的主推目标。

（4）楼盘售出七八成后滞销

楼盘售出七八成后，销售就进入非常关键的时期。因为一般房地产项目的盈亏平衡点大多位于这个时候。这就意味着，此时多卖一个单位，开发商就多赚一份。

楼盘售出七八成后的滞销分为两种情况：一是剩余素质好的单位；另一种情况就是剩余素质差的单位。

剩余素质好的单位的原因主要是市场承受能力比较弱，无法接受价格较高的单位。我们可以采取的应对的策略是：①这些单位留至现楼或准现楼再推售。现在，绝大多数开发商因资金问题，往往采用预售方式发售商品房。这样，买家在买楼时无法正确识别素质好的单位的“庐山真面目”，属于这种情况的可在准现楼或现楼时再推；②将素质好的单位进一步策划包装，提升档次，吸引较高层次的买家对此产生浓厚的兴趣，以使高素质单位出售。

如果楼盘剩余的是素质较差的部分，其原因主要是：第一是市场承受力较强，重质不重价；第二是楼盘推售初期没有拉开优劣单位的差价，使得买家集中选择素质好的单位，把差的都剩下来了。上述的应对策略应该是：①拉开不同单位价差，降低较差单位的价格。这里也有一点小小的技巧：销售人员应将楼盘的所有单位价格显示在价目表中，以让消费者选房时有个比较，使买低价房者感受到实惠；②还可以开展广告促销活动，广而告之，尽快在项目成为现楼前甩货。

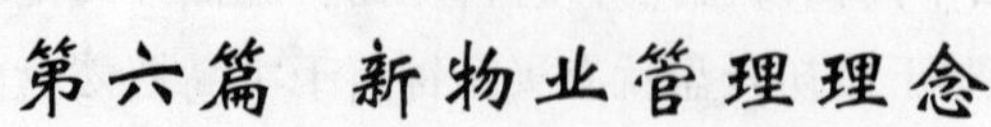

第六篇 新物业管理理念

1. 在规划设计阶段物业管理的介入
2. 在施工安装阶段物业管理的介入

为了能够使设计方案更完善，使施工质量更高，使得我们能获得消费者更加持续的认同，我们就需要物业管理的前期介入。什么叫物业管理前期介入？就是指物业公司从项目的市场调研阶段开始为开发商从物业管理运作角度提出小区规划、楼宇设计、设备选用、功能规划、施工监管、工程竣工、验收接管、房屋销售租赁等多方面的好建议，并制定相应的物业管理方案。

物业管理前期介入的工作可以具体体现在参与物业的设计与施工上面。物业管理人员能从后期管理的角度，就物业的设计以及选择材料和安装方法提出合理的意见，也就是说可以通过事前参与，避免在后期工作中出现难以解决的问题，并能确保物业交付时所产生的问题大大减少。我们这里可以把它分为两个阶段。

1. 在规划设计阶段物业管理的介入

我在本书的前面讲过，规划设计很重要，这里就不再重复了。设计人员在进行规划设计时，尽管他已考虑了当时物业的功能、结构、配套设施、周边环境的协调及城市总体布局。但由于专业的限制，设计人员对物业的使用、维修管理是很难了解得很详细的，他常常忽略了使用者将来的需求趋势，所以就导致给物业管理造成了一些遗憾。因此，我们搞开发，就应该从头做起，要有超前意识。其中一种有效的方式就是在规划设计阶段，请物业管理的专业人员参与规划设计方案的讨论，让他们发表意见，提出建议。

物业管理人员对规划设计的职责就是要全面反映物业管理能得以顺利实施的各种需要，以及在以往管理实践中发现的规划设计上的种种问题或缺陷，还要把它以报告的形式提交给设计单位，并且要求设计单位在设计中予以纠正。在规划设计阶段，物业管理可以从用户的角度，把对用户服务的要求表达出来，分析设计方案，审查设计图纸，审核评估设计及施工程序，还要建议一切必须改善及改良的工程。从而保证建成后的项目能发挥最佳效用，以最好的方式满足使用人的要求。下面就谈谈物业管理公司

能提出哪些建议。

(1) 配套设施的完善

各类配套设施的完善，是任何物业充分发挥整体功能的前提，房地产实行综合开发的目的也在于此。如果配套设施等硬件建设先天不足，日后的物业管理就很难搞好。

对于住宅小区来说，幼儿园、学校等公益事业，各类商业服务网点如超市、邮电所、银行等，小区内外道路交通的布置，环境的和谐与美化，尤其是人们休息交往娱乐的场所与场地的布置在规划设计中应给予充分的考虑。而对于写字楼、商贸中心等，商务中心和停车场的大小与位置就显得很重要。

(2) 水电气等供应容量

水电气等供应容量是项目规划设计时的基本参数。人们生活和工作质量的提高与改善，必然会不断增大对水电气等基本能源的需求。设计人员在设计时，通常参照规范设计，而规范制定的是下限，不见得很能满足需要，所以在规划设计时，要充分考虑到地域特点和发展需要，要留有余地，不能硬套规范，否则就有可能不能正常使用。

(3) 安全保卫系统

规划设计时，对安全保卫系统也要有足够的重视。在节约成本的前提下，要设计防盗报警系统，给业主们创造一个安全的居家环境。最好用报警系统替代防盗网，因为各式各样的防盗网不仅影响美观，而且一旦发生火灾，就无法逃离现场。

(4) 垃圾处理方式

根据各地不同情况，决定是否采用垃圾道。如果采用的话，就要考虑如何通过管理来保持它清洁；如果不采用的话，就应该考虑如何在各楼道设置垃圾桶，分发垃圾袋，并由专人收倒垃圾。另外还要注意的一点就是，还要考虑垃圾外运方式与垃圾中转站的位置等。

(5) 绿化布置

绿化主要应考虑气候、环境、造型、布局等，特别要根据需要搭配，如常

绿与落叶、针叶与阔叶、乔木与灌木、观叶与观花、观果树木与花草之间要合理搭配。此外，绿化景观的布置更要考虑它以后的日常维护管理费用，而这常常是我们忽略的地方。

在有关绿化的规划设计中，有的开发商偏向于在小区中做出面积较大的集中草坪式的绿地。在很多项目中，也确实有不少就是靠着一个几千平方米的集中草坪来提升小区的环境档次。而且由于一个大型集中绿地会对购房人产生视觉冲击，使得许多购房者在它面前产生了“购房冲动”。但一般绿地集中、中心花园面积巨大的小区，看起来很好，可是它与小区大多数居民之间的距离却拉大了，这样大片的集中绿地，实际上类似于公园绿地，缺少与建筑物里的人群之间的有机联系。另外，从物业管理的角度看，种草比种树的费用要高，而且管理要求也高：旱季草坪每天要浇一次水，即便是在雨季，每星期也要浇两次水。草坪是城市绿化中的“贵族”，每平方米管理费为 15 元左右。与之相比，树的维护费用则低廉得多，每棵树只需两元钱。大面积种植草坪无形中增加了管理费用，提高了管理成本，于是要么业主或使用者多交管理费，要么从物业管理公司那里抠钱出来。另外，同等面积的草坪和乔木、灌木相比，乔灌木比草坪在除尘、防噪声、氧气释放量等方面效果要好十几倍，而且树越大，对生态环境的改善越明显。

所以，物业管理公司要从业主利益出发，在公司自身的运作和管理的基础上，与开发商一并参与前期规划设计，要使住宅小区中的绿化景观最大限度地满足小区居民的生活需要。因此，要根据具体情况，做不同的规划设计：物业管理定位的花园小区和单位庭院，草坪仍将被广泛应用；对物业管理要求不高的居民小区内的绿化可以多种树，以乔灌木为主，特别是多栽花灌木等观赏树种，逐渐减少草坪面积。

(6) 消防设施

在建筑设计中，消防设施的配套设置是有严格要求的。自动灭火器、自动报警机、安全出口、扶梯以及灭火器、沙箱等设施的位置应有利于防火、灭火。物业管理公司则更应着眼于各种消防死角。比如楼盘的通道部分、电缆井部分在消防设计中一般都考虑不周，自动喷淋装置也不可能顾

及到每个角落（当然电路部分是怕水的），所以物业管理公司就应建议在这些地方配备灭火器（电器部分应用二氧化碳灭火器）或灭火沙箱。

（7）建筑材料选用

建筑材料的选用关系到工程质量、造价与维修管理和防火安全。物业管理公司应根据自己在以往所管楼宇中遇到过的建材的使用情况，向设计单位提交一份各品牌、型号的常用建材使用情况的跟踪报告，以便设计单位择优选用。

（8）其他

规划设计时，对室内各种线与设施的布局、位置、高度、离墙距离等，常有一些易被忽视的问题，但从日后使用和维修的角度看，却很重要。如悬挂的橱柜向通道伸出了几十公分，用户不小心就会碰到头，空调、冰箱、油烟机、洗衣机预留位置及下水口是否适当，电路接口是否足够、位置是否合适等。

总之，在设计阶段，物业管理公司选派工程技术人员参加工程规划设计的目的，就是从有利于投资、综合开发、合理布局、安全使用和投入使用后长期物业管理的角度进行参谋，提出建议。

2. 在施工安装阶段物业管理的介入

（1）土建施工阶段

物业管理公司在施工阶段的参与主要是确保工程施工质量。对一些问题的处理提供建议，比如说：卫生间、厨房等处的漏水问题及其原因；水电管线如何布置才有利于安全和便于管理；什么样的墙容易渗水；供暖管道哪些部分容易烫伤人等。物业管理公司参与工程施工质量监理的要点包括下面几方面：

第一，要选派专业人员参与工程施工质量监理；第二，要尽可能全面地收集物业的各种资料，同时熟悉各个部分，为日后管理作好充分的准备；第三，按国家规定的技术标准，与设计单位、施工单位、开发商一起对工程设计进行技术交底和图纸会审；第四，检查并跟进小区已签批的工程合约的

进度，还要详细了解本物业工程设施的基本情况。当然，上面所说的是比较理想的做法，我们尽量能做到什么程度就做到什么程度。

（2）设备安装阶段

物业管理公司在机电设备安装调试阶段的介入，主要是从物业管理的角度，提出机电设备安装和能源分配的有关专业管理意见。这里有几个注意事项：第一，参与设计及设计修改，完善设计环节，将设计存在的问题消灭在图纸上，要避免日后的返工和完善使用功能的工程量过大，影响业主的正常居住、生活和活动；第二，在安装中，还要注意各系统隐蔽工程应符合设计要求，不应留隐患，在调试过程中应符合设计规范要求，满足设备安装规范；第三，在安装调试中，物业管理公司的技术人员、运行操作及维护人员对所管机电设备性能、原理、操作等方面要注意全面了解；第四，物业管理公司前期介入的人员组成，要注意有利于日后其他管理工作的进行，可以让前期介入的全体人员或部分人员负责项目最终的物业管理。

第九部分　经典个案解码

第一篇　经典个案解码之一
——天泰馥香谷的价格策略
第二篇　经典个案解码之二
——成都花园推广全景展示
第三篇　经典个案解码之三
——从阳光丽舍看大小盘营销
第四篇　经典个案解码之四
——从翠湖山庄等三大明星看品牌塑造
第五篇　经典个案解码之五
——从锦官新城营销策划看大城市营销策略
第六篇　经典个案解码之六
——从赣州德威蔚蓝半岛看中小企业房地营销策略

第一篇　经典个案解码之一
——天泰馥香谷的价格策略

关于项目的价格确定，是大多数开发商较为头痛的问题，也是房地产营销过程中容易误入歧途的阶段。价格是公司效益与客户利益之间的一座桥梁，高了，能走过这座桥的人就少——没有市场；低了，公司损失利润——没有效益。如何在两者之间达到一种平衡，如何让我们的楼盘既叫好又叫座，这永远是我们解析的重心……

一、房地产价格确定的主要方法

房地产价格确定一般可以从三个方面进行考察：一是房地产开发建设的成本；二是房地产的经济效用；三是市场上同类房地产商品的实际成交价格。依据这三个方面，房地产价格确定的方法主要有三大类：成本法、收益法和比较法。这三种方法都有较为科学的计算依据。但是，由于国内的房地产市场不是很成熟，房地产开发利润极具个性，利用成本法和收益法计算的价格一般会较为保守，合理性较差。实际应用中，大多数都是采用市场比较法进行房地产价格确定。

具体的项目有不同的价格策略，确定价格策略主要依据以下几点：

- 项目的规模大小；
- 项目的档次；
- 企业的项目发展战略；
- 企业品牌形象支持度；
- 市场价格总体走势；
- 企业资金状况等。

二、天泰馥香谷价格策略

（一）周边楼盘价格调查

1. 价格调查汇总（见表 9-1）

表 9-1

单位 楼盘名称	统计面积 m²	最高标价 元/m²	最低标价 元/m²	平均标价 元/m²	折实均价 一次性 %	折实均价 银行按揭 %	修正均价 元/m²	备注
银都景园	52000	6030	5080	5600	0	+1%	5644	不打折，不是一次性付款+1%

续表

单位 楼盘名称	统计面积 m²	最高标价 元/m²	最低标价 元/m²	平均标价 元/m²	折实均价		修正均价 元/m²	备注
					一次性 %	银行按揭 %		
金帝山庄	66000	4800	3800	4500	98 折	0	4482	
颐景园	72000	4500	3200	3840	0	0	3820	
名仕花园	30248	4800	4000	4500	97 折	98 折	4410	
锦　园	110000	5700	3800	4880	97 折	0	4850	
千禧龙苑	50000	6300	3900	4800	97 折	98 折	4694	
蔚兰海岸	120000	8000	4700	5600	95 折	97 折	5409	
新贵都	470000	4600	4000	4280	98 折	0	4262	
绿岛花园	37216	7000	4300	5560	0	0	5550	
矿泉花园	73776	7800	6000	6910	96 折	0	6854	

2. 说明

◆11 月 6 日～10 日在天泰同仁的配合下，我们对青岛市楼市进行了广泛调查，本表只是调查中的几个重点楼盘。

◆修正均价主要根据统计面积所占比例、销售时间、实际成交时大多再给优惠、大多数采用按揭付款方式等因素。

◆参照楼盘以周边可比性楼盘为主，兼顾其他区域楼盘。

3. 一次评估与加权

平均分(见表 9-2)

表 9-2

楼盘 评估项	银都景园	金帝山庄	颐景园	名仕花园	锦园	千禧龙苑	蔚兰海岸	新贵都	绿岛花园	矿泉花园	馥香谷
区域地段	9.0	7.85	7.625	9.0	8.30	7.125	9.0	8.475	8.75	8.50	7.625
周边社区	7.65	7.9	7.80	7.4	7.30	7.25	7.6	9.125	9.025	8.325	7.60
交通条件	7.4	7.50	7.65	7.15	7.45	7.45	7.65	9.35	9.75	8.30	7.65
价格与付款方式	7.50	8.575	7.85	8.175	8.025	8.05	8.20	7.80	7.775	8.00	8.50

续表

评估项＼楼盘	银都景园	金帝山庄	颐景园	名仕花园	锦园	千禧龙苑	蔚兰海岸	新贵都	绿岛花园	矿泉花园	馥香谷
营销水平	8.45	9.00	8.025	8.175	8.00	7.725	6.575	9.125	9.225	8.75	6.325
小区内绿化情况	9.125	8.475	7.70	7.825	9.00	8.275	8.75	7.90	7.10	8.375	9.50
小区内规划情况	9.175	8.125	7.45	7.675	7.40	7.65	7.575	8.725	8.40	7.675	9.45
小区公共配套设施	8.80	8.65	7.875	7.70	7.65	8.30	7.425	8.90	8.625	8.075	9.00
顾问代理水平	9.00	9.05	7.35	7.675	7.35	7.75	7.70	8.70	8.425	7.95	9.60
物业管理水平	9.00	8.60	7.30	8.00	7.20	7.80	7.125	8.65	8.625	8.225	9.20
合　计	85.10	83.725	76.625	78.775	77.675	77.375	77.60	86.75	85.70	82.175	84.45

加权分(见表 9-3)

表 9-3

评估项＼楼盘	银都景园	金帝山庄	颐景园	名仕花园	锦园	千禧龙苑	蔚兰海岸	新贵都	绿岛花园	矿泉花园	馥香谷
加权评估	0.55	0.55	0.37	0.35	0.47	0.06	0.12	0.86	0.85	0.83	0.80
加权因素	包含:品牌、工程形象、现场包装、推广力度										

(二) 天泰馥香谷与调查楼盘评估

1. 树图解析与权重系数计算

馥香谷权重系数计算:

采用多目标系统评价树图(见图 9-1)对具体地产物业进行逐级归并定量计算时,按照下述流程运算:

$W(\mathrm{I}-1)=7.625\times0.8+7.65\times0.2=6.1+1.53=7.6300$

$W(\mathrm{I}-2)=9.45\times0.6+8.75\times0.4=5.67+3.5=9.1700$

$Z_3=6.325\times0.45+9.175\times0.55=2.84625+5.04625=7.8909$

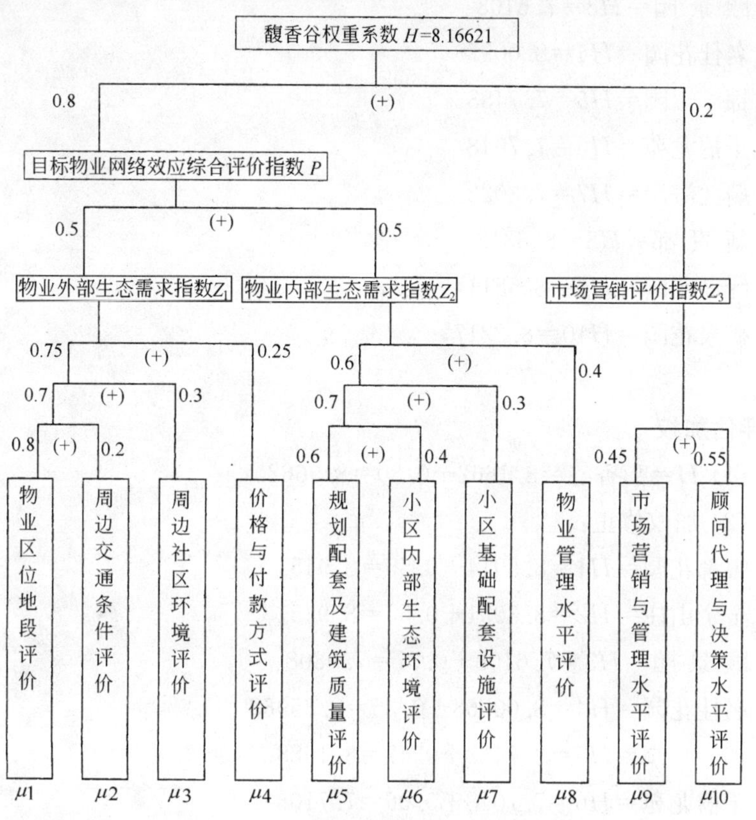

图 9-1　多目标系统评价树图

$W(\text{Ⅱ}-1)=W(\text{Ⅰ}-1)\times 0.7+7.40\times 0.3=5.341+2.22=7.5610$

$W(\text{Ⅱ}-2)=W(\text{Ⅰ}-2)\times 0.7+8.55\times 0.3=6.419+2.565=8.9840$

$Z_1=W(\text{Ⅱ}-1)\times 0.75+8.5\times 0.25=5.67075+2.125=7.7958$

$Z_2=W(\text{Ⅱ}-2)\times 0.6+8.2\times 0.4=5.3904+3.28=8.6704$

$P=Z_1\times 0.5+Z_2\times 0.5=3.897875+4.3352=8.2331$

$H=P\times 0.8+Z_3\times 0.2=6.58646+1.57975=8.1662$

同样对十个比较楼盘进行权重系数计算:(树图略)

银都花园$=H1=8.5914$

金帝山庄$=H2=8.3951$

颐 景 园＝$H3$＝7.6108

名仕花园＝$H4$＝8.0097

锦　　园＝$H5$＝7.7488

千禧龙苑＝$H6$＝7.7048

蔚兰海岸＝$H7$＝7.8022

新 贵 都＝$H8$＝8.6312

绿岛花园＝$H9$＝8.5511

矿泉花园＝$H10$＝8.2217

2. 评估加权

(1) H＝馥香谷＝8.1662＋0.80＝8.9662

(2) 加权修正：

银都花园＝$H1$＝8.5914＋0.55＝8.9451

金帝山庄＝$H2$＝8.3951＋0.55＝8.9451

颐 景 园＝$H3$＝7.6108＋0.37＝7.9808

名仕花园＝$H4$＝8.00968＋0.35＝8.35968

锦　　园＝$H5$＝7.7488＋0.47＝8.1688

千禧龙苑＝$H6$＝7.7048＋0.06＝7.7108

蔚兰海岸＝$H7$＝7.8022＋0.12＝7.9222

新 贵 都＝$H8$＝8.6312＋0.86＝9.4912

绿岛花园＝$H9$＝8.5511＋0.85＝9.4011

矿泉花园＝$H10$＝8.2217＋0.83＝9.5017

（三）评估与价格修正

1. 修正公式

$$\frac{\text{天泰馥香谷评估得分}}{\text{比较楼盘评估得分}}\times \text{比较楼盘均价}$$

2. 修正过程

银都花园：$\frac{8.9662}{8.9451}\times 4644=4545.00$

金帝山庄：$\frac{8.9962}{8.9451}\times 4482=4493.00$

颐 景 园：$\frac{8.9662}{7.9808}\times 3820=4292.00$

名仕花园：$\frac{8.9662}{8.35968}\times 4410=4730.00$

锦　　园：$\frac{8.9662}{8.1688}\times 4850=5323.00$

千禧龙苑：$\frac{8.9662}{7.9108}\times 4694=4990.00$

蔚兰海岸：$\frac{8.9662}{7.9222}\times 4409=4990.00$

新 贵 都：$\frac{8.9662}{9.4912}\times 4262=4026.00$

绿岛花园：$\frac{8.9662}{9.0517}\times 4550=4338.00$

矿泉花园：$\frac{8.9662}{9.0517}\times 6854.00=6789.00$

3. 修正结果

4545.00＋4493.00＋4292.00＋4730.00＋5323.00＋4990.00＋4990.00＋4026.00＋4338.00＋6789.00＝4851.60

即：天泰馥香谷市场已然形成并且能够接受的平均价格是：4850 元/m^2。

（四）天泰馥香谷价格定位建议

- 天泰馥香谷平均价格应是：4850 元/m^2，正负出入不宜超过200元。
- 为配合分批销售和低开高走的价格策略，第一批提出价格定位

如下：

平均价格：4700～4900元/m^2；

本案设定均价：4800元/m^2（如卖精装修房每平方米加价1000.00元）；

最低价与最高价差设计幅度：3980～6180元/m^2（如卖精装修房每平方米加价1000.00元）。

- 本案设计的是销售实价，销售价格将根据付款方式上浮后再折回。

（五）定价策略与执行方案

1. 定价策略

（1）价格是消费者购房最敏感因素

根据对青岛市调查楼盘及天泰馥香谷销售情况的了解，我们感到价格的高低直接左右着项目的销售业绩，制定合理的销售价格必须是慎重研究的。针对青岛房地产市场的价格现状，我们此次采用的定价技巧，一方面是针对同行的竞争，另一方面则是针对我们的目标客户群。在采用了1）竞争价格评估；2）曾式树图；3）成本利润法；4）差价设计法等四种方法结合后，我们得出了上述价格（均价）定位，并建议分批推出楼盘。

（2）户型统计与总价分析

1）面积分类：共175种，最小面积101.50m^2，最大面积288m^2。

2）户型分类：二房二厅二卫、三房二厅一卫、三房二厅二卫、四房二厅三卫、复式、错层、标准层共8种。

3）面积阶段分类：101～150m^2 共148套

150～180m^2 共20套

180～280m^2 共140套

合计308套

根据以上户型统计，可以看出200m^2 以上的大户型占的比例还是很大的，这就关系到一个总价问题，也就是说要有100多套房子总价在100万以上。目前天泰馥香谷已售出60套，合计销售面积9252.90 m^2，已完成

17.80%，其中 200 m^2 以上复式套型占 28%左右，100 多平方米的套型占 72% ，由此看出大户型由于总价门槛过高，还是存在销售壁垒的。

根据这种销售情况我们建议 12 月 20 日开盘时推出 8000m^2 多，具体为 8 栋 1 单元：1113.20 m^2(已售面积 128.40m^2)；4 栋 5 单元：1283.70m^2；1 栋 3 单元：1208.40m^2(已售面积 139.7m^2)；10 栋 2 单元：1227m^2；3 栋 1 单元：1338.60m^2；3 栋 2 单元：1465m^2，但如预定情况非常火爆，也可全面推出。

开盘起价：3980.00 元/m^2(如精装修 4980.00 元/m^2，具体户型及价格配比见表 9-9～表 9-16。

这种配比，一是保证几类户型都有，二是将不太好销的及户型较大的推出比例大些，借着开盘热卖，将不好销的户型推出去，另一方面，根据开盘时的销售走势，确定第二批推出起价。

(3) 发挥差价原则

现天泰馥香谷有 8 种户型(4 种复式，2 种错层，2 种标准层)、175 种面积，并且有 4 层的、5 层的、6 层的、7 层的、8 层的多种楼层，还分电梯中高层与多层，这种品种的多样性，为我们价格的差价原则做了很好的铺垫。根据这种情况我们也分别请天泰员工对各单元的朝向差、景观差与楼层差做了评估(见表 9-4～表 9-8)，并根据评估分位，将各单元价格进行计算，得出平均价，并根据均价算出每栋每单元每楼层价格表。

2. 执行方案

(1) 单元评估(见表 9-4)：

表 9-4

评估人 / 评估单元	安玉田	吴占峰	张艾莉	张爱华	黄天华	姜鹏	史伟	王海燕	李林	刘冰辰	平均分
3—1	5	6.75	8.117	6.233	7.383	6.467	7.583	6.583	5	6.5	6.615
3—2	5.2	6.75	8.117	6.567	7.583	6.467	7.883	6.083	5	6.5	6.5616
4—3	4	7.375	8.75	7.375	7	6.825	7.80	5.90	6	6.5	6.7525

续表

评估人 评估单元	安玉田	吴占峰	张艾莉	张爱华	黄天华	姜 鹏	史 伟	王海燕	李 林	刘冰辰	平均分
4—2	5.3	7.2	8.46	7.44	6.917	6.84	7.40	5.76	6	6.5	6.7817
4—1	5.30	7.20	8.46	7.58	7.667	6.84	6.30	5.72	6	6.5	6.7507
1—7	9	7.625	9.25	8.125	7.25	6.936	7.55	8.45	7	7	9.924
1—3	8.5	8.333	8	7.85	7.083	6.975	8.583	8.85	7	7	7.964
1—5	8.8	8.333	9.083	8.117	7.083	6.975	8.333	7.443	7	7	7.9091
1—4	8.5	8.333	9.083	7.967	7.083	6.975	8.333	8.917	7	7	7.8167
2—2	9.6	8.75	9.133	8.267	7.417	7.017	8.433	7.033	10	10	8.505
2—3	10	9	7.133	8.3	7.417	7.017	8.917	8.883	8	8.5	8.1147
1—6	9	8.30	9.10	8.20	7.10	7.02	7.96	8.916	7	7	7.9174
2—4	10	9	9.133	8.3	7.417	7.05	8.933	8.917	8	10.00	8.525
1—8	9.2	7.833	8.333	8	7.333	7.083	7.167	8	7	7	7.954
1—2	8.2	8.333	8.833	7.8	7.083	7.1	8.983	8.908	7	7	7.8213
1—1	8	8.3	8.7	7.98	7	7.3	9.12	9	8	7	7.8949
4—6	9.6	8.667	8.967	8.8	8.833	7.333	7.333	6.7	6	6.5	8.0033
4—5	4.8	8.167	9.5	7.5	7.5	7.333	8.233	5.967	6	6	7.10
4—4	4	7.5	9	7.333	7.5	7.333	7.633	6	6	6	6.8299
2—1	9.40	9.00	8.833	8.20	9.167	7.367	8.267	7.167	9.00	8.50	8.5401
2—5	9.80	8.583	9.083	9.183	9.167	7.40	9.183	7.915	8.00	8.50	8.6075
4—8	9.60	8.667	9.767	9.00	8.833	7.80	8.533	9.30	7.00	8.00	8.665
4—7	8	8.667	8.767	8	8.833	7.8	7.367	7.633	6	7	8.0067
8—1	8.80	8.50	8.50	9.967	8.50	7.933	8.667	9.00	9.767	8.667	8.865
8—4	8.60	8.667	9.767	9.00	8.667	7.933	8.50	9.133	8.50	8.50	8.7301
8—3	8.70	8.667	9.767	9.00	8.667	7.933	8.367	7.967	8.50	8.50	8.7267
8—2	8.70	8.667	9.767	9.00	8.667	7.933	8.433	8.967	8.50	8.50	8.7068
10—1	8.60	8.667	9.533	9.00	8.00	7.967	8.60	9.134	8.00	8.50	8.6001
10—2	8.50	8.667	9.533	8.80	8.00	7.967	8.60	9.033	9.00	8.50	8.568
10—3	5	8.667	9.533	8	7.833	7.967	8.467	8.8	8	7.5	8.0876

续表

评估单元＼评估人	安玉田	吴占峰	张艾莉	张爱华	黄天华	姜 鹏	史 伟	王海燕	李 林	刘冰辰	平均分
9—1	8.60	8.375	9.675	9.00	8.125	8.05	8.50	9.25	8.00	8.50	8.6075
5—1	8	8.833	9.5	9	8.2	8.067	7.933	8.667	9	8	4.1308
7—1	8.4	8.833	9.5	8	8.2	8.067	7.633	8.933	8	8	8.1032
9—3	8.60	8.667	9.767	8.80	7.833	8.167	8.567	9.133	8.00	8.50	8.6034
9—2	8.50	8.667	9.633	8.80	8.00	8.167	8.533	9.233	8.00	8.50	8.6013
10—4	8.5	8.75	8.45	8.8	8.25	8.3	8.2	8	8	7.5	8.0742
10—5	8.5	8.75	8.65	8.8	8.25	8.3	7.95	8	7	7.5	8.0321
6—1	9.50	9.33	9.867	9.433	9.333	8.667	9.167	9.90	10.0	10.0	9.52

（2）楼层评估（见表 9-5～表 9-6）

八层 **表 9-5**

评估单元＼评估人	安玉田	吴占峰	张艾莉	张爱华	黄天华	姜 鹏	史 伟	王海燕	李 林	刘冰辰	平均分
1～2F	6.0	5	7.5	6.5	7	7	7.5	7	9	7	6.95
3F	8.5	6	9	8	7.5	7.5	7	7	7	6	7.25
4F	9	7	8.5	8.5	7.8	7.5	8	8	7	5	7.63
5F	9.6	8	9.5	9	8	8	9	9	8	8	8.61
6F	9.8	9	9.5	10	9	9.5	9.5	9.5	8	9	9.28
7～8F	10	10	10	9.5	10	10	10	10	10	10	9.95

五层 **表 9-6**

评估单元＼评估人	安玉田	吴占峰	张艾莉	张爱华	黄天华	姜 鹏	史 伟	王海燕	李 林	刘冰辰	平均分
1～2F	6	7	8	7	7	7.5	6	9.5	10	10	7.8
3F	8	8	9	8	8	8	8	8	8	7	8
4～5F	10	10	10	10	9	9.5	9.5	10	9	8	9.5

（3）楼层差价率与差价系数（见表 9-7～表 9-8）

八层　**表 9-7**

楼　层	评估得分	差价率	差价系数	备　注
1～2F	6.95	0.840	−0.0268	
3F	7.25	0.876	−0.0207	
4F	7.63	0.922	−0.0131	
5F	8.61	1.041	0.0067	
6F	9.28	1.130	0.0202	
7～8F	9.95	1.202	0.0336	

五层　**表 9-8**

楼　层	评估得分	差价率	差价系数	备　注
1～2F	7.8	0.9286	−0.025	
3F	8.0	0.9524	−0.017	
4～5F	9.5	1.1310	0.042	

(4) 各单元平均价计算

1) 6 栋 1 单元　9.52/8.1308×4800=5620.00

2) 8 栋 1 单元　8.865/8.1308×4800=5233.00

3) 8 栋 4 单元　8.7301/8.1308×4800=5153.00

4) 8 栋 3 单元　8.7267/8.1308×4800=5151.00

5) 8 栋 2 单元　8.7068/8.1308×4800=5140.00

6) 4 栋 8 单元　8.665/8.1308×4800=5115.00

7) 2 栋 5 单元　8.6314/8.1308×4800=5095.00

8) 9 栋 1 单元　8.6075/8.1308×4800=5081.00

9) 9 栋 3 单元　8.6034/8.1308×4800=5079.00

10) 9 栋 2 单元　8.6013/8.1308×4800=5077.00

11) 10 栋 1 单元　8.6001/8.1308×4800=5077.00

12) 10 栋 2 单元　8.568/8.1308×4800=5058.00

13) 2 栋 1 单元　8.5401/8.1308×4800=5041.00

14) 2 栋 4 单元　8.525/8.1308×4800=5032.00

15) 2 栋 2 单元　8.505/8.1308×4800=5021.00

16）5 栋 1 单元　8.1308/8.1308×4800=4800.00

17）2 栋 3 单元　8.1147/8.1308×4800=4790.00

18）7 栋 1 单元　8.1032/8.1308×4800=4783.00

19）10 栋 3 单元　8.0876/8.1308×4800=4774.00

20）10 栋 4 单元　8.0742/8.1308×4800=4766.00

21）10 栋 5 单元　8.032/8.1308×4800=4741.00

22）4 栋 7 单元　8.0067/8.1308×4800=4726.00

23）4 栋 6 单元　8.0033/8.1308×4800=4724.00

24）1 栋 3 单元　7.964/8.1308×4800=4701.00

25）1 栋 8 单元　7.954/8.1308×4800=4695.00

26）1 栋 7 单元　7.924/8.1308×4800=4678.00

27）1 栋 6 单元　7.9174/8.1308×4800=4674.00

28）1 栋 5 单元　7.9091/8.1308×4800=4669.00

29）1 栋 1 单元　7.8949/8.1308×4800=4660.00

30）1 栋 2 单元　7.8213/8.1308×4800=4617.00

31）1 栋 4 单元　7.8167/8.1308×4800=4614.00

32）4 栋 5 单元　4.10/8.1308×4800=4191.00

33）4 栋 4 单元　6.8299/8.1308×4800=4032.00

34）4 栋 2 单元　6.7817/8.1308×4800=4003.00

35）4 栋 3 单元　6.7525/8.1308×4800=3986.00

36）4 栋 1 单元　6.7507/8.1308×4800=3985.00

37）3 栋 1 单元　6.615/8.1308×4800=3905.00

38）3 栋 2 单元　6.5616/8.1308×4800=3873.00

（5）价格明细表

6 栋均价：5620.00 元/m²　　**表 9-9**

楼层	层差价（元/m²）	计算价（元/m²）	开盘推出价（元/m²）	装修价（元/m²）	持续期上涨价（元/m²）
1F	−140.00	5480.00	5480.00	6480.00	6580.00～6800.00

续表

楼层	层差价（元/m^2）	计算价（元/m^2）	开盘推出价（元/m^2）	装修价（元/m^2）	持续期上涨价（元/m^2）
2F	−96.00	5524.00	5680.00	6680.00	6790.00～6000.00
3～4F	236.00	5856.00	6180.00	7180.00	730000～7550.00

5 栋均价：4800.00 元/m^2

表 9-10

楼层	层差价（元/m^2）	计算价（元/m^2）	开盘推出价（元/m^2）	装修价（元/m^2）	持续期上涨价（元/m^2）
1F	−120.00	4680.00	4680.00	5680.00	5780.00～5910.00
2F	−82.00	4718.00	4780.00	5780.00	5880.00～6080.00
3～4F	203.00	5003.00	5800.00	6800.00	6910.00～7150.00

7 栋均价：4783.00 元/m^2

表 9-11

楼层	层差价（元/m^2）	计算价（元/m^2）	开盘推出价（元/m^2）	装修价（元/m^2）	持续期上涨价（元/m^2）
1F	−120.00	4663.00	4850.00	5850.00	5950.00～6080.00
2F	−82.00	4701.00	4950.00	5950.00	6050.00～6180.00
3～4F	202.00	4985.00	5850.00	6850.00	6990.00～7190.00

8 栋 1 单元均价：5233.00 元/m^2

表 9-12

楼层	层差价（元/m^2）	计算价（元/m^2）	开盘推出价（元/m^2）	装修价（元/m^2）	持续期上涨价（元/m^2）
1～2F	−130.00	5103.00	5160.00	6160.00	6260.00～6420.00
3F	−89.00	5144.00	5360.00	6360.00	6470.00～6630.00
4F	220.00	5453.00	5860.00	6860.00	7000.00～7200.00

8 栋 2 单元均价：5140.00 元/m^2

表 9-13

楼层	层差价（元/m^2）	计算价（元/m^2）	开盘推出价（元/m^2）	装修价（元/m^2）	持续期上涨价（元/m^2）
1～2F	−129.00	5011.00	5050.00	6050.00	6150.00～6300.00
3F	−88.00	5052.00	5220.00	66220.00	6320.00～6480.00
4F	217.00	5357.00	5960.00	6960.00	7100.00～7300.00

8 栋 3 单元均价：5151.00 元/m^2　　**表 9-14**

楼层	层差价（元/m^2）	计算价（元/m^2）	开盘推出价（元/m^2）	装修价（元/m^2）	持续期上涨价（元/m^2）
1～2F	－129.00	5022.00	5050.00	6050.00	6150.00～6300.00
3F	－88.00	5063.00	5220.00	66220.00	6320.00～6480.00
4F	217.00	5368.00	6960.00	6960.00	7100.00～7300.00

8 栋 4 单元均价：5153.00 元/m^2　　**表 9-15**

楼层	层差价（元/m^2）	计算价（元/m^2）	开盘推出价（元/m^2）	装修价（元/m^2）	持续期上涨价（元/m^2）
1～2F	－129.00	5024.00	5150.00	6150.00	6250.00～6410.00
3F	－88.00	5065.00	5350.00	6350.00	6460.00～6620.00
4F	217.00	5378.00	5950.00	6950.00	7090.00～7290.00

9 栋 1 单元均价：5081.00 元/m^2　　**表 9-16**

楼层	层差价（元/m^2）	计算价（元/m^2）	开盘推出价（元/m^2）	装修价（元/m^2）	持续期上涨价（元/m^2）
1～2F	－128.00	4953.00	5200.00	6200.00	6300.00～6460.00
3F	－87.00	4994.00	5390.00	6390.00	6500.00～6660.00
4F	214.00	5295.00	5790.00	6790.00	6930.00～7130.00

其余价格此处不再表述。

（六）价格执行反馈控制系统

由于市场目前较为复杂，各种类型的楼盘都同时存在，我们必须对价格有一个可调整的系统。而此系统存在于推广和销售过程当中，保证让我们的价格贴近市场并保持较高利润。

1. 反馈调整系统树图（见图 9-2）

2. 价格反馈系统曲线图——动态价格反映（见图 9-3）

根据市场项目进行比较，通过加权评估确定目标项目的价格。但是，这一价格实际是一种静态市场价格，而市场是随时都在变化的，只有掌握

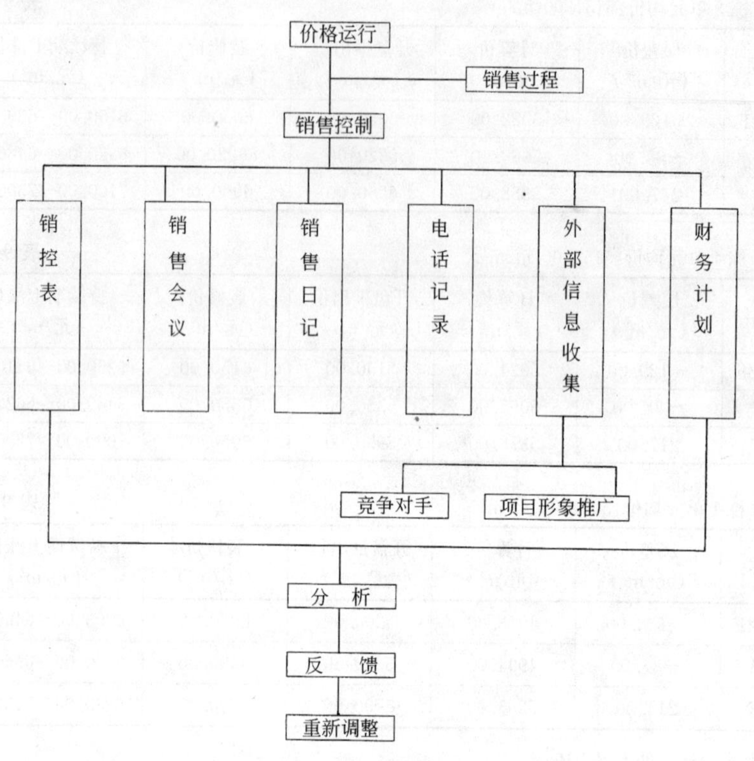

图 9-2　反馈调整系统树图

动态市场价格，才能确定出最佳的价格方案。价格反馈系统曲线图针对项目运作前期，试探市场对项目价格的反应，客户可以接受的心理价格，根据市场变化最终确定项目的实际销售价格。

3. 价格执行

在推出量和价格控制上做到既要能产生脉冲性，又要能保持楼盘在市场上的恒温效应，策略如下：

(1) 建立"限量发售"，上市价越来越高，上市货越来越好市场营销模型。

(2) 馥香谷定位于国际化住宅特区，那么目标客户一类为外籍业主；

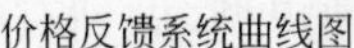

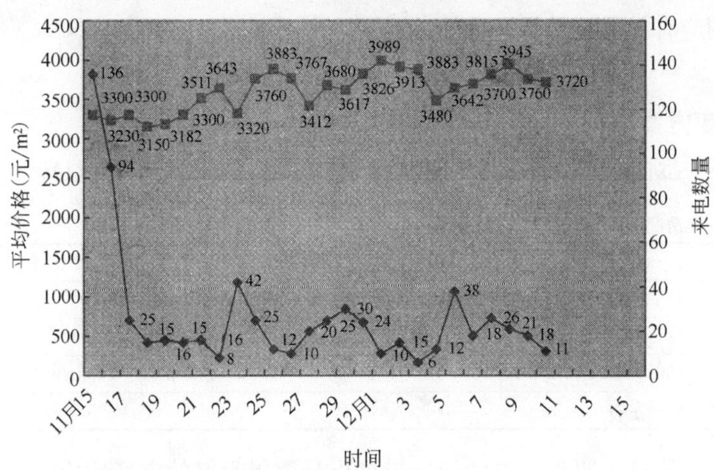

图 9-3　价格反馈系统曲线图

注：期间广告发布情况

1.11 月 15 日,“环境金奖”(青岛日报)

2.11 月 26 日,王总谈“馥香谷”全国获奖(青岛日报)

3.11 月 23 日,“馥香谷”国际住宅与北美家居、园林的合奏(青岛日报)

4.11 月 25 日,王总北大授课

5.11 月 27 日,“国际化环境特区”(青岛日报)

6.11 月 28 日,同上

7.11 月 29 日,同上,“王总关于无理由退房答记者问”(青岛日报)

8.12 月 4 日,“天泰规矩”

9.12 月 5 日,“国际化环境特区”(青岛日报)

10.12 月 8 日,阳光地带(青岛晚报)

11.12 月 10 日,天泰故事系列之一

一类是公司总裁、董事长、金领、外资企业的高级职员等。因此首批推出的住宅在首批量销的基础上再进行下一阶段的销售,做到留有余地,以便依循首批推出后的市场反应,紧接进行相关户型的调整,而中期阶段是在消化旧有存量的,主推 200m² 以上的户型,针对的是拓展性的客户,强调推出的品质。

(3) 推出的次序是“先两侧面后中间,先西面后南面”,位置及朝向较好的单元尽量放在后期销售,做到推出的产品的品质越来越高,为在销售期后期的价格上升导入质量的概念,避免价格做空。

(4) 讲究户型入市的节奏感,每个阶段实施“主推主力户型”的策略,

这样可以集中力量推广一两种户型，做到有的放矢，避免由于战线过长而达不到应有的促销效果。

4. 应变方案准备

第一批住宅推出后预测出现以下5种情况（见表9-17～表9-21）：

第一种情况　**表9-17**

户　型(m^2)	推出套数(假设)	销售比例
113～128	10套	80%
131～150	10套	80%
150～200	10套	60%
200左右	10套	50%

这种情况表明馥香谷的第一批推出量取得很好的市场反应。
应变方案：再有计划地加推200m^2以上的户型。

第二种情况　**表9-18**

户　型(m^2)	推出套数(假设)	销售比例
113～128	10套	80%
131～150	10套	80%
150～200	10套	40%
200左右	10套	20%

这种情况反映150m^2以下的户型受到市场欢迎，表明馥香谷采取的与周边楼盘户型的差异在竞争策略取得成功，而200m^2以上的大户型由于推广力度还不够，推销速度慢，致使销售成绩难理想。

应变方案：加大推广力度，加强大户型的优惠措施（不用现金打折，可采取赠送实物）。

第三种情况　**表9-19**

户　型(m^2)	推出套数(假设)	销售比例
113～128	10套	40%
131～150	10套	70%
150～200	10套	40%
200左右	10套	20%

这种情况反映 130～150m^2 的户型受市场欢迎，是由于该户型针对的消费层面广，需求大，而中、小户型及大户型分别是由于户型较差和消费面狭窄，造成需求量相对减少，因此销售相对困难。

应变方案：以特优价迅速消化小户型，加大对大户型的宣传，平稳加推中户型。

第四种情况　**表 9-20**

户　型(m^2)	推出套数(预定)	销 售 比 例
113～128	10 套	40%
131～150	10 套	70%
150～200	10 套	80%
200 左右	10 套	50%

这种情况反映 130m^2 以上户型受市场欢迎。说明馥香谷项目的中大户型有足够的市场进行消化。

应变方案：迅速消化小户型，特优价消化，按计划加推其他户型。

第五种情况　**表 9-21**

户　型(m^2)	推出套数(预定)	销 售 比 例
113～128	10 套	20%
131～150	10 套	40%
150～200	10 套	40%
200 左右	10 套	20%

这种情况是馥香谷第一批推量出现销售困难，楼盘存在突发性事件，如工程质量，买卖纠纷，宣传不足引起知名度不高，造成严重的公关危机等原因造成这种局面的发生。

应变方案：加强宣传推广，重新调整价格。组织人员检查分项工作，改进设施，调整促销策略及宣传推广策略，重新以崭新面貌上市。

小结：综合上述五种情况，第一种情况经过对市场竞争环境，主要竞争者等方面进行调整分析概率最大，第二、三、四种也存在较大概率，第五种情况是最坏的局面，其出现的概率也是最低。

第二篇　经典个案解码之二
——成都花园推广全景展示

成都花园是大连万达集团、成都市统建办、青羊区统建办联合开发的国际水准智能化生态园林社区(因某些原因,万达现已退出)。整个社区建筑类型丰富,别墅、联体别墅、电梯公寓三个片区呈台阶式分布,独立别墅豪华典雅,海外时尚联体别墅洋溢异国风情,板式中高层电梯公寓采用框架全现浇结构,独具欧美简洁、清新、俊朗的建筑风格。

从空中鸟瞰,成都花园像一只美丽的蝴蝶,静静地栖息在秀丽的成都西郊平原上,清水河从都江堰一路淌来,紧紧依偎北岸的成都花园。浣花溪的杨柳风,百花潭的桃花雨,还有少陵草堂千年飘香的梅林,赋予了成都花园空灵绝俗的气质。国内第一个生态示范区,旖旎的风光与浓郁的人文气息相交融,使成都花园成为最完美的居住社区。

成都花园项目早在1999年下半年就已经开始了运作,到2000年下半年,第一期开发销售取得了巨大的成功,回想当年的整个推广过程气势恢宏,令人荡气回肠。现在将成都花园的推广全景向读者倾心展示,以解众多开发商以及业内人士对成都花园大手笔推广的神秘向往之渴。

整个推广过程分为四个阶段,第一个阶段是亮相阶段;二是升温式蓄势阶段;三是强势促销;四是持续关注。每个阶段又进行了数个活动和推广战术。

一、轰动性亮相

1. 引而不发的"密度"新闻
2. 强强联手的轰动亮相
3. 梦幻组合的品牌堆积
4. 牵动市场的"加急电报"

第一个推广步骤叫作轰动性的亮相,为什么是轰动性的亮相,在市场上这么多的楼盘,这么多产品当中,怎么样一下子跳出来就吸引人家的注意,方法很多,形式多种多样,但目的就是一个,争夺"眼球"。我们怎么样使得你现有的客户和潜在的客户都等着要买你的房子,要起到这样的作

用，叫蓄势、集蓄客户，我们以前的比喻，叫做人工降雨，把云层都吸引到我这上面来，轰动性的亮相。我们在成都、长春的楼盘是异曲同工，方法有点差异，但是总体是差不多的。当然轰动性亮相又在前期进行了一定的秘密操作，没有过早的透露项目的信息，从而形成一种神秘的项目运作，引起市场的极度好奇，大家都来关注。

1. 引而不发的“密谈”新闻

成都花园一开始，先发表了一篇文章，在报纸媒体上接受采访发表了一篇文章，就是：王健林秘密地到蓉城成都密谈千亩开发，造成一种神秘悬念，王健林的大连万达足球怎么跑到成都来谈千亩开发，什么意思？行业内、海内外都很关注。紧接着，我们就搞了一个和当地政府的一个签字仪式，合作的签字仪式，这个签字仪式规模搞的非常大，把省市领导都请来了，副省长、市长都请来了，一般的领导都不参加这种活动的，因为我们是从西部开发的角度把他们请来的，新闻媒体因为有领导在，因为有王健林，因为有整个的千亩开发，就形成了整个那两天的报纸铺天盖地的全部都是万达进成都的新闻，造成一种声势，使它成为一个新闻的热点。大家要记住，一定要让你的项目成为新闻的热点，人家都注意你，要做到这一步。

2. 强强联手的轰动亮相

强强联手，共建“成都花园”。

“成都花园”的投资组合，除万达集团以外，还有成都市统建办和成都市青羊区人民政府统建办，被当地媒体誉为“联合舰队”。

以此为基点，我们在“万达的故事”——规划篇中作了重点阐述，突出政府行为，增强“成都花园”品牌的权威性和可信度。

另外，4月底或5月初，青羊区政府将进行一次区域性的房地产推广活动，“成都花园”作为最大、最受关注的项目将由青羊区政府重点推荐和介绍。

3. 梦幻组合的品牌堆积

然后，紧接着，我们做了一个叫做“品牌堆积”，王健林在万达原来是不是做地产很多人不知道，那么在这里地产能不能做好？那么我们马上请来了一个规划设计师，叫威廉·顾，他是设计美国世贸中心的主要人员，这是全世界20世纪最伟大的10大建筑之一，当然，现在这个世贸中心已经不存在了。请他来做的规划设计，他这人本身就很具有一种份量，有新闻价值，然后就炒他，让整个行业内外又一次一次的从密谈千亩开发到签字仪式，到威廉·顾的出现，成为热点。然后就讲通过威廉·顾的规划设计，引进美国的理念，要把原汁原味的美国小镇搬到成都来，这样的思想，当然引起很多人的关注，特别买房者，无论是我们的规划设计也好，还是配套也好，各方面，在整个成都都是高出一个平台作业，没有对手。

那么，在长春也是异曲同工，长春我们请的是新加坡的规划局的局长刘太格，请他来做规划设计，然后先把他请来做长春市政府的城市规划顾问，这是很好的一个新闻事件，举行了一个聘请刘太格为城市规划顾问的活动，当然很高的新闻价值，都来炒，把这个带出来，刘太格不仅要给长春做城市规划顾问，而且还要成为万达的总规划师，长春新城的总规划师，很自然的，通过亮相把万达带进。所以我们文章就写，万达足球踢进春城，通过这些活动，让人家知道，非常有实力的国内著名的大品牌万达进到长春来了，使得那些要买房的人，和以后准备买房的人，都在关注，从那个时候开始，这两个城市的销售就开始出现很微妙的变化，急剧的往下停止，停止的一种状态，人家都在看，我们要的就是这个效果。

4. 牵动市场的“加急电报”

那么，炒完这一轮之后，两个项目都差不多了，也都快到春节前了。春节前第一阶段准备收关，告一段落，然后就发了一组东西，第一篇是加急电报，在后面的内容里将有详细的介绍，成都这里的，就以一个在成都的一个妻子的身份，打电报给她在广州工作的丈夫的这种方式(现在不能用了，加急电报取消了)，告诉他说房款缓汇，你久候的成都花园已开发，听说与国际接轨，不可比拟，无法模仿，买房的事等等看，详情见明日特快专递，妻子小慧。紧接着第二天我们又发了半个版的特快专递(详见附件四)，设计的广告模式都是按特快专递的封面及形式来设计的，但是后来没通过，没通过也没关系就这么发了。里面讲到：建川，昨天的加急电报收到了吗？咱们一月中旬签订的订房协议本来春节前应该付第一笔款了，但是这两天我看到成都花园的消息，讲到美国的威廉·顾过来了，讲到他们的设计如何如何好，最后有一句话，虽然成都花园最终有咱们不满意的地方，也就不一定买它了，况且我们订的那一套也是不错的，主要是同行之间不要过分打压，就是大家还要捧捧场，成都还有别的好房子，不一定买成都花园，可以等一等，比一比，还是很值得的。通过这种唤起市场的一种等待，你要等等我，看一看，为了你一生的幸福值得等待。所以，春节前我们就告一段落了。这个效果非常好，我们过完春节没多久，2 月 22 日的时候，我们就收到涪陵姓李的一位先生写来的信，他就说我听说了你们的成都花园之后，本来就想买别的房子了，看完你们的之后，觉得就要看看你们的，结果怎么就没有动静了？其实根本没过多久，也就是二十几天的时间，过个春节，他就等不急了。这封信原件现在仍然保存着，达到轰动性的亮相，它的目的就是把现存的存量的客户和潜在的客户，统统留住，这第一步，轰动性的亮相，整个的方法可以很多，目的就是这一个，这是第一步。

二、升温式蓄势

1. 万达品牌整合
2. 品牌转换的认知整合
3. 塑造形象的“信誉宣言”
4. 巩固品牌的“万达故事”
5. 轰动全国的信誉宣言
6. 推广转移的标识征集

7. 展示全景的“系列推广”

8. 与众不同的模型效应

9. 提升品牌的创新风暴

10. 遥相呼应的“放心”策划

11. 令人信服的“专家点评”

第二步叫做什么呢？叫做升温式的蓄势，就好比是“烧开水”，从一度两度十度二十度不断地往上烧，升温、蓄势，第一是轰动性的亮相，第二是升温式的蓄势。那么过完春节之后，我们就准备进行第二步了。

1. 万达品牌整合

万达这个公司知名度是有了，实力也不容置疑，但是你作为一个原来大家都认为是踢足球这么有名的公司，你做房地产到底行不行？市场对你并没有一个很清晰的认识。所以为什么这里不给大家介绍万达在大连的项目呢？他在大连已经是多年知名的房地产的品牌，不需要做这么多工作。在其他的城市里，我就需要给它完成一个从足球品牌向地产品牌的转化。所以，我们到3月初，就开始做了一个新一代建设报，做了一个整版的文章，叫作王健林整合品牌，不知道大家有没有注意到2000年中国建设报整版的一个文章，就是讲王健林和万达集团为什么要退出足球，为什么要进入地产，为什么要到外地去开发，把他的一些想法、一些理念，很详细地做了一个阐述。然后，我们建设报一登出来，马上在长春和成都以及大连等各地的主要报纸全部全文转载，使当地的市场、当地的老百姓，对于万达为什么要到这里来搞房地产有一个很清晰的认识，有很自然的过渡。

2. 品牌转换的认知整合

这一个阶段不知道大家意识到没有，我们主要是做企业形象的认知。所以我们每一个企业要结合你自己在当地的实际情况，如果你自己就已经是在当地很知名的一个房地产品牌企业，就不太需要做这方面太多的推广，比如万达在大连，我给他做了两个项目，根本就没有着重去推广它的形

象，直接就是它的房子设计新在什么地方，创新在什么地方，就OK了。因为买房子不像别的小商品，商品越大，价值越大，购买者对于它的制造者、生产者就越重视。那么，房地产的开发商对于房地产的开发来讲，它的形象是非常重要的，当然，有的人会说，哎呀，我的公司在当地没有什么品牌形象怎么办？不要紧，有一个办法可以补救，叫作什么呢？叫作品牌堆积。什么意思呢？借别人的品牌来做自己的品牌，比如说万达，他是借什么呢？是炒威廉·顾，炒他是园林设计大师，园林设计是香港园林皇家协会的会长来给他做园林设计，在营销中把作者也炒了一下，还有几个方面，物业管理、市场研究，靠这些东西来弥补你自身品牌形象的不足，这叫"借花献佛"，这是一种方法。但是怎么借，结合各个公司、各个地方的具体情况。还有就是靠产品本身的品牌，本身的创新，比如说昆明阳光海岸的产品，它的公司一个是经营房地产开发的，以前在昆明没有人知道这家房地产公司的，他只做过一个商业项目。另外一个合作者是修公路的，叫云南公路五处，在房地产这个行业里面没有任何知名度，所以不是绝对的。只是，如果你具有这种本钱，你这个企业有这个能力。比如说秦皇岛的海洋置业在当地是非常好的一个企业，他可以借他的企业形象来做品牌，没有问题。但是如果你在当地是默默无闻，就可能要借别人的东西来做品牌，这是一个迅速提升品牌的捷径。

3. 塑造形象的"信誉宣言"

接下来马上紧接着就到"3.15"了，到"3.15"之后，正好我们结合"3.15"搞了一个具有全国影响的活动，也是为后来建设部在人民大会堂召开的"销售放心房"的活动埋下伏笔的一件事情，就是万达的三项承诺，万达的信誉宣言，因为万达原来在大连做房地产开发的时候，曾经有一个很有名的三项承诺，内容主要是发现渗漏罚款三万，如果面积不符合的话，可以缺一赔三等三项承诺，在各地市场杀伤力非常大，因为房屋渗漏也好、还是面积不符也好，侵害消费者权益的事情是屡有发生，房地产投诉是在所有行业里投诉最多的一个行业。恰恰我们就对症下药的来了一个重磅炸

弹，这一招是比较厉害的。

4. 巩固品牌的“万达故事”

紧接着，你虽然是承诺了，但是你这个东西到底原来做的怎么样？大家很关心的。我们就又做了一轮推广，做万达的故事，把万达在大连这几年来，发生在当地的一些很感人的故事，工程质量方面、规划设计方面、物业管理方面等等，把这些故事写成一组，分别在成都的报纸和长春的报纸，一个星期两篇连载，确实有很多很动人的、很感人的故事。比如说一个老板，他那天出门忘了关水龙头了，当时是停水，走了就忘了关，结果走了之后水又来了，他就特别害怕，因为当时大连的各个小区的房屋渗漏都很严重，就担心下面的住家会有意见，这么多水泡在那里，肯定十有八九是要渗漏的，回来之后，发现下面的人没来找他，于是第二天就借个机会下去跟他聊天，说起来，这两天下雨有没有漏，没有，我们很好。把类似这样的故事写到里面，通过这种来展示万达做房地产是有实力、有信誉、有品牌的（万达故事系列展示见附件二）。

5. 轰动全国的信誉宣言

首先配合“3.15”消费者日，呼应上阶段结束时抛出的疑问：“不知万达的三项承诺会不会用在成都花园上？”于 3 月 13 日、15 日推出万达房地产“三项承诺、八项信誉保证”的宣言，紧接着推出“万达的故事”系列软性推广文章，分“工程质量篇”、“物业管理篇”和“规划篇”三部分，以讲故事的形式将万达房地产形象地介绍给成都市民。其中已完成的信誉宣言给成都市房地产业以巨大的压力，成都业界惊呼：狼来了！

6. 推广转移的标识征集

征集“成都花园”标志和标志物设计方案。

实施方案：首先在商报和华西报登出有奖征集通告，征集期限为一个月，请市民参加“我最喜爱的成都花园标志”和“成都人最喜爱的标志物”有

奖评选活动。在为期一个多月的征集和评选期间，商报和华西报上连载“成都花园规划总案讲评”，图文并茂展示成都花园未来整体形象；然后登载部分应征方案，再一次公布有奖评选细则；一周后登出评选结果和中奖方案点评，并与省有线电视合办专栏“成都花园获奖方案颁奖晚会”。在晚会上公开抽奖抽出参加评选的获奖者名单。中奖者可以在成都花园开盘一个月内享受开盘特惠价，并可以获得成都花园未来的消费绿卡。活动结束以一封信的形式总结结尾，发出“成都花园像一个美国小镇，我对成都花园很有信心”的暗示。

7. 展示全景的“系列推广”

我们做完万达这一组故事，主要是讲企业形象，通过这一个系列，我们基本上把企业的形象认知告一段落。紧接着，我们一环扣一环的就开始做项目展示。当然，其中也夹杂着一些包括还是企业形象的东西，这时候开始以项目形象为主了。项目形象主要是我们的成都花园也好、长春明珠也好，做了几件比较主要的事情，最重要的一个东西是我们有一个系列的推广，这里有一个系列的文稿，把成都花园像展出一幅全景图那样，一幅一幅地展现在读者面前，一个星期1～2篇，半个版，每一次讲它的某一个方面，比如说长春明珠系列之一，国际规划水准；长春明珠系列介绍之二，生态环保理念；长春明珠之三，非常园林景观；之四，欧美建筑风格；之五，超前社区配套；之六，超级健康会所；之七，新型建筑材料；之八，家庭中央空调；之九，三星智能系统；之十，一流物业管理等(具体内容见附件一)。那么，因为长春明珠开盘比较早，它是6月初开的盘，而成都花园是比较晚，9月份才开盘，所以成都花园推广的时间往后延了，而且篇幅也更多，大概做了14篇的推广文章。通过蓄势性的升温，我一次一次、一幅画一幅画地不断地渗透，渗透到市场，渗透到客户心里面，这种软性的推广，大家千万不要吹糠见米，我一定要广告出去有多少人打电话，有多少人来登计或者来交钱，不要有这种太功利的想法，你就不要着急，你就像烧水一样慢慢烧，市场肯定会接纳你的信息，肯定会起作用，时间一到就一定能够开锅。

8. 与众不同的模型效应

中间还有很多穿插的很有意思的事情。比如说，在成都房地产交易会，每次我们的成都花园的展出都是引起轰动，都成为新闻追逐的热点。比如说我们在成都做了一个 75m² 的模型，因为我到处都走过，我知道这在当时是最大的房地产项目的模型，我们当时就想申报吉尼斯记录，但是后来没报。这个模型里面有水、有鱼的，而且有活鱼在游动的，模型里面，这就成为一个景观，成为房地产会的一个景观，你想不让大家涌过去看都不行。所以，我们房地产会七天的时间，订户 2000 多户。这些不断的项目展示、形象展示，不断地往上走，我们的推广活动要把握住一点，我准备销售在什么时候，什么时候拿到销售证，什么时候开盘，我们的推广要一步一步朝着这个目标往前走，不断感知社会对你的认同，一旦这个认同差不多到顶了，你后面的推广方案都可以不用了。我们其实在长春也好、成都也好、阳光海岸也好，有很多备选方案都没有用，火候已经够了，再用是浪费。

9. 提升品牌的创新风暴

在项目开盘前，我们还参加了一个活动，是由中国建设报主办的关于创新风暴的评选，结果，成都花园、长春明珠和大连的星海人家三个项目同时获得了六项大奖，我们分别在三个地方对此次的获奖进行了全面的报道，这次获奖提升了三个项目的品牌形象，进一步巩固了前期品牌塑造的成果，确立了阶段性品牌第一形象。

10. 遥相呼应的“放心”策划

另外，中间还举行了几个比较大的活动，比如说我们促成了建设部在人民大会堂举行的销售放心房的活动，大家都知道，只有万达的王健林一个人代表开发商在那里发言。实际上，这个会是奠定了万达在房地产的一个地位，可以说是促进相对是业内龙头的一个地位，奠定了“南有万科、北有万达，南有王石、北有王健林”的这么一个著名说法，这也是一个我们产

品展示、企业形象的一个强有力的催化剂。

11. 令人信服的“专家点评”

然后，我们又组织请一些专家，包括建设部的领导、省长、副市长他们专家组到我们成都花园、长春明珠去点评。但是两地的情况不同，比如说长春明珠，我们最后请市长、市委书记到项目现场去视察，然后通过市委书记的讲话，在报纸头条登出来，长春的开发商要学万达、学长春明珠，要上精品、上档次等等，让老百姓要掏钱的时候，最后给它定型。

由于本阶段是整个推广过程中的最重要的部分，其中所包含的活动和内容也是最丰富多彩的，本阶段成功将万达的足球品牌有效地转换到了地产品牌上，并通过数次活动强化了地产品牌，紧接着，马上转移到项目形象塑造上，整个过程计划周密，让市场不知不觉都在关注万达，关注成都花园，为后期销售集蓄了足量的客户。

三、　强势促销

1. 多管齐下的促销措施
2. 制造人海的开盘大奖
3. 显示实力的明星助阵

第三个是强势促销，也就是开盘了，开盘前后是强势促销，这时候我们市场认知完成了，形象大家也认同了。关键是怎么样采取一些促销的方法，包括价格、折扣、优惠等。

1. 多管齐下的促销措施

在开盘强销的同时，我们推出了多项促销措施，在短期内将前期集蓄的市场完全吸纳，确保了项目开盘红。

2. 制造人海的开盘大奖

配合系列推广，我们还搞了一个比较独特的活动，叫做集报抽奖，在长春和成都我们是奖100台29吋的彩电，长春就是这样，极大地焕发了人民群众集报的积极性，使得报纸易碎品（看一天就扔掉了），使得它能够起码被收集一两个月，同时它的传阅面也特别宽广，单位里如果谁经常看报纸看惯了，一下子怎么今天报纸没了，一找，你拿去了，你怎么老拿着报纸，收集成都花园，什么意思？他也去看看。这段时间，两地的报纸非常好销，有一个小的插曲，作者的一个同学（因为作者在长春读的大学），长春的一个同学跟我说，为了集报买了20份报纸，他就交代报贩，他说我明天还要，先把钱给你拿着，明天我来取。结果第二天等到他去取的时候就没了，他就火了，我们先交了钱你还不给我留着。对不起，你上次买的时候留的是5角一份的，我这次卖是卖1元一份。到了后来抽奖的时候，人山人海的，很多人经常会提个疑问，说你这个人气足是不是一定就有财气，很多人就有疑问，说那些老太太、老大爷退休了，没什么用。但是你们一定要记住，做事情千万不要功利，有人气一定有财气，哪怕他这一天一万人来这里抽奖，一套房子都没买，你都不要管，你都成功了，它的口碑效应，它的新闻效应，它的广告效应，对社会认知的效应，很快会释放出来，如果你产品好的话，当时还没有遇到过效果不好的，当时效果就非常好，其实哪怕退100步来讲，你都不要担心这个事情，你只要想办法怎么样在比较少的投入里面，产生比较大的广告的效果，比如好像是很大的投入。100台29吋电视机，其实才多少钱？才十几万啊，从厂里面拿出来海信的电视，一台不到2000元，一共才十几万，广州日报一个彩版就是37万，但是它的效果是完全不能同日而语。所以我想大家做一些投入的时候，投入比较小，但是非常高的回报的这种广告的投入，这就是一种非常好的形式，哪个城市没有做过的就可以做一次，如果做过了跟着学好像意思就不大了。但是我觉得中国人的博彩心理是最浓的，可以屡试不爽，像买彩票似的，屡试不爽。为什么呢？100台电视，大家总觉得，你说1台大家都没什么兴趣了，轮不到我，100台可能总得轮到我吧，非常有效。这是一个大的项目

展示。

3. 显示实力的明星助阵

另外还要搞一些大型的公关活动，再一次引爆人气，大连万达有钱，大手笔，他是组织了中国第一豪华阵容去那边开盘，就是演艺界的第一豪华阵容，刘欢、宋祖英都得到场，去那边敲锣开盘。第一次引起 1km 的车停在那个地方，车排着队 1km，然后人山人海在那里。怎么样通过这种强势促销把蓄水的闸门尽可能打开一点，打得更大一些，打得更宽一些，把已经需要的水全部要尽快地流出来。那一段时间，特别是长春那段时间，别的项目都没法卖了，客户纷纷都退房子来买这个房子，大家有机会可以去考察一下。至今长春明珠在当地还是一个巨无霸。

四、持续性关注

第四，持续关注、大家一定要知道，你们如要指望一个月或每一个星期，销售量都是一样的，都是这么高潮，不可能的。一般销售有个规律，开盘高潮以后，会有一个相对的平淡期，这个平淡期大家千万不要过分的担心，本来上个星期 40 套，现在剩下 20 套了，怎么今天才有 2 套，不要慌，这是很正常的。第一波的客户已经基本消化了。你要重新研究新一波销售里面出现什么问题，还有哪些客户，你第二波是攻击哪些客户，哪些潜在客户没有抓到，哪些原来你目标客户群之外的客户又冒出来了，研究第二次的蓄势。第二次蓄势就是你的项目不管有没有销售，你都要保持对你市场持续推广了。比如说最近在昆明房地产会，昆明当地有一个比较老牌的开发商，这么火爆的房展会，他一个展位没有要，没有露面，有一天晚上我和他们老板吃饭的时候，我说你们这样做不对，你不露面，资本主义不去占领，社会主义就去占领了，现在轮不到你一家可以很长时间默默无闻，最后还能够强势出来。我经常举一个例子，有一个很知名的品牌，国内很有名的品牌，做得很好的，但是后来有一段时间他没什么项目，就不做自身的推

广。结果，现在他已经和别的品牌拉开距离了，最早万科和有几个品牌是并列的，其中有一个总部在沈阳的一个公司，后来他有点跟不上去了，就是因为他没有做企业的持续的关注。我说你不是马上下半年有项目推出来嘛，我给你提一个建议，你虽然没有项目，你完全可以租一个展位，上面什么都没有，你就有一块大布，上面就一个巨大的问号，就行了。你就让新闻记者、让媒体、让买房的人追着问怎么回事就够了，他一直会关注，为什么这个公司打个问号出来，或者你后面再加上一句话，“为了你一生的幸福，值得再等待”，就行了。租一个展位很少钱的，但是它的新闻的效益、展位的效益是不可估量的。他们听了很兴奋，但是已经为时过晚，房展会已经开过了。如果你现在做一次新闻的推广，做一个伏笔，做一个铺垫，下半年项目一动的时候，自然新闻媒体和买房人就关心你，你上哪儿去找这么好的机会展示自己呢。比如说我们讲到持续的关注，要研究整个前面的问题，扩大它的客户群，比如说成都花园，我就叫他们在四川各地，各地的主要媒体都发文章，软性文章介绍成都花园，看一看有哪些地方是反应比较多的，结果发现攀枝花那边的来信来电是最多，马上组织人到那边去专题做推广。第二波在2000年春节的时候，大量的攀枝花的客户购房，因为成都在中国西南部是一个中心城市，辐射面包括甘肃、西藏、贵州，像什么有一个足球明星在里面买了两套房子，然后采取这种方法持续地关注，形成第二轮的升温蓄势，这么一种周期，其实，就是完成推广的过程。

第三篇 经典个案解码之三
——从阳光丽舍看大小盘营销

大、小盘由于项目在地段、定位、规模、配套等方面存在根本性的差异，所以从项目的营销上来说，也存在着较大的差异。本部分内容将从具体案例入手，为开发商详细解析大小盘营销差异。

一、大小盘界定
二、大小盘特点
三、市场调研之定性与定量
四、产品类型之定位
五、开发周期之快慢
六、品牌策略之侧重
七、价格策略之弹性
八、推广策略之过程
九、竞争策略之战术
十、市政配套之依赖
十一、规划配套之齐备
十二、居所功能之差别
十三、小户型的10种人

一、大小盘界定

大盘与小盘的界定主要是从项目的占地面积和建筑面积来界定，但目前还没有具体的指标来界定大盘与小盘之分。

大小盘的界定还要从项目的地段、性质、档次、开发商品牌形象等方面来参考。

另外，在不同的地区，大盘与小盘界定的标准是不同的。在一些房地产较为发达的地区，由于市场容量、开发量、项目的规模等都较大，标准会较高一些，如在北京，上千亩的大盘较为普遍，因此相对来说，大小盘的区分标准会较高。而在一些市场较为落后的地区，由于本身市场容量较小、开发量也不大，大盘的标准会比较低。如占地 100 亩左右的项目，在北京只算是小盘，而在一些中小城市绝对可算是大盘。

二、大小盘特点

关于大小盘的特点，有很多，这里主要通过比较大盘与小盘的区别，总结大小盘的特点，通过比较，大小盘之间的特点主要表现在以下几个方面：

1. 面积

大盘相对占地面积和建筑面积较大，小盘的占地面积和建筑面积相对较小。

2. 地段

小盘一般所处位置位于城市中心位置，地段位置较好；

大盘一般会处于城市的郊区、近郊区或是城市的边缘地带。

3. 配套

大盘由于面积相对较大，业主数量较多，人口集中，便于进行配套设施

建设。大盘的配套设施一般会独立于周边区域，大多为业主专属设施，一般配套较为齐全，设置幼儿园、小学、中学、医疗机构、会所、超市、银行、邮政等。

小盘由于面积较小，没有办法做较多的配套，只能做一些简单的配套如小型超市、诊所、小型会所等。小盘的配套设施更多的是要借助区外的市政配套来满足业主的生活需要。

4. 规划特点

大盘规划由于有规模上的优势，在规划设计中有回旋的余地；

小盘受地块的限制，在规划设计中回旋的余地较小，很难在规划上做出特色。

5. 开发周期的区别

大盘受面积的影响，需要进行逐期开发，开发周期较长，具体时间要视项目具体面积和市场容量而定；

小盘项目的开发周期较短，一般一至两年即可完成。

三、市场调研之定性与定量

在项目的定位中，市场调研是最主要的依据，通过对市场调研的数据进行定性和定量的分析，最终确定项目的定位。下面的内容将以阳光丽舍的市场调研为例，解析如何通过市场调研对项目进行定性与定量的分析。

阳光丽舍位于山东淄博市张店区。山东 GDP 值全国排名第四，表现出其不俗的民间经济实力。淄博地处山东省中部，其特殊的地理优势，使之成为向周边城市辐射的鲁中商品集散地。并且作为“瓷都”及“小商品城”闻名于全国。自古就有“商贾云集，日进万金”之说。

本案所在之张店区，作为淄博的政治、经济、金融、文化、信息、行政管理中心，总人口计 64.63 万人。先后被国家列入山东半岛对外开放区、黄

淮海农业开发区、环渤海湾经济开发区等。产业发展得到有力的政策支持。

农业经济发展和机械化水平全国领先，且地区工业基础雄厚。齐鲁石化、山东铝厂等我国知名大型国企落户于此，形成了以建材、纺织、化工、机械为支柱产业，电子、精细化工、机电一体化等高科技术为辅的工业体系。第三产业发展迅猛，全区显示出强劲的经济实力。

因本案项目“鑫盛阳光丽舍”位于张店区，目标客户以本区为主，在本案的分析工作中，主要针对张店区进行。

随着国民经济逐年攀升，人均可支配收入的增加，居民对居室功能的要求已从单纯的居住功能，演变到既对内部功能要求合理，外部生态指标也有了意识形态的转变。也就是住有其屋到住优其屋功能的升级换代。

1. 淄博市房地产现状

(1) 产业现状

1) 房地产已成为新的消费热点，2000年各项交易指标较以往均有了较大变化：

- 实现契税1822万元，比1999年同期767万元有较大幅增长。
- 本年完成投资：30072万元，商品房建设投资额为25629万元，住宅占14608万元，含经济实用房1028万元，商业营业房7398万元，其他5239万元。
- 施工房屋面积428113m²，其中：住宅286162m²，含安居工程65257m²、商业营业房105137m²、办公楼23689m²、其他13125m²。
- 新开工房屋面积290519m²，其中：住宅200246m²，含安居工程65257m²、商业营业房70161m²、办公楼11051m²，其他9061m²。
- 竣工房屋面积：169138m²，其中：住宅119258m²，含安居工程66508m²、商业营业房21776m²、办公楼20689m²、其他7415m²。
- 商品房实际销售面积：120402m²，其中：住宅98201m²，含安居工

程 25689m²,个人购买占 58529m²、商业营业房 18163m²、办公楼 3812m²、其他 226m²。

- 商品房实际销售额:19001 万元,其中:住宅 12487 万元,含安居工程 4110 万元,个人购买占 9017 万元,商业营业房 5654 万元、办公楼 803 万元、其他 57 万元。
- 2001 年开工建设面积超过 420 万 m²,总产值达到 120 亿。
- 今年 1~6 月开工建设面积超过 200 万 m²。
- 空置率 3%,低于全国 8%的警戒线。

小结:开发量、销售量等综合指标逐年攀升,空置率低于同等规模城市,一方面因市场需求空间尚大,带动行业发展;一方面也反映了市场竞争力加大的客观事实。数据表明:受经济实用房影响,以住宅开发为主流。个人购买已成为主要购买力,商网投资比例逐步增加,开始成为吸纳社会游资的主要投资渠道。

2)张店区产业特征

经过对本地市场宏观经济及指标的分析,及对微观市场的调查研究,我们得出现阶段开发市场的以下几个特征:

- 市场专业化程度不够

行业进入门槛较低,市场专业化程度不高。体现于区域整体开发经营手法落后,房地产行业缺乏高品质楼盘。

- 开发类型同质化

开发类型雷同,集中定位于中档住宅的开发。主力户型大多在 120m² 左右。规划设计均在同一水平,产品本身含金量少,竞争仅体现于指标(容积率、绿化率等)的对比,配套设施数量及价格的竞争。开发类型、产品定位同质化严重。

- 小户型市场处于真空状态

区域市场现有小户型仅作为规划中最大化实现建筑面积的产物,户型难免有所牵强,品质低下就不言而喻了。缺乏合理的户型设计的高品质小户型住宅。

- 房改市场化进程慢，阻碍了行业发展

虽然从 1998 年下半年开始我国就已经结束了单位统建，实行货币分房政策，在调查中发现，本地房改的市场化进程速度较慢，集团购买及安居工程占市场大部分市场份额。甚至于还存在以产定销的计划经济模式的地产经营。

- 外来地产商参与市场角逐

外来开发商，瞄准了本地民间强劲的经济承接力，参与市场角逐。目前已显现出巴黎春天、怡海世家，北京及青岛的开发商率先入主，抢占市场蛋糕。对行业来说，在外力的作用下，这对原有的设计理念、产品技术、营销推广等整个系统工程是全新的洗牌，这无疑是有利于行业发展的。值得我们思索的是：将如何在有限的时间内有效地提高产品自身竞争力，让利润得以最大化体现，这是我们首要考虑的。

(2) 市场供求现状

1) 市场主流

- 以住宅市场占供求主流。从 2000 年、2001 年、2002 年上半年投资比重来看，住宅开发投资比重占总量 70%左右。产业仍旧受到经济适用房建设拉动的影响。从销售量及空置量分析，供需及销售量逐步上升。
- 商业网点投资比重增大。在当前经济形势下，开发商着眼于加大商业网点投资比重，从投资额度可见一斑。随存款利率的调整，商业网点成了吸纳社会游资的主要投资方向。

2) 买家结构分析

- 经济实用房对市场的推动：住宅市场开发以安居工程为主，安居工程多为集团大宗购买。
- 经济结构形成的需求：属山东省中部主要城市，商品交易集散中心。经济特征形成大量外来人口，成为不可忽略的买家群体。
- 家庭小型化对住宅的需求：在第五次人口普查中，平均家庭人口为 3.38 人，且两人家庭及单身有所增加。

- 居民素质提高对住宅的需求：随着受教育程度的提高，个人独立能力的增强，形成了对住宅的需求。
- 城市化进程对住宅的需求：随着我国产业结构的调整，农业机械化发展，加快了城市化进程速度，增加了对住宅的需求。
- 生活水平提高对住宅的要求：人均GDP值的提高，表示出了不俗的民间经济活力，从而增加了对住宅升级换代的需求层，引发大批二次置业或多次置业者的产生。
- 政策稳定、经济持续增长，使住宅成为新型的资产投资。

(3) 住宅成交价格总体水平

我们注意到张店区城镇居民可支配收入和农民人均纯收入分别达到7184元、3876元，且人均收入全省名列前茅，商品房价格却明显低于同等规模城市，每平方米差价竟高达500～1000元。带着这一有趣却客观而现实的问题，开展了价格研究，得出以下分析：

1）根据开发定位，目前市场明显形成四个阶梯状

第一：3000元左右以巴黎春天国际公寓为代表的中高层住宅。

第二：1700～2100元，以建业家园、紫荆苑为代表的多层住宅。

第三：1100～1300元，以福林花园、芳华园为代表的多层住宅。

第四：800～1000元，多为地段偏远或开发手续不符规范之类型，在此不做价格因素的重点分析。

2）价格形成分析

- 价格大多由地价、前期投入费用及建设经济指标等用常规的成本造价法形成。加之区域同质化导致各类型楼盘价差不大，行业专业程度不高，同质化定位，集中开发中档住宅。同类化竞争严重，均衡抗争。此时，现房存在较大优势。
- 集团购买限制了产业发展及价格提升。集团对安居住宅的需求，货量大、资金到位，大大降低了开发风险。以致开发商均聚焦于此。客源以大宗购买力为主的定位，降低了开发成本，限制了开发品质，制约了价格。产品本身缺乏创新，行业处于低水平的高

危竞争。目前的市场随房改深化，此时再有品质楼盘出现的情况下，高危竞争将显现出来，一触即发。

2. 区域行业发展趋势

(1) 宏观政策调控对行业的影响

1) 产业地位

据央行就房地产对GDP值的贡献统计，去年房地产对GDP值的直接贡献率为1.3个百分点，间接贡献率是0.6～1.2个百分点，两者相加房地产对GDP值每年7%～8%增长率的贡献率是1.9～2.5个百分点。投资增长，成为拉动经济增长的主要力量。房地产业成为新的经济增长点，巩固了其国民经济支柱性产业地位。

2) 国家扶持产业发展的政策调整

• 金融信贷支持

人民银行对储蓄利率的下调、住房贷款利率下调、二手房贷款实施、个人消费贷款、公积金贷款等金融信贷支持，给予个人住宅消费信心支持。

• 其他政策推进

部分税收优惠、住房制度改革的推进深化，货币分配到位，经济适用住房政策，二级市场的开放完善，交易手续费的降低，户口制度改革，加快产业发展。

(2) 产业改革对行业的影响

• 新型产品对市场的冲击和市场接受度

按照建设部《关于推进住宅产业现代化，提高住宅质量若干意见》、商品房出售须初装修等要求，今年淄博市住宅产业现代化进程将有所加快，住宅科技含量将逐步提高，相关新政策的出台，给新型建材生产行业带来了良好的发展前景。诸如：新型墙体材料、防水保温隔热材料、轻质隔断、节能门窗、节能便器、高效散热器、经济型电梯等资源节约型优势材料和部品。同时也给目前市场带来很大的冲击力。环保时代的导入，新、老产品的交替，给房地产业带来了一场全新的革命，但同时也存在一些问题：一方

面新产品、新技术的诞生，在一定程度上还存在着不确定因素（诸如：价格、可取代性等等）。而另一方面，市场接受度不高，特别是客户的认知、认同、认可度还需要一定的磨合期。

(3) 区域形象及发展趋势

- 区域形象认可度

项目处于淄博张店区西部，火车铁路以南，居民素以火车铁路为城区划分中轴线。对区域原有认识为城市近郊，由于市政规划，将西区列入新城规划中心区和未来的城市主要居住区，已有世纪路六车道良好路况，植物园作为市政配套先行，且小区空气质量相对较好，提高了市民对区域的感知度。通过建业花园和齐林家园两个住宅小区的前期开发，已获得市场认同。区域形象、市政规划、配套设施有具备做中、高档楼盘的先决条件。

- 区域房价市场认可度

根据区位认同度、物业类型、结构等形成价格的主要因素来看，现阶段住宅价格市场认可的销售单价在1400～2100元左右。

- 区域发展态势

从今年的土地购置量，目前已显现的齐林家园、建业家园等几家开发商用地储备量和未显现住宅开发的土地储备分析，且区域定位为主要居民区的确定，未来的项目所在区域将是本市住宅开发的主要竞技场。随着规划、居住基础设施逐步实施，将提高区域生活便捷度，减低居住成本。

(4) 区域居民特征

区域处于建设中新城市中心区，开发征用土地多为耕地，除少数民宅，均为新兴的住宅小区，已初聚人气。居民除部分回迁户外，以二次或多次置业者居多，对居室功能的要求从物业内部生态合理性开始向外部生态舒适性延伸。

(5) 区域买家分析

- 内部需求指标

量变（面积增加）的同时，要求功能合理、舒适、造型具视觉美感，使用率高，新型建材优越性能体现等，即质量升级换代的需求。

• 外部需求指标

注重“以人为本”的外部生态环境，体现于景观设计、交通、生活便捷、配套服务等居住成本的考虑。

小结：

产业改革推进行业发展，加大市场竞争力，同质化楼盘低水平高竞争力顺势待发。

区域形象已发生变化，规划建设、基础设施、生活配套、良好的区域形象奠定了做品质楼盘的基础。未来区域的行业竞争激烈。

消费者对居室的定义有全新的认识。市场需要品质楼盘的出现。

3. 来自于业内人士的市场调查

为了验证前期的市调分析结果，进一步了解本土化市场特征，在我们的提议下，本案开发商鑫盛房地产公司组织了针对以下5个议题，分别两次的业内人士讨论会。

(1) 鑫盛房地产销售部、市场部之市场信息反馈

时间：2002年9月2日下午

与会人员：相关主要领导、曾宪斌工作室策划小组、鑫盛地产销售部、市场部全体人员。

主题：市场需求状况

　　小户型的市场需求

会议纪要：

一致认为公司现发售楼盘购买力集中在面积60～70m²，主要缘故由于户型设计合理的情况下，同区位市场现有小户型较少所致销售利市。

认为小户型总体定位，目前市场尚属空白。从销售统计来看，产品极具市场，存在大量购买力。但大多数目标客户均希望小户型户型设计合理，以提高住房使用率。并且表示对小户型销售充满信心。

(2) 媒体业界访谈

时间：2002年9月3日上午

与会媒介：淄博日报、淄博晚报、声屏报、鲁中晨报、城市沙龙、房产资讯、邮政专刊，共七家新闻媒介。

主题：从媒体角度对淄博供求关系的看法

媒介对淄博地产行业推广情况

对区域形象的看法、可能出现的市场风险

会议纪要：

讨论认为，淄博现有房地产公司140多家，正在开发的集中在大户型住宅的开发上，主要基于货币化房改未能得到彻底执行以致影响了行业发展，面向集体购房而忽视民间个人购买力。此类市场已基本饱合。

淄博民间经济实力雄厚，但对媒介推广重视不够，推广费用平均仅占销售额1%左右，可见一斑，媒体选择单一，推广专业化不强，市场化薄弱，需要引导。

区域属于新城市中心区，未来的主要居民区。但目前交通、生活配套有待于进一步完善。张店区因其工业特点：噪声、粉尘、空气污染使工业区不适于居住，体现了外部竞争力抢占本地市场优势大。

因原有小户型设计差强人意，造成了小户型负面口碑，需要重视。市场需要小户型品质楼盘。

4. 市调分析建议

经过市调例证，我们建议本案定位为品质小户型的开发

一来可以弥补市场空白，销售零风险。再有鑫盛公司前期开发形象定位大众安居住宅形象，对下一步的开发形象十分局限，小户型开发风险小，可塑性强，公司应站在企业发展的战略高度，把项目作为提升企业形象的一个开始，通过品质小户型定位，成为一个企业发展的里程碑，拉开品质塑造品牌的时代帷幕。产品力、形象力、销售力的整合形成品牌竞争力。

根据此定位建议，下一部分我们将对小户型定位做进一步的市场可行性分析。

四、产品类型之定位

关于产品类型的定位，大小盘也存在根本性的差异。由于大盘一般是分期逐步开发，它所面对的客户群层面较广，基本涵盖了所有潜在客户群，并且，在市场动态变化的过程中，后期开发的定位会随时进行适度调整。大盘每期的上市量较大，产品品种本身必然要求具有多样性，它在一定程度上是一个综合产品。而小盘则不同，小盘一次性开发要求产品所面对一群针对性极强的目标客户群，其产品类型相对单一。

例如：大盘的产品类型可能会是多层、中高层、别墅、TOWNHOUSE、高层的综合，户型面积范围较大。

小盘的产品类型多为单一的多层或高层、中高层，小盘一般不会为别墅盘，因为别墅盘是需要有一定的规模做支撑的，否则，它不可能形成一个独立的别墅社区。

1. 案名包装定位

作为以产品力提升形象力、销售力，从而形成品牌核心竞争力，这一战略高度来看，案名宜打企业名称，以项目提高企业市场认识度，通过形象力的推广和树立获得市场认知到认同的转换。

自北京阳光1版小户型定位成功入市以来，全国各地纷纷出现了许多“阳光”小户型定位，例如：济南的“阳光100”、昆明的“阳光A版”等等，一时间，“阳光”仿佛成了小户型定位的代言，无形中塑造了有形的小户型品牌标识。

所以，案名建议使用“鑫盛阳光丽舍”。

2. 户型配比分析

产品力是竞争力的核心基础。

系统的户型定位及配比形成了强势的产品竞争力。户型配比的原则

应遵循以下几点：

（1）主力户型不与现推楼盘同质竞争。

（2）三类四种的配比方式：

主力户型50%+次主力户型30%+边界户型大、小各10%。

所以我们建议：户型配比可按方案二总体思路不变，个别小户型设计再作斟酌，以达到强势产品力。

3. 项目可行性分析

（1）项目优势分析

- 弥补市场空白的小户型定位是本案赢得市场的关键。
- 临植物园与玉龙河的自然资源优势。
- 未来区域规划有助于做投资类型物业开发。
- 小区居民子女就读于市重点中学。
- 区域基础支持做中、高档户型，具备形象及硬件设施，从而降低了开发成本。
- 前期安居形象获得一定的企业认知度（值得注意的是：此认识度为双刃剑，一方面会使开发形象受局限；一方面有广大的市场基础。推广的导入与渗透十分关键）。

（2）劣势分析

- 区域配套尚未完善，交通等因素增加了生活成本。
- 从世纪路行至小区入口道路夜间无路灯，产生的生活不便及安全隐患。
- 世纪路属城市主要交通枢纽，因而临街单位存在噪声干扰。
- 规模小，社区配套受成本限制。
- 前期开发形象局限，需要广告推广的导入与渗透。

（3）机会点分析

- 对于本案机会点来说，面对大容量的市场份额，要如何锁定主要目标客源，进而具针对性、有效地展开营销推广，以达到品质得以

提升的预期值。

- 顾及区域待开发土地、正在酝酿中暂未显现的竞争对手。项目定位的巨大市场空间,要求我们营销推广应以快打慢,警惕市场变化。
- 通常物业的升值与保值及品牌的树立,后续物业管理是直接因素。小规模的小户型开发,其目标客户群决定了对后续物管的需求。这里,要以此作为品质的主要形成因素。
- 项目所属区域市政基础设施良好,规划有前瞻性,但生活配套与其他几个比较楼盘所处区域,至少目前是无法比拟的,也就是劣势分析中第一点:生活成本的增加,主要由交通等因素组成。为此,在我们会所设计之初,就应该考虑到既投资合理,使用率也高的设施配套,以降低居住成本即生活成本。

结论:经过本章的研究分析,结论完全支持项目的定位思想,有名家说:"好的定位等于成功了 80%。"可能有所夸大,也可能并无夸大。作为房地产开发一个综合的系统工程学,是实力的比拼,更是智商与情商的较量。既要有不凡的前瞻与胆识,更需要过程中精益求精的执著。

五、 开发周期之快慢

大小盘在开发周期上也有区别,主要受项目规模和市场容量所限制。

1. 小盘开发周期

从本案的规模上来看,为典型的小盘项目开发,开发周期较短,一年即可完成,而且小盘一般均为一期开发完成,以快打慢。

2. 大盘开发周期

大盘的开发周期一般时间较长,具体要看项目的面积和总体市场容量。大盘项目普遍实行总体规划、统筹配套、分期开发、后期调整。每期开

发的面积一般在10万m^2左右，当然一些超大盘每期的面积在市场容量范围内可能会更大一些。

六、品牌策略之侧重

在开发本案之前，开发商淄博鑫盛房地产开发公司一直进行着低档商品房的开发，虽然已开发面积较大，并已有近五年成功开发项目的历史，在市场中已经有了一定的知名度，但是，由于长期开发低素质楼盘，没有引起市场的广泛关注，在市场中影响不大，故仍未建立自己的企业品牌形象。

开发商高层领导已深深认识到，企业的发展，品牌营销策略的重要性，品牌建立是公司进一步发展和可持续生存的重要条件，而该公司接下来还将开发一个近千亩的大盘，因此，将本案确定为品牌承接项目，即从开发低档项目向开发中高档项目的转型。

如何建立本案的品牌形象，我们主要从以下几个方面解决：

1. 准确定位

根据区域市场现状及发展趋势，将本案定位于中档项目。

2. 品牌营销

利用品牌营销手段，初步建立全新的企业形象。

3. 时尚宣传

宣传语采用时尚、超前的语言，给人耳目一新的感觉。

4. 超前配套

配套设施超前，并充分考虑可持续发展。

5. 充分利用周边市政设施

由于项目紧邻张店区植物园及惟一的人工河——玉龙河，主打尽享千

亩植物绿色生态景观。

七、价格策略之弹性

（一）价格形成

方法同经典个案解码中天泰馥香谷的价格策略。

（二）价格计算

价格形成因素:价格的制定是一项科学的课题。

通常价格由成本＋自然因素＋社区因素＋经济因素＋规划因素＋品牌因素＋附加值等各项综合因素形成。

本案计算之价格为本阶段的销售均价,通过对可比楼盘价格的汇总修正和其全方位的价值评估、加权修正综合计算得出。

1. 周边楼盘价格评估(见表 9-22)

表 9-22

评估项 / 项目	区位地段	周边交通条件	周边社区环境	价格与付款方式	建筑套型与建筑质量	小区内部生态	小区基础设施	物业管理	市场营销与经营水平	顾问与决策水平
合意度指数	μ_1	μ_2	μ_3	μ_4	μ_5	μ_6	μ_7	μ_8	μ_9	μ_{10}
本案项目	6.09	7.27	6.46	8.0	7.53	7.55	7.08	6.81	8.11	7.66
建业花园	6.64	7.36	6.91	7.77	8.27	8.27	8.23	8.63	7.56	7.77
齐林家园	6.77	7.29	6.84	7.77	7.71	7.89	7.76	7.89	8.2	8.02
巴黎春天	8.59	8.55	8.36	7.14	8.96	8.56	8.36	8.83	6.36	8.61
紫 荆 苑	7.43	8.27	8.34	7.55	8.79	8.41	8.54	8.5	8.32	8.36
世纪花园	6.91	7.62	7.32	7.44	8.43	8.41	8.46	8.32	7.44	8.2
福林家园	4.36	4.8	4.46	6.98	6.27	6.0	6.09	6.36	6.61	7.26
凯瑞碧园	7.27	7.25	6.89	7.55	7.55	7.53	7.85	7.56	7.42	7.36
金 鑫 园	6.36	6.68	6.56	7.55	6.0	6.38	6.8	6.5	6.56	6.0
天娇世家	7.16	8.23	7.59	6.96	6.89	6.44	7.36	6.4	6.28	6.5

2. 树图解析与权重系数计算(图略、计算略)

$$H_0=7.23018\times 0.7+7.84\times 0.3=7.413126$$

建业花园

$$H_1=7.82663$$

齐林家园

$$H_2=7.741734$$

巴黎春天

$$H_3=8.10403$$

紫荆苑

$$H_4=8.230306$$

世纪花园

$$H_5=7.881839$$

福林家园

$$H_6=6.294484$$

凯瑞碧园

$$H_7=7.442674$$

金鑫园

$$H_8=6.574994$$

天娇世家

$$H_9=6.826925$$

3. 评估加权(见表 9-23)

表 9-23

项目名称	一次评估得分	加权因素	加权评估得分	备注
本案项目	7.611224	定位+0.2 前期形象-0.4	7.411224	
建业花园	7.2281948	现房+0.2 入市时机+0.3 依植物园+0.3	8.0281948	

续表

项目名称	一次评估得分	加权因素	加权评估得分	备　注
齐林家园	8.111314	规划+0.2 分期开发-0.2 依植物园+0.3	8.411314	
巴黎春天国际公寓	8.134054	样板房+0.2 品牌堆积+0.3 建筑规划设计+0.2	8.834054	
紫荆苑	7.728872	入市时机+0.3 品牌信心+0.2 区位+0.2	8.428872	
世纪花园	7.33682	价格及付款方式+0.3 区域规划及配套+0.3	7.93682	
福林家园	7.376512	价格+0.2 区位-0.2 社区品质-0.2	7.176512	
凯瑞碧园	7.787604	前期工程形象+0.2 配套+0.2	8.187604	
金鑫园	7.72467	现房+0.2	7.92467	
天娇世家	6.826925	区位+0.3 植物园+0.3 社区形象+0.2	7.626925	

4. 周边楼盘价格调查

(1) 价格调查总汇

楼盘名称	销售均价	优惠方式	折实销售均价
建业花园	1650 元/m^2	一次性付款 98 折 按揭贷款 99 折	1630 元/m^2
齐林家园	1700 元/m^2	一次性付款 95 折 按揭贷款 98 折	1660 元/m^2
巴黎春天国际公寓	2550 元/m^2	一次性付款 97 折 按揭贷款 98 折	2490 元/m^2
紫荆苑	1800 元/m^2	一次性付款优惠 10 元/m^2	1790 元/m^2
世纪花园	1750 元/m^2	一次性付款优惠 10 元/m^2	1740 元/m^2

福林家园	1198 元/m²	一次性付款 97 折 按揭贷款 97 折	1162 元/m²
凯瑞碧园	1640 元/m²	无折扣	1640 元/m²
金鑫园	1448 元/m²	一次性付款优惠 30 元/m² 按揭贷款优惠 10 元/m²	1430 元/m²
天娇世家	2000 元/m²	暂定 97 折	1940 元/m²

(2) 说明

◆2002 年 9 月 1 日～9 月 2 日在鑫盛公司的配合下，我们对淄博市楼市进行了广泛调查，本表选用了本案价格制定中，具备可比性的九个楼盘。

◆ 修正均价主要根据统计面积，九个楼盘本阶段的销售优惠率，以常规方式：按揭贷款占总量的 70%，一次性付款占 30%得出的修正均价。数据通过市调与之后的二次核实得出。因销售阶段随推广侧重、工期等因素，造成各阶段优惠力度不等，不排除可能存在个别误差。

5. 评估与价格修正

(1) 修正公式：

本案项目分数/比较楼盘分数×比较楼盘均价

(2) 修正过程：(元/m²)

建业花园：7.411224/8.0281948×1630＝1504.73368183

齐林家园：7.411224/8.411314×1660＝1462.62900659

巴黎春天国际公寓：7.411224/8.834054×2490＝2088.95573424

紫荆苑：7.411224/8.428872×1790＝1573.88686883

世纪家园：7.411224/7.93682×1740＝1624.77286367

福林家园：7.411224/7.176512×1162＝1200.003886

凯瑞碧园：7.411224/8.187604×1640＝1484.48891274

金鑫苑：7.411224/7.92467×1430＝1337.34910349

天娇世家：7.411224/7.626925×1940＝1885.1338593

(3) 修正结果：

$$\Sigma 14161.9539165/9=1573.55043516\ 元/m^2$$

(4) 鑫盛阳光丽舍目前市场接受均价

- 本案现阶段市场已然形成的开盘平均价格是：1573.55 元/m^2 不包括商网价格。
- 本案设计的是开盘期折实销售均价，销售价格表将根据付款方式上浮后再折回。

6. 价格建议

建议本案开盘期价格策略实行低开高走，建议以 1525 元/m^2 进入市场，以配合总体策略及销售推广，同时也保证了入市阶段的合理利润。通过后期推广的蓄势升温，根据开盘期、强销期、清盘期等不同阶段进行价格调控。

价格形成说明：在前期成本定价，价格的静态形成的基础上，本次定价我们主要采用曾氏定价法，以得出市场接受的动态价格。

价格的形成过程：

- 竞争力评估
- 树图解析与权重系数计算
- 二次评估加权
- 价格公式与修正

(三) 价格策略

1. 定价基本原则

(1) 确保发展商获得基本的行业静态利润；

(2) 确保项目具备有效的市场竞争力和冲击力；

(3) 促使开发资本迅速回笼和获得动态利润；

(4) 为买家投资者预备一定的升值空间。

2. 总均价

通过对可比楼盘价格的汇总修正和对其全方位价值的评估加权修正，计算出本盘的均价定位。根据第一部分中具体的测算，本项目总均价定位为：1573 元/m^2。

3. 价差定位

价格因为楼层、朝向、户型的不同，应存在差异性。具体可以均价为基础进行价格的调节。建议：

(1) 楼层差价：由于单元面积较小，楼层差价可相对拉大。按价值由高到低排列，具体差价建议如下：

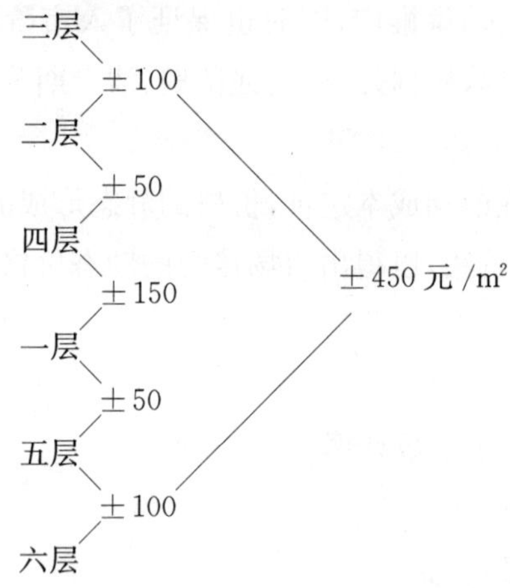

按单元面积 60m^2 计算，最好与最差楼层总额差为 27000 元。

(2) 楼层定价

按均价 1526/m^2 及前项楼层差价方案推算，具体楼层定价为：

一层 1450 元；

二层 1650 元；

三层 1750 元；

四层 1600 元；

五层 1400 元；

六层1300元；平均价：1525元/m^2。

(3) 朝向及景观差价

根据项目的实际情况分析，三栋物业的景观及朝向价值差异不大，紧邻植物园的单元虽景观价值相对较高，但临路受噪声干扰也较大，其价值又相对降低，因此，互为抵减。同时考虑到该处的单元户型相对较大，因此，建议朝向及景观参数不作差异调节。其中的差异实惠让渡给先到者，以示对积极行动的奖励。

4. 价格的阶段性调节

低开高走，按照不同的销售阶段制定不同的价格。在第一期的销售中，以较低的价格开盘入市，吸引市场的注意力，然后，逐步推高价格，吸引市场的注意力，给市场一个接受的过程和成长的信心；销售进入高潮之后，再以适当的手段进行促销，牵制市场，达到成功销售的目的。

(1) 试销期

即内部认购期，通过限量给予最低价进行认购，试探市场。主要对象是内部员工，重要关系和部分前期重点关注客户。

建议：认购时间安排在正式展销前一周。

(2) 开盘强销期

正式销售阶段，楼盘销售量逐步上升，视具体销售态势，逐步小幅提价，按一定时期和销售一定套数的双重指标进行价格调节，调节幅度3％～5％。

(3) 销售持续期

按正常调节机制，逐步上浮。

(4) 清盘期

销售下降期，进入随机销售，以批发销售或一口价方式，灵活地下调售价，清盘。

具体的价格调整及货量控制建议如下：

表 9-24

	时　间	货　量	价　格
内　部	一个月	20% 45 套	1500
强　销	二个月	40% 90 套	1650↑10%
持　续	三个月	30% 70 套	1800↑10%
清　盘	一个月	10% 23 套	1700↓5%
			1671

表 9-24 中：

- 内部期：如一个月内，售出总量的 20%，即 45 套，属销售状态良好，立即可将价格上调约 10%。
- 强销期：如两个月内，售出总量的 40%，即 90 套，也属销售状态良好，也可将价格上调约 10%。
- 持续期：如三个月内仅售出总量的 30%，即 70 套，则销售价格遇到阻力。可对应价格下调 5%左右。
- 清盘期：可采用一口价或赠送优惠的手段隐蔽降价。

价格的控制可通过货量和时间的双向控制，避免因价格定位的偏差，造成定价过低时出货过量的损失。

5. 付款方式

价格策略，除了定价、调价、动态设计之外，还要能够运用价格杠杆，引导误解自身财力不足的买家入市，特别是中低层收入的目标客户，如果发展商能在付款上降低门槛，也能激发一些边缘客户，扩大客源层面。

建议推出"建筑期免息分期付款"及"按揭付款"的方式。引导一部分需要帮助的买家的购房消费，其意义是积极的，该项措施还可做项目强势卖点促进销售。具体方式建议如表 9-25：

表 9-25

方　式	一次性付款	银行按揭	免息分期
折　扣	97 折	98 折	原　价
交订金十天内	30%	30%的楼款	40%

续表

方　式	一次性付款	银行按揭	免息分期
签合同一个月内	35%	楼款的 70%办理最长三十年银行按揭	楼款的 60%分十期，每期 6%，每 1～5 日支付
签合同两个月内	30%		
发出通知	5%		

八、推广策略之过程

（一）形象定位及宣传主题

1. 项目名称建议

鑫盛阳光丽舍

鑫盛房产的企业品牌，在当地房地产行业中已建立起一定的知名度，再一次的沿用，可使企业品牌效用得以延伸，带动新生项目品牌的快速成长，通过项目的建设使企业品牌获得进一步的积累和提升，并且“鑫盛”与“阳光”的字义字音上较协调互应，易上口。

2. 品质主打语建议

鑫盛阳光丽舍——【很小·很精·很时尚】

很小、很精、很时尚的排比递进鲜明地表达了项目的产品特色——小户型，同时又强调了时尚、健康的项目格调和品位。手法写实，易于领会。

3. 形象主打语建议

鑫盛阳光丽舍

——让生活充满阳光！

4. 主要卖点

（1）户型：首开淄博小户型主打的先河。

(2) 景观：张店植物园、玉龙河、零距离接触，有如私家所属。

(3) 教育：周边重点学府林立，买房入户读重点。

(4) 投资：区域内缺少同类物业，供应量小，出租竞争少，出租率高，升值快。

(5) 总额：小户小额可满足独立的需要。

(6) 会所：规模虽小，配套完善，体现小而精。

(7) 开发商：实力和信誉。

5. 卖点主题及表现文案

【教育篇】

让您的孩子赢在起跑线！

在鑫盛阳光丽舍买房入户口，让孩子就读地段内的重点学校，为人父母，望子成龙的同时，又一次明智而有力的出手，让孩子的成功更有希望了。

【养身篇】

走出家门，就走进植物公园

耗费巨资的张店植物园，小桥流水玉龙河就在家门口，365 天鲜氧，绿意亲密接触。鑫盛阳光丽舍——恒美的风景瞭望台。

养身益寿，陶冶心怀。辛劳一生的父母终于可以安享晚年。

【白领篇】

淄博精英生活特区

阳光白领的生活新主张：在市中心上班，在近郊栖息。

【投资篇】

投资“阳光”，阳光回报

鑫盛阳光丽舍开淄博小户型主打先河，仅 288 套袖珍席位，日后自身出租单位竞争少，物业升值较易较快。

【总额篇】

八万元，给你一个阳光居所

不用靠父母，就靠自己，也能体验独立拥有。

【管理篇】

买得起，住得起

面积小，费用就少，买的实在，住的自在。

【地段篇】

明日风采，尽在西区

以上各卖点的主题及文案，可在报纸广告中作为系列，在不同时期推出不同卖点。同时可为围墙及楼书制作的主要文案。

（二）宣传渠道

根据对项目定位目标客源的分析，结合淄博地区现行各媒体发行量及受众群体有关情况。项目宣传媒介选用建议如下：

(1) 开盘期采取《鲁中晨报》、《淄博日报》、《淄博晚报》三报穿插的媒介组合，最大程度地确保各个客源层面的信息覆盖。其中应以《鲁中晨报》为重点，该报除发行量大，可读性强外，更兼具发行费较适中，且目标客源的潜在性较强的特点。

(2)《中邮广告》与报纸广告相比，发行量相对较低。但其采用铜版纸印刷，宣传画面更精美，可考虑在开盘后的强销期中使用。

(3) 在目标客源较集中的区域道路，可采用挂旗（并非一般彩旗）作为辅助媒介。要求制作应精美大方、色彩艳丽，标语醒目。

(4) 在公司建立的网站上，发布较为全面系统的项目情况介绍，可在开盘期同时进行。

(5) 在项目现场可通过户外广告牌、氢气球、彩旗进行案场包装造势。

（三）销售阶段划分

前期准备：2002 年 9 月（一个月）

第一阶段：2002 年 10 月 1 日～12 月 31 日（共 3 个月）开盘、强销

第二阶段：2003 年 1 月 1 日～3 月 31 日（共 3 个月）淡季、休整期

第三阶段：2003 年 4 月 1 日～6 月 30 日（共 2 个月）强销、清盘期

（四）发布计划

由于开盘的准备时间有限，宣传炒作时间较短，因此，第一阶段的媒介安排，特别是开盘前应采取较高频率及较大强度的宣传攻势，以达到在较短的时间内形成较高的市场认知度及知名度。具体建议如下：

1. 开盘前的报纸发布计划（以软文为主）

	周一	周二	周三	周四	周五	周六	周日
九月	16	17	18	19	20	21	22
		软文 晚报 1/2 版 6000 元		软文 晨报 1/2 版 8000 元		软文 日报 1/2 版 20000 元	
	23	24	25	26	27	28	29
	信息 日报报眼 2500 元	信息 晚报报眼 1500 元	信息 晨报报眼 2000 元	硬广告 日报 1/2 版 20000 元	硬广告 晚报整版 12000 元	硬广告 晨报整版 16000 元	
	30	1	2	3	4	5	6
	开盘						

九月报纸小计：88000 元

2. 强销期的报纸发布计划

	周一	周二	周三	周四	周五	周六	周日
十月	7	8	9	10	11	12	13
	新闻报道 晚报 1/3 版 5333 元		硬广告 晨报 1/2 版 8000 元		硬广告 日报 1/3 版 13333 元		

日报 1/8 版

5000 元

21	22	23	24	25	26	27

硬广告　　硬广告　　硬广告

晚报 1/3 版　　晨报 1/3 版　　日报 1/4 版

4000 元　　5333 元　　13333 元

十月报纸小计:54332 元

	周一	周二	周三	周四	周五	周六	周日
十一月	4	5	6	7	8	9	10

硬广告　　硬广告　　硬广告

晚报 1/3 版　　晨报 1/3 版　　日报 1/4 版

4000 元　　5333 元　　10000 元

18	19	20	21	22	23	24

硬广告　　硬广告　　硬广告

晚报 1/3 版　　晨报 1/3 版　　日报 1/4 版

4000 元　　5333 元　　10000 元

十一月报纸小计:38666 元

	周一	周二	周三	周四	周五	周六	周日
十二月	2	3	4	5	6	7	8

硬广告　　硬广告　　硬广告

晚报 1/3 版　　晨报 1/3 版　　日报 1/4 版

4000 元　　5333 元　　10000 元

16	17	18	19	20	21	22

硬广告	硬广告	硬广告
晚报 1/4 版	晨报 1/4 版	日报 1/8 版
3000 元	4000 元	5000 元

十二月报纸小计:31333 元

九～十二月报纸合计:212331 元

(五) 形象包装建议

1. 建立 VI 导入系统(视觉识别系统)

VI 系统是品牌的形象标志,是项目品位及企业精神的形象表述。VI 系统包含“基础识别要素”及“应用识别要素”两大部分。

(1) 基础识别要素

主要包括标志 LOGO,标准字、标准色、标准组合等。这些要素的创意一经被确定下来,将在有关的宣传推广媒介中反复使用,使项目特有的视觉形象被固定及不断强化。人们只要看到这个标志,看见这种颜色和字体的组合,就知道它代表的产品及该产品的特性。

1) 标准色:建议以艳丽的橘黄色为主,绛紫色及青色为辅,三色的混合搭配,可产生较强烈的视觉效果。

2) 标准字:主要是项目的名称及产品定位主打语的字体设计。建议在“海报体”的基础上,进行字体改造。海报体表现起来比较自由、活泼,与产品定位相呼应。

3) 组合:要求大胆、出位。突出明快,朝气,富于活力的特色。表现元素上,可加入粗线条的绘画,形成带有卡通风格的图案。另外可适当使用英文进行表现,使形象意味更高雅和潮流。

4) LOGO(标志):建议紧扣项目名称及定位内涵进行设计,可采用例如:太阳、绿意或运动造型等作为设计元素。

基础设计要素关系着整个系统的品位,其设计需要在专业的设计公司

中招标进行。要求设计公司具有较强的平面及文案的表现和创意能力，有较成功的创作经验。入选公司除负责上述要素的设计外，还包括所有销售资料、户外广告、报纸广告等媒介宣传的系统设计。并能提供完整的广告执行方案。在此，提请关注。

(2) 应用识别要素

证件类：员工胸卡

名片	应采用统一基础要
业主证	素进行设计，可起
车辆出入证	到强化识别的作用

文具类：业主档案袋，专门设计一种类似航空快件的纸袋，在客户认购后，存放有关的票据文件资料，体现经营者周到的服务。

招牌类：指示牌

门牌

信箱

服装类：销售人员制服建议服装的上衣采用鲜黄色 T 恤衫，配牛仔裤。

对一些细节的处理或是特别的“饰品”，可传达更感人，更动人的交流，常能使项目发出超常魅力。

2. 案场包装

主要包括售楼部、户外广告碑、路牌/挂旗、围墙、看楼用车等所有买家涉及的第一场所，进行必要的装饰和美化。

(1) 售楼部

外墙：建议在现有基础上将所有绿色饰面，改为橘黄色，其他维持不变。这样可与“建业花园售楼部”有效区别开来，且形象效果更醒目，更抢眼，也更能展现项目特色。同时这也是目前最经济的解决办法。

室内：
- 摆放一定数量的盆栽植物营造绿意(注意不要太小型)；
- 悬挂精美的竖幅喷绘，增强视觉感染效果；

- 配置音响设备及音乐制品，在销售时播放轻快、活跃的音乐，以烘托场内气氛；
- 选购4～5围谈判桌椅，建议选择玻璃圆桌及橘黄色坐椅；门口辅垫塑料地毯等等。

据统计，客户首次在设计精美的售楼部停留的时间和再次光顾的记录远远高于普通售楼部。精美别致的售楼部更易使客户产生认同感，进而对项目产生购买冲动，特别是楼花销售时，其作用更突出。所以，在不盲目浪费资金的原则基础上，建议尽可能对售楼部进行较细化的美化包装。

(2) 围墙

围墙是一处最经济的24小时广告媒介，同时也是项目实际品质的首先形象，它也被称为Logo墙。现有的围墙仅具备隔离的功能。

建议：由广告公司进行专业设计，采取统一风格分段组合的形式，主要内容包括：

项目的标志

项目的名称

项目的主打定位语

项目的系列卖点主题

开发商及销售电话

其中，系列卖点的主题，建议每一墙段分别表现一个主题，而其他内容则反复固定(具体文案见后文)。画面表现力求简单，主要采用不同色块进行衬托，通过绚丽的色彩，形成一道亮丽的风景，吸引路人的目光，并感受项目充满朝气和活力的产品特色。

3. POP广告

(1) 户外广告

建议在售楼部顶部专门设计一喷绘广告。以形象表现为主，突出项目的品位和格调。写实性的广告表现，虽其信息涵盖量会更多一些，但此处却不必要，因买家进入售楼部就可获取到最详实的情况及数据介绍了。

广告牌长度可按售楼部的具体宽度，高度则按长度的合理比例而定。

(2) 车身广告

车身广告具有流动性强的宣传特点，可以增强其他广告形式的推广效果。虽然本项目的货量不大，销售期较短，但可通过该精品项目的深入宣传，扩大企业品牌的知名度。

建议：在小区购房直通车，另外可以选定由市中心开往小区、车身形象较好的公共大巴车上进行广告宣传。

(3) 路牌/挂旗

建议：在通往项目的主要通道上，设置路牌或挂旗，起到广告及向导的双重作用。不做则已，要做就应精美醒目。

具体选点可根据实地情况决定。

4. 销售媒介制作

(1) 形象效果图

特别在楼花阶段，精美的效果图，可引导及直接影响买家对项目未来形象的设定。并将作为宣传表现的要素蓝本，在楼书单张、报纸等媒介资料中频繁使用。

建议：聘请有经验，并具有较高水平的专业人员设计。

1) 主色以鲜黄为主，再辅以蓝色搭配。

2) 门面房的造型色泽与主楼颜色的协调搭配。

3) 阳台围栏的通花造型应力求优雅。

4) 植物园及玉龙河应带入画面中。

5) 视线角度以五至六楼为宜。

6) 风格与形象品质着重时尚、朝阳。

(2) 园林效果图

制作专门的园林效果图，除掉楼体。

(3) 楼书

规格：14cm×28cm 横版　12P 或 16P

材料:封面、封底采用刚古纸 120g

内页 160g 特种纸或铜板纸

数量:2000 册以上

主题:请见后文中形象定位及卖点主题的有关文案

内容:精美封面

效果图

交通地理位置介绍(交通图)(小区规划图)

项目特色及设计理念

项目配套设计介绍

发展商实力及物业管理介绍

材料及装修标准

经典户型介绍

发展商名称、地址、电话

(4) 沙盘

由于项目规模较小,如按一般比例制作沙盘,在若大的销售部内显得小器,同时,为了充分展示项目别致的园林水系。建议尽量放大比例,并将玉龙河及植物园(部分),纳入制作范围。建议配灯光。

(5) 宣传单张

制作单页主要是用于到指定区域派送宣传。内容是主要卖点的集中浓缩,由于成本低,可进行大量派发,达到促销的目的。

规格:大 16 开

105g 铜版纸

(6) 户型平面图/付款方式、利率表

规格:正度 16 开/铜板纸

数量:2000 份以上/款

(7) 销售部内展板(三张销控、一张效果图)

主要用于销控,将三栋楼座的单元及面积制作成表,在销售时可将销售情况加以标注。另将项目效果图按相同比例制成,用于展示项目的未来

形象。也可起到装点的作用。

规格：60cm×90cm 双层玻璃(配射灯)

(8) 销售部内竖幅喷绘

设计意念性的宣传画面，喷绘制作，悬挂于销售部内作气氛烘托。要求色彩鲜亮、跳跃。

规格：可按售楼部的具体高度设计，两头为木轴，呈竖条形悬挂。

数量：根据现场情况可安排 3～4 条。

整体印象是顾客在了解公司或品牌整体形象的过程中产生的。公司和品牌在转换成顾客的印象时才富有意义。理解过程意味着一种形象可能会产生截然不同的印象。因此，需要我们对每一环节的工作都必须精益求精，高标准、高要求，才能产生良好的成效。

5. 费用计划

总销售额度

住宅：14600m^2(面积)×1500 元/m^2(均价)＝2190 万元(销售额)

门市：1500m^2(面积)×2500 元/m^2(均价)＝ 375 万元(销售额)

总费用额度

方案一：2565 万元(总销售额)×2％(费用比例)＝51.3 万元

方案二：2565 万元(总销售额)×3％(费用比例)＝76.95 万元

总销售时间

保守计划为 2002 年 10 月～2003 年 6 月，共 8 个月。

销售时间按保守计划是为了确保费用的使用控制上更具保障性。太乐观的计划，有可能导致实际销售时间过长，而前期支出比例过大的情况。

(1) 使用范围主要包括：

- 宣传媒介制作费：户外广告牌、效果图、楼书、单张、销售资料、横幅、彩旗、气球等的设计制作费。
- 宣传媒介发布费：户名广告、报纸、夹报及杂志等广告发行费。
- 促销公关活动费：如开盘仪式、海报送单张人工、礼品赠送等。

(2) 费用的阶段分配

方案一(按2%计划,总费用为51.3万元,具体见表9-26)

表9-26

		月份额度		
前　　期	25% 12.8万	9月12.8万		
第一阶段	30% 15.39万	10月6.15万	11月5.13万	12月4.1万
第二阶段	10% 5.13万	1月2.05万	2月1.54万	3月1.54万
第三阶段	25% 12.8万	4月5.13万	5月4.1万	6月3.6万
机动控制	10% 5.13万			

方案二(按3%计划,总费用为76.95万元,具体见表9-27)

表9-27

		月份额度		
前　　期	25% 19.24万	9月19.24万		
第一阶段	30% 23.09万	10月9.23万	11月7.7万	12月6.16万
第二阶段	10% 7.7万	1月3.08万	2月2.31万	3月2.31万
第三阶段	25% 19.24万	4月7.7万	5月6.16万	6月5.39万
机动控制	10% 7.7万			

以上两种方案总额差25.65万元,九十月份,即前期所有制作加开盘一个月内的费用,方案一为:18.95万元,方案二则为28.47万元。鉴于项目初步拟定的走高品质路线的营销定位,建议按方案二进行费用的计划使用。

(六) 销售推广方案

1. 推广计划

(1) 入市时机

开盘入市是重要的战略性举措,其姿态的完备与否,对产品的形象及整体销售进程,有着非常重要的影响。只有在姿态完备,并配合了一定的前期宣传和有效的推广组织,才能一炮打响,并使销售迅速推进。

如按“十一”开盘，组织准备的时间非常有限，各项工作的实施，细化难以充分。特别是我们的企业希望藉此产品形象的提升，带动企业品牌上台阶，因此更需慎重行动。

建议如准备工作未能及时，则建议开盘即首期展销会时间改为10月17日～10月27日。

(2) 第一阶段推广安排

本阶段为强销期，是项目营销的关键阶段，由于项目规模有限，货量不大，因此，宣传攻势及推广节奏上应力求一步到位并迅速达到制高点。所以，第一阶段的推广安排建议采用高额率的推广策略，以迅速达成有效的市场占有。根据之前确定的以“十一”为开盘时间。第一阶段的整体推广安排建议如后：

首期展销：10月1日～10月13日(连续两周)

二期展销：10月24日～10月27日(四天)

三期展销：11月7日～11月10日(四天)

四期展销：11月21日～11月24日(四天)

五期展销：12月5日～12月8日(四天)

六期展销：12月19日～12月22日(四天)

以上安排中，除开盘展销为期两周外，其他期均为每两周一期，每期四天(周四～周日)，两个工作日，两个休息日的安排，可满足不同职业类型买家的出行需要。

为了使展销会行之有效，要求每期有一定的广告投入及额外的优惠措施，促使买家在限定时间内，集中购买，以获得热烈踊跃的销售场面，产生羊群效应。

如首期展销时间改为10月17日～10月27日，二期为11月7日～11月10日，其他期各相应推后一周。

2. 配合活动

(1) 安排看楼专车

建议：在展销会期间，选择客源潜在性较强的地点1～2处，设固定的时间派车专门接送客人，往返售楼部。车身可做强势卖点的宣传，制作上可采用界字粘贴。具体宣传要素如后：

项目名称：鑫盛阳光丽舍

主 打 语：很小、很精、很时尚

强势卖点：8万元，给你一个阳光居所

(2) 派发宣传单张

建议：在展销会期间，选择客源及人流相对集中的地方，派人派发宣传单张，并通过派发人员一线接触，起到口碑传播的宣传效果。

服装可采用T恤衫加牛仔裤的款式，再配戴太阳帽，专门印刷项目的名称及主打语：鑫盛阳光丽舍 很小·很精·很时尚。

九、竞争策略之战术

促销策略：

(1) 前二十名买家，送契税，先到先得。

(2) 买房抽奖，设一、二、三等奖，分别可获额外97折、98折和99折，中奖率为5%。

(3) 推出“搭单行动”的策略，制造轰动效应。

做法是：在限定的时间内，买家联袂置业，可享受联合人数越多优惠越大的待遇。

组织上：可事先通过报纸的连续广告，将搭单的有关办法和优惠情况公布，并请有关公证部门进行现场公证，增强可信度。

操作办法建议：

搭单时间：限72小时(即三天之内)；

搭单统计：搭单时间结束的累计数。

优惠方案：

(1) 在限定的时间内，搭单数最少5套起，最多限45套，在入市起步

价(均价 1525/m²)的基础上,按搭单结果分别给予优惠折扣。建议:

5～20 单　　99 折　　约 1510 元/ m²

21～35 单　　98 折　　约 1495 元/m²

36～45 单　　97 折　　约 1480 元/m²

(2) 三天内如认购数超过 45 套时,从第 46 套开始,重新计算单数,最多限 55 套,并按第二台阶价位(即均价上调 5%,约 1600 元/m²),进行折扣优惠。建议

1～15 单　　99 折　　约 1584 元/ m²

16～35 单　　98 折　　约 1568 元/m²

36～45 单　　97 折　　约 1552 元/m²

以上情况,按最大化数量(即 100 套)的最大优惠,其实现的价格情况应为:

第一台阶:共 45 套　　1480 元/m² 售出

第二台阶:共 55 套　　1552 元/m² 售出

共 100 套,　　平均 1520 元/m²

即该项目的一半货量,将以 1520 元/m² 的价格售出,而回笼速度为三天。具体情况请贵公司权衡。

方案中,买家越早购买,优惠越大。我们可通过有效的组织造势,力求实现一次市场的轰动,如能形成买家排队购买的情况,则后续销售将可迅速达成。

十、 市政配套之依赖

由于本案紧临新城区主干道世纪路,东临张店区植物园,具有良好的地理位置,并且由于本案面积较小,小区内无大型生活配套设施,要充分利用周边市政配套设施。特别是张店区植物园,为市中心区内惟一的大面积绿色景观,本案业主可尽情享受植物园绿色氧吧。

十一、 规划配套之齐备

（一）会所及配套建议

针对项目目标客源大多年轻化的特点，会所功能的设置应结合他们的娱乐习惯和喜好，以实用为主，在完善会所功能的同时，更关注每项功能设置的使用实效。

1. 会所的设置建议

【乒乓球室】至少两个球桌，可有偿使用。

【女子才艺室】可由管理公司聘请指导老师，开办舞蹈、健身、瑜珈功或老年太极等各种培训班，业主报名缴费参加。

投入面积约 70～80m²，配练功杆及镜面。

【器械健身房】配置拳击沙袋、举重、收腹机等简单器械。投入面积约 50m²，该项可考虑免费。

【书报阅览室】包括开架阅览杂志、报纸、借阅图书，兼售书籍、音像制品。投入面积约 30m² 左右。

【茶室或咖啡厅兼微型商场】小资一族的生活时尚，较具备市场承接力。且在设计中可考虑放于裙楼露台。面积投入约 50m²。

以上设置总面积约 250m² 左右，场地及设备的置办成本不算高，投入使用之初，收费应以保本为基础，主要在于提高社区服务，有助于品质提升。会所功能成本维持可对外经营，所以设址应顾及住家私密、生活便利又兼顾对外经营，我们建议会所可设于商场顶层中间。茶座在设计上可与书报阅览室互动，两者形成功能互补。

2. 生活配套建议

酌情考虑必要的生活保障服务，如医疗室、美容美发、洗衣房等，面积投入不在大，只在实用。

（二）智能化建议

随着经济的高速发展，人们的生活水平迅速提高，对其休养生活的场所提出了越来越高的要求，物业管理公司本身也需应用新技术不断提高管理水平，特别是品质定位较高的项目。

结合本项目致力于品质提升的定位及目标客源群的消费特征，建议从实际情况出发，以经济、实用为方针，考虑最基本的智能化建设，具体如下：

1. 三表自动化管理系统

（1）系统工作原理

三表计量系统采用在原有一次表内部加装一个传感器，传感器采用高品质的干簧管。且在表内的小数位第一位装一个磁钢，这样就实现了表走一个计划单位，传感器发出一个信号给系统采集板，系统采集板通过比较之后开始计数并把数据存在存储器内，到月抄表时，管理中心向各个用户发出抄表信号，系统板在接收到抄表指令后就把当月数据传至计算机。系统软件对采集到的原始数据进行统计、分析。管理员可打印出当月报表。

（2）系统优点

- 有效地减少物业管理公司的人力、物力，使小区的管理更加现代化。
- 传感器抗干扰能力强，干簧管可防止光及电磁波的干扰。
- 计量精度高，这种工作方式决定了它二次计量与原表显示数据之间的误差小于1。不会出现住户由于家中表与二次计量数据不同的纠纷。

（3）系统构成

住户端主要设备有数据采集模块和电表、水表、煤气表、保护箱（2户一个），管理中心主要设备为计算机、打印机、管理软件、数据采集器等构成。造价成本较低。

2. 广播音响系统

小区广播音响系统主要在小区的公共区域，休息廊、绿化带设置扬声器。平时播放音乐、广播、通知等，在发生紧急情况下播发紧急通知。

小区内一旦发生火灾或其他紧急情况时，广播系统紧急广播指挥处理火灾事故，对相关地点进行语音之自动广播输出。

小区广播音响系统前端设备包括：扬声器、音量控制器、红外感应式控制器。

控制室设备包括：CD唱机、双卡座、AM/FM收音机调谐器、遥控话筒、功率放大器、区域选择器等。

3. Intranet计算机网络系统（宽带网）

在小区架设Intranet网便可以实现各种网络运用，一是便于小区物业管理，便于住户与物业管理公司之间的交流，其二，也为迅速发展的电子商务做好必要的硬件条件基础。同时还可成为小区配套的强势卖点。可以这么说，没有Intranet的小区是不可能完全满足21世纪的小区住户，特别是年轻新潮一族，对家庭住宅高质化、信息化的追求。

(1) Intranet访问服务以及相应计费服务

小区居民无须拨号，就能访问到Intranet，发布信息到Intranet，小区内连接到Intranet的服务器拥有独立、公开IP地址和域名。物业管理公司能够根据一定的规则向小区居民收取一定的服务费用。

(2) 通用电子邮件服务

向小区居民和物业管理人员提供e-mail服务。小区居民和物业管理人员拥有一个在小区内外都可以使用的e-mail信箱，小区居民和物业管理公司都可以用它来交流信息。

(3) 个人主页服务

允许小区居民在小区的web服务器上发布个人主页。小区居民可以设计、制作并发布表现自己个性和水平的网页，并可以通过小区的web服务器发布到小区的Intranet以及Internet上。

(4) Ftp(文件传送)服务

允许小区居民在自己的机器和服务器之间传送文件。小区居民可以在自己的机器和服务器之间下载或上传文件。

(5) 网络域名服务

提供小区内部网络中的机器名称和机器物业地址之间的转换。

(6) 用户求助、咨询服务

通过此服务来收集、接收小区居民的意见,小区物业管理公司也可以通过此服务来解答小区居民的疑难问题。

(7) 网络聊天服务

在小区 Intranet 上实现网上聊天服务。小区居民可以和其他的小区居民通过网络聊天或者闲谈。

4. 小区对讲门禁系统

小区对讲系统是小区管理中心以及来访者与住户直接通话的一种快捷方式。该系统有助于:

(1) 来访客人、朋友的通行;

(2) 紧急呼救的情况询问;

(3) 紧急事件、公共信息的通知;

(4) 车辆移动及邮件通知;

(5) 其他情况的通话。

5. 智能化建设对本案的作用

(1) 为项目品牌的树立起到良好而又重要的辅助作用;

(2) 有利于小区物业管理水平的提升和降低人工成本;

(3) 满足住户对居家生活的需要;

(4) 有助于支持项目的推广。

十二、居所功能之差别

（一）园林绿化建议

结合项目“小而精”的产品定位特色，在园林绿化的设计上应秉承及突出这一个性和特色，以使产品定位与产品内涵的有机性获得一致和强化。建议以小型水系和小道曲径为主要园景特色，体现精致、实际的造园理念。水系规模应力求小型化，以降低居住成本。具体建议如下：

1. 道路建议

道路路面的美化，对项目形象的树立，可起到推波助澜的作用。建议地面铺砌橘黄色地砖，路缘与绿化带之间采用鹅卵石过渡，路形略做弯曲变化。

2. 水体建议

建议将三栋楼之间的两列水体设计为连接流动的循环水体。每列水体中，于通道的尽端中设计相对突出的水源制高景，如假山或阶梯式涌泉，水体沿道路穿插迂回，可形成独具魅力的项目特色，通过专门的园林效果图及园林沙盘，进行强化表现，将产生较好的附加值。

3. 绿化建议

建议以草坪为主，配栽花株、小松树等低矮植物，再种植一定高度树木，如柳树等，形成三级式的立体绿化。另玉龙河边缘的绿化应同期纳入规划的范围，以种植柳树为主，排列可相对密集。

（二）立面及户型建议

有关立面及户型的建议，在之前的设计讨论沟通中，基本达成了较明确的定向，在此基础上，现将有关细化和改进之处补充如下：

1. 空调机位

隐蔽美化处理，建议设计为可活动的百叶造型。

2. 窗户开面

主要是客厅和主卧，特别是朝植物园方位的窗台，应尽可能加大窗户的开面。基本采用落地窗，这样，视觉效果及采光取景性能发挥到最佳。同时，可令产品形象更具品位。

3. 阳台围栏造型

建议在实墙围栏的外面加装铸铁通花进行镶嵌装饰，令外观更雅致。

4. 立面颜色

除主色块外，应精心做好辅助色的搭配设计。建议以海蓝色为配色，少量比例。

5. 户型建议

户型设计中建议对每户的细部，例如门户的开门方向，家具摆放的大致尺寸，应细致周到地加以微调，使房屋的使用更具合理和实用，以体现开发者的全面解决之道。

建议对户型 4(A 型 66.61+C 型 51.89)再进行研究，特别是 C 型的一室一厅的房型，其客厅开间 3700mm，相邻的二房一厅客厅仅为 3000mm，该户型略欠实用，建议再作调整。

建议户型 2(B 型)卫生间进深缩小至少 800mm，留出足够空间给买家自由拆分卧室。

十三、小户型的 10 种人

目标客户界定及分析：

1. 目标客户群界定

- 首次置业客户群体；23～30岁左右、单身或居家人口在2～3人的小型家庭。追求自主独立、注重生活品位，有固定收入的社会群体。
- 二次或多次置业客户群体；30～55岁左右、居家人口在2～3人的小型家庭。追求物业内部功能的合理性、物业良好的后续性、注视社区生活运作成本及适合人居的外部生态环境要求。
- 第二居所、炒家投资群体；30～55岁左右、具备第一居所，同时又有3万元存款，家庭月收入在2000元左右的家庭或个人。追求生活品位，着重考虑投资风险和收益。

2. 目标客户群构成及需求特征

- 一次置业：· 单身　· 新婚夫妻　· 白领　·"丁克"一族

需求特征：此类客户易接受新事物，宣扬个性与独立，崇尚自我，重视物业被赋予的品位，追求身份的标新立异。

- 二次或多次置业：· 工薪阶层　· 退、离休养老

需求特征：优于其他相同总价楼盘的性价比，体现在整个小区品质的营造、居住文化内涵的体现，交通、生活配套，医疗、购物等便捷度即生活成本的考虑。

- 第二居所、投资群体：· 炒家　· 办公　· 异地休闲投资
- 为获得"教育特区"投资的买家

需求特征：此类客户购置物业用途各有不同，但购买因素是一致的。着重权衡物业的投资效益，包括：物业的升值可能、月租收益与其他投资的比较、用于办公的成本核算、二手市场交易的收益、为了孩子上重点中学购置的过渡房及将来的投资前景。

3. 目标客户的锁定

通过客户界定及购买需求分析，我们例举了十种小户型客户定位，由于本案所处战略高度，以树口碑、塑品牌为目的，在推广上，切忌一网打尽，应有主次地进行市场渗透。面面俱到反而得不偿失。顾及此，建议目标客户锁定如下：

主要目标客户宣传定位：单身白领、投资炒家。

其次：休闲养老、新婚夫妇。

补充：其他用途的购买力。

第四篇 经典个案解码之四

——从翠湖山庄等三大明星看品牌塑造

1999年，翠湖山庄、碧桂园与金桂园均被评为广州市十大明星楼盘之一。虽然时间已经过去了近4年之久，但这三个楼盘对国内整个房地产业的影响至今仍余音未歇。相信通过这三个明星楼盘的成功品牌推广进行的详细解析，一定会对我们的开发商在进行项目开发的过程中有很好的帮助和借鉴意义。

一、从三大明星到春秋战国

二、三大明星标识品牌时代

三、三大明星的玉瑾地段

四、三大明星的品质水平

五、三大明星的品牌意识

六、三大明星品牌的快速推广

七、概念——品牌的定位

八、品牌推广的附加值

九、品牌与软性推广

十、品牌与最佳广告组合

十一、品牌推广与公关危机的防范与化解

十二、品牌推广与项目包装

十三、品牌推广与策划公司及人员的选择与合作方式

一、从三大明星到春秋战国

在1999年一些报纸评选广州市“十大明星楼盘”的活动中，1998年活跃在房地产市场中的上千个楼盘参加了角逐，碧桂园、翠湖山庄、金桂园经众多专家、市民评选，成为大的热门，有关的评价是这样对这三个楼盘分别点评的：

“碧桂园作为顺德的楼盘，却对广州楼市产生深远的影响，这也是不争的事实，也是前所未有的，其买家70％来自广州，并且在多次民意测验中，房地产的第一品牌均是碧桂园。1998年碧桂园的重点转向香港市场，并酝酿广州碧桂园，其开发模式早已成为众多房地产商模仿的对象。横着有多长，竖起来就有多高，在1998年，碧桂园可以算得上是名副其实的‘绩优股’，一路走高的迹象较为明显。碧桂园学校一度成为广东‘新世纪黄埔军校’，因而碧桂园是一个不折不扣的‘风云人物’。”

“翠湖山庄小区总体规划借鉴香港高档住宅区的‘阳明山庄’，设计理念超前，建筑风格独特，成为广州的试点项目。主要特点是‘度假式生活居所’，耗巨资建设成占地四万多平方米的‘万象翠园’成为目前绿化园林式小区典范。”

“金桂园地处繁华闹市，个盘绿化率高达50％，十二个‘特区’的特色宣传加上低价销售策略，使其势强，一星期内发售280套，回收资金1.3亿元，执机场路楼盘之牛耳。”

这三大楼盘至今对整个中国的楼市影响深远。随着行业的发展，各地“英豪”纷纷迎头赶上，近年来新近崛起了数十家房地产业的“大鳄”，市场竞争也日益激烈，一点也不逊色于当年的群雄逐鹿中原的气势，房地产业的竞争已经进入了“春秋战国”时期。

二、三大明星标识品牌时代

翠湖山庄、碧桂园和金桂园这三个楼盘成为成功的品牌是人所共知

的。如果把客户业主和楼盘的关系比喻为树和鸟的关系的话，名牌楼盘就是能引来凤凰的梧桐树，翠湖山庄、金桂园的标识是树叶，碧桂园的标识则是凤凰，我想都暗合这样的意思。很有幸的是，作者本人先后在碧桂园、翠湖山庄和金桂园工作过，担任碧桂园总裁助理，《碧桂园报》总编辑，翠湖山庄总裁助理兼办公室主任，金桂园策划总监兼办公室主任。算是这三棵梧桐树的众多栽树或培土者之一吧。尽管作用有限，有时像个参谋，有时像个参谋长，而且每个楼盘只是某一阶段才在，因此更多的时间像个观察员，但毕竟因为亲身参与过，又保持着各种各样的联系，以及有意识进行了针对性的研究，追踪这三个品牌的个案，因此，对这三棵梧桐树是如何生长的，他们的品牌推广实战过程及经验，有一些切身的体会，或者说是较为独特的视角。

（一）品牌推广的背景

房地产楼盘讲品牌推广只是近几年来的事情。为什么是现在才有，不了解其产生的背景就无法深刻理解树立品牌的重要性，也难以理解碧桂圆、翠湖山庄以及金桂圆创立品牌的初衷及过程。谈这三个品牌推广的背景，可以从房地产发展的必然趋势和市场竞争的新时代两个方面来看。

1. 品牌推广是房地产自身发展到一定阶段的必然结果

在过去很长一段时间，计划经济体制下，一切按计划行事。房子千篇一律，盖什么住什么，没有选择的权利和余地，也没有品牌的概念。改革开放后，情况才逐步发生变化。当然也有一个过程。开始的几年，由于计划经济的成分仍占主导，加上十几年积累的住房困难，住房供不应求是主要矛盾。当时只要有房子住就行了。设计图纸一出，房子还没有盖，就分完卖完了。这个阶段称为“四面墙”阶段，即只要能住，什么建筑的内部功能，什么外部环境，配套设施都顾不上了。大概从 20 世纪 80 年代中后期开始，情况有了变化。由于人们生活水平的提高，开始对住的要求提高了，不再以“四面墙”的“遮风避雨”为标准，更重要的是市场经济的成分大了。发

展商为了获得更多的利润，迎合人们对住房的需求。开始在建筑内部功能，外部环境，配套等方面下功夫。于是，一批崭新的小区应运而生。这些小区的绿化也比以往更为讲究间隔及装饰等。如果说第一代生活小区的代表是建筑新村、广雅新村、登峰小区等的话，第二代小区则可以五羊新城为代表。名称可冠之以“配套型小区”。

大概到了 1993 年左右，也就是国民经济进入调整的时期，一些发展商感到在市场竞争中硬件配套你有我有全都有，需要进一步提高档次时他们注意到，配套型小区主要还是满足人们居住上的生理需要，而从人的心理要求则较为忽视。特别是人际关系的协调沟通，成功人士身份的荣誉感等。归结到一点，人们如同对待其他商品一样，开始需要“名牌”。正是在这样的背景下“品牌小区”出现了。各具特色的高尚住宅区开始走进市场。如丽江花园的社区文化，二沙岛、名雅苑的高贵等。碧桂园、翠湖山庄、金桂园亦正是在这样的背景下创立和发展品牌，确立自己“品牌小区”的位置。

2. 品牌推广是市场竞争的必然结果

如果说前面的一个因素是自然发展的趋势使然的话，这个因素则是外部压力的产物，回顾市场的轨迹，到今天可以说品牌推广不是可有可无的事情，而是关乎楼盘生存。作者曾写文章说房地产走进了新时代。首先是“微利时代”。讲到多年市场竞争的结果，是原来公认有“暴利”的房地产业，随着经济环境的改变，供大于求的局面的出现，“暴利”开始消失，泡沫不再，整个行业利润水平向价值回归。

而这种向价值回归的“微利时代”较长时期不能改变供求失衡的关系。房地产开发企业进入了“春秋战国时代”，如同彩电、微波炉经过“春秋战国”的生死大战，产生了目前长虹、TCL、康佳、创维等龙头老大，而无数厂家被兼并或倒闭破产，房地产市场同样经历着残酷的生死战，一方面，市场供大于求已经容不下如此之多的发展商；另一方面，政府也有意识扶持“龙头”，一个淘汰、重组、兼并的局面正在加速形成。广州目前有经正式注册的房地产企业 1500 多家，所开发的房地产供应量这几年都与市场需求保

持在3∶1的严重失衡局面。僧多粥少的态势将迫使实力不够的开发商或策划不到位的企业“跳楼”。加上政府调节的力度，今后几年每年淘汰速度10％～20％，七八年后，广州将如同香港一样只剩下长江实业、新鸿基等八家地产巨子，如同深圳只有深长城、深深房、深振业、深物业等十几家一样，只有十数家王者风范的龙头在呼风唤雨。此预言是否耸人听闻，相信不久即见分晓。

正是这种你死我活的竞争，迫使开发商们自觉或不自觉地创立品牌，以品牌推广来确立自己在市场中的主导地位，从而争夺较多的市场份额。这就是由“春秋战国时代”导致的“品牌时代”。在碧桂园、翠湖山庄、金桂园的品牌创立过程中，早一些的碧桂园是由不自觉到自觉。因为碧桂园最初开发遇上了经济调整，位置又是远离都市的地方，周边的楼盘全部“死火”，因此可以说，是被逼着创品牌，才“杀出一条血路”的，而翠湖山庄，金桂园则是清楚认识，品牌立身。

（二）品牌形成的条件或前提

正如不是什么树苗都能长成梧桐树一样，并不是什么楼盘都能形成品牌。又如要制成玉器，其原材料必须是玉石、玉璞。形成品牌的楼盘本身应当具备一些基本条件。作为中介代理行，可能不问冬瓜豆腐，只要有楼盘就接，能卖一套就赚一套的钱。但真正的策划人士则不可以这样，必须选盘，要选择那些有潜在素质的楼盘，否则将会事半功倍，甚至无功而返。

三、三大明星的玉瑾地段

从三大明星楼盘成功的基本要素来看，其分具特色的玉瑾地段起了重要的作用，虽然，从现在来看，地段的影响已不再是决定性的了，但在当时的开发过程中，我们认为从地段的角度来看，主要是取决以下几个方面。

过去房地产有句名言“除了地段，还是地段”或者说“第一是地段，第二是地段，第三还是地段”。可见地理位置之重要。当然用现在的营销观点

来看，地段可以不是决定一切的，因为好地段的楼盘价格差距可以有几个档次，较差地段也会有较好的楼盘。原因在于较之以往，影响楼价的因素复杂得多。而且地段好坏的内涵也随着城建规划，交通工具的改变而存在变数。但公认的好地段毕竟仍然重要。很难设想在荒山野岭或工厂林立的地方可以短时期形成明星楼盘。好的地理位置应当有三种：

一是较为成熟的生活社区——金桂园

这里指的是老城区中较为中心的地方。在这种地段有成熟的商业、教育、交通、娱乐、医院等配套基础设施，其价值容易为买家认同。如金桂园就是如此。金桂园位于广州市解放北路1000号，与中国大酒店、中国出口商品交易会、越秀公园相邻，地处桂花岗的繁华区域。这里市政配套设施齐全，交通便利，购物轻松方便。北面还有中医药大学，东接广州师范学院等。因此说“黄金地段”不为过。

二是与城市规划契合，有升值潜质的地段——翠湖山庄

闹市中心的价值人人都懂，因此就不是人人都能拿到，人人都能拿得起的。精明的发展商往往瞄准地价较低，但与城建规划契合的有升值潜质的地段。当年五羊新城的楼价以数倍飚升就是城市中心东移的结果。翠湖山庄的发展商具有独特的眼光。在几年前，翠湖山庄所在地是又脏又乱的“员村煤厂”，但开发商对珠江新城开发、城市中心东移的前景看得相当准。在当时大多数人不看好的“员村一横路”果断投资。结果没过多久，这里已是城中“热土”。现在，广州的内环路、外环路、华南快速干线，广州大道加上地铁的建设，正悄悄地对广州的城市格局进行着新的调整。一些潜在的好地段又一次出现，值得开发商关注。

三是大区域的好地段概念——碧桂园

这里指的是开发商超出一般人的眼光，不看一时一地的地段，而是从更大范围来考察地段的价值。有可能一般认为是“荒山野岭”的地方，而开发商认为是最佳地段。我们认为碧桂园的开发商在客观上具备了这种大战略家的气魄和眼光。他居然敢在顺德和番禺交界的农田荒山上兴建别墅区。当时附近方圆几十里地是找不到可以承托这种“高尚住宅”市场的。

然而你不能不佩服开发商高瞻远瞩。他原来是以几十公里的珠江三角洲最富庶的广州、番禺、顺德甚至香港澳门作为目标市场。而碧桂园恰好处在这个大区域，或者说是城市群的“龙胆凤髓之地”。他是经过了缜密的调查研究后做出的决断。对有车族而言，几十公里地算什么呢？当然，这招在许多人看来是“险棋”，一般人不可效仿。

四、三大明星的品质水平

很难想像一些中、低档的单体建筑及低档的小区能够形成什么品牌。居庭住所，是文化演进的载体。要演绎一种文明，其物质载体没有相当规模和相当实力是难以实现的。在硬件上，其规划设计、规模设计等只能比第二代生活小区要好，其建筑功能、环境、配套等都要上新的档次。这就是房地产业常用的行话所说的“质”怎么样，只不过我们把这个“质”的外延引申到所有硬件的综合评价上。以规模而论，碧桂园占地面积 21.8 万 m^2，建筑面积超过 100 万 m^2，翠湖山庄占地面积 54000m^2，建筑面积 310000m^2；就是处在老城区的金桂园亦有占地面积 87000m^2，建筑面积 310000m^2。在建筑设计的理念上，是时尚的，一流的。在规划设计、用材、开间、外观立面、装修等环节，无一不做足功夫。如翠湖山庄，其体形采用目前被认为最适合广东地区的“井字形住宅平面”设计，通风、采光、视野几方面最优化，外观选用国际潮流水彩色系为主调，镶嵌绿色铝质窗框配绿色透明玻璃，令外观和谐而协调，首层引入底层架空的意念，采用 5m 架空设计，蝶形住宅入口大堂，酒店式装修，四周落地式玻璃令整个小区的景致融为一体，一览无遗，体现出高素质生活的时尚气派。到碧桂园就更是不必多言，那昂扬伟岸的凯旋式门楼，那国际会所古罗马式的回廊设计，欧洲经典建筑，绿草茵茵的高尔夫球场，那古堡式的豪园会所如同欧陆乡村俱乐部；那会所对面红瓦尖顶的独特式的别墅以及碧江边、桂山下矗立着的式样风格迥异的别墅洋房，无不让人感到典雅尊贵，流连忘返。

所有这些，没有实力的发展商只能望而兴叹。品牌的推广需要巨量的

广告费用，正如可口可乐数百亿无形资产是数百亿的广告堆砌的一样，明星楼盘的知名度、美誉度，同样与推广的投入成正比。另外，品牌楼盘不仅是硬件过硬，还要在为业主服务、为社会做贡献等等附加值的创造上有相当的投入。没有实力的投资者想要创造明星楼盘，常常会有“巧妇难为无米之炊”的感觉。当然，也不是有钱就一定能做品牌。但这已是另外一个问题了。

五、三大明星的品牌意识

经常有人问起明星楼盘的策划以谁为主，是策划人员的作用大，还是开发商的作用大。的确，一些明星楼盘常常发生老板与策划人的矛盾，原因很大程度亦是对类似问题的认识不一，最后闹得不欢而散的不是个别。然而，作者对这个问题的看法很明确。站在策划者的角度，他只做策划，因此他只能谈策划的作用。这样一来容易造成喧宾夺主的效果。我们认为开发商、老板是真正意义的策划者。他选择什么样的设计师、建筑商、营销策划人员，亦是他的策划，在策划人员所提出的众多谋略中，采用哪些，不采用哪些，同样体现出他的整体策划的需求。因此，开发商才是真正的策划家，名牌楼盘的老板，才是真正的策划大师。而策划人士只是谋士、参谋、顾问，最重要的也只能是个参谋长。讲以上观点，是为了说明，发展商的观念如何，有没有品牌意识，至关重要。有时其重要的程度甚至超过前面两项。这就不难理解，同样的地段，同样的实力，为什么有的可以脱颖而出，有的却默默无闻。如碧桂园周边的大部分楼盘这几年都是“死楼盘”，翠湖山庄在同区域无论楼价，名气都鹤立鸡群，金桂园刚一问世就轰动楼市，执相同地段众多楼盘牛耳。记得黄石路有一个“超级社区”某某花园，经营数年而毫无生气，而据考察，其综合实力、潜质、规模都并不逊色，就是缺乏品牌意识。如果“鸡同鸭讲”，他就会认为你讲的许多策划是“纯属多余”。建楼卖楼，随行就市，什么社会公益，楼盘形象，什么概念推广，什么软性广告，什么附加值等，统统不需要。就是必要的广告，也认为是可有可无，能省即省，不懂得这是生产性投入。死抱住“酒香不怕巷子深”的老观

念。如今这样的开发商虽然较之以往少了，但还是有相当的部分。因此，策划人员要找有“缘”的老板合作。只有老板有强烈的品牌意识，才能与策划人员碰撞出灵感与火花。碧桂园、翠湖山庄、金桂园老板在这方面堪称典范。

六、三大明星品牌的快速推广

一般商品形成知名品牌，有一个品牌认知的过程，从品牌无意识→品牌识别→品牌认忆→品牌承认。而这个过程从顾客认识商品，使用商品，逐渐喜欢商品，有一个较长的周期。以房地产来说，通常是小区建好房子之后，有部分住户入住，居住一段时间后，感觉好，有了口碑，加之广告推广，逐渐形成品牌。广州的名雅园的品牌基本上就是这样形成的。然而由于市场竞争的激烈，以及资金周转等多方面因素的影响，现在的许多发展商都没有这么长的耐性，或者说等不起。能够尽量缩短这个周期，迅速完成品牌的创立，尽量回笼资金，恐怕是放在首位需要考虑的事情，因此，寻求快速品牌推广的方法成了策划者和发展商伤透脑筋之事。应该说，翠湖山庄、碧桂园、金桂园成功探索出了各具特色的思路。以我来总结和形容，就是三棵梧桐树三种不同的栽法，都一样的精彩。

1. 碧桂园——“筑巢引凤”法

当初兴建碧桂园，正是房地产热的高潮，可是谁也没有料到，正当第一批已投入巨资去兴建的400栋别墅刚建好，赶上了经济的宏观调控。房地产市场一下降温。碧桂园周边道路旁的什么“商都”、“花园”停工的停工，破产的破产，满目苍凉。碧桂园如同初长的梧桐树遇到寒流，没有几只凤凰冒然飞来。怎么办？如果当时强攻硬打，投放巨量的楼盘广告，按常规方式推广品牌，无疑会逆市而动，收效甚微。精明的老板看得十分清楚，自然没选这一招。再一条路，是死守阵地，等待市场的逐渐复苏。这更是下策。当时的资金成本较高，另外两家合作者不可能将大笔资金长期套在这里。谁都清楚，几年熬下来，光利息就吃不消，怎么办？逼上梁山一条路，

只能通过策划，走快速推广品牌的另一条路。正是在这样的背景下，碧桂园的老板上下求索，四处访贤，集纳各路精英的智慧，同时再次进行缜密的调查。终于确定了一条在梧桐树上“筑巢引凤”的思路——与北京景山学校合办碧桂园学校。

回过头来看，这一着棋可谓是石破天惊。他完全打破了以往房地产开发的常规。以往开发商出于利益驱动，对配套设施较不关心，甚至视为包袱，能不建就不建，能拖就拖。只关心商住面积的售卖。而碧桂园这回反其道而行之，在第一批别墅刚建好，没什么住户的情况下，投巨资大兴土木，建设一所占地几百亩，能容纳几千学生的高档次寄宿制学校。这里一切都要求是最好的。用碧桂园老板的话来说，要达到“设备一流、师资一流、教学一流、生活一流”等七个一流。并在报纸等媒介上大做碧桂园学校的宣传，什么创办一所“市场经济大潮中的黄埔军校”、“钱财身外物，儿女千秋业”，尤其以羊城晚报上所做的广告系列“可怕的顺德人”等震憾了珠江三角洲千家万户的家长。学校还没有建好，送孩子来上学的已是车水马龙，竟一下招了上千人。这一招棋使得珠江三角洲无人不知碧桂园，无人不晓那里有所“贵族学校”。

有了知名度，有了成千上万川流不息来接送孩子、参观的“成功人士”，接下来的文章就好做多了。“贵族学校”已为碧桂园社区的档次品牌定位，家长的购买等示范转介，以及碧桂园后续营销推广活动的配合，使碧桂园房地产出现了根本性的转机。“碧桂园”的品牌在很短时间内就形成了，并同时完成知名度与美誉度的认知。

关于碧桂园的出现，已有很多人写过，无需重复。我们以为从品牌推广角度，最值得称赞的是以配套为“龙头”，带动房地产兴旺的“筑巢引凤”法。至于为什么建学校能成功，其调查依据、其新闻炒作等，是另外一篇文章的事情。

2. 翠湖山庄——“盆景示范”法

也可以称做“树苗示范法”。我们知道，种瓜得瓜，种豆得豆，如何让人

在房子没盖起来之前就知这房子的尊贵呢？翠湖山庄的开发商很聪明，他在种下一棵大的梧桐树之前，或者这棵梧桐树尚未长大之前，先在凤凰们的面前栽下了一棵货真价实的梧桐树苗，或者说养了精美的梧桐盆景——会所，微缩园林景区、游泳池，示范单位。

说来也巧，翠湖山庄也是先建学校，不过这所学校的先期功能不是办学，而是作会所。它是一座美仑美奂的欧式建筑，内部装修富丽堂皇，配以大片的茵茵绿地，假山清池，晶莹剔透的泳池碧水，会所前的精美艺术雕塑，豪华金色大门及围墙雕花通透欧式古典栅栏，使川流不息途经门前黄埔大道的人们备感神秘、惊奇，进去活动、参观的人更是如同置身于高雅豪华的欧美乡村俱乐部之中。身在这样的氛围之中，不必有人介绍，你已感受到这里的一切都是高档与尊贵。无需主人推介，你已为这里日后矗立的楼盘定位——高尚与高档次、高品位。对，这正是翠湖山庄的老板所需要的效果。当然，这还不够。开发商制作了同样精致的小区模型，在会所内经常举办高雅、时尚的活动，如请众多香港明星过中秋，什么“明星荟萃耀翠湖”，什么“国际广播节”，什么直播世界杯大赛等等。同时，在媒介推广中，以会所、微缩园林景区等为蓝本，宣传翠湖山庄的人与自然的融合，推介日后的“万象翠园”。这些系列推介使社会对“盆景梧桐”形成了一个共识，这是高档小区。所以，当翠湖山庄公开亮相销售时，其销售均价竟比同地段其他楼盘高出50%以上，而且一路扶摇直上。当周边楼盘现楼还在3000～4000元/m^2徘徊不前，愁眉苦脸的时候，翠湖山庄的期楼已升至7800元/m^2。如同一颗突然升起的新星，闪耀在广州市天河东部的上空。1997年，翠湖山庄尚未交付使用，销售量已在广州市房地产市场中排名第一。充分体现了品牌在市场占有中的领导地位。其后，翠湖山庄更成为许多楼盘争相仿效的样板，并拉动周边区域的楼价。这已是后话。

3. 金桂园——“马良神笔”法

马良是古代画画神笔，传说他画的马会跑，画的鸟会飞。说明艺术真实是生活真实的高度凝炼。不知道金桂园的老板们知不知道马良，但他们

快速推广金桂园品牌的手法却颇似得马良真传。

在金桂园，既无法先建一所学校，也没有一块地方养梧桐盆景。第一期开发的工地紧贴解放北路，二、三期尚未拆迁。怎么办？种不了就画，画一幅梧桐精品画，用马良神笔来“画梧桐引凤凰”。自然，所谓画，与虚伪、夸张完全不同，不是瞎吹的泡沫。如通过各种方法，宣传推广小区 8.7 万 m^2 的面积规模，超过50％的绿化面积，建筑规划中的品质，位处市中心，配套完善，紧邻中医药大学、广州师范学院等等，既是画的内容，同时也是真实的写照，并不存在虚构。作为金桂园这幅画的全景图，创作了“广州市中心首席住宅特区——（创造‘特区’文化，演绎优裕人生）”，其中以12个特区的方方面面，全面勾勒金桂园的美好图景。这12个特区是：

这里，是一片回归自然的“绿色特区”；

这里，是一个悠然超脱的“享受特区”；

这里，是一个泰然无忧的“安全特区”；

这里，是一隅书香四溢的“学府特区”；

这里，是一个安享晚年的“长者特区”；

这里，是一个专业医疗服务的“健康特区”；

这里，是一个充满人情味的“文化特区”；

这里，是外地游子安居置业的“安居特区”；

这里，是一片智者之选的“投资特区”；

这里，是保障业主投资的“权益特区”；

这里，是一个唯美建筑的“首席特区”；

这里，是全国首创信息化的“智能特区”。

通过12项特区功能的演绎、写意，在广州最有影响的媒介做系列推广，使金桂园作为“特区”的概念深入人心。而“特区”一词本身又与“特殊政策”、“特区生活”等相联系，起一种暗示作用。为了确保所“画”并非虚构，开发商还逐步实施。如“健康特区”，与中医药大学合办了“业主医疗保健中心”，为购房业主发放保健卡，同时根据“中心”内容为业主体检等服务。让人们感到发展商的承诺无虚言，同时还与有关部门签订智能化小区

的合作意向书。等等举措，虚实结合，让人们毫不怀疑今日画中梧桐，明天梧桐如画。

当然，所画的还不止这些。如"热土、热点"的软性文章，从机场搬迁，新体育馆兴建等市规划中北部的发展，看金桂园的投资潜力；又如"怎样评估楼价——兼论金桂园的投资价值"从动态、静态各方面客观评估其应有楼价。所有这些，都取得了超出预期的奇效。4 月份，当工地还是个大坑时，搞了一次内部认购，结果一周内签约销售额 1.1 亿元。在金桂园的《内部认购工作报告》中称："金桂园之内部认购在社会反响强烈，一鸣惊人，令广州市房地产市场迎来 1998 年第一股抢购热潮，成功创立了'金桂园'的品牌形象"。该工作报告在谈到原因时认为"关于金桂园前期的软性宣传以及公关活动，公司在这方面做了不懈的努力，这是金桂园成功销售的最重要因素之一。首先，公司与广州中医药大学第一附属医院创办金桂园医疗保健中心，报导刊登后即成为城中的热门话题，吸引了众多慕名而至的客户。其次，题为'广州市中心首席住宅特区——金桂园'在广州日报、羊城晚报等各大报章上刊登的新闻撰稿，反响空前热烈，轰动了整个广州城，甚至全国范围。从成交资料显示，我们的买家当中不乏香港、沈阳、昆明、河南等地的商贸人士。文章当中提到的十二个'特区'，就是人们一直梦寐以求的理想家园，好像一支箭一样射入人们的心田，勾住了所有买家的投资置业的心愿"。新快报评论说金桂园"独到的策划，不仅在包装手法上有比较周详的策略，更可贵仍是在楼盘的整体谋划上注入巧妙心思，更多地为业主考虑。客观地讲，金桂园是一个整体比较成功的项目"。

4."借花献佛"法

这种方法适用那些已经具有品牌个案的发展商，在推广其他楼盘时采用。因为买家在没有使用现楼情况之下，对发展商的实力，信誉看得尤为重要。而成功的品牌案例，就是其实力，信誉的最好体现。举例：

(1) 城建总建起"名雅苑"之后，在推广荟雅苑时，就采用此法。

(2) 广州碧桂园亦是借助顺德碧桂园的品牌，推广事半功倍。

(3) 保利丰花园。前期推广不理想,后来宣传“保利品牌”,保利丰花园的发展商是保利集团,“而闻名遐迩的中信广场——广州改革开放二十年十大建筑,正是保利集团的得意之作,她高傲地矗立在天河,成为广州通向新世纪的象征。也无言地诉说着发展商的实力和信誉。保利集团正倾情兴建的保利丰花园,其庞大的规模,精妙的布局,独特的匠心,随着工程的日新月异,已若隐若现地铺陈在羊城市民面前。不久,人们将又一次惊呼与中信广场遥相呼应的姊妹——保利丰花园,以其美仑美奂的身姿,掠走人们称羡的目光”。

(4) 哈尔滨的天子花园。其发展商是广州的金桂园大股东——黑龙江省国际信托投资公司。这个项目将用很大的分量,去推广金桂园的成功。形成借花献佛的效应。

“巨量广告”法,就是用大量的广告,建立品牌形象,如金碧花园的品牌建立。当然,关于广告的投入不是越多越好,主要是巨量的广告投入能收到相应的效果。

“众采博取”法,借鉴其他楼盘的成功经验,灵活运用在项目推广中。

这就是交叉运用以上几种方法,或以一种为主,兼用其他方法。

如翠湖山庄是以“盆景示范法”,同时辅以“马良神笔法”。天子花园则是以“马良神笔法”为主,辅以“借花献佛”法等。根据不同情况作不同的组合。

七、 概念——品牌的定位

品牌就是差异,就是个性。品牌标志着商品的特殊身份,将自身与其他类商品区别开来。每一个品牌,都有自己特定的内涵,表明有独特的目标市场和共同认知的目标客户层。品牌的这种内涵必须用一个外化的载体来代表。品牌的外化标志,就是代表品牌形象的概念。这个概念一旦形成,品牌推广活动就应以此为中心,长期、反复地加以强化或赋予相关的内容。一般来说,具有较强的稳定性。

碧桂园的品牌概念——给您一个五星级的家

翠湖山庄的品牌概念——度假式高尚居所

金桂园的品牌概念——广州市中心首席住宅特区

在不同的时期，也可能有一两个辅助性的概念出现。如碧桂园的“成功人士的家园”，翠湖山庄的“倡导生活新主张”。但不宜过多，特别一旦形成社会共识后，不可轻易改变。否则不仅造成品牌形象的紊乱，同时还对前期品牌积累投入造成重大损失。

概念的提炼是一件很困难的事情。因为它既要涵盖项目的主要特点，又要符合市场定位，引领某种时尚。一个成熟概念的产生，往往经历了多次反复比较、试探的过程。如金桂园，在最初的时候，曾有过多种提议方案，比如“越秀山下的高尚社区”、“新加坡式的花园小区”，曾先后讨论10余种，并广泛征求意见，却不能令人满意。最后有一个广告公司提交一个策划方案，内容较为平淡，但其中提到的“广州市中心首席住宅特区”的概念，却让人眼前一亮。经过市场探测，效果理想，就确定下来，同时支付了该公司一笔费用。以后这个概念就一直成为金桂园品牌的主打形象。

那么，依据什么原则来提炼概念呢？主要有两点：一是能涵盖和表达楼盘档次。“五星级的家”借喻了五星级宾馆的星级概念。让人很自然想到既然是“五星级”，那么可以类比。一流的硬件，一流的服务让你得到五星级的享受。“广州市中心首席住宅特区”中，“市中心”代表着好的地段，“首席”比喻同区域的时尚引领，“特区”意味着与众不同的各种特别之处。

一般说来，第三代小区的品牌具有以下的特点：建筑质量以及配套上的超前性；代表社会角色及社会身份的荣誉和自尊感；人际沟通活跃的社区文化；人与自然融合，人与小区共享空间的自由等等。概念的提炼应当大部分涵盖这些内容。

二是个性化。即充分表达出楼盘自身的特点。天下没有两片相同的树叶，二沙岛、名雅苑的身份感，丽江花园的社区文化，碧桂园的豪华，翠湖山庄的园林，都在同一档次上各呈风采。概念就是要捕捉住这些特色。但个性化不是乱出位，在广州见到的“某某花园”，称为“广州首家体育运动花

园小区"就很滑稽，这里不靠大型体育设施，小区内也无特别的体育特色，有让人在"陆地上游泳"的感觉。这种不太准确和欠严肃的"概念"，不仅无助品牌建立，反而会有许多副作用。

当然，如果说还有第三条，那就是形象、准确、简炼。不但容易记得住，而且能够自动引发人的丰富联想，有自由发挥的空间。

概念一旦确定后，品牌推广就有了方向，演绎就有了灵魂。品牌推广的任务就是使概念更为丰富，更深入人心。碧桂园几年来，围绕"给你一个五星级的家"，全力推广。这里以人为本，要求一切都做得最好。在这里住，如果业主洗澡时断了煤气，电话打去物业管理处，几分钟内送来并换上。这里没有一家安装防盗网，但六年来居然整个庞大的社区没有发生过一起盗窃案；更为难得的是，物业公司1300多人为社区服务，管理费六年没有增加，仍然是一块钱$1m^2$。住在碧桂园，确实让人有一种星级享受。又如翠湖山庄，倡导生活新主张，在社区规划模式上，在豪华家居模式上，在社区文化模式上，在生活配套模式上，在豪华会所模式上，都力争创造出引领生活新模式。如在社区文化中，为解决现代人际沟通的问题，翠湖山庄建造充满文化气息及优雅空间的社区交往场所，湖畔咖啡廊、休憩广场、亲子种植园等，作为人与人之间友好沟通的桥梁。而金桂园，则以"特区"为主线展开各项"特区"的系列推广。

正是品牌推广不断地将概念所含有的信息传递到大众、顾客的心里，使概念日积月累地丰富起来，在原来快速推广建立起来的品牌形象基础上，不断强化对品牌的美誉度，使品牌具备可持续发展的生命力。对于长达数年的楼盘，特别是有新项目开拓的开发商，这种品牌的可持续性是不可或缺的。广州碧桂园将是品牌无形资产的典型受益者。

八、品牌推广的附加值

曾在一篇《卖房如卖玉》的文章中讲到：两块同样质地、形状、功能的玉器放在一起卖，价格可能大不相同。如果一块是名家所制，另一块只是凡

人作品，那么名家之手的玉器自然贵些，如果这块玉器又刻有名家、明星的大名，对于崇拜者而言，更是身价倍增。玉器上描上些许赏心悦目的艺术图案，此玉的价格自然比另一块要高。这就是商家所称的附加值。在碧桂园、翠湖山庄、金桂园，都能见到许多各具亮色的附加值，以金桂园为例，12个"特区"就可以说是12种附加值。其中如与中医药大学合办的"金桂园家庭医疗保健中心"，由医院推出知名的医护专家，专门为金桂园小区的每个住户提供医疗保健服务。"中心"同时对所有住户实行"保健卡"的"一卡九服务"：建立个人健康电脑档案，随时可供查询；"量身订做"个人健康保健建议书；定期为每一个人进行健康体检；定期为住户举办医疗、急救、保健、养生知识讲座；随时接受住户电话健康咨询服务；实行24小时电话预约上门医疗、送药、代交费服务等等。住户能在这里得到其他地方得不到的医疗服务，过去部队只有军级有这种专职服务，这里业主享受到"军级待遇"，让他感受到了尊重和实惠。那么如果同等地段同等档次的楼盘，他自然会选择多一份好处的楼盘。如果一个附加值让客户多一份选择的理由，那么10个附加值就让客户多10个理由选择。如果一个附加值使楼价增加100元/m^2，10个附加值，就能增加1000元/m^2甚至更多。

品牌推广中的附加值越来越重要，越来越受到重视。原因是楼盘的硬件上的差异已经越来越不明显。特别是同档次的楼盘，建筑材料、装修标准都不相伯仲，惟有与众不同的功能、服务等附加值能使品牌与众不同。只有这些附加值，才能成为楼盘的亮点和特色。翠湖山庄的"万象翠园"较之一般的绿化、园林大大提升，成为只有业主才能拥有的大型私家园林，仅此一项，一个节日的开放就引来数万人参观，成为城中热点，亦是明证。相信今后附加值的研究会成为开发商、策划者们重点研究的课题。谁的附加值高，谁的品牌就响亮。

九、品牌与软性推广

品牌推广过去主要是广告，但近年来，软性推广、借助新闻效应成为重

要一翼。碧桂园、翠湖山庄、金桂园等明星盘的老板都是软性推广的高手。

软性推广包括新闻炒作和软性广告两个部分。

1. 新闻炒作

新闻炒作是品牌推广的重要一环，并具有其他手段不可替代的作用。主要体现在：

(1) 制造新闻热点，引起社会关注，扩大知名度。广州日报有时一天六十个楼盘广告，只有买楼人看，而新闻热点人人都关心。从成本来看，新闻却是最低的。与动辄十万、几十万的广告费相比，新闻基本是免费和低成本的。如人民日报华南版刊登一篇翠湖山庄的新闻稿件第二天，报社来人购了几个单位。

(2) 树立企业、项目的形象，增加品牌的美誉度。因为都是正面报道，具权威性，可信度高。

新闻炒作需要策划，制造有新闻价值的信息。避免广告色彩。要让新闻单位追着报道。

新闻信息策划主要来自以下来源：

A. 与社会热点有机结合。但这个热点不是人人都参与的。如抗洪救灾，出百万也没有多少广告效果。相反，有的就很巧妙。如广州大道拥挤引起市长关注，碧桂园老板的感谢信。

B. 与自身楼盘的策划相结合。如金桂园的家庭医疗保健中心在全国第一家，有新闻价值。

2. 品牌推广与异军突起的“软性广告”

“软性广告”在几年前见诸报刊还算是个较新鲜的词。现在已经是随处可见了。当时有人提起来还有点忌讳的意思。其实这和“有偿新闻”是完全不同的概念，它是标准广告的变种，相对“硬广告”而言，它以文字推介的方式推广楼盘。但报社的广告报价表中有按字论价的位置，因此与那种记者编辑个人兜里装人家钱，替人吆喝的“有偿新闻”性质完全不同。

房地产推介中的"软性广告"发展的势头很猛。早些年，广州只有一些报刊不定期刊发一点。那样也容易与新闻类的信息混淆。后来为了归类，也因为这类的需求见涨，就有了固定的版面。较典型的是羊城晚报开辟了"靓楼笋盘"专栏。开始只是专栏，一周一期，一期二三篇。再后来就不断扩版，变成专版，而且一周不止一次。价格也扶摇而上，由原来720元/千字升到920元/千字，现在更高。广州日报也不甘人后，办起了"置业安居"栏目。其他报刊你追我赶，什么"南方楼市"、"粤港地产"等等，至今颇有燎原之势，很成气候，且有进一步发展的趋向。

究其原因，楼盘的软性广告具有硬性广告不能替代的作用。一般广告在有限的版面内，只能将地段、价格主要卖点罗列一下，对于需要展开详细推介的内容难以做到。而软性广告正好借助了新闻、特写、通讯乃至报告文学等体裁的优势，将一般广告不便言说，不能言尽的种种一一道来，比较到位的传递到受众那里。也满足了客户的需求，因为买楼是件大事，购房者希望对商品房的方方面面，包括建筑质量、物业管理、收费、发展商信誉等等，都有详细的了解。而一般广告是无法做到的，只有软性文章，可以从容地娓娓道来。

单从价格来说，软性广告也比硬性广告便宜许多。这也是软性广告备受欢迎的因素之一。

软性广告的种类也日见丰富起来。最初只是单篇介绍楼盘的特点，如地理位置如何优越，装修标准如何称心如意，基本上还是硬性广告的一种延伸。但逐渐发展的结果，是软性广告成为了楼盘品牌推广的主要手段。它不仅将楼盘自身硬件的各种特点充分展现，还挖掘、策划楼盘的附加值，甚至通过评价区域的投资价值引导消费者注意楼盘的热点。形式上也摆脱了原来单篇、配合展销、呼应硬性广告的阶段，而是自成系列，有意识，成系统地树立一个品牌。如金桂园，曾刊登过"热土、热点"的评述，讲中北部将会成为广州房产的"热土"，而金桂园很顺理成章的成为城中"热点"。又比如保利丰花园，有一篇讲内环概念的文章，很自然地将其"海珠概念"转化为"内环概念"，从而彻底改变地区形象。而近年软性推广最为经典，目

的性最强，且效果极好的，可以举出金桂园、碧桂园为例。金桂园以“广州市中心首席住宅特区”为主题，可惜后来未能持续。而碧桂园则坚持系列推广，至今已经做到近50篇，如果说金桂园是系列推广的始作俑者，碧桂园则是持续推广的纪录保持者。

可以预见，作为一种崭新的推广方式，软性广告在房地产推广中的作用会越来越明显。值得引起注重创品牌的开发商重视。也值得广告界人士进一步探讨。

关于软性广告的促销作用，在前面金桂园的例子已有很好的说明。内部认购只花了40多万的软性广告，却取得1.1亿的销售额，如果按正常的广告费占销售额的3%之比例，应当是330万。40多万只占了近八分之一。

十、品牌与最佳广告组合

如何使广告投放做到同样的广告费达到最佳的效果，很值得研究。现在打开报纸，楼盘广告越做越多，越做越大。有时广州日报星期五的楼盘广告达六十多个。但广告的效果却未必尽如人意。

我们认为广告投放做到低成本高回报的广告组合是：

1. 软硬结合

关于软性推广的作用和回报前面已经谈到。在软性广告功夫做足的情况下，只需在展销时再做适度的硬性广告，效果就大不一样。软性推广犹如在蓄水池中蓄水，硬性广告则是放闸。不要指望靠展销几天的广告就行了。品牌积累不宜中断，如果开发商实力有限，就靠软性推广做长年积累。如金桂园、碧桂园的例子，软性和展销会广告结合。

2. 主次结合

通过对报纸的覆盖率做研究，在广州，广州日报和羊城晚报的覆盖率交叉70%以上。而粤港信息日报与信息时报的读者又有60%以上的重

合。而羊城晚报、广州日报与粤港信息、信息时报则拥有不同定位的读者群。后者主要是工商界，因此较理想的组合是以羊城晚报、广州日报中的一张为主，以粤港信息和信息时报中的一张为次。主次组合，基本上达到同时做广州日报、羊城晚报的效果，但广告费用大为节省，因为两种报纸广告费相差十分悬殊。另外如果要密集做的话，可以一天是广州日报，一天是羊城晚报。效果要比同时一天做两张要好得多。当然，这里是以广州为例，各地要以各地媒体的实际情况进行合理安排。

3. 点面结合

以广州日报、羊城晚报为点，在展销期，通过其他媒介，包括报纸、电台、电视等一起上，形成气势。

4. 版面及篇幅的选择

投入大，篇幅大，版面一版当然好，如果资金有限，应讲究版面的组合，如报纸中的报眼，在实践中证明效果好而费用相对合算。

另外，要研究媒体的发行量和定位。如果发行量小，广告费再低也不便宜。另外，有的发行量大，但定位有的也不行。如南方都市报，外来打工读者占了相当部分。投放房地产广告就要慎重考虑这一因素。

十一、品牌推广与公关危机的防范与化解

房地产项目的运作时间长，投资量大，其中难免出现一些问题。这些问题如果处理不当，后果会十分严重，甚至将长期积累、推广所形成的品牌毁于一旦。如海珠区第一座高层商住楼某某大厦就是极为深刻的教训。由于业主投拆，使开发商某集团形象大损，最后被迫放弃原有的名称，连在清远灾区捐建的希望小学也受影响。

品牌推广的公关危机来自以下三个方面：

(1) 楼盘自身存在不完善及突发性事情。如工程质量，工伤事故，物

业管理纠纷等。特别在楼价下跌时，此类问题更多。

(2) 对手楼盘的竞争中的不正常的手段，特别是同区域地段对手。

(3) 新闻界个别职业道德不佳的人员出于功利目的的报道。

要绝对避免是不可能的，但可以防范与化解，将风险与危机降到最小的程度。

(1) 与新闻界建立良好的关系。特别是把关的有关负责人。

(2) 多做自身的安全检查，看看有哪些工作上的漏洞。

(3) 及时处理已经出现的公关危机苗头。

(4) 与业主建立良好的沟通关系。

(5) 严把信息发布关。

开发商要把重点放在防范上，因为一旦出现，往往已造成难以弥补的损失。特别需要有人经常熟悉和了解有关的情况。如有哪些媒体的楼评文章以批评见长，哪些问题比较容易遭投诉，主要对手楼盘有些什么举措等等。所谓知己知彼，就是如此。一旦发生，应当第一时间反应。如楼盘出现工伤，某报已登，需立即到其他媒体“封杀”。如翠湖山庄有一次工伤，羊城晚报刊登后，当晚做工作，使广州日报等媒体撤稿。或将计就计，化险为夷。如某企业亏损，在碧桂园大吃大喝，媒介曝光后，碧桂园将罚款全部捐给困难职工，变坏事为好事。

十二、品牌推广与项目包装

品牌推广不能孤军作战，除了应具备硬件条件与前提之外，还应当与正常的项目包装相结合，可以用“三战”来阐述：

1. “常规战争”

包括：

(1) 楼书、展板、单张等宣传资料的制作。

(2) 广告路牌、车身广告等。

（3）地盘包装。包括售楼部、样板间等。如金桂园的围墙包装成为“特区”品牌的载体。

（4）媒体广告。电台、电视、报刊等。

2.“特种战争”

（1）软性广告。

（2）新闻炒作。翠湖山庄持续不断的炒作：“试住”、“开放日”、“万变大行动”、“低价销售”等。

3.“核战争”

（1）大型公关活动。如“万象翠园开放日”，几天之内，参观者六万余人，成为城中热点。

（2）短期巨量广告。如金碧花园立体组合，短期上千万元广告的推出。

连续跨版广告，空飘气艇，广告杂志及广州电视新闻栏目，全面覆盖羊城人的视野，造成轰动效应。

这三者应当根据不同的阶段，不同的需要组合，从而对品牌推广达到最佳的效果。

十三、品牌推广与策划公司及人员的选择与合作方式

品牌推广能否成功，一方面，开发商自身是否具备品牌意识，另一方面，策划公司、策划人员的选择至关重要。好的策划人员能够提出较好的创意，而且能够从多方面为开发商出谋划策，是开发商的好参谋。三大明星楼盘品牌推广的成功，与众多策划人员的辛勤与智慧是分不开的。

1. 问题的起因

（1）目前的策划公司鱼龙混杂，而且很难分清。

(2) 资质高的策划公司有部分在做项目时带有较浓的功利色彩。

(3) 知名策划公司的"大医院派实习医生"的问题。

2. 品牌推广公司应具备的素质

(1) 对客观形势有精当的分析和把握，如金融风波的影响，国内经济周期的走势等。

(2) 对房地产市场有超前半步的了解，对楼盘的战略定位能有科学的策划。

(3) 对楼盘的个性有透彻的了解，如自身的优点、短处，可以增加的附加值等。

(4) 有成功的个案。对实现品牌的战术推广有实操的经验，特别是操盘人员必须有较强的实战经验和成功案例。

3. 合作的方式

(1) 总体策划推广，销售代理一条龙与销售收益挂钩，这主要与营销代理公司合作。

(2) 高薪聘请。取决于选择好一个既有战略眼光，又富实操经验的策划总监。

(3) 分段或分项合作。主要有：

1) 市场调研与策划方案。主要解决市场定位的战略方向。

2) 推广方案的制定与实施。可选择一家或几家共同操作，报纸广告、新闻炒作、软性誉稿、路牌等，最理想是有一家统起来，单项策划可以有机结合。分头操作亦应由策划总监协调，避免各唱各的调。

第五篇 经典个案解码之五

——从锦官新城营销策划看大城市营销策略

成都市作为我国西部的政治、经济、文化中心，有着悠久的历史和传统文化。那么在这样一个大城市进行房地产开发如何进行营销策划，下面以成都锦官新城的营销策划为例，解析大城市营销策略。

成都锦官新城是由中国原首富刘永好的新希望集团开发的首个大型地产项目。在1999年成都楼市销售指数一路走低的情况下，锦官新城首期的“龙珠园”、“丹桂园”电梯公寓一经推出，便在市场上掀起了订购狂飙，3天卖了9成余，首日成交逾亿元大关，而此时工地上还长满了绿草，有些地方才刚刚开始挖坑，原因何在？请看锦官新城营销策划精彩回顾。

锦官新城营销策划会内容摘要

时间：1999年4月4日

地点：锦官新城现场

人员：策划人　曾宪斌　林立平

　　　发展商　刘永好　沈绪安

关于锦官新城的策划要点

曾宪斌（以下简称曾）：现在我来谈谈“锦官新城”的总体营销思路。先说几句开场白，讲讲来之前的一些感受。上个月来成都考察“锦官新城”，与刘总谈过之后，对这个项目的市场前景是充满信心，但说句实在话，同时也心存疑虑。充满信心，是因为刘总的形象及新希望集团的实力以及“锦官新城”良好的位置与规模等，已为这个盘的成功奠定了一个好基础。心存疑虑，是指客观上成都的房地产市场同样存在供大于求的市场压力。更为担心的是发展商营业的主营项目是饲料，是农业项目，而饲料行业属于劳动密集型的行业。房地产则不同，它完全是一种资金密集型的行业。它的运作方式，它的以大搏大，大投入、大产出的方式，包括前期的投入，与农业相比，都有明显的区别。比如说，我去买只鸡，买个鹌鹑蛋，我不需要更多看你的什么宣传，只要买回来，吃过以后再买都可以。但是房地产不行，他要掏几十万元来买你这个房子，他必须要在对你的品牌认同的情况下，才有可能购买。那么这个品牌的建立可能会因为理念、思路受到某些阻碍打折，或者说有些不被认同，我有些担心。但是，在我离开刘总之前，这种疑虑完全打消了，因为我看了刘总作为总导演的精彩演出，或者说很好地将序幕拉开的导演。这就是刘总在全国政协会上“关于将成都建设成为适

合居住的城市的提案”，以及在成都的媒介上所开展的将成都建成最适合居住城市的讨论。太精彩了！精彩在什么地方呢？精彩之处在于这场演出的第一阶段(后面还要讲到的“飞机人工造雨阶段”)，我们刘总已经将这个势造得非常好了。前面这个势，可以说刘总为公司节约了不止一百万元的广告费。从而也打消了我们的疑虑。因为刘总的这种思路，这种眼光，或者说胸怀，完全不是我们后来认为的那种思维所能理解的。这也应验了我们的一个观点：一个项目总的策划师，应该是开发商，根本不是我们策划人员。这次的经典演出的导演名副其实，只能是刘总。其实这个项目我们不来也会演得非常成功。从开头的立意、地段我就已经感觉到了。所以我来之前一段时间，对项目还“胸有成竹，尚有疑虑”。看到刘总的探索和媒介的讨论，疑虑就完全打消了。有了这样的发展商就像打辽沈战役，经典演出。有了一个很好的司令、总导演，我们作为一个参谋、助导，没有什么可担心的，我们只需要尽心尽力将过去所做过楼盘、项目的经验、教训拿出来，供刘总和公司各位领导参考。以上的话，作为一种心态的表白，开个头吧。

为了便于领导和各位更好地把握住我们的思路，我们把策划要点归纳为“一个中心，两个基本点，三个重心、四个阶段，五个一工程，六项近期工作”。

“一个中心”

一个中心是指营造一个品牌为中心。这个品牌的概念和主题是什么呢？叫做最适合居住示范小区这么一个中心。这是非常感激刘总的一个地方。是刘总在这个概念形成中起了至关重要的作用。因为我们在做一个楼盘的策划时，最重要也是最困难的一项工作，是对其主题概念的设定，也就是品牌个性、差异的归纳，是要领的提炼。只有提炼的要领非常准确地反映项目的实质和差异，才有可能成为建立品牌的基础，起点才会比较高，才能在市场上站得住。我们上次来了以后，回去也是反复在考虑：这个

楼盘到底用什么品牌，用什么概念。刘总在全国政协会上的提案以及成都报纸的讨论，给了我们非常大的启发。这个概念就是：成都要向全国推广最适合居住城市的概念，要把成都卖向全国，成都要成为最适合居住的城市。那么，锦官新城，就是要成为最适合居住示范小区，这个概念非常之好，刘总有大半的功劳。

为什么要以"最适合居住示范小区"为中心？这有几个方面的原因和意义。

第一个意义，是从房地产市场的供求来看，供大于求的趋势，无论是从全国，还是从成都来看，都是成立的。在这种情况之下，单靠拼硬件、拼地段等，是没有充分的把握去占领这个市场。还有一点，是来自成都一些品牌小区的压力。比如说锦绣花园五期，比如说置信的一些楼盘，他们所策划出来的一些概念，已经在某些方面接近广州经典楼盘创意水平。这就给我们造成一种压力。我们的楼盘要确保成功的话，必须要走品牌的道路，而且这个品牌的近期目标应该是成都的一流品牌、全国的知名品牌。当然，随着品牌积累的增加，知名度的增加，应当成为全国一流的品牌、成都的第一品牌。就像我讲课时所说，只有品牌才能占有较高的市场利润。在同质的情况下，如家电、彩电、微波炉等行业，品牌引导、主导市场，20%的品牌产品可以占领80%以上的市场份额。如香港，8家上市公司占有香港地产80%的市场份额。深圳和广州，这种趋势是越来越盛，成都也必然会是这种趋势。所以我们应当是坚定不移地实行品牌战略，坚定一个信念：我们这个楼盘，一定要创造成都一流的品牌、全国的知名品牌，才能赢得较多的市场份额，才能获得较高的市场利润。我们做这个楼盘，目的并不是这个楼盘亏与不亏，这不是我们担心的事情。因为这个楼盘我们不来，也是一个赚钱的项目。我们来的目的，是要做到项目获利的最大化和品牌的最优化。这是以品牌为中心的第一个意义。

第二个意义，是要使项目在品牌最优化的推动下实现可持续发展。因为房地产项目不像一般的商品，是一种周期比较长、投入比较大的项目，没有品牌的支持，不能形成社会的认知以及随之而来的反复购买，那么项目

的二期、三期就难以对销售有一个强有力的支持。此外，还可使新希望集团在房地产的行业里形成一个龙头的位置。

第三个意义，就是这种品牌战略的成功，有利于我们新希望集团适度多元化战略的实现，刘总和集团可以为社会做更大的贡献，从而提升刘总以及新希望集团的企业形象。因为我们这个项目的成功，不仅仅是为成都人提供了一个比较好的居所，也是给中国提供了一种最适合居住的生活方式。这种有形无形的贡献加起来，是不可估量的。那么企业的形象、企业的领袖的形象就会摆脱原来某些行业局限，可以使刘总、新希望在更大的平台上、更高的层次上，在政治、经济上有更大的拓展空间。

以上讲到的是"最适合居住"品牌的意义，目的就是要求公司上上下下，一切工作都要围绕营造品牌这个中心来做。一切不利于品牌的工作我们就不要做。只要我们有这种信念，有这种意识、概念，心中有品牌思想，我们就可以不断地发现问题，加以改善，从而不断地提升我们的品牌形象。

"两个基本点"

一个基本点是一流的品质。品牌必须要有品质的保证，没有良好的品质，任何楼盘都不能成为品牌，所谓的品质，分为外在的品质和内在的品质。对我们这个楼盘来说外在品质非常之好。外在品质指的是什么呢？指的是地段好不好，规模够不够，周边区域的社区配套成不成熟，发展商的形象好不好，承建商以及政府相关的部门支持不支持。这些叫做外在的品质。从这些方面来看，我们的外在品质非常之好。当然，单有外在品质也是不够的。比如地段，有的好地段并不能出现好的品牌，但有的不被看好的地段却有可能出现好的品牌。如果我们有很好的经典品牌的操作思路，可以在别人都认为最不好地段的机场路的楼盘做出一个品牌项目来。在过去市场经济竞争不是很激烈的年代，地段的作用是最重要的，但现在是品牌引导消费的时代，品牌上升到了最重要的位置，地段的作用已经开始下降了。但是，它毕竟是一个很重要的因素。外在品质的另一方面，发展

商的形象就不言而喻了。刘总的形象，统建办、新希望的形象对项目是很强有力的支持。发展商形象对购房者来说至关重要。它不像一般的小商品，对于购买商品房来说，他要花几十万元，尤其是买期房的时候，发展商的形象如何，发展商的信誉如何，对决定购买起着关键的作用。

那么内在品质是什么呢？内在品质是指区域之内的一切，包括规划设计、户型、小区内的配套、小区绿化环境等等，都属于楼盘的内在品质，目前我们楼盘的内在品质还是很不错的。但是，我们用两个标准来衡量，尚有一些不足之处，有一些需要改进的地方。第一个标准，是用“最适合居住”这个标准来衡量，来参照我们的楼盘，会发现有许多不尽人意的地方。第二个标准，是参照国内最好的一些小区，如广州、上海以及成都最好的锦绣花园五期，它的建筑小品，它的人车分流、半架空首层，所有车都进地下车库，地面上不见停车。这些我们都略有不足，是应当不断地改进的地方，从而使我们在一流的品质上，做到在成都、在全国都是最好的。这是关于品质的问题。当然关于品质还包括其他许多方面。

第二个基本点是一流的推广。一流的推广包括三个层面。

第一个层面，是一流的附加值。

目前商品同质化非常严重。比如说两台电脑、两部电视、两套房子，它们的材料、档次都差不多。那么就要比谁的服务好，谁的功能好，这些所谓的附加值比别人的做得好，你的销售就会比别人的好。那么一流的推广就是要把附加值做足。这一点我们有其他人难以超越的优势。经我们对成都的市场调查，只有个别楼盘在做个别的附加值，我们可以用成熟的经验，以全面附加值的经验对楼盘做全面的提升，使其具有同质楼盘、同档次楼盘不可比的一种附加值。这样我相信楼盘的价格可以在二期全面超过锦绣花园。一期我不敢说，因为一期工程形象配合不上，品牌积累也不够，而二期的附加值做好后，售价完全可以高过锦绣 500～1000 元/m^2。

第二个层面，是推广要将一流品质高质量到位地传递到客户的心里。

这就要求我们所出品的每一样东西都是最好的。我们看了成都很多楼盘的楼书，有的做得不错，但没有一个楼盘做到了档次很高、资料又很全

的成套楼书。那么我们的售楼书不仅在制作的精美上是最好的，而且在配套上也应是最齐全的。还有其他方面，售楼部的包装、围墙的包装、工地的绿化等都要做到一流的。我举一个例子，如现在工地围墙，在成都来说，在同等楼盘里面，它是不错的。这说明公司领导有包装意识。但是，从我们要求的第一流的品牌来看的话，它是不够的。大家不妨想一下，你们以及亲友，看了这个围墙之后，会不会感觉上要比锦绣花园要好？相信很难有人会得出这个结论的。但是我们需要的正是这种效果的围墙包装。后面还会谈到如何做这个围墙的问题，这里只是举个例子，说明什么是一流的质量。

第三个层面，是量的问题。

一流品牌需要广告量的积累。在国外有一个关于品牌的定义，即品牌等于品质加广告，或者干脆品牌就是广告。可口可乐几百亿美金的无形资产，就是一美元一美元的广告堆积起来的。广告的投入并不是可有可无的问题，而是必不可少的。当然也有一个前提，就是我们每一分钱的广告都要有效，以少的钱办多的事情，这个原则是前提。作为一个知名品牌的积累，一定量的广告是必不可少的。至于量的多少，如何分解，我们先不谈这个问题，我们只是说一流的推广需要做到这几步。我举一个参照的例子。五年前，锦绣花园的推广花了500多万元，那么五年前是一个什么状况呢？五年前的锦绣花园是在填补高档楼盘的空白，没有什么竞争，他只需要花500万元，就可以建立一个很好的品牌。那时的500万元至少相当于现在的1000万元。而且现在的情况大不相同了，现在高档楼盘的竞争、品牌的竞争，已经进入了一种白热化的阶段。这种情况下，我们的品牌形象要在市场上脱颖而出，独树一帜，就一定要有量的支持。另外，广告投放量在一个楼盘的不同周期里，是不一样的。如广州，通常广告投入总额是预计总销售额的3%左右，但在首期一定要超过这个量。因为第一期工程形象跟不上去，只能靠广告、包装给予支持。第二点，房子建到框架封顶的时候，才可以说是建到了现楼，不到封顶不叫现楼。到后期的装修等，量就比较少了。前期需要的量是较大的，以后各期会递减。如锦官新城，大概为四

期，也许后面是2%、1%甚至更少。我举一个例子，广州碧桂园今年春节后几天时间，卖了1000套房子，光是定金就收了1000多万，但它的广告费是多少呢？只是每天在《广州日报》上做一个报眼，与预计销售根本不成比例，非常之少。为什么它可以用这么少的钱就做得很好呢？主要就是原来碧桂园的品牌效应。而碧桂园的品牌是几年来广告量积累的结果。如果没有这个前提，它根本就没有可能做到这一点。锦官新城必须要在首期投放大量广告，二期、三期、四期就越来越少，甚至不用做。

"三个重心"

就是以品牌为中心的三个推广重心，第一是建立一个健康家园；第二是建立一个智能家园，智能化就是新生活；第三个是高尚家园。用这三个"家园"全面地阐述刘总提出的最适合居住的概念。

第一，首先谈谈什么是健康家园？为什么要建健康家园？因为人人都关心健康，越成功的人士，越有钱的人，就越重视健康。我们在小区硬件品质不错的情况下，在安全居住的情况下，做足健康的主题，健康家园有如下几个方面：

一是绿化环境的概念

21世纪一个世界性的潮流，或者说是现代家居的潮流，是人与自然的结合。回归自然、环保，这是世界性的主题，我们要紧紧抓住这个主题。国内园林绿化经过了几个阶段，从一开始没有绿化到注重绿化，逐渐发展到园林绿化，有一些花草的园林小区，第三步是升华到一种生态园林型的概念。现在很多成都的楼盘也在标榜生态型园林，但是你问他什么是生态型园林，他回答不出来，他只是知道广州等地的一些皮毛。其实就是在广州，关于什么是生态园林都没有几个人能够讲得清楚。我们可以在这里做一个全新的演绎，做一个真正的、名副其实的生态园林。什么叫生态型的园林呢？第一，是有比较大而好的绿化，可以用森林家园、森林城市或者森林社区等概念来形容，因为我们有超过50%达到58%的绿化率。第二是我

们选择的植被的种类为多层次复合混合的植物群体。目的是扩大绿色植物叶面积系数，达到最大限度地吸引阳光，释放负离子，吸入二氧化碳的功能，对健康有益。第三个概念，是根据社区不同的年龄、不同的文化层次的人，设立不同的园林的小品、园林的区域，使小孩在他喜欢的花草丛中追逐玩耍、抓蝴蝶；老年人在他喜欢的槐树下、桂花树下娱乐休闲；青年人谈恋爱，又有玫瑰园等最适合氛围的花草树木园林区域。第四个是艺术化的一种人文景观，让人观赏，在赏心悦目中身心愉悦，这就叫做生态园林，这是绿化环保的概念。

二是生态型的规划建筑

小区的建筑规划要体现出对人的关怀，比如说你的垃圾站怎么设置。广州的茗雅苑是倒垃圾在小区内，运装垃圾是在小区之外，围墙设垃圾站，倒垃圾的不出去，收垃圾的不进来，不会造成垃圾站在小区内嗅觉和视觉的污染。又比如说，小区内的排气排烟，我们的小区里，有没有最大限度降低烟、气的设施。再比如现在不少人担心一些建筑材料会对人体产生损害，比如大理石、花岗石的辐射等，那么我们能不能提出一种生态型的建筑材料。我这里第一次提出一个概念，叫做生态型的装修。什么是生态型的装修？就是你住进去之后不用担心装修材料会对你造成什么伤害。这些材料，都是经过专家量化的评定，对身体无害。另外，不定期可以有一些荫生的植物在这里摆放，使得你不仅赏心悦目，还做到最大限度的释放二氧化碳，吸收氧气，有益健康，当然，这要一些量化的标准。

三是医疗保健

现在都市人上医院看医生是一件非常麻烦的事，挂号排队，诊治排队，拿药划价、取药排两次队。如今不管有钱人没钱人，都特别重视健康。有钱人首先关心的是安全，再就是健康了。建议与成都最有名的医院，比如与华西医科大学合建业主医疗保健中心，让业主享受以前只有高级干部才能享受的待遇，体现业主的尊贵，满足他们的心理精神需求。有条件的话，搞一个微型的“死海”盐水湖保健，甚至可以从死海将部分死海泥运过来。

四是关心业主的心理健康

建立专家“亚健康”咨询热线，排除现代社会人们心理、精神上的压力和障碍。

五是绿色食品

建立健康食品配送中心，提供纯净水，从“吃”上防止现在屡次发生的食物中毒问题。此外，还可以结合绿色食品建立农庄基地，成为一个集休闲度假、吸氧洗肺、农耕体验等于一体的场所。

第二是智能家园。我们认为智能化就是新生活，代表了21世纪的时尚，再过五到十年，电脑、上网可能就像现在的电视机这么普及。智能化的概念，将有效地提升小区的科技含量，进而有效地提高小区物业的档次。有种说法，房地产不是高科技产品。其实看你怎么理解，采用新工艺、新材料、新方法，都可以提高科技含量。同是房地产项目，有的就属于高科技。我觉得智能化是非常重要的一部分。

我所理解的智能化，有高、中、低三个层次，发展商可以根据不同的需要和能力，在不同的时候不同的层面上开发。

主要有以下内容。

(1) 网上教育。其中又分以下内容：

一是智能化小学，如与国际教育机构联网、合作，“就读锦官小学，学习地道外语。”还可以尝试开双外语。

二是网上学校。开办一所无形学校，或者叫“隐形学校”。有可能让教授、博士通过网上做你孩子的家教。

(2) 网上生意——社区商务电子网络化，居家办公两相宜。

(3) 网上管理——可视电子保安系统，网上收缴费，业主直通车，降低管理费。

(4) 网上生活——网上购物、网上娱乐、网上信息（如天气、股票、旅游等）。

第三是“高尚家园”。有两个含义，一是社区家政服务系统完善，人们可以摆脱日常家务的烦恼。从日常家务打理，到家教、商务理财，社区都提供相应的“星级服务”，博士、教授都可能成为家政助理。二是社区文化

活跃，人际沟通有良好的渠道，在更高层面上建立美好的睦邻友好关系。有适合中老年人的松鹤社，有适应青年的青春会，有少年儿童的小太阳俱乐部。内设球迷看球日、棋艺竞赛、第二课堂、插花讲座等，体现休闲特色。

“四个阶段”

是指营销过程不同时期、不同推广阶段。我们把营销的过程比喻为蓄水和开闸放水的过程，主要分为四个阶段。

(1) 人工造雨和筑池阶段

要造好势，将雨水引到这一区域。同时将“水库”的坝筑好或将“蓄水池”做好。刘总关于“最适合居住的城市”的提案及讨论，等于花了一百万的广告费造势，非常成功，要继续这一势头，把它逐渐引导到讨论“锦官新城为最适合居住的高尚小区”上来。筑池，就是要选好广告公司、新闻顾问等，做好项目包装、精美的楼书，确定广告软、硬计划，确立物业管理公司，制定物业管理细则，模型、效果图修改好。

(2) 蓄水阶段

通过软性宣传、工程形象、地盘包装、新闻炒作等，将各方面购买者，现实的和潜在的，都吸引过来，但引而不发，只是要知名度、美誉度，不发生交易，用钓胃口的方式抬高身份。

(3) 开闸阶段

通过短期的立体巨量广告，全面覆盖人们的听觉、视觉。内容有跨版广告、彩色单张、空飘气艇、广告电视杂志、电台广告等等，务必全城轰动。现场作秀，军乐队表演。预期销售后形成成都有史以来第一次通宵排队的奇观。新闻跟踪报道。

(4) 持续阶段

根据开盘销售情况，或封盘、或调整价格。推广上继续以软性推广和公关活动来保持品牌的可持续发展。

五个“一”工程

一是一个软性推广系列。从现在起，每星期至少一篇软性推广文章，对“适合居住”的概念进行演绎，每次一个主题和侧重点。

二是一个征文活动。延续“成都是最适合居住城市”的讨论，将焦点引导到“锦官新城如何成为最适合居住小区”的主题上来。操作模式要由刘总提议转为政府行为，方式可以是省、市领导批示，或领导到项目视察指示，指令性媒体炒作、讨论，还要尽快争取建设部、省、市对“最适合居住小区”的认定。

三是一次大型研讨会。这是在较高层面上炒作。把成都与项目示范结合起来研讨。

四是一个景点，项目工地要成为成都的一个景点，是最大最好的户外广告。在规划路两旁、入口、建筑及围墙创作一道人文景观。另外，将示范小区展现的图景在围墙中作展现。将刘总提供的“最适合居住概念”用形象的画面再现出来，描绘一幅21世纪成都“清明上河图”的美妙图案。

五是启动一个健康家园。与华西医大附属医院合作成立家庭医疗保健中心，承诺对购房者发健康卡，实现九项健康服务的承诺，购房者当月可全家免费体检等。

六项近期重点工作

(1) 示范小区的确认，包括向建设部申请“最适合居住、智能网络”等示范小区的批文。第一期规划设计的修改。

(2) 选择广告公司，设计CI系统、楼书、地盘包装、户外广告牌、车身广告等。现场重新包装，包括增设女保安、统一服装、调整看楼车、绿化场地。软性推广计划确定与媒体选择、撰稿人员确定。与政府、媒介探讨研讨会、征文事宜。与教育部门、美院探讨创作“新清明上河图”事宜。

(3) 选择物业公司，确立物业管理条例，凡不遵守条例者，“有钱未必能住锦官新城”。

(4) 与华西医大接洽成立医疗保健中心事宜。

(5) 销售阶段培训，策划人培训，答客问的制定。

(6) 网络化工作，智能网络中心。

刘永好(以下简称刘)：前面曾先生讲到的我都很赞同，很多东西我原来都考虑过，做过调查，你们谈的这几点几乎我全部都有案例。现在提出以“最适合居住”为一个中心。这个概念我认为是很不错的，跟我们整个的运作很吻合，现在报纸一直在讨论，只要我们再稍加点油，这个讨论会更加热烈。而且这件事我已经向省、市主要领导都讲了，他们很赞成。在这种情况下，在北京形成全国政协的提案。现在看来总的是不错的，当然有些不同的看法以及讨论。省、市领导都很认同，这是很重要的。现在大家开口闭口都说，谁谁提出成都最适合居住的城市，有人提出西边与南边之争，我认为这是件好事，可能加深这件事。所以我认为提这个基本点是对的。

曾：我插一句。现在的工作是如何把刘总的行为转化为政府的行为，要争取省、市政府对这个概念的认定，即认定我们的项目是“最适合居住的示范小区”。方法可以有几种，一种是通过省、市落实全国政协提案的方式，有一个正式的批文，进行认定。把锦官新城作为成都是“最适合居住的城市”的试点，这种方式是最理想不过的了。第二种方式是请省、市领导到现场来视察，新闻单位领导陪同，领导最好能做出这样的指示：锦官新城要建成最适合居住城市的示范小区，事关成都的形象，你们新闻单位要好好报道。如果企业行为转化为政府行为，我们下面的推广工作就有了强有力的支撑。

刘：关于以“最适合居住”为中心，我认为这个概念提炼得不错。为了体现这个中心，要抓住两个基本点，我也很赞同，就是一流的品质，一流的推广。刚才分析品质有外在的、内在的，我觉得这些思路都是对的，非常重要。我们要找出一流品质的标准，这个标准是从比较中得到的。特别是与

成都同档次楼盘的比较，比如外墙涂料的颜色，我们比较过锦绣的、银都的，特别是锦绣五期，我昨天又去看了一遍，感觉确实很好，它根据成都气候情况确定的明快的色调，颜色调配得比较好，而且富有变化。所有这些都需要比较。要提炼，提炼出成都的、广州的、上海的、全国的好的经验，都要“拿来主义”，看看适合不适合，如果适合我们就这样做，如果不适合，就不一定做。但是，有没有可能在我们的小区里搞一个亚热带的植物园，很小的，大概就 $100m^2$ 左右，全密封起来，这用不了很多的钱。这样可以给人一个感觉，就是为业主着想。像这样内在的品质，我是非常赞成的。

另外关于一流的推广，做足附加值，这点非常重要，好酒也怕巷子深。我们要推销自己，凭什么？比如可口可乐，凭什么那么值钱？就是靠附加值，靠一百多年来的不断的宣传、宣传，从小孩开始就培养你的意识了。我有一个亲属，叫侄儿吧，在美国，现在刚刚学会说话，只会讲三个单词，一个是妈妈，一个是爸爸，再一个就是可口可乐。不论给他什么水，他都说“可口”。在我们中国，这种趋势已经出现了，它靠什么？就是靠天天宣传。我们“希望”品牌也是如此。在希望饲料创业初期，我们做了大量的宣传，而且花费不多，做得最多的是墙体广告，你那时到金牛区各地的围墙上都会看到，这就是我们的优势。当然现在效果没有那么好了。品牌树立以后有相当的延续性，所以我赞成在有好品质的情况下要把广告做好，做足。做广告有很多种，宣传报道就是最好的广告，我一分钱都不花，用的时间也很少。他们报纸急着要找我，因为市委陶书记找他们谈了两个小时，其中一个半小时就是在谈我的思路。陶书记说：“现在成都的农耕意识太重了，要创新。如何创新呢？前不久刘永好找我谈过这件事，他的主意非常好，起码有创新意识，而且点子好。”陶书记讲完，报纸就重视了。所以在宣传上可以采取几条腿走路的方针，就是说，宣传报道和软广告结合起来。我谢绝了很多记者的采访，因为我认为我不适宜谈得太多，应该老沈来讲，他是房地产项目的总经理。我们要去争取宣传报道，但我自己不适合在第一线多出面。现在我觉得已经冲得太前了，需要有人跟上。那么谁来跟呢，就是项目的主要负责人。

另外，谈到应当投多少钱？我赞成前期应当多投，后期少投。如锦绣五期，现在销售很好。没做什么广告，就是靠先前的宣传起作用。到现在为止，大家都还认为它是最好的，现在有一个变化，大家都认为锦官新城有可能超过它。

关于推广的三个重心，提出“健康家园”、“智能家园”、“高尚家园”，这思路是很不错的，当然，是不是用这个概念是最好的，可以研究。“健康家园”这个提法，我很赞同。首先有较大面积的森林，我看是不错的。锦绣五期有一些小叶榕，不错，要去摸一摸，看看是在哪里买的，怎样做。绝大多数要选常规的树种，而且最好是冬天有绿叶。（曾：我建议，我们应当去考察一下世博会，看看哪些可以借鉴到我们锦官新城园林的。）我们有人去了，但有的人去了目的性不是很强。我去就不一样，可以多呆几天，把问题落实了，看哪些可为我所用。关于森林面积，关于森林走廊、关于森林生态、负氧离子以及适应不同人的园林艺术景观等观点，我都非常赞同。这些东西做起来花钱不多，但可以体现小区的关怀。中心景观要安排设计在小区正门的区域。前面谈到的油烟、排气的解决，这些都可以做到，而且花钱很少，这些点子都还可以再增加。还有健康保健中心，实际我们已经在做了。我和他们医院都谈好了。他们很主动，热心。“享受星级待遇”，是一个很好的概念，有了一个量化的概念。锦绣五期提出“开奔驰车，住锦绣新城”，就是量化。至于是不是“军级待遇”，还是“地级享受”，怎么样更准确，更能为市民接受，这点还可以再讨论。至于“24 小时的心理咨询热线服务”，派一个专家长驻在这里，这些都做得到。我还有一个教授朋友，他就非常愿意这样做。这点非常非常重要。有人把健康看得非常之重，一年享受一次或两次的免费体检，体检的种类很多，全部免费我负担不起，可以做其中的几项，你多做多收费，总起来看这件事也是不会赔钱的。对于医疗档案要做到存档、安全、保密。我们的房子设计是抗八级地震的，一百年之后，你的医疗档案还在这里。

曾：是不是可以抗八级地震？如果真的有这个标准，我们马上就有新的策划出来。现在人们对房子的质量非常关注。最近英国一家设计公司

给80年前设计的一座建筑,武汉的景明大厦发函,通知他们设计使用年限已满,以后不负责了。其实景明大厦至今还作为武汉一座很正常使用的漂亮建筑展现着。这件事影响很大。假设我们真的能做到100年,我们就可以发一篇文章,叫“在一百年以后给业主发通知书”。

刘:这件事不去考虑。实际上我们的设计是比较保守的,别墅抗八级,公寓是不是可以提高到七八级,成本如何,还可以仔细测算。如果成本投入不大,我们就做。

曾:我就希望规划、设计等各部门,都要把项目的各方面的优点找出来。

刘:如果可以抗八级,我们的广告语就可以说:当八级地震来临的时候,成都一片废墟,锦官新城却安稳如山。如果每平方米投入不多,5块左右,我就干。如果增加太多就算了。但至少我们的别墅可以这么说。我们锦官新城的别墅就是抗八级的。“健康家园”的概念一定要做,而且要想得周全。这个宣传做好了,每平方米的售价就可以多增加几十元,一百元。

曾:每个附加值做好了,至少是每平方米增加50～100元,十个附加值就是500～1000元。

刘:健康食品、无公害蔬菜、纯净水的问题,现在全国做得最好的庄园就想跟我合作,是在北京,原来做得不是很成功,想把庄园变成别墅,从而达到赢利的目的。我在郫县看地,就有一个朦胧的考虑,郫县、双流、新都等地,不远不近靠山的地方,找一块有山、有水的地,比如一块500亩的地,做农庄。要给优惠政策完全可以。500亩土地,公共的,平均每户多少平方米。就可以说:住锦官新城,过田园生活。你没有所有权,但是你有使用权,你可以开发。更重要的是每周开车去,成为活动基地,可以吸引很多的小孩和老年人。我们可以设立辅导员,一个农艺师,又是绿化,又是享受,又是农家生活,花钱又不多。

曾:这个项目本身可能会赚钱,业主可以买一块自留地多少年的使用权,投资开发。

刘:这件事我跟新津县委书记谈过很多次。他在山上给我留500亩

地，有山有湖。以前条件不是很成熟，所以没有作为房地产项目来考虑，可以建一个电脑控制的种植大棚，这个成都还没有，北京有，许多外国人来参观，花钱并不多。单做价值不大，因为要成本，现在不同，收益可以从房子的销售中得来。在假期可以组织活动，叫做"农庄夏令营"。每个月，或半个月，组织几个老师，带着老板的孩子们到那里，又有山又有水，你说多好。也可说是"锦官新城农庄夏令营"，或者用"新希望夏令营农庄"。几百亩地，一部分买下来，一部分租下来，作为农地。地点在新都也可以，双流也可以，要不远不近。新都的地，高速公路25分钟车程，很适合。

第六篇 经典个案解码之六
——从赣州德威蔚蓝半岛看中小企业房地产营销策略

一、赣州市房地产市场分析

二、本项目营销推广的总体思路

赣州德威蔚蓝半岛营销策划会议纪要

时间:2003 年 7 月 24 日

地点:德威房地产公司会议室

人员:德威公司　胡总　赖总　徐总等

项目组成员:曾宪斌　秦青　何青青　王磊

一、 赣州市房地产市场分析

1. 区域市场现状

本地区的房地产市场相对来说,还是比较落后的,大概落后于先进地区 15～20 年。主要表现在:

(1) 市场总体处在宿舍型阶段,只有少数项目为商品房项目,实际上 1987 年左右的广州市房地产都已超过本地的现状;

(2) 规模很小,超过 30 亩的项目都寥寥无几;

(3) 规划设计理念停留在传统的模式,基本为行列式排列,立面色彩单一等;

(4) 户型设计陈旧,只是面积大小的区别,没有功能细分的概念,如有很多户型是 $130m^2$ 做两房,$150m^2$ 只有三房,缺少人性化的空间;

(5) 项目定位混乱,单个项目品种很杂乱,别墅和普通多层住宅并存在一个项目中,表明开发商对市场定位一网打尽的企图;

(6) 配套基本空白;

(7) 市场仍处于地段论的阶段,没有项目自身的附加值;

(8) 营销推广原始,无现代营销方式;

(9) 传统的销售模式,无现代营销理念;

(10) 智能化水平低;

(11) 物业管理无管理;

(12) 最好的小区的景观绿化只处在从无绿化到有少量绿化的阶段;

(13) 无真正意义的品牌企业、品牌项目。

2. 现在出现的变化

(1) 政府对地产投资开始进行引导和支持;

(2) 开始出现房地产项目竞争的迹象;

(3) 部分项目开发水平开始提高,楼价呈现上扬的趋势。

3. 本项目的市场空间分析

由于本项目初步定位于本地区的第一项目,对于市场现状,我们会有较大的市场空间来运作。

本项目的市场空间是全方面的,具体有:

(1) 规划空间;

(2) 景观空间;

(3) 价格空间;

(4) 创新空间;

(5) 推广空间;

(6) 品牌空间。

二、 本项目营销推广的总体思路

(1) 本项目要做品牌,做赣州的第一品牌,在营销推广上必须有创新。房地产市场的四个阶段:产品阶段——配套阶段——概念阶段——品牌阶段,由于区域市场层次较低,本项目将以产品营销为基础,借鉴后三个阶段的营销特征,建立本案的品牌形象。

(2) 营销推广总体思路

一个灵魂——主题、主线:我们与世界同步

蔚蓝半岛——联合国健康标准住宅

两个示范:联合国健康住宅标准

赣州市健康住宅标准

两个标准同时进行操作。

三大活动：

A. 赣州市21世纪理想家园论坛

B. 赣州市西部版块崛起之谜

C. “蔚蓝半岛”现象讨论

四次签约：

A. 与政府签约，打造赣州市健康住宅标准

B. 与赣州市环保局、卫生局签订协议，对本案的健康标准进行监督、检查

C. 与赣州最好的医院合作开办社区保健中心协议

D. 与教育机构签约，开设先进教育配套

五种战术：

A. 墙外花香飘墙内，在中国房地产报刊登联合国健康住宅标准，当地媒体转载

B. 结合论坛，走出去考察，媒体跟踪报道

C. 标王广告牌的竞标

D. 推广创新

E. 运用专家品牌

六方面突破：

A. 户型

B. 规划

C. 环境

D. 智能化

E. 物业管理

F. 营销

七种品牌嫁接：

A. 政府品牌

B. 规划设计品牌

C. 景观设计品牌

D. 营销品牌

E. 区域品牌

F. 物业管理品牌

G. 开发商自身品牌

八个第一：

A. 规模

B. 标准

C. 配套

D. 物业管理

E. 特色

F. 景观

G. 质量

H. 智能化

第十部分　附件

附件一　长春明珠系列软文展示
附件二　万达故事系列展示
附件三　万达三项承诺　八条信誉宣言
附件四　成都花园推广软文展示
附件五　××项目详规方案设计任务书
附件六　××项目置业顾问培训计划表
附件七　××项目营销工作实施计划表
附件八　成都花园2002年下半年营销策划方案(大盘中期阶段运作方案)
附件九　赣州21世纪理想家园论坛活动要点

附件一　长春明珠系列软文展示

“长春明珠”系列介绍之一

长春明珠:国际规划水准

新世纪伊始,大连“万达地产”进军长春市场,取得了卫星广场东南100万m^2黄金地块的土地使用权,并聘请国际规划大师精心规划了一座超大型生态园林新城“长春明珠”,引起了长春房地产业内人士和广大市民的广泛关注。

万达地产,不辜负长春最好地段

“长春明珠”所在位置极佳,其北邻卫星路,南到雕塑公园,西临人民大街,东至伊通河岸。南北通衢的人民大街笔直地从其西侧穿过,长春的母亲河伊通河优美地贯其东,其北,有南湖的千顷碧波,其南,有雕塑公园的无边绿荫,长春全城的窗口都沿着太阳的方向朝它眺望,城市未来的发展轨迹正向它的方向滚动……

配套设施,达到发达国家水准

在这座城中之城里,将兴建一所中学、两所小学、三所幼儿园、一座老人康乐中心、一处青少年宫、一座图书馆、一所社区医院、一个一体化的国际标准室内网球场、一个四季恒温标准游泳池……两个人工湖、一座人工岛、30多处喷泉、100多个建筑小品……此外,还规划了一处建筑面积达18000m^2的超大型会所和5个小型会所,规划了一处大型的国际连锁超级市场——如此齐全的大规模配套设施,不仅在国内名列前茅,在欧美发达国家也数一流。

十大组团,布局通透、开阔

“长春明珠”引进了国际最先进的“组团分割”理论。一改过去规划的

死板、沉闷与杂乱、无序，以四条生动的绿色主轴线，将全区切割成十几个不同档次的欧式建筑风格的生活组团。整个居住区内组团分布合理，视觉通透、开阔。

绿化率达 61.7%，全国绝无仅有

万达地产不惜牺牲用地面积，在组团中规划了大片的集中绿地与街心公园，区内仅 10000m^2 的街心公园便达 15 处之多。绿化率达到 61.7%，即绿地总面积超过 60 万 m^2，堪与公园比美的绿地比例，在全国的居住区中，绝无仅有。

动、静分区的欧式交通网络

“长春明珠”运用欧式社区功能布局理念，实行动静分区，人车分流。一改国内大都市交通拥塞、噪声泛滥、人车混杂设置的状况，从居住入口至居室内，规划了至少 3～5 个空间层次，确保了现代欧式家居的隐秘性特点。

公开征名，“长春明珠”脱颖而出

4 月 7 日～12 日，万达地产悬赏万元，向全社会公开征集项目名称，在一万多命名中“长春明珠”脱颖而出，一举夺魁——万达地产开局不凡，以民主化的命名方式，大气度地进入长春人民的视野。

长春明珠，命名响亮，大气磅礴。字面既温暖、青翠，又含辉煌、吉祥之意。其首二字“长春”，与长春市名巧妙契合，苍翠欲滴、生机盎然！后二字“明珠”，字面明亮、喜庆，含义富贵、珍奇。“长春明珠”组合在一起，给人以春风拂面、熠熠生辉之感！其不仅吻合万达地产超大规模的开发力度，也点明了“生态示范园林”居住区的主题定位。

一颗璀璨的北国明珠，将升起在东北大平原之上。一个超大规模的生态示范卫星社区，一个商品味的园林居住特区，一个长春历史上最美的欧式小城，将像珍珠一样镶嵌在长春市美丽的面颊上。

国际招标，世界级规划大师中标

大手笔、大气度、高水准，是万达地产一贯的市场运作风格。自取得土地之后，万达地产立即组织了国际招标。经审评，由三位著名设计大师联

合规划的方案最后中标：

(1) 国际著名规划设计大师、原新加坡国家规划局局长刘太格先生；

(2) 著名世界级华人建筑大师、曾设计了20世纪最伟大的十大建筑之一——美国“世贸中心”的威廉·顾先生；

(3) 世界第一位华人生态学博士、香港国际园林商会会长韦子刚先生。

为了实现万达集团董事长王健林先生确定的“超前30年”的目标，国际规划大师们付出了珍贵的时间与精力。经半年研讨，先后十易其稿，高水准的“长春明珠”规划方案才最后敲定。

主题定位，国际级生态园林居住特区

环境与生态，是21世纪人类的生存主题。经过对长春地理物质与气候条件的认真分析，“万达地产”将居住区的开发主题定位为“国际级生态园林居住区”：

(1) 长春明珠，首先是一个公园式超大园林，绿地面积达到60%以上；

(2) 长春明珠，是一个生态环保型的居住特区，阳光、水、空气、噪声指数均达到国际水准；

(3) 长春明珠，各项生活服务指标、区内配套设施达到或接近欧美先进国家水准。

一座令人神往的花园城，新加坡与大连都没有这样的小区

在万达总部大连，“长春明珠”规划方案——这一堪称国际大师们通力合作的杰作一出台，便造成了一片轰动。看过规划的大连市主要领导极为欣赏，高度评价之余，不无遗憾地称“大连也没有这样的小区。”原新加坡国家规划局局长刘太格先生说：“这样奢侈地使用土地，大幅度地牺牲利润，规划出如此大面积的绿化生态居住区，在新加坡那样的国家都是不可想像的。”

国际规划大师们的这一得意之作，获得了长春市有关部门的高度评价，称这不愧为大师级的作品。

据专家介绍，如此大气磅礴地一次性、一体化地规划出面积达100万

m^2 的生态园林居住区，在全国城市建设规划史上也将占有一席之地。

"长春明珠"首期，力争今年开工，当年竣工

"长春明珠"一期工程计划 4 月底开工，力争 10 月底前竣工交付使用，以全国一流的金牌住宅的形象向长春建市 200 周年献礼。

《城市晚报》2000 年 4 月 21 日

"长春明珠"系列介绍之二

长春明珠：生态环保理念

国际现代家居理念中有一个著名的口号：第一是环境，第二是环境，第三还是环境。长春明珠的开发主题定位是国际水准、全国一流的生态园林居住区。

万达的目标很明确，要把最现代的环境理念通过环境最好的居住区展示给大家，要求规划设计者从各个方面加大生态环保的含量。

四条主轴，绿色走廊

以刘太格先生为代表的国际规划大师，在长春明珠规划中创造性地在居住区内加入四条主轴线，改变了以往社区规划的沉闷与平庸，构成长春明珠鲜明的现代色彩，作为生态居住区的动脉，四条绿色主轴线纵贯全区，绿色轴线最短的为 300m，最长的达 600m，四条轴线的整体绿化面积近 7 万 m^2，等于建了四个带状公园。

极高的绿化率

长春明珠绿地率高达 61.7%，绿化指标超过国际标准，占地面积达 60 万 m^2 多，这一数字相当于 3 个胜利公园、4 个文化广场与庞大的南湖西侧的森林公园，长春明珠规划居住人口约 3 万人，平均每人占有绿地超过 20m^2，这一数字在全国大型居住区中，绝无仅有。在世界上绿色越来越珍贵的今天，长春明珠如此高标准的生态环境，价值连城。

长春明珠的规划设计者，根据长春的气候特点，引进欧洲绿化手法，大

量种植耐寒常绿优良树种与花种，让长春明珠三季有花，四季长春。

集中绿地与音乐广场

长春明珠的绿化大量使用集中布置的做法，大通道、大广场遍布全区。据统计，全区超过 1 万 m^2 的集中绿地达 15 处（东区 5 个、西区 10 个），其中东区有一处面积近 3 万 m^2 的绿地广场，西区有一处面积达 3 万 m^2 的绿地广场，这两个广场都将建成绿色音乐广场，优美的音乐、多彩的喷泉、连绵的水街、无边的绿地恰似两颗亮丽的明珠。这两个音乐广场将成为长春人的骄傲。

长春明珠沿人民大街还设计了一个半圆形绿地，面积超过1 万 m^2，绿地与人民大街直接相连，中间有一个大型水街喷泉，既是社区的绿地，又是与城市共享的景观，建成后将成为人民大街一景。

把家安在公园里

长春明珠的容积率（总建筑面积与占地面积的比率）只有1.07，除去公建部分，住宅的容积率只有 0.95，如此低的容积率在中国大型居住区中极其罕见，是万达十几年开发历史上所建设项目容积率最低的一个社区。

大家都知道，降低容积率等于降低商品房面积，也就是降低了开发商的利润，万达以降低利润为代价，换来长春明珠全国一流的生态环保水准，万达替业主把家安在一座巨大的公园里，万达的口号是：让业主先进公园后进家。

商住分离，动静分区

过去建设的居住区内也有不少商业网点，初看是方便了住户生活，实际上商住混合的做法容易形成噪声与环境污染，降低了居住区的档次。

长春明珠是一座城，怎样做到既方便业主生活又不形成污染，规划设计者引进美国现代超级 MALL（商业中心）的概念，在东西两个大区的适当位置规划了两处集中的商业中心。把所有学校、超市、会所、医院、图书馆、青少年宫等附属设施全部建在小区的外沿。整个居住区中心内不设置任何商业用房，这样安排的优点是：一、符合动静分区的生态环保理念，据测算，长春明珠空气污染和噪声指数将大大低于市区标准；二、商业设施除

了为社区服务，还可为城市服务。

人车分流

随着生活水平的提高，轿车将大量进入家庭，长春明珠是一座超大型居住区，规划设计者在解决交通堵塞、人车混杂等方面做了非常科学的处理，长春明珠建筑组团以道路为分割线，汽车不能进入组团，整个居住区和每个组团内分别设置了人车入口，使车辆在道路上流动和人在组团内的活动安全分离，长春明珠按照住户数与车位约1∶1的比例建设地下或半地下停车场，不但使业主的座驾万无一失，加大了地区绿化面积，也减少了汽车噪声和尾气对人的污染，更加符合环保要求。

《新闻特刊》2000年4月24日

"长春明珠"系列介绍之三

长春明珠：非常园林景观

国际上对居住环境的定义标准有两条：一是硬指标，即居住区绿地面积；二是视觉质量的软指标，即居住区的各种景观如何，住户能否观景。

在新加坡和香港，同等地段能够看海观景的房子，价格要高出50%以上。可以这样说，一个好的住宅区不仅房子要建得好，绿化要做得好，景观也要好。

长春明珠在视觉景观上具有无与伦比的优势。

最佳景观，两个公园

长春明珠正南是规划中的国际雕塑公园与森林公园，面积近$2km^2$。长春市政府已决定2000年正式开工建设，预计两年左右建成。作为两个公园最近的邻居，将享受两个公园带来的极大好处，"借景"可以使长春明珠居住区的绿地剧增，两个公园形成巨大的"绿肺"。长春明珠地势南低北高，规划从南到北为二层至十一层，步步高升，能保证大多数住户居高临下，尽情观赏两个公园的风景。

绿色景观360°

长春明珠在绿化景观上费尽心机，不仅做到绿地面积大，而且使绿地具有连续性，放眼望去，至少可以看到三四处集中绿地，大部分位置上可以透视整个居住区的绿色。长春明珠在规划上做了视觉分析图，将保证绝大多数住户前后左右都有绿色景观。

水景观三位一体

人是从水中来的，对水有一种天然的亲近感，因此长春明珠将“水”作为生态园林居住的重要主题。

水街：长春明珠共设置 5 条水的轴线，最短 100m，最长近 500m，每条水街格调不同，开头各异，构成一幅幅水的美景。

喷泉：作为生态园林的重要景观，长春明珠规划了大量喷泉，大的喷泉有近 10 处，小的喷泉 30 多处，有形如麦穗的大型喷泉，有隐藏在地下的潜式喷泉，这种喷泉平时隐藏地下，音乐响起时，喷泉便闻乐起舞。

湖泊：长春明珠巧妙地利用地形，在东西区各设置一个人工湖，其中西区的人工湖公园面积达 2 万 m^2 多，湖中设置湖心亭、湖心岛、九曲廊，湖面绿波荡漾，湖畔绿草如茵。

阳光景观，无法遮挡

阳光是生活的热源，是景观的前提，长春明珠的阳光景观达到一流。

朝向：长春明珠的住宅建筑变化多样，没有兵营式排列的呆板之气，但又做到全部南北朝向。

间距：长春明珠的住宅间距最低为 17m，最高达到 20m，加之南低北高的天然地形优势，将确保每栋住宅首层都不会挡光。

楼层：长春市是平原地形，但长春明珠所在的地段是长春市甚难得的南低北高的坡地，根据这一特点，在楼层规划上按照南低北高的布置，使整个长春明珠的建筑具有一种坡面效果，从北向南看，整个居住区一览无余，尽收眼底，景致极佳。

文化景观，欧式情调

长春明珠采用欧式建筑风格，园林景观也体现了欧洲文化传统。

建筑景观：长春明珠的别墅、多层及小高层的建筑立面，将以万达独创的

"新欧式"立面设计为基础改进而成,屋顶为欧式大坡层顶。

充满异国色彩的雕塑群:长春明珠居住形象将安置和营造近百个雕塑小品,使整个居住区形成一种高雅宁静的欧式文化氛围。长春明珠美伦美奂的视觉景观将在春城传为佳话。

"长春明珠"系列介绍之四

长春明珠:欧美建筑风格

万达地产要把长春明珠的整体建筑格调精品化,要充分体现一流的欧美生活社区的建筑风格。

现代建筑博物馆

长春明珠居住区将分别建有别墅、花园洋房、多层、小高层、高层;在建筑式样上分别体现出板式、点式、曲张互相结合的特点。建筑物层数将一改过去的居住区一般齐的呆板模式,分布有 2 层、3 层、5～6 层、9～11 层、24 层等不同层数的建筑物,呈现出高低错落、层次分明的立体视觉效果。

如此多类别、多样式、多层数的建筑群,使您走进长春明珠后,就像走进了一座建筑博物馆。

新欧式建筑立面

过去的建筑立面基本上是"火柴盒"。许多人费尽心机也没能彻底改变千人一面的建筑立面。为展现长春明珠的"明珠"形象,万达人与国际大师们一同进行了反复的研究,最终决定采用万达创新的、在联合国人居会上和建设部建设工作会上获得专家一致好评的新欧式外立面。该立面外观线条简洁明快,运用现代手法,在古典主义风格的基础上揉进了现代思想。外墙面采用了虚实结合的处理手法,体现出既厚重又洋气的特色。大窗、大阳台、全落地阳台窗,使建筑立面新颖大方、富贵典雅。

别墅

国内不少的房地产开发商,以为别墅就是独立的房子,这种理解下建

造出来的“别墅”通常占地只有 200～300m²，相互间距只有 8～10m。缺少花园、没有景观、缺少配套。用长春明珠的设计规划者——两位国际大师刘太格先生、威廉·顾先生的话说，这只是“独立住宅”。这次，两位大师给长春人带来了真正的别墅！已规划完成的长春明珠别墅区，单个别墅平均占地超过 1000m²，形成围式花园别墅，占据区内最佳位置，南端是国际雕塑公园，借景效果突出；北部紧邻区内最大（面积超过 3000m²）的音乐喷泉广场；西侧是面积 20000m² 的人工湖；区内三条绿色主轴会聚别墅区北部，通透的园区景观一览无余；别墅区内还规划设计了一条宽度约 40m、长 300m 的水街。整个别墅区从地域选择和环境营造上都突显了至尊地位，其优美的建造风格和布局景观营造堪称国内顶级。

花园洋房

长春明珠园区的花园洋房是万达人的又一杰作，也是整个东北地区的首创。花园洋房又称连体别墅，是目前在新加坡、香港等极为流行的新型住宅建筑形式。上下 3 层的独立门户，户均面积近 100m²，拥有私家花园、独立车库，使您既能享受到别墅的优势，又不用花费高昂的别墅价格。它的建设为长春人提供了时尚的居住形式和高尚的居住空间。

多层、小高层、高层

长春明珠是长春各阶层成功人士的理想居住地。该居住区内兴建了大量的多层、小高层、高层住宅。建筑单体全部采用钢筋混凝土框架结构建造，抗震性强。室内层高达 3.1m，可以运用装修空间，张扬你的个性。大多数户型都配备了家庭中央空调，全区都配备了最高级的 3 星级智能系统，小高层、高层均采用名牌高级电梯，使您的生活变得轻松快乐。

《广厦周刊》2000 年 4 月 28 日

“长春明珠”系列介绍之五

长春明珠：超前社区配套

长春明珠的建设者有一个追求，规划标准要超前 30 年，具体体现在什

么地方呢？其中很重要的一条线就是超前的社区配套。

健康配套

为了使长春人民充分享受到居住区的健康配套，长春明珠居住区西区内建设了一座面积约13000m² 的超级特大型健康会所，东区内建有一座面积3000m² 的健康会所，居住区其他组团内还规划了5座小型会所。会所内将设置功能齐全的健康活动设施，使您在工作学习之余能到“健康加油站”享受。区内规划设计了一个面积达3000m² 的社区医院，医院规模达到了区级医院标准。社区医院的医疗设施完备、高档，并将和长春市著名医院进行联办，实行专家坐诊，给区内居民提供完善的医疗保健服务。

教育配套

长春是闻名遐迩的教育城，居民非常关心下一代人的教育问题。长春明珠规划建设了一所占地20000m² 的24班型的中学；一所占地1000m² 的18班型的小学；一所12班型的小学；三所12班型的幼儿园。

为了实现一流教育条件，达到较高的教育水平，幼儿园将完全实行中英文双语制教学，小学与国内著名的树勋小学联办。

大连万达集团还将与东北师大附中联办一所设有初、高中部的一流民办中学，学校由东北师大附中本部实行一体化管理，优先接纳小区适龄学生就读。区内教育配套的建设是您望子成龙、培养下一代的重要保障。

文化配套

长春是一座文化城，而且文化底蕴极其深厚。为了保障和维护区内居民对“文化饮食”的需要，区内还规划兴建了一座面积达3000m² 的图书馆；一座面积近3000m² 的青少年宫；一座面积近3000m² 的老年人活动中心，规模均达到区级标准。这些设施的建立使得长春明珠的配套水准已经大大超出国内居住区的标准，达到欧美中等发达国家居住区的条件。社区内还设置了2处超大型音乐喷泉广场。其中西区内的音乐喷泉广场占地面积达到30000余平方米，给社区居民提供了区内社交、交流、沟通、集会的大好场所。两个音乐广场的建设必将成为长春人民喜爱的两颗明珠。

生活配套

一座完善的居住区应全面满足居民的生活要求，使居民的生活需要得到保障。长春明珠的规划设计者在充分保障区内生活气氛安宁、祥和的前提下，在居住区外围卫星路沿线设置了一座2层、面积为6000m^2 的商业超市，超市的地面停车位达250个之多，该超市将由国际著名的商业超市连锁机构经营。此外，在东区还设置了一个规模近2000m^2 的商业超市，让居民的生活购物得到方便。

为了方便居民全方位生活需求，根据长春明珠的总体规划设计，居住区的沿街路段设置了银行、邮政、餐饮等配套服务设施。

考虑到私人购车的发展，居民的停车、行车方便，社区内的交通组织进行了科学合理的设置，为业主设置了专门的地下及半地下停车位(库)，为进入区内的临时车辆提供了充足的地面停车位。

长春明珠为社区居民提供了完善的生活配套。

《城市晚报》2000年5月10日

“长春明珠”系列介绍之六

长春明珠:超级健康会所

为长春人民提供一流的住宅精品，使长春人民充分享受到现代居住区应具备的最高级别的会所服务，是长春明珠建设者义不容辞的责任。

一层:标准室内游泳馆

超级会所一楼将修建一座大型室内游泳馆，游泳池将按50m×25m的国际标准尺寸建设，分深水和浅水两个区，深水区端修建有3m标准跳台。您可以充分发挥您的泳技。游泳馆内还兴建有一个冲浪池、一个儿童嬉水池，为您的全家大小共享水中乐趣提供了优异的设施。

二层:大型健康桑拿美容中心

为了配合整个会所的功能，会所二楼规划设计有大型健康桑拿洗浴中心。桑拿中心完全实行健康服务，设置独立男、女宾服务区，绝不允许带有

任何色情成分，让业主来得放心，去得安心。

在桑拿房周边还建设有美容美发中心、跳舞厅、健身房等服务设施。

三层：保龄球球馆

超级会所三楼将兴建一个8道保龄球场，球场的规划设计完全按照标准赛道进行，引进国内外最高级别的设施设备进行布置和安装。投入使用后，您可以凭尊贵的业主身份享受到轻松雅致的健身运动。

该层还兴建有乒乓球室、台球室、棋牌室、儿童游戏室、中西餐厅、咖啡座等服务设施，既满足了区内居民的必要需求，又为居民的家庭聚餐休闲提供了方便。使每一位长春明珠的居民都能够体会并享受到齐全的社区会所服务。

四层：国际标准室内网球场

长春明珠的业主健康会所规模是全国罕见的。会所内的4块场地的标准网球场更是国内居住区里绝无仅有的。该网球场院可满足一般性的网球学习、健身锻炼，更可进行标准规范的大型比赛。

当您节假日休闲之时，携家庭成员或亲朋好友一同进入，挥拍较量一番，时尚的网球运动会使您的生活充满健康色彩。

长春明珠超级业主会所将带给您现代居住区最高级别的配套享受。

《长春日报》2000年5月11日

"长春明珠"系列介绍之七

长春明珠：新型建筑材料

为长春人民提供一流的住宅精品，是万达人的承诺。万达地产将严格遵循精品的标准来建设长春明珠项目。尤其在关系百年大计的建筑材料方面，将全面采用高科技带来的诸多新型建筑材料。

新型墙体材料

长春明珠的建筑物全部采用框架结构，建筑物外墙体使用新型双层空

心砖中间夹苯板砌筑，空心砖保温隔声，并有效地防止了墙体易裂、渗水问题，还大大减少了墙体厚度，厚度由普通的49cm降低为36cm。据测算，运用该墙体材料后使每户使用面积平均增加了3%，购房者获得很大实惠。

新型PVC塑钢中空玻璃窗

业主关心的事情就是万达地产应该注重的问题。在对窗户材料的配备上，长春明珠项目的所有窗户采用国内合资的平开式最高档名牌塑钢窗。窗户玻璃均采用中空玻璃。

经过比较，在钢、铝合金、塑钢三种材料中塑钢的节能性非常明显。它比铝合金窗节约热能耗87%，节约采暖能耗30%～50%，非常适合北方寒冷漫长的冬季气候；塑钢中空玻璃的隔声功能达30dB以上，使居家的环境变得更安静，此外，塑钢中空玻璃还具有使用寿命长、抗老化、防火、防盗、绝缘、气密、水密和抗风压等性能。

新型UPVC复合管材

UPVC复合管材的诞生是建筑材料的一次重大革新。长春明珠居住区所有上下水管材均采用这种新型材料。它有着优异的防锈、无毒、无污染功能。值得提出的特点是长春明珠的家庭下水管将全部采用带消声功能的UPVC特种管材，您再也不会因上下楼层的哗哗流水声而烦恼。

立邦漆、广场砖

长春明珠建筑的内外墙面将采用纯正的日本立邦漆涂面，它具有纯正色彩和有效的防水、防老化、防龟裂功能。

居住区内除车行道路外，硬地部分将全部采用高档广场砖铺砌，长春明珠居住区的地面将显得格外高档、亮丽。

遥控门、防(撬)盗门

长春明珠楼宇的单元门使用电子对讲防火防盗门；分户门全部采用国内名牌“盼盼”牌高级防火防撬门。

私家独立车库采用进口高档遥控卷闸门，它具有良好的防盗和便捷的使用功能，方便快捷、安全有效，省却了您往返开关车库门之苦。

《城市晚报》2000年5月12日

“长春明珠”系列介绍之八

长春明珠:家庭中央空调

长春明珠居住区的规划开发运用了许多超前理念,在居住区配套设备的选用方面也不例外,安装家庭中央空调就是这种理念贯彻的结果。

户式中央空调

现代人居标准主要就是要彻底实现“环境适应人”的目的,这个环境的含义既是居住区域的内外大环境,也包括居室内的小环境。

新型户式中央空调是近几年国际流行的一种家庭温控设备。因为价格问题,一直未能进入国人家庭中,万达公司通过努力与专业公司建立长期发展伙伴关系,使长春市民有幸成为首批享受者。长春明珠居住区在大部分家庭中安装了户式中央空调。这种空调可以使您随心所欲地调节室内气温,并且可以轻松享受换气、换新风的功能。在房屋空间的利用、居家健康的维护上起到了积极的作用。

比普通暖气片更有效

旧式供暖终端——普通暖气片由于它的供热原理和安装需要,使得室内空间的实用性、舒适性打折扣,人们不得不为了避开暖气片来布置家具,安排活动空间。

新型家庭中央空调不但能够保证您的居家室温保持在18℃以上,且安装和使用几乎不占用任何室内有效空间,只在屋内上空楼板部分进行一室一机(风机盘管)的暗藏(半暗藏)安装,使居室内的使用面积得到大大“提高”。家庭中央空调完全能够使业主充分享受到高档次的家居环境,全面提升人居品位。

比普通分体空调更先进

新型家庭中央空调的配备使用户能深层次体会到室内的舒适性,而且一改过去使用普通分体空调的不足。家庭中央空调的供暖是采用城市集

中热网管道，利用风机盘管将水暖转换为气暖（风暖）进行供暖。夏季依靠空调主机直接实施制冷的原理进行工作。它完全避免了普通分体空调的二次安装和占用墙体空间的弊病，使用户得到一次安装、冬夏两用的完美效果。

家庭中央空调运行费用远比普通中央空调节约，尤其是在供暖方面，由于供暖是利用城市集中供热网的热源，采暖直接费用与目前的收费相同。

更节能、更方便

长春明珠中央空调的配备不会加重业主的经济支出。风机盘管的正常电能耗，在整个冬季期间仅为 300 多元。由于它有可控温开关，操作使用上更节能、更方便。在北方冬季供暖前后的过渡期间发挥有效的作用。

时尚选择、优化生活环境

家庭中央空调是现代家居配备的一次巨大的进步。它的环保、健康作用是现代生活的一种时尚。它不仅带给您丰富的有形价值，更带给您时尚的生活品位。它先进的功能以及简洁的安装带来的完美效果，使您的个性得以充分展现。高档次的配备，让您的家庭变得更和谐。

《城市晚报》2000 年 5 月 15 日

“长春明珠”系列介绍之九

长春明珠:“三星”智能系统

随着 21 世纪的到来，现代高科技和信息技术正在走进住宅小区，走进家庭。现代化的家庭成员正以追求家庭智能化带来的多元化信息和安全、舒适与便利的生活环境作为一个理想目标。万达地产使这种追求在长春明珠居住区得以实现。

智能化居住区

在超前建设理念的指导下，为从根本上提升住宅的档次和身份，万达

地产率先在长春明珠居住区内配备了智能化系统。

智能化社区是在现代化的居住区综合采用目前国际上最先进的4C技术(即:计算机、自动控制、通讯及网络和智慧卡的运用)建立的居住区,它配备了由综合信息服务和物业管理中心、通讯接入网和家庭智能化系统组成的"三位一体"的服务与管理系统。它的运用使住宅概念由一个居住单位演进到"智慧之家"的地位。

使用、操作便利

智能化系统是现代居住区的必要配套,没有智能化配套的生活区,三五年后就如同现在的生活区没有绿化草坪一样落后。长春明珠居住区智能化管理系统在终端使用上有新的突破,一改生硬复杂的界面为"傻瓜"型界面,让业主轻松自如地享受智能系统的服务。

全方位智能化

长春明珠居住区的物业管理将全面实施智能化。居住区内将运用智能设备进行集中的安全防范管理,在居住区的入口和区内的通行道路上以智能关卡的形式进行综合防范管理,让区内居民得到最佳的安全保障。

实行智能化的房产管理以及保养和维修。对区内的每一处房产的使用和租用实施智能化管理。实施三表计量、收费智能化。长春明珠居住区内的所有电表(费)、水表(费)、煤气表(费)将完全实行智能化计量和计费。

物业管理智能化,还有停车管理也将实行智能化,利用智能卡的形式确保您的汽车的安全。提高物业管理效率,发挥智能功效。

长春明珠居住区的家庭智能化包含有以下三个部分:一、家庭安全智能化。在室内设置红外线报警系统、火灾报警系统、紧急求助按钮或遥控按钮、玻璃破碎探测器等确保居民家庭安全。二、家庭设备自动化。就是利用 Internet 网线或直接利用电话网线对家庭部分电器实施远程控制,使其更有效地服务家庭。三、家庭通讯智能化。智能化系统可以提供家庭语音与传真服务,双向有线电视服务,远程多媒体教育图书馆,远程电影或 VCD、DVD 点播服务,Internet 国际互联网,电子邮件,IP 电话等

服务。

最高级别的智能化系统

长春明珠居住区的智能化系统，是建设部智能化标准中级别最高的一种，专业名称为“三星级智能系统”，它也是目前最全面、最到位、最先进的智能化配套系统。完全不同于一二星级的一般性设置，在居住区智能化应用上已达到近乎顶级水准。它的配备使整个长春明珠居住区的生活档次有了质的飞跃，让长春明珠的居民在最高层次上享受高科技为人类带来的便利，享受高科技为我们做出的服务，享受高科技设施使用后住宅环境的和谐境界。

《新文化报——都市新闻》2000年5月17日

“长春明珠”系列介绍之十

长春明珠:一流物业管理

在现代社会，老百姓买房子，第一是买环境，第二是买物业管理，好的物业管理，可以使业主一辈子安居乐业。同时，它也是楼盘保值、升值的关键。

为创立全国一流品牌，大连万达开发的商品房一律由万达自己的物业管理公司进行管理，绝不另外发包。

12年来，万达地产在大连一直保持了“三好”。第一房子建得好，第二房子卖得好，第三房子管理好。万达物业管理公司管理的小区，个个绿草如茵，清洁高雅。

在大连，由群众与媒体自发的投票式评比中，万达物业连续两年获得第一名。万达开发的所有小区，都是建设部评选的优秀小区。

大连万达物业管理——全国一流水准

所有买万达房子的长春人，不仅买到一处具有全国一流水准的住宅，还将买到一份全国一流的、具有“亲情化”的物业管理。

万达的"亲情化",首先是制度化

从"致住户的第一封信"开始,业主便进入了万达物业的亲情管理中:从发放《入住手册》,签署《公共契约》、《物业产权人公约》、《委托管理合同》,到提交业主"住宅交接备忘录"、资料袋、钥匙袋等,万达的"入住服务"在全国很有名气。

万达的"亲情式"管理以人为本,注重与业主间的情感交流,注重社区文化。对业主不是管理、约束,而是亲和、服务。

联合国人居大会与会人员和建设部原部长俞正声等到大连万达的"香海花园"参观,当时小区内有 400 户同时装修,路上看不到一点装修垃圾。英国社会住房基金会主席埃尔德先生欣然写道:"对于你们充满人情的管理,我表示由衷的赞赏。"

万达物业——善待你一生

万达物业管理公司有一句座右铭:"善待你的一生!"

《物业管理规章制度》面面俱到,可装订成很厚的一本书。它是每一位万达物业管理人员的最基本的职业准则。万达要求每一个管理员工成为业主的卫士、近邻、助手与求急救难的朋友。万达物业设立一种"便民名片",业主有困难,随叫随到。住宅区内设立了各种各样的服务,如:保洁服务、家政服务、搬迁服务、维修服务、接送孩子上下学服务、中介服务、代送牛奶、代订报刊、房屋代管代租、蔬菜专递等社区服务。

保安人员实行 24 小时巡逻,一般平均每人每天走路近 20km。社区内制定一整套访客制度,业主主住区不许任何闲人进入。

万达物业不扰民、不惊客。管理人员进入产权人房间实行"三戴",即戴鞋套、带垫布、带抹布。维修时,为了不踩脏业主的地板,维修人员背着一卷垫布,踏布而入,提着维修垃圾离去,不喝业主一口水。

"长春明珠"的业主,将享受到高贵的礼宾式社区服务。

住在长春明珠,等于住在大连

"长春明珠",将配备一整套目前国内顶级、国际领先的"三星级智能化"电脑管理系统。万达物业从 5 月中旬起已在大连正式培训电脑管理人

员。因为这样的顶级电脑管理系统在大连也没有。

大连市主要领导在看完了“长春明珠”的规划和电脑管理系统后，不无遗憾地说：大连也没有这样好的小区。

“长春明珠”建成后，将比大连任何一个小区都美。

对于长春人，从某种意义上可以说——住在“长春明珠”，等于、甚至超过住在大连！

《城市晚报》2000 年 5 月 19 日

附件二 万达故事系列展示

故事一：返工没商量

在万达房地产的一处施工现场，一监理工程师正在到处巡视。突然，他发现施工单位在施工过程中，有容易引起今后房屋渗漏的质量隐患，于是当即找到该项目经理，要求马上返工。但该经理认为，这是施工过程中无法避免的问题，况且对以后房屋质量不会有太大问题。而监理师认为哪怕只有一点点隐患，都必须整改、返工，否则，绝不允许继续施工！双方随即发生争执，说到激动处，该经理竟朝这名施工监理师抡了一巴掌。

总公司在得知此事的全过程后，当即做出决定：(1)立即对不符合质量，有隐患的地方返工；(2)对打人者撤销其经理职务。

责任心上去了，质量通病的问题自然迎刃而解。

故事二：水漫家园

话说 1997 年某日深夜，家住大连“长春花园”的张先生，由于生意上的应酬多喝了一点酒，回到家的时候还带着几分醉意。无巧不成书，当他打开水龙头洗脸后，张先生由于仍没清醒也就忘记了关水阀。第二天清早，张先生一觉醒来，不觉呆住了，原来三室一厅 100 多平方米的房子全给淹了，还有些鞋子在水面上飘来飘去，厨房里则传出哗哗的流水声，张先生赶紧冲过去把水龙头关掉，在望着满屋水发呆的时候，他突然想这次糟了，屋子肯定会漏水，楼下的那房主还不找我的麻烦吗？他就想下去看看，给人家赔个不是，但转念一想，等找上门来再说吧。张先生一边处理积水一边等，但等呀等，一天过去了，没有人来找麻烦，两天过去了，还是没有人来找麻烦，到了第三天，他终于忍不住了，便找了一个借口到楼下的房子去看

看，咦，怪了！楼底下的房子一点漏水的现象也没有。

后来经了解，这位业主才知道，原来万达的楼板全部采用现浇方式，从根本上避免了楼板的变形及渗漏。恍然大悟的他，此时由衷地感谢万达房地产，因为万达公司开发的楼盘工程质量的确没得说。

故事三：笔误了照赔

四年前，在商品房面积缺斤短两的问题日益引起各界关注的时候，万达房地产公司率先向消费者公开承诺：面积短缺，缺一赔三。这个承诺的背后其实就是以维护消费者的利益为最高原则的经营理念。这件事发生在万达房地产公司开发的“香海花园”里。“香海花园”是大连市卖得非常火爆的楼盘，也是大连市近年来仅有的出现排队买楼现象的楼盘。销售人员在工作中由于不停地解说、不停地签合同，忙得连午饭也来不及吃，一天下来，销售人员嗓子都喊哑了。就是在这种高度紧张的精神状态下，一名销售人员把一套 $87.73m^2$ 的房子误写为 $88.73m^2$。万达房地产公司就连这种在高度紧张的精神状态下发生的“笔误”，也严格按照承诺给消费者按3倍的额度进行了赔付。

编后语：不论是项目经理的“巴掌”，还是销售人员的“笔误”，都是与万达公司的信誉宣言所不相协调的，但万达集团公司的最终处理给了广大业主一颗定心丸——有这样的承诺，有这样的管理，我们对万达的工程质量还有什么可说的呢？

故事四：“大连辉”的诞生

前几年，国际上流行一种颜料，它以协调、美观、典雅的风格和优质的材质而风靡国外。但由于种种原因，中国人始终都与这种颜料无缘。

万达集团一直致力于开发新产品，领先行业。在得知这条消息后，当即决定斥资开发研究。由万达集团牵头，在大连召集全国有关专家，合作

研制此种颜料。

为纪念这一研究成果，特取名为“大连辉”。

开发新产品，永远走在同行业前列，这是当前全国商品房积压已超过国际警戒线，而万达几年来开发的商品住宅却一直是零空置率的重要原因之一。其实，万达在大连房地产界还创造过很多率先。

故事五：行业领先

在大连，万达是率先在商品房里设计洗手间的开发商。1996 年又率先将原来的一梯三户的户型改为一梯两户。除此之外，在大连，万达也是第一个采取封闭式阳台、第一个开发欧式风格小区、第一个采用 PVC 管材、第一个采用三表出户远程计算机收费系统的开发商。或许这些在今天看来并不算什么，但在当时，却是超前和领先的。这充分体现了万达房地产公司的创新和超前意识。

万达房产除了在规划设计上领先行业一步，而且还坚持“以人为本”的设计理念。“香海花园”在大连是低价楼盘，售价不到 3000 元/m^2，但是那里不仅设计了大片的花园绿地、小景廊灯，还考虑到了残疾人的需要，专门设立了残疾人行车道。

在销售价格、物业管理价格上，万达房地产公司始终保持着“薄利多销、让利于民”的原则。“香海花园”是大连市的样板小区，价格却比周边楼盘低 15%～20%，物业管理费也只有 0.5 元/m^2。也因此得到了众多消费者的青睐。

这么多第一、这么多率先，万达集团在规划、设计和开发上都走在了同行业的前列。但房地产市场日新月异，不求变化，就没有出路，在即将投资开发的“成都花园”上，万达又将有哪些新的举措呢？

故事六：有险必排

1999 年 8 月 19 日上午，“长春花园”物管员李新民和吴淑英正在做每

小时一次的巡楼。突然，听到10号楼传来了孩子的哭救声，一股浓烟从4单元6楼1号逢惠家的厨房冒出来。不好，失火啦！李新民心头一紧，回头对吴淑英说了一声“快去报警”，就一个箭步奋不顾身地冲上6楼，原来逢女士家14岁的儿子小伟放假一个人在家，自己想炸火腿肠吃，炒勺里上窜的火苗把他吓得转身就跑，惊慌中门却打不开，小伟大声哭喊了起来。正在此时，李新民赶到了，他拼命撞开房门拉出小伟，自己捂着鼻子冲进厨房，拉下了电源，关上了煤气阀门。这时火沿着厨房的电路又烧着了塑料吊顶，危急关头，物管处于主任带着保安人员和其他物管员工赶到了，等火扑灭后，大伙才发现李新民已经倒在了地上，于主任立即组织人将他送进医院，回头又组织保洁工清理房间，维修工检修电路……

中午，逢女士回来了，看到整整齐齐的家和安然无恙的孩子，不由得热泪盈眶……

如果说专业化常规服务是大多物业管理单位都能做到的话，那么，万达物业管理所提倡的“到位服务、超值服务、亲情服务”以及服务中坚持三快(报修修复快、接听业主投诉反映问题快、处理快)，进入产权人房间实行三戴(戴鞋套、垫布、抹布)，同时提倡“业主小事不过夜”、“不喝业主一口水”的服务宗旨，在业内可算是屈指可数的了。“香海花园”的物业管理费是0.30元/m^2，但是，晚归的业主周先生的一句“真不方便”，就让“香海花园”每个单元门前亮起了感应灯……

故事七：有求必应

电工郝少光靠他热情的工作态度、诚实的人品，赢得了“香海花园”35号-2—3—1的老大娘的好感，大娘这几天忙着张罗让自己的外甥女与小郝见面，让两个年轻人在一起好好谈谈。说起郝少光，“香海花园”的大部分业主对他都是比较熟悉的，“香海花园”提倡到位服务、亲情服务，小郝在这方面总是有求必应。

1999年的一天半夜11时，6号-1—6—2的赵女士家突然跳闸，她又急

于装修完毕搬入新居，她掏出物管办发给每位业主的便民片，上面有管理、维修人员的办公电话、传呼，她抱着试一试的态度给小郝打了传呼，心想：这么晚了，对方会来吗？但很快小郝就回了传呼，在问明情况后，当即“打的”赶到现场检修电路，一直忙到深夜，张女士感动得不知说什么好，当场拿出200元来以表心意，但被小郝婉言谢绝了。

故事八：足球幼儿园

10号队员带球强行中路突破，左脚一扣，晃过对方一名防守队员，右脚迅速起脚打门，足球像长了眼睛似的直窜球门右下角……

这将是一场特殊的足球比赛，中方教练是中国足球队著名队员、国脚孙继海的启蒙教练，而对手是日本足球幼儿园队！

说起万达足球幼儿园，可真是办一个火一个，不仅入园率是100%，前来取经的同行参观率也是很高的。千禧年刚过，日本足球幼儿园听说了万达足球幼儿园举行一场交流赛。故事开篇的这个镜头即将在2000年5月的大连万达足球幼儿园绿茵场上产生。

小海是一个活泼好动的孩子，生在中国的足球之乡，耳濡目染，自然而然就喜欢上了足球。1993年小海一家搬到了由万达开发的“长春花园”小区，为小区配套的足球幼儿园正合小海的兴趣，而且除了足球训练，幼儿园还应用双语(汉语、英语)教育，并配有音乐琴房、游泳馆、足球绿茵场等等，应有尽有，小海的父母非常满意。在教练老师的关心和培养下，一年后，小海被足球学校的教练看中了，成为又一个从“长春花园”足球幼儿园直接升入足球学校深造的小队员。

故事九：“成都花园”

“成都花园”位于素以环境优美著称的成都浣花风景区内，占地1300亩。它的规划设计指导思想是要营造一个高品质、现代化的、具有生态和

智能特点的标志性的居住区，结合 21 世纪经济发展状况，成功人士生活水平提高的需要，在总体布局、单体设计、环境绿化、外观造型、物业管理等方面都要达到国内先进水平，体现出规划思想的超前性、居住环境的舒适性、产品结构的品牌性，突出"以人为本和可持续发展"的规划原则，突出科技含量高和浓郁文化氛围的设计思想。为此，万达和成都市统建办、青羊区政府统建办一起请来了 20 世纪著名的建筑规划大师顾永刚先生、澳大利亚悉尼歌剧院的设计者、清华大学的专家、西南设计院的设计师，还有世界第一位华人生态园林博士韦子刚先生、新加坡城市规划局总规划师刘太格先生、国内著名的房地产策划大师曾宪斌先生和国内知名的市场分析专家黎振伟先生等等国际、国内著名大师、专家为"成都花园"规划设计、分析策划……最后由国际著名的规划设计大师、美籍华人顾永刚先生的笔传神地描绘了"成都花园"的开发思想。"与国际接轨、国内一流、西南第一、不可比拟、无法模仿"是开发者们的目标。

附件三　万达三项承诺　八条信誉宣言

万达宣布：对所开发房产实行“三项承诺”

本着对社会负责，对消费者负责的精神，大连万达房地产公司在此正式向消费者做出“三项承诺”：

承诺一：质量不好，予以赔款；

承诺二：面积短缺，缺一赔三；

承诺三：不满意者，可退可换。

同时，万达房地产公司正式做出《八条信誉保证》，具体如下：

按照《消费者权益保护法》、《经济合同法》、《建筑法》、《广告法》等法规，在万达房地产公司购买商品房屋的消费者，凡涉及到下列情况之一者，经确认后，万达房地产公司均予以相应的赔偿或退换，并公开赔礼道歉。

承诺一：质量不好，予以赔款。

第一条：万达房地产公司确保所建全部工程质量达到“优质工程”以上。

第二条：凡购买万达房地产公司开发的商品房时，出现工程质量问题，一经工程质量监督部门认证，确实妨碍消费者居住，危及消费者生命、财产、健康等，均予以经济赔偿。

承诺二：面积短缺，缺一赔三。

第三条：购买万达商品房产时，凡《购房合同》中所标明的面积与有关产权部门认定的面积不符者，本公司以缺一赔三的原则，对消费者进行赔偿。

承诺三：不满意者，可退可换。

第四条：购买万达商品房产里，无论任何原因，凡对所购住房不满意，交付使用后一个月内，保证100%退款。

第五条：未经业主委员会同意，发展商擅自更换物业管理机构，业主对所购房屋可退可换。

第六条：在销售中，违反《广告法》、《反不正当竞争法》等，以隐瞒、欺诈行为导致“货不对板”现象，或在销售中以劝诱、威胁等手段，促使消费者购房，经查实后，本公司无条件予以退换。

第七条：消费者签订《购房合同》（含临时认购书等）后，销售部门在代办公证登记、按揭手续、提供咨询时，额外向消费者滥收费用，消费者有权退房。

第八条：本着人道主义精神，对已签《房屋认购书》，甚至已签《购房合同》后，消费者因出现不可预测之天灾人祸（如重病、伤残、死亡等）而导致无力支付余款者，经有关部门确认后，可换房退房。

大连万达集团股份有限公司　2000年3月15日

《大连日报》　2000年3月15日

附件四　成都花园推广软文展示

成都花园·特快专递

建川：

昨天的加急电报收到了吗？

咱们在一月中旬签的订房协议，本来春节前应付第一笔款，而且要签正式合同了，但前几天我突然在报纸上看到开发“成都花园”的消息，这是你一直关注的小区，所以我想再缓缓看。这几天，报纸、电视连续不断地报道“成都花园”，开发商不仅有大连万达，还有市统建办和青羊区政府统建办。25号的合作开发签字仪式，省、市好几位领导都参加了。听说这个小区是“国内领先、西部一流、与国际接轨”的品牌小区，“成都花园”四个字还是市领导给定的名，老公，你真有远见，那天真该听你的话，先别订那套房，等等再说。

建川，说来好好笑，这几天我好像又成了大连万达的“房迷”，天天看各大电视台的新闻报道不说，还一古脑买了商报、华西、晚报、蜀报、商务早报，凡是有关“成都花园”的消息我都仔细研究了，我有一种预感，这次万达要搬一个美国的小镇到成都来。你想想，总设计师是20世纪十个最伟大建筑的设计师之一，总规划师是新加坡城市规划的总规划师，首席环境园林顾问也数次荣获国际环境园林大奖，这个小区将会是一个什么样的感觉呢？27号的报纸是这样写的：沿河设40m宽的绿化带，居民可在河边休憩、观赏自然景观（哦，对了，“成都花园”在浣花风景区，清水河畔），社区内小溪蜿蜒流淌，大面积开放式的草坪，略呈现高低起伏曲线分布。社区内的一条大道把美国白宫前著名的华盛顿林阴大道设计思想照搬过来，人们在这里可以像美国总统、好莱坞明星一样购物、黄昏散步、相聚谈心……而社区组团间通过地下扶梯连成一体，社区中心是一个5万m^2的广场和一

个 5 万 m^2 的公园，引进 Shopping-mall(商业休闲街)把社区内所有的公建、配套都吸纳进来。小区不仅按人均绿地面积，还按人均水面面积设计环境……我真的是被打动了。

建川，听说“成都花园”肯定会与众不同。还有个原因是王健林是咱们四川人，现在我有点相信了。王健林在成都已经公开宣称：“成都花园”不可比拟、无法模仿，他这次回乡开发，要为成都人奉献的不是天价，但一定是精品的社区。这种说法据说市统建办和青羊区统建办也很赞同。“成都花园”占地 1300 亩，总建面积一百多万平方米，总户数 9000 户，我想，有王健林的话，这么大规模的社区一定有适合咱们的房子，还是你说得对，咱们赚钱不容易，要买就要买最满意的。

不过，我还有一点担心，“成都花园”是合作开发的，万达原来在大连开发项目时曾做的三项承诺这次还能不能实现(你知道是哪三项承诺吗？一是三年保修期内发生渗漏，赔偿 3 万，而且包赔装修损失；二是面积短缺，缺一赔三；三是不满意可退房、换房，一个月内，质量有问题，全额退款。我是很希望“成都花园”正式销售时也有这样的承诺的)？虽然“成都花园”最终也许会有咱们不满意的地方，也不一定就买它了，况且我们订的那一套也是蛮不错的(成都的好楼盘还是不少的嘛)，但是从现在看，等一等，比一比还是值得的。我想很多买房的人都会有这种想法，你说呢？

女儿很乖，可能是受我的影响，这两天晚上总是缠着我问“妈妈‘成都花园’是啥子样子的嘛？”

我们母女均好，勿念。春节回来，我到机场接你！

想你！

爱你的：小慧

2000 年 1 月 30 日晚 11:10

《华西都市报》2000 年 2 月 2 日

致王健林先生的信

尊敬的王健林先生：

您好！

很冒昧地给您写信，打扰了。

最近，我家正商量在成都买一房屋，看了几处，正准备选一合意处订下时，从《成都商报》得知，您要到成都搞房地产开发，且上面介绍您修的房屋质量非常有保障，我们全家一商量，要看看您开发的房屋再订。可两个多月过去了，再没有消息，我们倒显得有点急了。现打听一下您们公司是否有意在成都搞房地产，何时开始？望答复。

祝：一切顺利！

身体健康！

李家平

2000年2月22日

成都花园媒体报道展示

万达要建成都标志性小区　25个亿投向清水河畔

昨晚，大连万达集团董事长王健林先生在蓉接受本报记者采访时称：今天下午该公司与成都市统建办、成都市青羊区政府签字正式合作的，位于清水河畔的一个1300亩的超大规模地产项目将被建成成都市的标志性小区。

据王健林介绍，这个总投资25亿元人民币，建筑面积逾100万m^2的小区要做一个“不可比拟、无法模仿”的小区，其口号就是“国际水准、中国一流、西部第一”。为做到这一点，他们请来了国内外一流的规划设计等专家做小区的规划设计及环境营造工作。对进入成都开发这个房地产项目，他充满了自信心并认为理由有三：一是响应党中央西部大开发号召，二是从商业角度看好成都是其新的经济增长点。而他本人是四川人，感觉四川

成都这几年变化大，要为家乡做点贡献也是其重要因素之一。

据悉，为了建好这个标志小区且尽量避风险，大连万达集团去年出资100多万，请专业市场调查公司对成都的经济水平、居民的购买能力及房地产的方方面面做了仔细调查，因而不怕在成都与其他公司竞争。

昨晚的采访中，王健林还就“大连万达千万年薪聘请策划人士”做了纠正。称大连万达集团不是以固定的年薪请策划人士，策划人士的年收入是与业绩挂钩的。

昨晚，王健林还就中国的房地产还有10～20年的好日子，市场化、专业化是其发展方向以及地产公司上市等问题做了阐述。

据业界人士分析，今天下午的签字标志着一直为成都房地产界关注的“巨龙”进入成都进入实质操作阶段，此举意味着成都地产进入一个新的转折点。本周四，本报主动周刊将做详细报道。

《华西都市报》2000.1.25

欧美社区进成都

海德格尔说：“人，诗意地居住。”但对成都人来说，诗意地居住、田园化的生活似乎还是一个梦想：到处是单栋无环境的楼宇，到处是高密度建筑群围成的空间。随着国家西部大开发战略的实施，成都开发商与国际接轨的意识越来越强，诗意地居住的梦想即将变成现实。

欧美小镇要进成都来

沿河设一个40m宽的绿化带，居民可在河边休憩、观赏自然景观，社区组团内小溪蜿蜒流淌，大面积开放式草坪，呈高低起伏曲线分布。社区内的一条大道把美国白宫前的那条大道设计思想照搬过来，人们在这里可以散步、购物、相聚谈心……而社区组团间通过地下扶梯相连而形成一体。社区中心是一个5万m^2的广场和一个5万m^2的公园，引进Shopping-mall（商业休闲街），把社区内所有的公建、配套都吸纳进来。小区按人均水面面积设计水量……这是一个即将展示在我们面前的美国式住宅小区

的蓝图。

砖石的地面朴实、一尘不染，两旁是骑楼式的商店，社区内有钟楼和广场，还有开放性的商业步行街，街区邻里式结构，里面有小学、幼儿园、会所、健身娱乐中心……足不出户，衣食无忧；田园坡屋顶，少脚线、少装饰，将建筑物的体形与色彩相结合……这是一幅欧洲住宅小区的风情图画。

这两幅画面，对成都市民来说，不久就将成为现实。前一幅图画是大连万达与成都市统建办、青羊区统建办今年 7 月份将推出的“成都花园”的规划设计方案；后者是深圳万科的花园城市的图画，而万科已与锦江区教育产业园区签订了 1500 亩地开发项目的框架协议。

二者的共同之处均在于对回归田园的追求，住房这种特殊的消费品正在被灌输一种全新的理念，传达一种新的生活方式，即在田园生活与现代文明之间找到一个完美的结合点。

新的居家模式我们能接受吗？

我们现在居住的传统意义上的小区的这种居家模式已为我们所熟悉。而以上两种即将在蓉城推出的社区概念则是现在小区开发和完善的物业管理相结合的模式。把欧美的社区模式搬进成都来，能让成都人接受吗？

昨日，美国山崎实建筑工程设计有限公司总裁兼设计总监顾永刚先生及其合作伙伴肖世荣先生接受记者的采访时均认为：在居住生活方式上，各地的人有差异，但在居住模式上却趋同。因而搬国外“当代的、流行的、典型的、大多数人的生活社区”（小镇）到成都来是可行的。但任何建筑模式都要结合中国实际情况，搬到成都，就必须与成都的历史脉络、现代成都的生活习惯相结合，手法上就必须尊重历史、尊重现实，更主要的是建筑必须经济、漂亮，不能有一个想法而实际上却不能实施。

在成都，欧陆风格的建筑比比皆是，照搬进来的东西有的被市场拒绝了，有的被市场接受了，置信引进欧陆风格建筑的同时，倡导了成都市民熟悉的健康生活方式，成功了；雅典国际社区引进欧陆建筑风格的同时，倡导了成都市民熟悉的健康生活方式，成功了；雅典国际社区引进欧陆建筑风格的同时，吸取了其“以人为本”的精髓，也成功了，这些小区的成功为我们

引进国外整个社区的成功奠定了基础。

让我们来想像居住在这种小镇的情景：早上，迎着阳光，呼吸着清新的空气上班；晚上遛进休闲商业街喝咖啡、购物，享受一份悠闲；冬日暖暖的阳光下，几位老人围坐在一起谈心，儿童在旁边嬉戏；远处，哥特式建筑的钟楼钟声敲响了……除了以上这些，欧美住宅小区模式的引进，会给蓉城的开发商带来什么样的启迪呢？

“生存原则”预演楼市

国外小镇搬进成都，其新颖独特的建筑风格及其大规模开发的完善配套对购房者自是喜事，选择机会的增多以及质优价廉的好处不言自明。但对蓉城地产界来说，则可能是忧喜参半。

24 日晚，大连万达的董事长王健林接受记者采访时认为：“没有竞争出不了精品。深圳、广州竞争最大，出的楼盘精品较多。而竞争主要是人才的竞争。”大盘进入带来的竞争虽然惨烈，但无疑会改变本地开发商的观念及意识，不能不说是一件好事。

中国即将加入“WTO”，成都房地产界在这个时候先经受一下国内强力竞争的洗礼，从某种意义上说也许并不是一件坏事。

但相对来说，对中小公司，形势也许就不那么乐观了。其生存环境将受新盘（才闭幕的 2000 年成都大型房地产交易会上涌现出新盘 100 余个）及大盘的双重挤压，空间变小、利润减少，这无疑将影响其发展。

由小区到社区，由学其某种建筑风格到搬进国外社区规划，成都地产界，今年也许是一个转折点。

《华西都市报》2000.1.27

建成都味的现代化小区（美籍华人设计大师顾永刚提出）

26 日，作为成都花园规划设计七个竞标方之一，来自美国的美籍华人威廉・顾（中文名顾永刚）先生，就有关现代城市居住小区规划设计的有关问题接受了本报记者采访。

77 岁的顾永刚是美国山崎实建筑工程设计有限公司总裁兼设计总监，其设计的纽约世界贸易中心被评为世界 20 世纪最伟大的建筑之一，目前正在主持设计巴西圣保罗一幢 494m 高的玛哈吉大厦。

顾永刚先生介绍，他将以“江山留胜迹，我辈复增辉”为主题，将美国当代比较流行的社区设计同成都的历史文脉、成都人的生活起居习惯相融合，规划设计具有成都味的现代化小区，为成都建设标志性小区出力。

组装建筑与生活方式

顾先生称，现在，国内住宅业发展很快，人们的居住水平在提高，居住面积也在增加，各种国外流行的居住方式、建筑都散见于成都各处，如公寓、别墅、晨跑道，又如各种超市、Mall。因此，好的设计应将散见于各处的东西集中起来，再结合人们将来的居住生活方式而建。

例如，为适应人们对健康生活的需求，小区主干道应在快速通道两旁各留 14m 种植观赏性落叶乔木，在其中安排适当的休息娱乐设施，设地下通道联结道路两边的居住区，形成一个道路 Mall，在功能上起到把城市中心广场、居住区文化和两个小区社区中心紧密联系起来的作用，在景观上起到视觉通廊和视觉聚焦的作用；在其中一个居住区建购物 Mall，以 2～3 家国内或国际上知名的店为主，吸引各种商家入驻，并将健身中心、电影院等小区公建配套集中。

户型设计讲究精细

在户型设计方面，顾先生认为成都的户型设计已与世界趋同，进门有一个 2～3m^2 的门厅，主卧室里都带了盥洗间……空间划分基本已趋同。因此顾先生认为应该将户型设计得更精细，比如套型房内每一个房间的面积比例、层高与房间面积的比例等等。

顾先生还在设计中考虑将储藏柜与家具严格区分开。他认为，一直以来，人们都将大衣柜、鞋柜等储藏物品的柜子当做家具展示在客人面前。顾先生认为，储藏柜应与家具严格区分开，将储藏柜组织到衣帽间等房间的分格中，让出空间给真正的家具，这样的房间才会更完美、更吸引人。

《成都商报》2000.1.27（地产版）周四

王健林回乡精做“成都造”

王健林回乡了，还带了一批极具战斗力的“外援、内援”，不过他这次来川，却是跟足球一点关系也没有。

在他的豪华阵容里，有著名建筑设计师美籍华人顾永刚，万达集团总设计师刘太格，中国著名房地产策划人曾宪斌……他们在今后的4个年头里，将和市统建办、青羊区政府一起，不遗余力地在浣花上风上水的1300亩土地上建造一座国际一流、西部第一，与国际标准接轨的“成都造”社区，这座标志性住宅区域就是成都市市委书记陶武先亲自命名的“成都花园”，就有关问题近日记者简短采访了大连万达集团董事长王健林先生。

记：成都南门一带现在开发势头很旺，发展前景相当可观，王先生为何不与武侯区合作，而选择了青羊区政府和他们一起在浣花开发呢？

王：万达集团一般只做大项目(在规模上)，在成都之外的其他城市，万达项目的规模在本地绝对算前几名，其实早在4个月之前，万达集团便已开始和成都方面接触，只不过前几个谈过的项目规模都一般，而且双方在开发模式的选择，认识思想的统一上都不能达成一致，故放弃了合作。此次“成都花园”能够定板，无不与上述因素有关。

记：“成都花园”针对的是哪个阶层的目标消费群？定价高不高？开发周期大约有多长？

王：“成都花园”刚成雏形，规划设计布局等方面的问题正在一步步细化执行当中，在没有具体之前，暂无法确定售价、客户群等方面的问题，但有一点可以肯定，它绝不会是微利房。至于开发周期，项目在2004年内完成所有后续工作。

记：就全国范围而言，成都房地产的水平属于二流，就市场容量来看，成都的商品房远远不至于饱和，因此，这两年成都房市甚火，一些外地的大型房地产企业纷纷来蜀开发，他们认为“成都的钱很好赚”。王先生你怎么看呢？你来蜀的初衷是想赚钱吗？

王：商人不赚钱是不可思议的问题，但除了赚钱之外，商人也有自己的价值取向，“成都花园”要赚钱是肯定的，赚多赚少要由市场决定。但赚了钱之后拿不拿走我可以决定，四川是我的家乡，我真想能为家乡多做些贡献。

至于外埠房产企业纷纷抢滩成都，我认为是好事，也是市场经济的必然结果，有他们参与竞争，可更好地促进优胜劣汰，提高本地企业的专业化水平。全国房地产业竞争激烈的深圳、广州、北京几个城市，他们的市场不就是一流的吗？

记：万达集团最近刚退出足球产业，你这样决定是被中国足球伤了心还是想专心致志从事其他经营呢？

王：足球仍是我生命中不可缺少的一部分，但不一定是最重要的部分，退出足坛没别的具体原因，只是出于多方面的考虑，暂时放它一放，过几年再玩吧。

记者点评：严格地说，“成都花园”不算地道的“成都造”，毕竟它的缔造者是万里之外的万达集团，所幸的是，王健林是地道的四川人。其实，生产者是谁并不重要，市场在乎的是品牌，是精品，4 年后“成都花园”能否成为真正杰出的住宅典范，我们拭目以待。

新闻稿

成都花园——与国际接轨的品牌

高耸入云的美国纽约世界贸易中心，是美国人的骄傲，因为她被评为世界 20 世纪十个最伟大的建筑设计大师——如今，成都人有福气了——顾永刚亲自主持，成都人设计了一个与国际接轨的品牌项目，这就是人们昂首瞩目的大型高尚住宅示范小区——成都花园。

陶书记：建一个与国际接轨的住宅名牌小区。

在进入 21 世纪之际，成都的房地产向何处去，不光业界在思考，领导们更是深感责任在肩，如何为市民提供与 21 世纪这几个字相称的居住空间。“建一个示范小区，这个示范小区应当是与国际接轨、国内一流、西部一流、西部第一、最具代表性的品牌小区”，市委陶武先书记高瞻远瞩地说。

为了强化、塑造“成都制造”的品牌，陶书记将名称改为“成都花园”。王荣轩市长对此项目高度重视，要求合作三方精诚合作，建设一个与国际接轨的品牌小区。

“成都花园”位于素以上风上水著称的成都浣花风景区，紧邻二环路的青羊区，占地1300亩。按照市委陶书记、市长王荣轩等领导的规划设计指导思识，“成都花园”要立足于营造一个高品质现代化的，具有生态和智能特点的标志性居住区；结合21世纪经济发展状况和成功人士生活水平提高的需要，在总体布局、单体设计、环境绿地、外观造型、物业管理等方面都要达到成都目前最高水平，体现出规划思想的超前性、居住环境的舒适性、产品结构的品牌性。要突出“以人为本和可持续发展”的设计原则，突出科技含量高和浓郁文化氛围的设计思想，按现代高档住宅的标准来进行规划布局和环境设计。真正与国际性标准接轨。

强强联手，共铸精品

“成都花园”的投资组合，称得上是强强联手的典范。这是著名的房地产开发大企业大连万达集团、成都市统建办和成都市青羊区人民政府统建办组成的“联合舰队”。

青羊区是成都市中心城区，区政府统建办担负着发展城区经济和促进区域范围内城市建设发展的重要任务。

市统建办是成都市政府直属的从事城市建设和房地产开发的龙头企业。有着丰富的房地产开发经验、雄厚的经济实力和完备精干的技术及管理队伍，成功地开发了青羊、新华、棕北、棕南、锦官新城等20余个功能齐全的住宅小区。

而大连万达集团则称得上是国内房地产界的航空母舰。其年开发量及销售额均列中国房地产企业前列。仅在大连就占市场份额20%以上，近三年来，大连万达房地产总公司共开发了万余套商品房，至今，空置率为零。这近乎奇迹的辉煌，缘于三年前大连万达做出了一件当时被认为不可思议的举动；向全社会做出三项承诺：一、在三年保修期内，房屋如发生渗漏，赔偿3万元，同时全额包赔因渗漏造成的家庭装修损失；二、面积短缺，

缺一赔三；三、质量不好，可退可换，从购房到交付使用后一个月内，若住宅质量存在问题，大连万达将全额退款，只要消费者对所购住房不满意，便有权退换。在大连万达，没有合格工程的验收标准，因为最低标准是优良工程。三年来，万达开发了一百多万平方米的商品房，优良品率为百分之百。万达王健林董事长表示："成都花园"不仅要继续实行"三承诺"，还将做得更好。

"梦幻组合"大师云集

与国际接轨，须有能引导与之对接的高手。在"成都花园"人们看到的正是业界人士称羡不已的规划设计大师，他曾长期担任新加坡建屋局局长、重建局局长与总规划师，是新加坡建成花园城市的主要领导者，目前还担任北京等城市的规划顾问。

指导"成都花园"的首席园林环境顾问韦子刚先生，是世界上第一位生态园林学华人博士，连任数届香港园景建造商会会长，先后负责香港太古集团、长江、新鸿基、恒基兆业等著名地产物业的园林设计，数次获国际大奖。

担纲大连万达集团董事、总策划师的曾宪斌先生，则是成都业界熟悉的著名房地产策划家。先后成功策划国内十数个大型品牌明星项目。其中就有在成都人面前的知名品牌小区——锦官新城。这个项目是曾宪斌先生与开发商之一的统建办合作的成果，这次的"成都花园"是曾先生与统建办再度携手。

还有国内知名的市场分析研究专家黎振伟……

元月 25 日，大连万达集团、市统建办和青羊区政府统建办在富丽堂皇的皇冠假日酒店签订合作开发"成都花园"的合同。正式拉开了开发的序幕。成都人有理由热盼，看看代表 21 世纪初叶的成都理想家园如何精彩上演，如何创建一个与国际接轨的品牌。

附件五　××项目详规方案设计任务书

一、项目概述

本项目位于世纪路南首，迎宾大道起始点，离滨博高速仅 3km。东临已开工的鲁中商贸广场，南临福林小区。滨博高速公路南北贯通，济青高速贯通东西。东有丝绸之城——周村，南有服装城——淄川，北有建筑之乡——桓台。紧邻的占地 24hm^2 的鲁中商贸广场，将成为陶瓷、装饰、材料、布匹等交易中心及大型会展中心，并且这里将成为山东物流中心。

鉴于本案是淄博物流中心的惟一居住用地，又地处淄博的南大门，因此小区要有品位，创品牌，树立淄博住宅新形象，同时在规划上必须建成淄博南大门的新理念住宅，保持 10～15 年不落后，产品定位在中上水平，价位定位在 1200～1800 元/m^2，并使地块不断体现日益增长的经济价值，并成为淄博房产的一个新亮点。

二、环境布局

本项目在环境上及布局上必须突破一般住宅小区思维框架，具有创新以人为本的意识，同时注意以下几点：

(1) 在考虑本案布局时应与淄博新城规划的延伸及符合未来淄博商贸中心的特点；

(2) 本案将设一个主入口及若干个次入口；

(3) 本案最南端考虑 10m 的林荫带；

(4) 建筑物布局应尽量避免兵营式排列，采用自由的围合式组合，相互错开。小区内组合分隔必须明确，各组团应分别有各自特色。为增加绿化面积，住宅建筑可考虑南北入口。

三、规划设计的指导思想及总体概念

1. 规划思想

创造21世纪淄博都市高品位健康教育智能型高尚社区的标志性楼盘,构筑环境生态、建筑生态、人文生态、智能生态相融合的新型社区理念。

维系提高小区的环境生态质理,使园林景观要素、园林建筑、住宅造型与水系景观相互协调,融为一体。整体规划的系统性与分期开发阶段相结合,处理好居住区内环境的差别,形成居住区以及各分区的独立性与围合性。

2. 规划概念

环境生态:

(1) 自然环境与人居活动融合协调,居住环境园林化,使其成为天然绿色起居室。

(2) 生态博物馆将建成为四季如春、生态的博物馆,让每一位业主一年四季都充分享受到花草所带来的情趣,同时拥有一种回归自然的生活,真切地感受到大自然所固有的生机和活力。

(3) 绿色植被大面积地覆盖在未来的社区中,小树林每天所释放的氧气足以让业主们生活在鲜氧中,社区空气的净化更让老人、孩子自得其乐。

建筑生态:

建筑造型遵循当地历史文脉,具有深厚的文化内涵及独特审美个性,建筑空间适度宜人,富有亲和力,建筑与建筑之间、人之间协调对话。

人文生态:

人与人之间和睦交往,邻里友情及社区情感共存共融,具有温馨融合的社区氛围及丰富多彩、健康向上的社区文化。

教育生态:

(1) 从幼儿园到中学的教育配套设施让业主进入本案无教育后顾之忧，享受本案社区高品质的教育以及教育型社区的理想特征。

(2) 组团教育为主题的景点，中国有孟母三迁的故事，淄博有文学教育家蒲松龄的聊斋故事，有孔子之道，儒家学说，这些文化教育名人，在小区每一个组团中用石头书写碑文或教育名人的雕像或一本书的造型，让孩子在教育的景点中受到启迪。

3. 规划设计的具体建议

(1) 空间环境及景观设计

居住区的空间环境由园林景观及住宅建筑造型有机融合而成，园林景观与建筑形态的共存共融是本案空间环境设计的宗旨。各分区的空间环境应构建各自的特色及相应主题，在保持整体空间的连贯的同时，形成局部空间的个性。

1) 整体空间结构

根据项目分阶段发展模式，居住区将形成“龙与凤”的组团结构。在首期开发用地世纪路中，营造彰显园林景观特色的入口广场，形成极具审美内涵和个性特征的前景空间；在基地的核心部分营造2万m^2左右的中心绿地，充分构筑园林景观为标志的主题，成为居住区的中枢，从整体而言，小区将形成“标志性入口广场”(龙头)——东西中心轴(龙身)——生态博物馆(龙肚)，中心轴以南为多层、叠加别墅、联体别墅、带电梯多层，中心轴北侧——多层、小高层、公建配套为主，形成组团。

由于本案为玉龙河的源头，既然为头，当然为龙腾飞跃之势，龙头和龙身飞跃出水面之时，必有水珠撒落在整个小区，因此本案应以水系为主，水系的水景兼顾到每一户，让每户感受到龙水之灵性。

2) 空间环境的设计

本案定位为中档为主，容积率1.1左右，中心轴向北，建筑类型以6层住宅为主，商贸路以北，小高层为主。

本案强调建筑空间的整体性及系统性，在各个分区、组团的设计中充

分考虑形成公共空间、半公共空间、半私密空间、私密空间的空间系列。

在第一阶段开发中，建筑类型为多层住宅，建筑密度低、空间宽敞，营造层次分明的植被层次，丰富空间感。

在第二三阶段，主要建筑类型为联体别墅及多层、小高层住宅。空间环境的主题应充分贴近居住者的身份与品位，突出联体别墅与多层环境景观内涵、品位的提升。随着市场的发展及相应消费群体品位的提高，项目应着眼于注意营造住宅所特有的、宽敞的领域空间感及私密性。

(2) 景观轴线

外部景观轴线：沿世纪路营造景观绿化带及商业景观步行街，商贸路西侧为商业景观的布局，为今后的物流中心储备大量的商业用房。

内部景观轴线：设置动、静态景观轴线。

动态景观轴线：中轴线即为龙头龙身。以服务社区为主的商业形态景观大道，从入口处龙头、龙须、龙眼，特别是主入口环形入口处的透明立柱及龙——凤盘旋而上，从风水上预示本案的成功，使龙飞凤舞之感，为动态景观之美。经过中心大道及生态博物馆，小溪河流，步移景异，获得动态的视觉景观。

静态景观轴线：以园林景观、教育文学为主题的中心绿地为核心，各分区组团形成指向绿地的景观轴线，并据此布置住宅朝向高低序列等，从而最大限度提升景观利用率。

(3) 环境生态因素规划——生态廊道

绿化廊道：主体由“S”形步行林阴连接的景观系列：入口——中轴——各组团绿化，加上市政道路布列的绿林带。

蓝色廊道：在第一、二、三阶段分别设置一定量水源，相互之间有水道相通，成为居住区灵性流溢之处。水体起到收集地面雨水，调节小区内小气候的生态作用。

风廊道：基地风廊道的主要生态作用是自然与建筑空间之用，水体与地面空间之间冷热空气系统，规划设计主要着眼点为疏导南北空气廊道。

辐射热：规划中利用大面积草地绿化及林木植被，以减少辐射热，建议

选择铺地。步行道面层材料，应视使用及承载情况，在修建设计中做不同的柔化处理，如绿砖铺设手法等。

声环境：本案主要噪声来自北侧迎宾大道及横贯基础周边的市政规划道路，规划将立体绿化植被四周沿道路布置形成噪声屏蔽。

(4) 环境艺术因素规划

本案环境景观将从“平面化”走向“立体化”，从单纯草地绿化走向立体的园林景观体系。在环境景观的空间层次上，远景为枝叶茂盛挺拔的高大乔木；中景为郁郁葱葱的灌木；近景为绿草茵茵的草坪，这种空间层次的组合将创造适宜的空间环境及活泼的景观效果。

在生态景观的平面布置方向上采用“点、线、面”相结合的手法，在基地周边种栽高大乔木构建“绿篱”，形成本区及各分区组团围合性，在本案的最南端、中央绿地及北面营造成片树林，加强全区韵律变化并为各组团提供极佳背景。在此点种植观赏价值树木形成局部空间环境小高潮。在满足上述几点特殊的前提下，规划方案最优化组合，争取做到环境最优美布局，最合理。建筑密度最佳，建筑容量最大。

其中：

点：主要是中心会所售楼处及周边环境景观，加上生态博物馆和各组团以教育景观为背景的特点。

线：整个水系的形成和商业景观轴线，商贸路景观轴线，世纪路商业景观轴线。

面：东西南北五只凤凰特色的组团的环境艺术。

(5) 建筑组团

本案车行入口分别为：世纪路东面。车道通过玉龙、凤凰的骨架，赋予小区文化底蕴，突出小区的文化品质。

在路网系统上将小区主干道建成花形，与次干道分成的组团相呼应，使业主回家无需周折，一拐弯即到自己的天地，增加了私密性。小区通过产品的区分达到功能的区分，并将身份定位与功能定位统一协调。

中心广场以圆形透明的生态博物馆为整个社区的中心，配以周围

2500m^2 水面，让龙蛋在水中孵化出更多的小龙，水面上九条水龙戏水，九九归一，让本案的财源滚滚而来，预示着开发商一定会强盛兴旺。

以建筑物围合成一个与交通主干道相对隔离的广场，中间植以草坪和乔木。

每一组团设一景观门厅，住宅分别为北进口和南入口，中间作为步行景观的空间，增强组团的私密性、娱乐性和休闲性。可视系统安排在门厅里。

整体建筑布局北高南低，使业主推窗见景，远处静逸的玉龙戏五凤，让社区美景尽收眼底，在山东淄博独一无二，稀有尊贵。

4. 建筑风格与天际线

本案建成淄博不同凡响并具有强烈感染力的中档以上住宅区，因此在建筑上应不落俗套别具一格，小区内各建筑风格初步确定为具有现代气息的现代派建筑风格。

(1) 建筑风格

在理念上取建筑轻灵通透的气质，用几何形的板式构件，大面积的玻璃和精致的金属栏杆，玻璃挡板等设计元素进行重组与穿插，从室内到室外具有一种和谐的视觉关系。

(2) 建筑外观

本案建筑外观有别于其他小区，突现现代风格和谐的色彩搭配。根据客源层的颜色喜好、地理环境和总体建筑现代风格，确定墙身为米色瓷砖，屋顶采用构架弧形处理，门窗采用绿色为基调，建筑一层为清石材料，从而使整个小区给人以清朗、明快的感觉。并注意地面的软色彩处理，将固定色彩与可变色彩进行合理搭配。

(3) 立面要求

各楼立面建议注重大的横沿口处理，并利用建筑本身的凸凹变化，形成丰富的视觉变化。加上顶部飘逸的构架，外墙采用浅色面砖修饰，提高建筑的观赏性，同时也利于住宅维护。

(4) 入口要求

本案通过世纪路东面为入口的宽 50m，长 150m 大道连接的旱地喷泉为主入口，以艺术景观环绕中央叠泉构成广场主体，辅以现代派的路灯、地灯，青石板铺就的路面，在老槐树的掩映下，业主回家的路充满轻松与惬意，领略现代新都市风情。

鉴于本社区场地广阔，建筑布局具有一定灵活性，在建筑物高度控制上基本上不受限制，但是考虑到商品住宅的销售，不宜建层数超过 14 层的建筑，建筑天际线应考虑本小区各类建筑的综合景观，以主入口大道为轴线，所形成的视觉效果应能使业主感受到建筑与环境充分和谐，建筑高度错落有致，不使居住者在居住环境内具有压抑感，体现以人为本的理念。

5. 建筑物长度、间距与朝向

住宅建筑长度必须符合我国及山东省现行有关设计规范及规定的要求，单体建筑尽量控制在 70m 内，当考虑围合式组合时，长度超过 90m 的可设置过街楼。建筑物间距应满足山东地区日照及通风要求，所有建筑(除部分辅助公建用房)朝向应尽量坐北朝南，轴向偏南控制不超过 15°～20°。

6. 公建及配套设施

本案住宅小区是中高档住宅区，以静为主，在满足功能要求前提下应尽量做到公建和住宅的有机分离，可考虑下列各类公建及配套设施：

服务会所一座(售楼中心、物业中心)；

小学到初中实验学校；

香榭里大道及商业步行街；

超市；

医院；

换热站；

供电箱变电站；

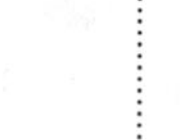

中央水处理房；

智能化小区中央控制室一座；

农贸市场一座；

地下停车场；

垃圾回收站；

会所、老年活动中心、保健站等；

公交车站点；

生活用小变频泵房若干；

门房保安室三座；

少儿活动场地两处；

老年健身场地若干；

羽毛球场地若干；

网球场两座；

垂钓平台；

生态博物馆。

7. 住宅建筑类型及户型比

(1) 建筑类型

合理利用土地资源，把最适合居住的位置规划为住宅区。建筑群为多层、小高层、叠加别墅、联体别墅、别墅以类型来定。一期以多层为主，二期以多层和叠加别墅为主，三期以联体别墅及别墅和小高层为主。整体户型设计参照国家住宅质量认定体系的3A级标准。

(2) 户型配比及面积配比(见附表1)

附表1

房　　型	面　　积(m^2)	配　　比
一房一厅一卫	65～70	5%
二房二厅一卫	70～95	45%
三房二厅一卫	95～105	40%

续表

房　　型	面　　积(m^2)	配　比
三房二厅二卫	105～125	5%
四房二厅二卫(复式)	128～145	5%
联体别墅	160～180	0
叠加别墅	140 左右	0

容积率为 1.1 计算下设计上以多层为主,其他产品类型为辅。

一期多层房型:

房型是房间大小、朝向及房间结构、布局等空间的结合,要最大限度满足人的需要,既有一般家庭住宅共同需求,也应考虑做到全明设计,户户朝南,阳光充足,空气流畅,餐厅与起居室分开单独设置,室内动线流畅,互不干扰。在这一过程中,必须顾及处理好一般与特殊关系,惟有如此,才能满足不同职业、层次、类型和社会群体的住宅需求。

8. 综合数据要求

(1) 占地面积:64 万 m^2

(2) 总建筑面积:71.68 万 m^2

(3) 综合容积率:1.12

(4) 各期的数据参数

第一期:

沿世纪路以西,蔬菜大棚以北,迎宾大道以南。占地 300 亩约 20 万 m^2,以多层为主,并配以配套项目的建设。

其中:

住宅:多层 18 万 m^2

商业:1.8 万 m^2

学校:1.5 万 m^2

医院:1.2 万 m^2

会所售楼处:3000m^2

生态博物馆：2000m^2

第二期：

第一期的向西、向南商贸路以南，占地约 460 亩，约 30.64 万 m^2，以多层、叠加别墅、联体别墅、单体别墅为主，并配以公建配套。

其中：

多层：10 万 m^2

叠加别墅：5 万 m^2

联体别墅：5 万 m^2

单体别墅：6 万 m^2

商业设施：6 万 m^2

会所老年活动中心：4000m^2

第三期：

商贸路以北、迎宾大道以南，占地 200 亩合 13.32 万 m^2，以小高层为主，并配以配套项目建设。

其中：

住宅(小高层)：16 万 m^2

商业门面：1 万 m^2

大型超市：2 万 m^2

会所：2800m^2

附件六　××项目置业顾问培训计划表

附表 2

时　　间	培　训　内　容	培训人
7 月 11 日 (周五)	1. 培训介绍： (目的、意义、程序、时间、内容) 2. 企业精神培训： (1) 公司前景实力 (2) 公司业绩展示 * 知名度 * 主业业绩 * 地产在全国的地位 (3) 公司与项目发展目标	
7 月 11 日 (周五)晚～ 7 月 14 日 (周一)晚	素质培训： 潜能激发及团队素质培训	专业公司
7 月 15 日 (周二)～ 7 月 17 日 (周四) 上午	礼仪培训： 1. 迎宾、送客、讲解、站姿、坐姿、职业用语、职业衣着、职业化妆、电话接听、肢体语言 2. 置业顾问专业形象要求 * 职员证 * 男士着装 * 女士着装 * 头发 * 化妆 * 个人卫生 3. 置业顾问礼仪 * 迎客礼仪 * 接听电话礼仪 * 待客礼仪 * 对上司的礼仪 * 对同事的礼仪	
7 月 17 日 (周四) 下午 ～ 7 月 18 日 (周五)	素质培训： 1. 销售人员素质要求 * 对工作的意识 * 对客户的意识 * 对同事的意识 * 销售法律保护意识 2. 销售人员心理素质要求 * 销售员的成与败 * 职员制造公司 * 你是公司的名片 * 热爱自己的产品 3. 团队精神	刘晓红

续表

时 间	培 训 内 容	培训人
7月19日 (周六)	分享与测试	刘晓红
7月21日 (周一)	专业技巧培训： 1. 不能公式化地对待客户 2. 与客户沟通时注意事项 3. 获取客户的心 4. 赞美客户 5. 销售的五个步骤 6. 如何销售自己 7. 如何战胜自己(表达能力)	刘晓红
7月22日 (周二)	专业技巧培训： 1. 客户心理 * 知己知彼，百战百胜 * 推销的本质是启发和引导 * 买房动机 * 吸引客户的卖点 * 身体语言识别技巧 — 眼睛 — 面部信号 — 双手 — 双脚 — 姿势 2. 推销的精要	刘晓红
7月23日 (周三)	专业技巧培训： 1. 销售准备 * 掌握楼盘基本情况 * 销售手册 * 案场准备 2. 销售程序 (1) 应注意的问题 * 接待工作 * 明确客户意图 * 解说、介绍重点 * 促成交易 (2) 介绍资料 * 程序 * 应注意的问题 (3) 销售技巧 * 引起注意 * 产生兴趣 * 激发购买欲望 (4) 成交程序 * 程序 * 应注意的问题	刘晓红

续表

时　　间	培　训　内　容	培训人
7 月 23 日 (周三)	(5) 留下客人资料 * 程序 * 应注意的问题 * 与客人约定再联络 (6) 定金 * 认购书 * 应注意的问题 * 特殊要求处理	刘晓红
7 月 24 日 (周四)	专业技巧培训： 销售程序实际运用 1. 对来电咨询客户进行销售 2. 对到访客户进行销售 * 接待客户 * 招呼客户入店 * 介绍重点 * 沿途介绍 * 参观单位 * 销控系统 * 跟进安排 * 处理异议	刘晓红
7 月 24 日 (周四) ～ 7 月 25 日 (周五)	基础知识培训： 1. 房地产开发程序(各种证件) * 房地产开发政策与管理及主管部门简介 * 基本程序 * 各种证件 2. 房地产开发管理 * 规划设计 * 工程预算 * 工程监理 3. 房地产专业基础知识 4. 物业管理常识 * 物业 * 物业公司结构 * 物业管理的具体内容	杨勇民 夏　雨 王家顺
7 月 26 日 (周六)	分享与测试	刘晓红 梁　爽
7 月 28 日 (周一) ～ 7 月 29 日 (周二)	市调知识培训： 1. 项目地理位置、风水及周边环境考察 * 地理、位置 * 区域形象 * 历史人文 * 风水传说 * 周边配套 * 教育 * 购物 * 文化、娱乐 * 就医 * 交通	杨勇民 夏　雨 王家顺

续表

时　间	培　训　内　容	培训人
7月28日 (周一) ～ 7月29日 (周二)	＊周边楼盘 ＊劣势 2. 规划 3. 建筑及用材 4. 户型 5. 智能化 6. 物业管理	杨勇民 夏　雨 王家顺
7月30日 (周三)	市调知识培训: 1. 市场概况 ＊周边楼盘 ＊同档楼盘 2. 考察内容 ＊考察表 ＊位置 ＊周边环境和配套 ＊小区环境、容积率 ＊园区配套 ＊建筑风格 ＊户型及销售情况 ＊价格及付款方式 ＊促销手段 ＊销售人员 ＊显著优势分析 ＊突出劣势分析 ＊调查表 ＊写项目考察报告 ＊写竞争对手调查报告 3. 考察项目与竞争对手	杨勇民 夏　雨 王家顺
7月31日 (周四)	市调知识考核评定: 1. 报告分析 2. 分享与测试	刘晓红 梁　爽
8月1日 (周五)	项目培训: ＊项目位置、周边环境 ＊项目建筑风格 ＊项目策划思路及营销理念 ＊项目特性与卖点 ＊项目市场定位与目标客户定位 ＊项目生活配套与功能配套设施 ＊平面设计与单元特色 ＊装修标准与风格 ＊价格、付款方式 ＊物业管理	刘晓红 王家顺

续表

时　间	培　训　内　容	培训人
8月2日 (周六)	分享与测试	梁　爽 王家顺
8月4日 (周一)	项目培训： 1. 户型研究 ＊消化户型平面 ＊户型变式讨论 2. 装饰装修基本常识培训 ＊装修装饰意义 ＊装饰材料 门、窗 地板 墙面 顶棚 灯饰 布饰 ＊装修潮流 客厅、 厨房、 卫生间、 卧室、 儿童房、 休闲厅(室) ＊家具	刘晓红 王家顺
8月5日 (周二)	销售资料讲解 ＊发出提纲 ＊讨论专业答案 ＊消化、记忆	刘晓红 杨勇民
8月6日 (周三)	＊模拟考核 ＊户型变式方案(考核) ＊户型内家具摆放(考核) ＊户型装修建议(考核)	刘晓红 杨勇民 王家顺
8月7日 (周四)	销售表格介绍(见附录) ＊客户来电记录 ＊客户跟踪记录 ＊面积表 ＊底价表 ＊报价表 ＊总价表 ＊按揭月供金额表 ＊销控表 ＊销售代表轮候表 ＊计价表	刘晓红 杨勇民 梁　爽

续表

时　　间	培　训　内　容	培训人
8月7日 （周四）	* 销售部日报表 * 每日成交报告 * 销售代表情况周报表 * 客户资料分析表 * 产权办理证件表 * 按揭办理费用表 * 物业管理条约 * 装修标准 * 客户按揭情况一览表	刘晓红 杨勇民 梁　爽
8月8日 （周五） 上午	工作夹与工作日记 * 作用 * 制作 * 用法	刘晓红
8月8日 （周 五 ） 下午	法律知识培训 * 攀枝花市房地产开发及销售的政策与法规 * 如何签合同	律　师
8月9日 （周六） 上午	按揭及权证办理培训 * 按揭办理常识 * 产权办理常识 * 国土证办理常识 * 户口办理常识	银行 房交中心
8月9日 （周六） 下午	1. 宣布销售管理制度 2. 进入实战培训	梁　爽
开盘前	培训效果分析 * 心理素质 * 礼仪 * 专业知识 * 项目知识 * 成功与不足	梁　爽
开盘前	建立培训构架档案 * 培训内容 * 各种方式培训时间表 * 考核内容 * 受训人员档案 * 培训教员档案 * 培训总结提交公司备案	梁　爽

附件七　××项目营销工作实施计划表

附表 3

序号	内　容	六月			七月			八月			九月		
		上旬	中旬	下旬	上旬	中旬	下旬	上旬	中旬	下旬	上旬	中旬	下旬
一	规划												
	1. 整体规划												
	2. 景观设计												
二	工程												
	1. 售楼中心												
	2. 工地围墙												
	3. 预售许可证												
	4. 户型面积测算												
三	西区定位												
	1. 市场调研												
	2. 价格定位												
	3. 小区命名												
	4. 推广口号												
	5. VI 系统设计												
	6. 销售策略与节奏计划												
	7. 价格报告												
四	推广												
	1. 小区优势提炼												
	2. 推广策略与方案												
	3. 媒体计划												
	4. 户外计划												
	5. 活动计划												
	6. 展销会计划												

续表

序号	内 容	六月			七月			八月			九月		
		上旬	中旬	下旬	上旬	中旬	下旬	上旬	中旬	下旬	上旬	中旬	下旬
	7. 其他												
五	卖场包装												
	1. 工地围墙包装												
	2. 工地包装												
	3. 户外指示牌												
	4. 户外广告牌												
	5. 户外挂旗												
	6. 小区通告栏												
	7. 楼牌、门牌设计												
	8. 售楼中心整体包装												
	(1) 售楼中心设计												
	(2) 售楼中心装修												
	(3) 售楼中心包装												
六	销售导具												
	1. 模型												
	(1) 规划模型												
	(2) 户型模型												
	2. 背投												
	(1) 设备												
	(2) 三维标版												
	45 秒广告片												
	5 秒标版												
	沙河整治宣传片												
	3. 宣传展板												
	区位图												
	规划示意图												
	户型图												

续表

序号	内　容	六月			七月			八月			九月		
		上旬	中旬	下旬	上旬	中旬	下旬	上旬	中旬	下旬	上旬	中旬	下旬
	沙河整治图												
	形象图												
	4. 办公区域门牌												
七	宣传资料												
	1. 楼书												
	2. 户型单页												
	3. DM单												
	4. 客户意见卡												
	5. 使用说明书												
	6. 质量保证书												
	7. 物业服务指南												
	8. 入住指南												
	9. 物业管理委托协议												
	10. 入住公约												
	11. 电脑销售系统												
	12. 电脑销售管理系统												
	13. 资料袋												
八	销售资料												
	1. 合同												
	2. 认购书												
	3. 购房预算表												
	4. 销售控制表												
	(1)展板 (2)插页												
	5. 价格表												
	6. 交房建筑标准												
	7. 按揭利率表												

续表

序号	内　　容	六月			七月			八月			九月		
		上旬	中旬	下旬	上旬	中旬	下旬	上旬	中旬	下旬	上旬	中旬	下旬
	8. 按揭费用表												
	9. 户型修改联系单												
	10. 交款单												
	11. 合同更名申请书												
	12. 换房申请书												
	13. 退订申请书												
	14. 退房申请书												
	15. 合同袋												
九	售楼中心用品												
	1. 纸杯												
	2. 烟缸												
	3. 不干胶(销控用)												
	4. 名片												
	5. 办公用品												
	6. 保洁用品												
十	销售管理												
	1. 员工守则												
	2. 岗位责任												
	3. 管理制度												
	4. 奖惩规则												
	5. 标准规则												
	6. 客户接待流程												
	7. 合同签订与交款流程												
	8. 按揭办理流程												
	9. 拜访客户流程												

续表

序号	内　容	六月			七月			八月			九月		
		上旬	中旬	下旬	上旬	中旬	下旬	上旬	中旬	下旬	上旬	中旬	下旬
	10. 客户合同管理制度												
	11. 客户档案表												
	12. 来访/拜访客户登记表												
	13. 来电登记表												
	14. 置业顾问日报表												
	15. 置业顾问周总结												
	16. 置业顾问月总结												
	17. 销售部日报表												
	18. 销售部周报表												
	19. 销售部月报表												
	20. 销售部会议记录												
	21. 销售讲解夹												
	22. 工作记录本												
	23. 服装												
十一	人员招聘												
十二	人员培训												
	1. 素质培训												
	2. 礼仪培训												
	3. 职业培训												
	4. 专业培训												
	5. 项目培训												
	6. 市场调研												
	7. 实战培训												

附件八　成都花园2002年下半年营销策划方案

(2002年8月1日～2003年2月28日)

备注：成都花园在经历了开盘的辉煌之后，由于高层领导频繁变化、股东变化等原因使品牌美誉度一度受损，在本方案的指导下，2002年成都花园再次夺得了当年成都楼市的销售冠军。

一、本期营销目标

成都花园经过两年的推广，已具有相当的知名度，但由于前期工作的一些失误导致目前楼盘的美誉度不高，我公司须正视目前的销售状况与市场环境，在今后的工作中有针对性的调整改进自己的营销策略，为下一阶段的销售工作做铺垫。

公司目前待销的套型有：电梯公寓374套，联体别墅46套、复式洋房48套、商铺60套共计528个现房单位待售，另外还有86栋旁院别墅(邻边界别墅)以及二期预售单位。根据公司确定的下半年回款1.6亿的计划及各月销售回款计划要求，下半年的营销目标为：全面提升公司美誉度、促进销售目标完成。

二、成都市房地产市场现状分析

1. 市场调查分析

据不完全统计，今明两年共有五十余个楼盘(不含郊县楼盘)产生，总占地面积累积约达2100亩，总建筑面积300万m^2，户型基本集中于40～

80 m²、90～130 m²，这些楼盘的推出一方面活跃了成都市的房地产市场，但是也增加了原有空置楼盘的压力（从成房指数办的数据统计表明，新增商品房加上现有空置房，2001年和2002年成都市共有1200万 m² 的商品房供给量，而2002年成都市的商品房仅有300～400万 m² 的需求量，供远大于求这已是不争的事实）。2002年上半年，成都市商品房销售223.31万 m²，比去年同期增长14.1％。其中住宅销售211.8万 m²，增长15.3％，商业用房销售8.84万 m²，下降9.2％。由于销售降温，上半年全市商品房短期空置面积（空置期在一年以内）比同期增长一倍，达112.74万 m²，短期供需矛盾显现。但空置期在一年以上的面积呈下降趋势。

据市场调查分析，这些新增楼盘的方位分布如下：这五十余个楼盘当中，城西约有20个，城南约有12个，市中心约8个，城东约7个，城北约4个，郊县约2个，由此看来，今明两年城西楼市竞争会异常激烈。

从这些楼盘的环域分布来看：与本案区位相似分布在二环与三环之间的楼盘约占42％。

从户型分布来看：由于城西二环至三环之间的住宅投资远少于置业居家，因此主力户型在80～140m² 左右的楼盘较多。

从城西楼盘的价格分布来看：位于二环与三环之间的多层均价基本在2500元/m² 左右，电梯均价则在2400元/m² 左右，且价格仍有攀升的迹象。

从销售情况看，现房比期房易销。

另外，媒体所指城西光华片区由于几家大的开发商的介入，使得这一片区的竞争尤为激烈。博瑞房产在光华大道与青羊大道交会处的西侧圈定开发土地214亩；一直在城南开发高档住宅小区的武海置业，杀入光华片区200亩；天邑集团在二环与光华大道交会处的西南方圈地150亩；托普集团也在该片区储备了200多亩的住宅开发用地。目前，这些项目用地都在开发或酝酿中。

2. 竞争对手分析

市场压力巨大，知己知彼，了解市场，细分市场方能更好解决本案目前存在的问题。营销策划部对以下五个与成都花园相邻，并直接对成都花园形成竞争威协的楼盘以及置信逸都、置信金沙苑、万科城市花园、中海名城进行了市调，简况如下：

(1) 光华片区

光华片区五个楼盘均为期房，部分甚至未开盘，配套较齐全，均配备小区智能化系统。已部分建成的齐力花园，小区环境幽雅宁静，现房已基本售完。五个楼盘的均价在 2500 元/m² 左右。销售或排号状况均较好。与成都花园相比，价格优势明显，已从成都花园争夺走不少客户。随着五个楼盘陆续建成，其对成都花园构成的竞争压力将更加强大。为了顺利开发二期，必须尽快完成1～8号楼的销售，使用具有竞争性的营销策略已是当务之急。

(2) 万科城市花园（略）。

(3) 中海名城（略）。

三、本项目现状分析

1. 销售现状分析

目前待销的套型有：电梯公寓 374 套，联体别墅 46 套，复式洋房 48 套，商铺 60 套共计 528 套房待售，这些待售量相当于一个中等大小楼盘的开发量。且现有存量房有总面积偏大，房屋总价高的特点。现将存量房待售情况、待售原因、销售难点、销售策略详细列表如下（略）。

2. 项目 SWOT 分析

(1) 主要优势

A. 楼盘规模大

B. 知名度高

C. 容积率低，楼间距大

D. 绿化率及绿地率均较大

E. 配套标准较高

F. 园林景观规模大

G. 现房

H. 媒体关系较好

（2）主要劣势

A. 项目美誉度不高

B. 因配套不能及时到位及一期规划和操作上的一些失误，造成入住业主因生活不便和未达到预期居住感觉而产生不满，潜伏的口碑危机较大

C. 物业管理美誉度不高

D. 位置较偏，周边环境不够成熟

E. 户型不尽合理

F. 园区绿化部分枯萎

（3）机会

A. 经济稳定，本市房地产市场持续增长，高档楼盘的市场容纳力在扩大

B. 成都花园周边项目大多需要较长时间才能成现房

C. 业主陆续入住，小区渐有人气，可利用已入住业主带动新客户成交

D. 河滨公园启动是一大卖点

E. 周边郊县的市场尚未充分挖掘

F. 花园洋房是新产品，只要价格合理，市场潜力好

（4）问题

A. 万达物管的撤离很有可能导致成都花园物管水平降低，使楼盘形象受损

B. 周边楼盘竣工后，对二期项目的销售将构成巨大压力

（5）目标客户群分析

A. 职业特征

高级白领以上的成功人士、个体老板、（企）事业单位负责人、政府公务

员、周边区、市、县地区事业成功者

B. 购房者年龄集中在 30～45 岁之间

C. 购房者收入

- 90～127m²:储蓄 10～15 万元以上,家庭收入在 5000 元/月以上
- 138～150m²:储蓄 20 万元以上,家庭收入在 6000 元/月以上
- 160m²:储蓄 40 万元以上,收入在 8000 元/月以上
- 花园洋房:储蓄 60 万元以上,收入在 10000 元/月以上

D. 消费心理:

- 具有成熟的理性消费观念,对产品品质要求高
- 追求身份感和高品质、时尚生活
- 重视家庭生活和子女教育
- 外地客户具有购房冲动性

四、 本期营销策略

根据成都花园项目发展现状分析、客户群体分析和成都市房地产市场的现状分析,2002 年 8 月～2003 年 2 月的营销策略建议为:以业主为推广和服务中心,完善一期项目形象,从细节做起,全面落实成都花园品牌形象;以分批、分主题促销和增大团购促销力度的方式确保销售任务完成;以市场为依据,为花园洋楼(邻边界别墅)区、二期规划提供可靠的营销建议。本期营销策略实施的要点是:以市场现状为依据,明确一个中心(提升成都花园品牌美誉度)、落实两个基本点(客户与产品)、把握销售三步曲(第一步:分类做现房促销;第二步:旁院别墅预售;第三步:二期楼盘预售),实现由形象到品质,由品质到促销的营销目的。

1. 明确一个中心、落实两个基本点(营销思路)

一个持续稳定的市场认可和客户群体的认同离不开产品品牌的美誉度,成都花园还有大面积的后续开发和待售现房,虽然它的知名度很高,但

由于前期操作的失误、业界口碑的传播以及入住业主的怨言，美誉度却正遭受着侵蚀，维护品牌、提升品牌美誉度已经迫在眉睫了。

品牌美誉度的要求是细致而全面的，在现房时期的美誉度更是细节的积累，是前期品牌形象与现实形象的不断契合。业主是最佳的口碑传播人，也是品牌美誉度最具说服力的人群，品牌美誉度的提升首先是业主的认可，而业主的认可则仅能由品牌本身魅力说服，所以，业主和细节落实成都花园品牌形象（完善一期、做好二期规划）是提升项目美誉度的基本点。

2. 销售三步曲（销售策略）

销售是我们实现利润的最终手段，完成销售任务是我们营销工作的最终目的。

现房销售的成功是后期楼盘销售的基础，原则上现房应该仅剩10%时，方可进行下一期的销售，否则，不仅会增加公司的资金压力，还会让自身市场产生供大于求的态势，同时增大两期的销售难度。针对本项目来说，一期电梯公寓与二期的公寓房属同类产品，应先将一期电梯公寓清盘后再推出二期的公寓房；旁院别墅是新产品，可以在现房促销的同时穿插进行。据客户服务部反馈的信息，成都花园已售出的房屋有60%以上是外地人所购，所以进行周边地区的推广是非常有必要的。

从目前销售情况和项目整体情况看，建议促销顺序如下：

2002年8月1日～8月25日暑假为孩子买房，电梯公寓主题促销→9月7日～15日教师节电梯公寓主题促销→9月底秋季房交会电梯公寓主题促销、旁院别墅（邻边界别墅）预定排号→10月19日旁院别墅现场示范区开放、正式开盘→11月旁院别墅、联体别墅清盘、商务洋房主题促销→12月欢乐圣诞装修试住大行动电梯公寓主题促销→2003年1月迎春大清盘→2月二期公寓预售/从8月起～2003年2月进行周边地区推广促销。

五、本期营销手段

(一) 软性形象塑造

1. 企业形象

(1) 以贯标为基础,有计划、分阶段、分层次地进行全体员工培训,提高员工职业素质。

(2) 细化公司 VI 系统应用,给市场一个管理系统、高品位公司的印象。

(3) 重视细节形象。

2. 公共关系形象

(1) 业界形象—— 亲和、高姿态、高品位,避免国营的"大锅饭"员工和管理感觉。

(2) 媒体形象——亲和、守信用、综合平衡、争取免费新闻报道。

(3) 公关形象——加强与相关主管部门的联络、沟通,尤其是银行、房交中心等客户常接触的部门,建立良好的口碑。

3. 销售形象

(1) 销售现场气氛

舒缓的背景音乐,美式休闲俱乐部的布置,大厅中弥散着檀香的高贵香气,舒适的温度,季节与节日的细心包装,宾至如归的感觉。

(2) 置业顾问

精力充沛、精神饱满,职业化、专业化、挂牌服务。

(3) 销售管理

规范化、制度化。

(4) 接听电话

专人负责，明确目的，是揽客的重要途径，是项目形象无形有声的名片。

(5) 参观路线

精心设计参观路线，设立指引标志。

(6) 观光车

做与社区巴士、公交广告形象一致的包装。

(7) 样板房

专人、专业管理；选择沿海或香港业绩出色的装饰装修公司进行设计；在设计中要包含饰品设计。

(8) 销售资料

规范设计、规范管理。

(9) 宣传资料

分类制作、风格统一；应包括楼书、购房指南、DM单、纸袋、户型单张、客户问卷。

4. 物业管理形象

体贴、细致、专业、周到，体现亲情专业物管风格；注意VI系统规范应用；注意人员培训、训练。

5. 项目形象

(1) 完善配套

尽快完善社区大配套，如：超市、社区医院、青少年活动中心、会所、网球场等；尽可能完善园区小配套，满足业主日常生活的需求，如：利用1～8号楼的半地下层做园区内的百货便民店、书报亭、快餐点、药品店、影碟出租点等，在景观中设公用IP电话亭、健康运动设施、露天茶吧等。

(2) 增加景观的文化气质和参与性

创建小组团会所，景观中增设美式、优雅、耐用的固定坐椅、木制遮阳伞椅、小型露天茶吧；做自然材料的景观介绍牌、雕塑故事牌、树种和鲜花

介绍牌。

(3) 启动旁院别墅区

尽快确定规划——全面开工——10月中旬前建好现场示范区。

(4) 尽快确定二期规划思路及方案

8月完成市场调研——9月确定规划思路及初案——10月底前基本确定规划方案。

6. 推广

(1) 报纸媒体推广

A. 配合一期配套的逐步完善,在商报头版进行软性报道;

B. 配合业主活动,在商报做预报广告、在日报做专题报道;

C. 在报版广告中开辟《花园专递》角,做活动、配套完善情况公报;

D. 配合促销推盘,在商报分阶段做推盘促销广告;

E. 在商报做“国际经济宣言”大会的特别报道广告标。

(2) 电视、广播、其他媒体推广

A. 在成都电视台15频道《今晚8:00》栏目做5min赞助播出和15min形象广告;

B. 促销期增加四川电视台《天天房产》的30s广告和专题片(每日滚动播出12次);

C. 在成都人民广播电台交通文艺频道黄金时段(7:45~8:45)之间做30s形象播音广告;

D. 考虑航空广告。

(3) 户外广告

A. 更换完现有的三个户外广告画面;

B. 考虑机场路广告;

C. 封闭工地围墙,收回翠堤春晓通道,进行全面的围墙包装;

D. 投入公交广告;

E. 重新包装公司车辆;

F. 制作成都花园路的公交站台。

(4) 活动

A. 成立业主联谊组织——友邻会。

B. 根据不同的季节、节日、重大政府活动、事件，通过友邻会全面组织开展社区文化活动，如：8月进行“成都花园消夏啤酒节”（消夏冷啖杯，佐以菲律宾风情乐队演出、露天怀旧老电影放映、武术擂台赛表演、川剧票友表演、浪漫情怀乐队伴餐）、少儿暑假夏令营，9月底进行大型中秋赏月晚会和酒会，10月进行秋季家庭运动会，11月进行秋季艺术节（文艺演出、画展、民间艺术展、图书展、车展等），12月进行花水湾业主恳谈会、做大型圣诞晚会、新年音乐会，2003年1月～2月做迎春系列活动（购物节、灯会、游园、团拜会、冬季家庭运动会）。

C. 配合促销，由策划部组织促销推广活动，如：秋季房交会、旁院别墅推介会、旁院别墅示范区开放日、冬季住博会、二期规划推介会、二期示范单位开放日、二期开盘活动、媒体新闻联谊会。

D. 配合一期配套设施的完善，由策划部配合营业单位组织开业仪式和新闻发布会，如：幼儿园开园仪式、小学开学仪式、会所开业仪式、商场开业仪式、社区健康医疗中心开业仪式、少儿素质培训中心开学仪式等。

(5) 周边地区推广

A. 学习香港中原代理公司的经验，寻找目标地区的楼盘销售代理公司合作组织进行“成都花园购房搭单大行动”促销活动；

B. 选择当地最有效的媒体进行宣传，如：高速公路入口的广告牌、当地电视、报纸、最高档的酒店、餐馆等。

(二) 销售手段

由于项目的大规模性及持续性，本期应以多种促销方式，一波接一波地推陈出新，不断刺激市场，让市场保持对“成都花园”品牌的持续关注，同时采取走出门的方式，开发二级市场、收集集团购买信息，抓住集团购买力。

1. 阶段促销

根据销售策略，分阶段进行品种优价促销，如：

8月1日～25日：成都花园为孩子买房/在8月25日之前买房客户孩子入幼儿园第一年教育费优惠1000元/套，仅为3000元；免费进入成都花园实验小学就读；$140m^2$ 三口之家户型促销，送儿童房健康家具。

9月7日～15日：教师节/10套特惠房供教师选购。

9月底：秋季房交会电梯公寓主题促销、旁院别墅(邻边界别墅)预定排号/新闻界、文艺界、教育界、专家学者、体育界、国家公务员、医生、教师购房，电梯公寓每套优惠1万元，花园洋房优惠1.2万，联体别墅和旁院别墅优惠1.5万。

10月19日：旁院别墅现场示范区开放并正式开售、商务洋房样板房开放/开盘优惠9.8折。

11月：旁院别墅、联体别墅清盘、商务洋房主题促销/送办公家具。

12月：欢乐圣诞装修试住大行动电梯公寓主题促销/周末免费入住成都花园样板房1日，参加当日业主活动，购房享受菜单式装修，装修款按揭。

1月：迎春大清盘/根据实际情况设计促销方式。

2月：二期公寓预售/根据实际情况设计促销方式。

2. 集团购买谈判

为集团购买制定特别政策，由专人负责(销售部经理助理)。

3. 周边地区促销

成都花园购房搭单大行动，购电梯公寓若5户人家一起购买，可以享受应有成交价的9.8折优惠；10户人家，可以享受应有成交价的9.7折优惠；15户人家，可以享受应有成交价的9.6折优惠；20户人家，可以享受应有成交价的9.5折优惠；25户人家以上，可以享受集团购买价。

成都花园2002年8月～2003年2月营销推广策划思路示意表　　附表4

	2002年8月	2002年9月	2002年10月	2002年11月	2002年12月	2003年1月	2003年2月
	周边地区推广促销						
促销思路	暑假为孩子买房，电梯公寓主题促销	教师节电梯公寓主题促销/秋季房交会电梯公寓主题促销、旁院别墅预定排号	月底旁院别墅现场示范区开放、正式开盘	旁院别墅、联体别墅清盘、商务洋房主题促销	欢乐圣诞装修试住大行动电梯公寓主题促销	迎春大清盘	二期公寓预售；从9月起～2003年2月进行周边地区推广促销
	“成都花园购房搭单大行动”						
促销活动安排		秋季房交会/旁院别墅推介会	旁院别墅示范区开放日		冬季住博会		二期规划推介会
	成都电视台15频道5min＋15min形象广告/周边地区、形象促销广告						
推广思路	商报/为孩子买房主题广告；幼儿园、小学开学报道	商报/教师节促销广告；旁院别墅推广系列	旁院别墅促销广告	旁院别墅、商务洋房促销广告	试住总动员促销广告；圣诞、新年回报主题广告	新春贺岁活动、促销广告	二期规划推广系列报道
		电台广告/天天房产30s广告					
公关活动安排	幼儿园开园仪式、小学开学仪式	新闻媒体联谊会	商场开业仪式	社区健康医疗中心开业仪式	会所开业仪式/媒体新闻联谊会	少儿素质培训中心开学仪式	新闻媒体联谊会
友邻会活动安排	成立业主联谊组织——友邻会/“成都花园消夏啤酒节”/少儿暑假夏令营	成都花园中秋赏月晚会和酒会	成都花园秋季家庭运动会	成都花园冬季艺术节	成都花园花水湾业主恳谈会/成都花园圣诞晚会、成都花园新年音乐会	迎春系列活动	迎春系列活动

附件九　赣州 21 世纪理想家园论坛活动要点

一、成功三要素

1. 嘉宾要有含金量

论坛规模 100 人左右。其中有以下几部分人：

(1) 政府要员

(2) 知名专家

(3) 业内人士

(4) 市民代表

(5) 公司代表

(6) 媒体领导

嘉宾中确保一两位赣州市主要领导及四五位知名专家出席，含金量就有了保证。

2. 媒体要有重点安排

一是所有赣州媒体要参与论坛报道，最好媒体的主要领导也能参加。

二是报道版面要落实。其中有点有面，面上的报道是要求各媒体都要报道新闻通稿；点是重点，要联系强势媒体，如赣南日报及电视台，作专题、系列报导和专访。

3. 会议题材要充实

一是专家的发言及政府官员的讲话稿要按计划准备好。专家的发言应提前将《赣州 21 世纪理想家园论坛系列主题》提供给他们选择，当然也可以自选题目，但开会前最好是将专家的发言稿或发言提纲打印好装入文件袋。

政府官员的发言稿应由我方物色人先起草，将有利公司意图的内容写进去，提供给官员作为参考稿。

二是会议的新闻通稿要准备好，请记者起草。

三是论坛的议程等要打印好，装入代表参会文件袋。

二、组织机构

主办单位：赣州市建委

协办单位：赣南日报、赣州电视台、赣州电台

承办单位：赣州德威房地产开发有限公司

三、筹备机构

设四个工作组：

(1) 会务组，负责会务安排，迎送外地专家、会宿、礼品，会场接待会务工作。

(2) 材料组，负责文件袋中的若干文件准备。特别是专家发言稿和政府官员发言材料的联络和落实。

(3) 宣传组，负责接待新闻记者及落实各媒体的报道计划。

(4) 财务组，负责相关预算和支付费用。

四、议程安排

会期为期一天。

上午九点开始：

(1) 主持人宣布论坛开始并介绍主要嘉宾。

(2) 请市领导讲话。

(3) 请专家发言。

(4) 请市民代表发言。

(5) 请开发商代表发言。

(6) 请建委领导总结论坛成果。

(7) 主持人宣布论坛圆满结束。

其中专家安排6人发言,共10人讲话,每人发言限时半小时。中午12点午餐,下午2点半开始,约5点左右结束。

当晚可请报社,电视台专访相关专家(电视可直播座谈会)。

第二天,公司请相关专家、市领导到项目现场调研、观摩,有关记者随行报道。

五、 报道要求

(1) 论坛开始前一两周,媒体应报道预先新闻,同时介绍已经确定与会的专家。预热造势。

(2) 论坛开始一两天,所有媒体均应报道新闻通稿。

(3) 赣南日报应整版报道与会领导、专家的照片和发言的主要观点。

(4) 赣南日报应系列报道论坛成果。

(5) 赣南日报应有一篇德威老总的专访。

(6) 电视台做一台访谈节目,重点专访德威老总。

(7) 赣南日报发新闻、宣布论坛成果之一,决定组成考察观摩团外出学习,观摩团由建委牵头,媒体、开发商代表、市民代表构成。其中市民代表可参加电视台或报社的"21世纪理想家园有奖问答",中奖者代表即可成为组员。

六、 筹备事项

(1) 联络、确定主办、协办单位,成立组织机构。

(2) 联络政府官员,确定出席领导。

(3) 联络专家学者，确定与会人员。

(4) 联络新闻媒体，确定报道计划。

(5) 公司成立筹备机构，分组分工。

(6) 确定论坛时间与预定会场。

(7) 筹备会务礼品。

(8) 联络专家住宿及论坛午餐酒会。

(9) 开支预算。主要是会务、报道费，专家讲演费及交通费等。

(10) 其他。

七、 支出参考

(1) 专家讲演国内目前行规是每半天5000元。如果每个专家讲演半至一个小时，应付2000元左右。考虑到成本，可以少请专家，让每个专家多讲一些时间，但原则上来一次不应少于2000元，最好是事先与专家沟通时确认他来的报酬。

(2) 记者的车马费及报道的费用可了解当地的规矩实施。

注：此《系列主题》既是系列文章的参考题目，也是提供给论坛专家选择的发言题目。

赣州21世纪理想家园论坛系列主题

一、21世纪国际住宅发展趋势。

二、赣州住宅与沿海地区的差距。

三、赣州房地产如何实现跨越式发展。

四、健康·教育在理想家园中的重要地位。

五、世界卫生组织关于健康居室标准的意义。

六、21世纪赣州理想住宅的标准。

七、理想住宅应有多元和梯次的标准(中、低档如何建设理想家园)。

八、住宅规模化开发是建设理想家园的关键。

九、如何引导赣州的住宅开发、消费新观念。

十、政府、媒体在建设理想家园中的角色与地位。

十一、开发商的社会责任感与理想家园的关系。

十二、中国住宅设计发展趋势。

十三、市民对未来住宅的向往与追求。

第十一部分　后　记

跋

曾宪斌先生以"'老板'都有问题"为书名再出一本策划专著，传来书稿，嘱帮忙看规划设计一篇，连带而及其他篇目，谈点看法。其间电话往来略申愚见，最后决定：干脆引而申之，作跋。

曾先生敏锐、雄辩，业界早有定评，吾深然之。敏者，快也，速也；锐者，切中要害也。他总是在有力地坚持自己的观点，揭示看到的问题，提出新的看法，开出治病的药方，检视成败得失。既客观又主观，既自警又雄辩。我向来主张争论问题要"强词陈理，自圆其说"。走南闯北也见识了不少人和事，但是像曾先生这样"旗帜鲜明"者鲜矣，于是我十分地欣赏曾先生。当然也替他有几分担心，担心他得罪人。比如这书名，着实吓了我一大跳："老板"都有问题——天下的老板都一身是毛病?！及至看完书稿才发觉他是语不惊人死不休。这个名字其实有两层意思，第一层，是老板们在开发过程中都或多或少地碰到过问题；第二层意思是老板们在开发过程中要有预见性地研究一些问题，要研究以利今后的发展。简而言之，第一层意思：有问题要解决；第二层意思：有问题要研究。有些专家看问题很透彻，更尖锐，也很周详。我曾就一点小毛病请教过一位医生朋友，他替我分析一番之后建议服用维生素 C，并说明：这种药没有什么副作用，抗氧化而已，人的衰老过程就是氧化过程。再者，此药有酸性，服用过量会胃酸过多，不过你这种年纪已经不大可能生这种毛病了，结论是：放心服吧。专家见之则深，用心则良苦也。不知曾先生以为然否，读者诸君以为然否。

其次谈"问题"。曾先生所针砭者是一些大问题，而不是小问题。房地产开发过程面临诸多问题，驾驭之道在高屋建瓴，在整合。建瓴、整合之道在分析风险、选择风险和操作风险。我国台湾同行初来大陆时有豪言壮语曰：七分天注定，三分在拚命，爱拼才会赢。所谓策划其实就是打"天注定"

那一部分的主意。谋定而后动总比懵懵懂懂、咬牙跺脚地上阵要好得多。曾先生所讲的“问题”，多半属于此类当“谋”应“谋”的内容，因而决非危言耸听，而是出语惊人也。

谈到“谋定而后动”，在“阳光海岸”整个策划销售过程中，曾先生的才干见识表现得很充分。他首先给业主提出要在规划设计上突破，找到我，又请 WILLIAMKU。我们做了 ZERO LOT LINE 和 MASTER PLAN。他根据昆明当地情况，业主心态结合其他地方的经验，加以升华和提炼，总结出了一套完整的、系统的内容并进而强调策划与规划的互动、互补。这些都在本书中有充分的反映。

也许是出版时限的缘故，也许是本书由多篇讲演整理而成，通篇的文气似有不一致处，留下些许遗憾。或假以时日，或稍有间暇，不妨以操盘、讲学、遨治之经历，就人就事作一自传体叙述，更有血有肉更感人，这当然是后语。

《“老板”都有问题》这本书的确提出了许多亟待解决的课题，提出了许多真知灼见。曾先生此书又是登高一呼，希望和者、议者如云。是为跋。

肖世荣

2003 年 8 月

编 辑 语

本书前版以《“老板”都有问题——房地产营销误区》出版，印前多有争议，而出版后，“老板”们却未有争议之词，多有电话询问该书之购买问题，实在意外，又确在意中。

书中之多个问题实是方向，是“老板”们应思维的点，把握并解决这些问题，将在房地产界有广阔的空间，也必然能有很好的发展。

当然以“问题”的方式提供给“老板”们，也正可考验这些“老板”，如果连“问题”都不愿揭开，对“问题”提出者的观念都无宽广的胸襟去接受，又怎能从容应对开发过程中的千缕头绪。正是一些“老板”放下面子，才取得骄人的业绩，对于原《“老板”都有问题》书中之“问题”才有了更多的领悟。

在原《“老板”都有问题》出版后的两年里，房地产市场又出现了多项政策，环境也相应出现多重变化，显现的“问题”也自然增加。为使本书能顺应这些变化，因而对原书予以补充，增加了许多新内容，并改名为《房地产全程营销与新思维》。

本书虽以“老板”都有问题作副题，但作为房地产营销人员实是一本很好的参考书。了解和解决了“老板”的问题。不仅成就了营销人员，抑或讲，“谁都可能是明天房产界的老板”。所以作为责任编辑愿意向更多的现在“非老板”们推荐，以使作者成功的理念和经验发挥更大的作用。

本书口语化是作者意图表达与大家交流的气氛，让大家对其所述内容身临其境。这也应该说是本书的另一个特点。

编辑

2006 年 1 月 1 日

"十加一"评选大奖赛

活动的对象：

购买《清华大学房地产总裁高端培训核心教程》中任意一本图书读者，购买清华大学房地产总裁高端培训核心教程 VCD 光盘的读者。

活动的目的：

让读者积极参与教材的讨论，将教材的亮点通过读者显现出来，以便更深地了解书中的精要思想。

"十加一"的意思：

就是从教材中或者光盘中，将读者认为闪亮的观念，用简练的语言表达出来，并且用适量的文字表达推荐这句话的理由。其中可以从书中或光盘中找十句，自己从其他媒介或自己工作体会的总结中选择一句。需要有相应的理由，每句话推荐理由在 300 字以内。

"十加一"活动奖品：

特等奖：3 名；免费参加清华大学房地产总裁班学习，时间两年，价值 3.5 万元（要求必须参加全套书的评选，才有资格获得特等奖）。

一等奖：1 名/册（共 12 名）；免费参加清华大学房地产总裁联谊会（交通和食宿费自理），会议费价值 2000 元。

二等奖：3 名/册（共 36 名）；赠与清华大学房地产总裁高端培训核心教程 VCD 光盘一套（共 8 个方向，可以任意选择其中任一套），价值 1500 元/套。

三等奖：10 名/册（共 120 名）；赠与《清华大学房地产总裁高端培训核心教程》7 折购买卡及 VCD 课程光盘 6 折购买卡，本卡同时享受购买中国建筑工业出版社房地产类一般图书 8 折优惠。

优胜奖：全体参加评选合格选票的读者；赠与中国建筑工业出版社一般类图书 9 折优惠卡，免费邮购。

优惠购书卡仅限于邮购图书，暂不适用于各地建筑书店图书。以上提

供的卡都有独立的序列号，仅限本人使用。

评选周期：

从图书面世后一年的时间作为评选截止时间。具体截止日期详见每本书上标明的时间为准。

评委会成员：

各书主编、房地产界知名人士、中国房地产协会、清华大学房地产培训中心、中国建筑工业出版社共同组成。